L'ÉCOLE

EXERCICES FRANÇAIS

DE

DEUXIÈME ANNÉE

RÉVISION — SYNTAXE — STYLE — LEXIQUE

correspondant et faisant suite

A LA DEUXIÈME ANNÉE DE GRAMMAIRE

PAR MM.

LARIVE ET FLEURY

PARTIE DU MAITRE

(contenant le texte du Maître en regard du texte de l'élève)

Le cours de Grammaire de MM. LARIVE et FLEURY vient d'obtenir un **Diplôme de mérite** à l'Exposition universelle de Vienne, et une **Médaille d'or** de la Société des anciens élèves de l'École normale de Versailles. *Septembre* 1873.

PARIS

LIBRAIRIE CLASSIQUE ARMAND COLIN ET Cie

16, RUE DE CONDÉ, 16

La Troisième année de Grammaire (Compléments de Grammaire, — Style, — Littérature, — Histoire littéraire), avec Exercices et Lexique. 1 vol. in-12, cartonné. . . . . (*Sous presse*)
Exercices français de Troisième année, correspondant et faisant suite à la Troisième année de Grammaire. 1 vol. in-12, cart. . . . . . (*En préparation*)

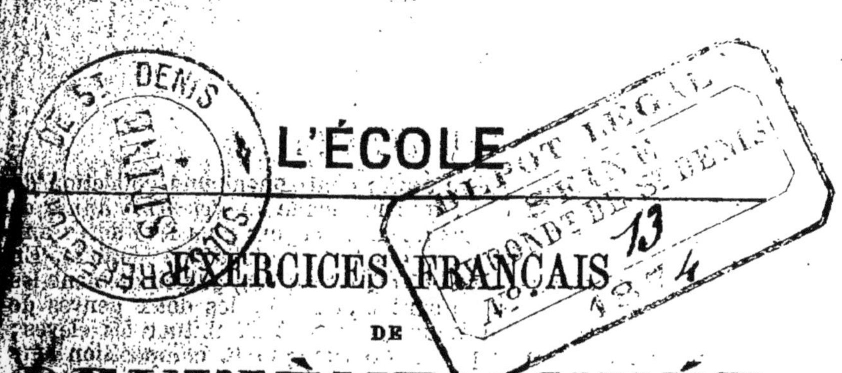

L'ÉCOLE

EXERCICES FRANÇAIS

DE

DEUXIÈME ANNÉE

RÉVISION — SYNTAXE — STYLE — LEXIQUE

correspondant et faisant suite

A LA DEUXIÈME ANNÉE DE GRAMMAIRE

PAR MM.

LARIVE ET FLEURY

PARTIE DU MAITRE

(contenant le texte du Maître en regard du texte de l'élève)

> Le cours de Grammaire de MM. LARIVE et FLEURY vient d'obtenir un **Diplôme de mérite** à l'Exposition universelle de Vienne, et une **Médaille d'or** de la Société des anciens élèves de l'École normale de Versailles.
>
> *Septembre 1873.*

PARIS

LIBRAIRIE CLASSIQUE ARMAND COLIN ET Cie

16, RUE DE CONDÉ, 16

—

Tous droits réservés.

PRÉFACE.

Ces *Exercices de Deuxième année* contiennent une collection de devoirs analogues à ceux que renferme la *Deuxième année de Grammaire*, devoirs destinés à rendre encore plus familières aux élèves les principales règles d'orthographe et de syntaxe. En outre, les sujets de style y ont été multipliés, principalement les *narrations* et les *lettres*. Ce sont là, en effet, les deux genres de composition auxquels il importe surtout d'habituer les élèves; mais nous n'avons pas perdu de vue que la composition leur devient d'autant plus facile qu'ils ont une connaissance plus étendue de la langue et qu'ils en possèdent mieux le vocabulaire. C'est pourquoi nous avons introduit des *Exercices d'orthographe usuelle*, destinés à leur faire connaître une foule de termes qui reviennent sans cesse dans le discours. Une série de questions posées à la suite de chacun de ces exercices, fixe l'attention sur l'origine de ces termes, sur leurs composés et leurs dérivés, leurs synonymes et leurs homonymes. Les écoliers sont accoutumés de la sorte à faire d'eux-mêmes une multitude de remarques, de rapprochements et de comparaisons qui développent en eux les facultés d'observer, de comparer et de juger.

Puis viennent des *questions orales* adressées à tour de rôle à chaque élève. Le maître oblige toute la classe à inscrire les meilleures réponses séance tenante; puis une rédaction définitive, que l'on devra rapporter comme devoir, achève de graver dans la mémoire de tous ce qui a été dit de plus exact dans le cours de l'explication.

Aux devoirs de cette nature succède l'étude, aussi complète que possible, d'un certain nombre de *morceaux littéraires* empruntés à nos grands écrivains. Une expression quelque peu insolite se présente-t-elle, l'élève est tenu d'en donner la signification précise; rencontre-t-il un nom propre, il doit exposer en quelques mots la biographie du personnage dont il s'agit; l'analyse d'une phrase offre-t-elle certaines difficultés, il est astreint à faire cette analyse. Les difficultés d'orthographe, celles de construction, sont passées en revue de la même manière. En un mot, rien n'est oublié de ce qui doit élucider le sens du morceau. Les questions sont posées de telle sorte que rien ne pourra demeurer obscur pour un élève d'une intelligence moyenne qui aura suivi avec attention les exercices de la classe. Ce travail aura le précieux avantage de lui donner le goût de la lecture; car peu à peu, comprenant mieux ce qu'il lira, il s'y intéressera davantage.

Enfin, d'autres morceaux sont examinés de préférence à un point de vue *purement littéraire*. On exige que l'élève donne son avis sur la propriété de telle expression, sur l'élégance de telle construction; on lui demande de rendre compte de l'enchaînement des idées, de montrer comment elles naissent les unes des autres. Il apprend par là beaucoup mieux que par des préceptes les secrets de la composition. L'expérience a surabondamment démontré que la connaissance de l'orthographe et de la syntaxe ne suffit pas pour donner l'intelligence de la langue, et qu'on ne la possède réellement que grâce à une étude sérieuse des chefs-d'œuvre des grands écrivains.

DE LA MÉTHODE HISTORIQUE

Extrait de la **DEUXIÈME ANNÉE DE GRAMMAIRE**, *édition du Maître.*
1 vol. in-12. Cart. 2 fr. 50.

La *Deuxième Année de Grammaire* (édition du Maître), ne contient pas seulement le corrigé des devoirs renfermés dans la partie de l'élève. On y a adjoint des développements grammaticaux qui donnent à ce livre un puissant intérêt d'actualité.

Les personnes au courant de la science n'ignorent pas quelle profonde révolution vient de s'accomplir dans les études grammaticales. A l'ancienne méthode, qui n'édifiait que de *vains systèmes* sans jamais mettre la main sur une seule vérité, la science moderne a substitué une autre méthode, qui a produit, dans un court espace de temps, les résultats les plus féconds et les plus inattendus. Autrefois on aspirait à expliquer, à l'aide du seul raisonnement ou par une sorte d'intuition, toutes les lois du langage. Aujourd'hui on étudie patiemment les changements que le français a subis depuis son origine : on le suit dans toutes ses métamorphoses, et l'on s'aperçoit bientôt que chaque état de la langue a sa cause dans un état antérieur.

La grammaire, étudiée à l'ancien point de vue, donne naissance à l'Ecole des *grammairiens philosophes;* étudiée au point de vue de l'observation, elle produit l'Ecole de la *méthode historique* ou *comparative.*

A une foule de questions que l'on pouvait faire sur l'origine de nos flexions grammaticales, l'ancienne Ecole demeurait absolument muette. On aurait eu beau lui dire : Pourquoi la lettre *s* est-elle la marque du pluriel dans les noms? — Pourquoi le féminin de l'adjectif *coi* est-il *coite?* — Pourquoi dit-on *grand'messe, grand'mère,* etc., au lieu de *grande mère, grande messe,* etc.? — Pourquoi le verbe *bénir* a-t-il deux participes? — Pourquoi dit-on *je meurs* et *nous mourons?* — Pourquoi les adverbes de manière sont-ils terminés en *ment?* A ces questions et à mille autres semblables, les anciens grammairiens seraient restés court. Au contraire, ceux qui se sont rendu la Méthode historique familière, peuvent donner aisément la raison de tous ces faits.

Malheureusement, jusqu'aujourd'hui, la nouvelle méthode grammaticale n'avait point pénétré dans les *Écoles.* Notre *Deuxième Année de Grammaire* (édition du Maître) va combler cette regrettable lacune. Si l'on veut bien en faire une lecture attentive, on reconnaîtra que la grammaire, considérée presque toujours comme aride et rebutante, est, au contraire, une science pleine d'attraits et à laquelle la nouveauté des découvertes communique, pour ainsi dire, nous ne savons quel parfum de fraîcheur qui charme les esprits avides de connaissances.

EXERCICES FRANÇAIS
DE DEUXIÈME ANNÉE

PRINCIPAUX HOMONYMES

DÉFINITION. — On appelle *Homonymes* des mots qui se prononcent de la même manière, quoiqu'ils aient des significations et une orthographe différentes. Par exemple, *faim*, besoin de manger, et *fin*, bout, extrémité, sont deux mots *homonymes*.

A

1. AINE, *s. f.*, partie supérieure de la cuisse; AISNE, *s. pr. f.*, rivière de France; HAINE, *s. f.*, inimitié violente et aveugle.
2. AIR, *s. m.*, mélange gazeux qui enveloppe la terre et est indispensable à la respiration des animaux; AIRE, *s. f.*, surface ou superficie, endroit où l'on bat le grain; nid de l'aigle; direction du vent; ÈRE, *s. f.*, époque fixe à dater de laquelle on compte les années; ERRES, *s. f. pl.* (terme de chasse), traces du cerf; HAIRE, *s. f.*, chemise de crin que l'on revêt pour faire pénitence; HÈRE, *s. m.*, homme chétif, de peu d'importance, de peu de considération, pauvre diable.
3. ALÈNE, *s. f.*, outil à l'usage des cordonniers et des bourreliers; HALEINE, *s.f.*, souffle respiratoire, souffle en général.
4. AMANDE, *s. f.*, fruit de l'amandier; graine de fruits à noyau; AMENDE, *s. f.*, somme d'argent que l'on est condamné à payer.
5. ANCRE, *s. f.*, instrument de fer pour fixer les vaisseaux; ENCRE, *s. f.*, liquide noir servant pour écrire.
6. ANTRE, *s. m.*, caverne; ENTRE, *prép.*, parmi.
7. ARE, *s. m.*, unité de mesure pour les terres; ARRHES, *s. f. pl.*, argent donné d'avance pour assurer l'exécution d'un marché; ART, *s. m.*, méthode pour faire une chose d'après certaines règles; adresse, talent; métier; HART, *s. f.*, lien d'osier.
8. AUSPICE, *s. m.*, présage que l'on tirait des oiseaux chez les Romains; protection, aide; HOSPICE, *s. m.*, maison où l'on reçoit les gens par charité.
9. AUTEL, *s. m.*, pierre en forme de table servant pour les sacrifices religieux; HÔTEL, *s. m.*, auberge; maison de maître.
10. AUTEUR, *s. m.*, celui qui compose un livre; HAUTEUR, *s. f.*, élévation.

B

11. BAL, *s. m.*, danse; BALLE, *s. f.*, petite boule servant à jouer; gros paquet de marchandises.
12. BALAI, *s. m.*, petit faisceau de brins de bouleau, de bruyères, de crin, etc., pour nettoyer; BALLET, *s. m.*, danse figurée représentant un sujet scénique.
13. BAN, *s. m.*, proclamation, publication, convocation; levée de troupes; séjour obligatoire d'un condamné à la surveillance de la police; BANC, *s. m.*, siége en bois ou en pierre.
14. BAS, *s. m.*, vêtement qui couvre le pied et la jambe; BAS, *adj.*, opposé de *haut*; vil; BAT, *s.m.*, sorte de selle pour un âne.
15. BON, *adj.*, doué de bonté; BOND, *s. m.*, rejaillissement d'un objet élastique, saut.
16. BOUE, *s. f.*, vase ou fange; BOUT, *s. m.*, extrémité.
17. BUT, *s. m.*, point où l'on vise; BUTTE, *s. f.*, tertre, élévation en terre; *butte*, *s. f.*, synonyme de *but* dans *être en butte*.

C

18. CAHOT, *s. m.*, saut d'une voiture sur le pavé; CHAOS, *s. m.*, mélange confus des éléments ou d'autres objets.
19. CANE, *s. f.*, femelle du canard;

CANNE, *s. f.*, bâton sur lequel on s'appuie en marchant; roseau des pays chauds; CANNES, *n. pr.*, lieu où Annibal vainquit les Romains en l'an 216 avant Jésus-Christ.

20. CAR, *conj.* causative; CARRE, *s. f.*, partie supérieure d'un chapeau; extrémité d'un soulier; QUART, *s. m.*, ancien adjectif ordinal, la quatrième partie d'une chose.

21. CELLIER, *s. m.*, lieu frais au rez-de-chaussée d'une maison, où l'on serre le vin; SELLIER, *s. m.*, fabricant de selles.

22. CEP, *s. m.*, pied de vigne; CÈPE, *s. m.* (autre forme de *cep*), espèce de champignon; SEP, *s. m.* (3ᵉ forme de *cep*), partie de la charrue qui porte le soc; CES, *adj. dém.*, pluriel de *ce*; SES, *adj. pos.*, pluriel de *son*.

23. CERF, *s. m.*, mammifère ruminant; SERF, *s. m.*, esclave.

24. CHAÎNE, *s. f.*, assemblage d'anneaux métalliques; CHÊNE, *s. m.*, arbre des forêts.

25. CHAIR, *s. f.*, viande; CHAIRE, *s. f.*, tribune élevée d'un prédicateur ou d'un professeur, siége; CHER, *adj.*, qui est aimé; d'un haut prix; CHÈRE, *s. f.*, signifiait autrefois visage, aujourd'hui repas: *faire bonne chère*.

26. CHAMP, *s. m.*, terre labourable; CHANT, *s. m.*, le résultat de l'action de chanter.

27. CHAUD, *s. m.*, chaleur; CHAUD, *adj.*, qui émet de la chaleur; CHAUX, *s. f.*, matière qui sert à faire du mortier.

28. CHŒUR, *s. m.*, réunion de musiciens chantant tous ensemble; partie de l'église où se chante l'office; CŒUR, *s. m.*, organe de la circulation du sang, situé dans la poitrine.

29. CIRE, *s. f.*, matière produite par les abeilles et certains végétaux; SIRE, *s. m.* (lat. *senior*), littéralement *plus vieux*, titre donné aujourd'hui aux souverains et autrefois à certains seigneurs.

30. CLAIR, *adj.* (lat. *clarus*), lumineux; pur; peu serré; évident; CLERC, (lat. *clericus*), *s. m.*, qui fait partie du clergé; qui écrit chez un homme de loi.

31. COIN, *s. m.*, angle; endroit écarté; pièce de fer pour fendre le bois; COING, *s. m.*, fruit du cognassier.

32. COKE, *s. m.*, matière combustible résultant de la distillation de la houille; COQ, *s. m.*, oiseau de basse-cour; COQUE, *s. f.*, enveloppe de l'œuf.

33. COMPTE, *s. m.*, calcul; état du débit et du crédit; COMTE, *s. m.*, titre de noblesse; CONTE, *s. m.*, récit fabuleux.

34. COR, *s. m.*, instrument à vent; COR, *s. m.*, durillon que l'on a au pied; CORPS, *s. m.*, partie matérielle d'un être animé; matière quelconque.

35. COTE, *s. f.*, part d'impôt d'un contribuable; taux des valeurs négociées à la Bourse; CÔTE, *s. f.*, l'un des os formant la cage de la poitrine; le penchant d'une colline; le rivage de la mer; COTTE, *s. f.*, jupe de paysanne; QUOTE-part, *s. f.*, ce que l'on doit payer pour sa part, dividende.

36. COU, *s. m.*, partie du corps qui unit la tête au tronc; COUP, *s. m.*, choc, blessure; COÛT, *s. m.*, prix d'une chose.

37. COUR, *s. f.*, terrain clos autour d'une maison; COUR, *s. f.*, tribunal; demeure d'un souverain, son entourage; COURS, *s. m.*, écoulement de l'eau, parcours d'un fleuve; ensemble de leçons; durée; promenade; COURT, *adj.*, qui n'est pas long.

38. CRI, *s. m.*, son de voix poussé avec effort et souvent inarticulé; CRIC, *s. m.*, machine employée pour soulever les corps très-pesants.

39. CYGNE, *s. m.*, oiseau aquatique; SIGNE, *s. m.*, signal; SIGNE, 3ᵉ personne du singulier du verbe *signer*.

D

40. DAIS, *s. m.*, anciennement table à manger, puis tenture en forme de ciel de lit que l'on porte au-dessus du Saint Sacrement; DÉ, *s. m.*, à jouer; DÉ à coudre, doigtier en métal; DES, *art.* composé; DÈS, *prép.*, à partir de; DEY, *s. m.*, souverain d'un Etat barbaresque.

41. DATE, *s. f.*, littéralement *donnée*, époque précise d'un événement; DATTE, *s. f.*, fruit du *dattier*; DATE, 3ᵉ pers. sing. de *dater*.

42. DESSEIN, *s. m.*, projet, résolution; DESSIN, *s. m.*, représentation d'un objet.

43. DOM, *s. m.* (lat. *dominus*), seigneur, titre des religieux de certains ordres, et particulièrement des Bénédictins; DON, *s. m.*, altération de *dom*, titre des nobles espagnols et portugais; DON (lat. *donum*), cadeau; DONC, *conj.*, servant à conclure; DONT, *pron. rel.*, littéralement *d'où*.

E

44. ÉCHO, *s. m.*, réflexion du son; ÉCOT, *s. m.*, part individuelle d'une dépense de bouche faite par plusieurs.

45. ÉCLAIR, *s. m.*, étincelle accompagnant la foudre; ÉCLAIRE, *s. f.*, plante à suc jaune, caustique, de la famille des papavéracées.

46. ERGO, *conj.*, mot latin, conséquemment; ERGOT, *s. m.*, griffe du coq et de certains oiseaux; champignon qui attaque les céréales et surtout le seigle.

47. ÉTANG, *s. m.*, amas d'eau dormante; ÉTANT, part. prés. de *être*; ÉTEND, 3ᵉ pers. du sing. de *étendre*.

F

48. FAIM, *s. f.*, besoin de manger; FIN, *s. f.*, extrémité, bout d'une chose; FIN, *adj.*, délié et menu; FEINT, part. du verbe *feindre*, faire semblant.

49. FAIT, *s. m.*, action accomplie; FAIX, *s. m.*, littéralement *fagot*, lourd fardeau.

50. FAÎTE, *s. m.*, sommet d'un édifice, d'une montagne, etc.; FÊTE, *s. f.*, réjouissance.

51. FOI, *s. f.*, croyance, fidélité; FOIE, *s. m.*, grosse glande située dans le ventre, produisant du sucre et de la bile; FOIS, *s. f.*, mot qui, joint à un nombre, indique la répétition d'une action.

52. FOND, *s. m.*, partie la plus basse d'un objet; FONDS, *s. m.*, sol d'un champ; capital; FONTS, *s. m. pl.* (latin *fontes*), primitif de *fontaine*, cuve baptismale.

53. FOR, *s. m.*, littéralement tribunal; le FOR *intérieur*, la conscience; FORS, ancienne préposition, hors; FORT, *adj.*, robuste; FORT, *s. m.*, forteresse.

54. FORET, *s. m.*, perçoir, dérivé de *forer*, percer; FORÊT, *s. f.*, grand bois non enclos.

G

55. GAI, *adj.*, joyeux; GUÉ, *s. m.*, endroit où l'on peut traverser un fleuve sans nager; GUET, *s. m.*, action de guetter, d'épier.

56. GEAI, *s. m.*, autre forme de *gai*, oiseau de la famille des corbeaux; JAIS, *s. m.*, bois carbonisé fossile; JET, *s. m.*, action de jeter.

57. GRÉ, *s. m.*, chose agréable, volonté, fantaisie; GRÈS, *s. m.*, masse de sable agglomérée.

58. GUÈRE, *adv.*, avec une négation, signifie *peu, pas beaucoup*; GUERRE, *s. f.*, lutte par les armes entre deux nations.

H

59. HÂLE, *s. m.*, action de dessécher; HALLE, *s. f.*, lieu couvert, marché.

60. HÉRAUT, *s. m.*, officier autrefois chargé des déclarations de guerre, etc.; HÉROS, *s. m.*, guerrier illustre par ses faits d'armes.

61. HÊTRE, *s. m.*, grand arbre produisant des fruits nommés *faines*; ÊTRE, nom et verbe exprimant l'existence; les ÊTRES, les différents endroits d'une maison.

62. HÔTE, *s. m.*, qui reçoit ou donne l'hospitalité; HOTTE, *s. f.*, sorte de manne d'osier que l'on porte sur le dos; HAUTE, *adj.*, féminin de *haut*.

63. HOUE, *s. f.*, sorte de hoyau; HOUX, *s. m.*, arbrisseau à feuilles toujours vertes et garnies de piquants; AOÛT, *s. m.*, huitième mois de l'année; OÙ, adverbe de lieu; OU, conjonction.

J

64. JEÛNE, *s. m.*, abstinence de nourriture; JEUNE, *adj.*, qui n'est pas vieux.

L

65. LA, article et pronom; LA, *s. m.*, note de la gamme; LÀ, adverbe de lieu; LACS, *s. m.*, sorte de filet; LAS, *adj.*, fatigué; LAS! interjection.

66. LAC, *s. m.*, grande pièce d'eau dormante; LAQUE, *s. f.*, sorte de gomme-résine.

67. LAI, *s. m.*, composition poétique dont l'origine remonte aux Gaulois; LAI, *s. m.*, domestique laïque d'un couvent; LAID, *adj.*, désagréable à la vue; LAIE, *s. f.*, femelle du sanglier; LAIT, *s. m.*, liquide dont se nourrissent les jeunes animaux; LÉ, *s. m.*, largeur, lisière d'une étoffe; LEGS, *s. m.*, don fait par testament.

68. LIE, *s. f.*, dépôt qui se forme au fond d'un tonneau de vin; LIS, *s. m.*, beau genre de plantes; LIT, *s. m.*, couchette; LIT, 3ᵉ pers. du sing. du verbe *lire*.

69. LIEU, *s. m.*, endroit; LIEUE, *s. f.*, mesure de longueur de 4,000 m.

70. LIRE, verbe actif; LYRE, s. f., instrument de musique à cordes.
71. LUT, s. m., enduit d'un vase qui doit aller sur le feu; LUTH, s. m., ancien instrument de musique à cordes; LUTTE, s. f., combat, dispute.

M

72. MAI, s. m., cinquième mois de l'année; MAIS, conjonction; MET, 3ᵉ personne du sing. du verbe mettre; METS, s. m., aliment; MAIE, s. f., coffre au pain.
73. MAÎTRE, s. m., celui qui ordonne ou enseigne; MÈTRE, s. m., mesure de longueur; METTRE, verbe.
74. MAL, s. m., maladie, malheur; MÂLE, s. m. et adj., qui est du sexe masculin; MALLE, s. f., caisse de voyage.
75. MANTE, s. f., voile noir que portaient autrefois les dames; grand insecte ayant de la ressemblance avec les sauterelles; MENTHE, s. f., plante aromatique de la famille des labiées.
76. MARC, s. m., ancien poids; MARC, s. m., résidu que laisse une matière pressée; MARE, s. f., petit étang.
77. MARI, s. m., époux; MARRI, adj., fâché, irrité; MARIE, s. pr., nom de femme.
78. MARTYR, s. m., individu supplicié pour sa foi; MARTYRE, s. m., supplice enduré par un martyr.
79. MÂTIN, s. m., chien de garde; MATIN, s. m., le commencement de la journée.
80. MER, s. f., grand amas d'eau salée; MAIRE, s. m., latin major (littéralement plus grand), premier officier municipal et administrateur d'une commune; MÈRE, s. f., maman.
81. MORS, s. m., fer faisant partie d'une bride; MORT, s. f., fin de la vie; MORE, s. pr., peuple du nord de l'Afrique.
82. MOU, adj., opposé à dur; MOUE, s. f., grimace; MOÛT, s. m., jus du raisin avant la fermentation.
83. MUR, s. m., muraille; MÛR, adj., qui est en maturité; MÛRE, s. f., fruit du mûrier.

N

84. NI, conjonction; NID, s. m., réceptacle des œufs et des petits d'un oiseau.
85. NOM, s. m., appellation d'un objet; NON, adverbe de négation.

O

86. OR (lat. aurum), s. m., métal précieux; OR, conjonction; ORD, adj., sale, d'où dérive ordure; ORE, ou ores, même origine que or, conjonction; ORT, adj., invariable, brut, terme de commerce; HORS, préposition exclusive, dehors.
87. OUI, adv. d'affirmation (lat. hoc, illud, c'est cela); ouï, participe du verbe ouïr, entendre; OUIE, s. f., audition; OUIES, s. f. pl., appareil respiratoire des poissons, même origine que le précédent.

P

88. PAIN, s. m., aliment; PEINT, part. passé de peindre; PIN, s. m., arbre résineux toujours vert.
89. PAIR, adj., égal, pareil; terme d'arithmétique; PAIR, s. m., vassal de premier rang; membre de la chambre haute dans plusieurs pays; PAIRE, s. f., couple d'animaux de la même espèce, deux choses de même espèce; PERD, 3ᵉ pers. du sing. du verbe perdre; PÈRE, s. m., papa; PERS, adj., de couleur bleue (vieux).
90. PAL, s. m., pieu aiguisé par un bout; PALE, s. f., partie plate d'une rame; pièce carrée de carton servant à couvrir le calice; PÂLE, adj., blême.
91. PAN, s. m., l'une des deux moitiés de la partie inférieure d'un habit; portion d'un mur; PAON, s. m., oiseau possédant un magnifique plumage.
92. PANSER, v., soigner une blessure; PENSER, v., méditer, réfléchir.
93. PÂTE, s. f., farine délayée avec de l'eau; PATTE, s. f., jambe d'un animal.
94. PAUSE, s. f., suspension d'une action; POSE, s. f., action de poser, substantif verbal.
95. PEAU, s. f., enveloppe extérieure des animaux, des fruits; POT, s. m., vase.
96. PÉCHEUR, s. m., qui fait des péchés; PÊCHEUR, s. m., qui prend du poisson, autrefois pescheur.
97. PEINE, s. f., punition, douleur; PÊNE, s. m., morceau de fer d'une serrure que la clef fait aller et venir pour ouvrir ou fermer une porte; PENNE, s. f., grande plume de l'aile ou de la queue d'un oiseau.
98. PIEU, s. m., morceau de bois ai-

guisé par un bout; PIEUX, *adj.*, qui a de la piété.

99. PLAIN, *adj.*, plat, uni; PLAINT, part. du verbe *plaindre*; PLEIN, *adj.*, rempli.

100. PLAINTE, *s. f.*, lamentation; demande en réparation d'un dommage (subst. participial de *plaindre*); PLINTHE, *s. f.*, petite saillie dans la partie inférieure d'un mur.

101. PLAN, *s. m.*, surface plane; dessin géométrique; PLANT, *s. m.*, tout jeune arbre.

102. POÉLE, *s. m.*, voile que l'on tient sur la tête des mariés; drap mortuaire; POÉLE, *s. m.*, fourneau qui sert à chauffer une chambre; POÉLE, *s. f.*, ustensile de cuisine pour frire; POIL, *s. m.*, appendice de la peau.

103. POIDS, *s. m.*, ce qui sert à peser; POIS, *s. m.*, graine alimentaire; POIX, *s. f.*, matière extraite de la résine du pin.

104. POING, *s. m.*, main fermée; POINT, *s. m.*, piqûre faite avec une aiguille; terme de mathématiques, etc.

105. PORE, *s. m.*, très-petit vide entre les parties élémentaires des corps; PORC, *s. m.*, cochon; PORT, *s. m.*, partie de la mer enfoncée dans les terres et où les vaisseaux sont à l'abri du vent.

106. POUCE, *s. m.*, le doigt le plus gros et le plus court de chaque main, ancienne mesure; POUSSE, *s. f.*, jet que produit une plante en un an; POUSSE, *s. f.*, poussière, en terme de commerce.

107. PRÉ, *s. m.*, prairie; PRÈS, *adv.*; PRÊT, *s. m.*, action de prêter, chose prêtée; solde des soldats; PRÊT, *adj.*, préparé à.

108. PUIS, *adv.*, après; PUITS, *s. m.*, trou revêtu d'une maçonnerie et où l'on puise de l'eau; PUY, *s. m.*, montagne.

R

109. RAIE, *s. f.*, ligne que l'on trace; RAIE, *s. f.*, poisson de mer; RAIS, *s. m.*, rayon d'une roue; RETS, *s. m.*, filet pour prendre du poisson ou du gibier.

110. RAINE, *s. f.*, petite grenouille verte; REINE, *s. f.*, femme d'un roi; RENNE, *s. m.*, animal ruminant qui habite aujourd'hui la Laponie; RÊNE, *s. f.*, courroie qui va de la bride du cheval jusqu'au cocher.

111. RAISONNER, *v.*, faire un raisonnement; RÉSONNER, *v.*, rendre un son.

112. RAS, *adj.*, tondu de près; RAT, *s. m.*, petit animal rongeur; RAZ, *s. m.*, détroit, courant marin.

113. RAUQUE, *adj.*, se dit d'un son analogue à ceux que produit une voix enrouée (lat. *raucus*); ROC, *s. m.*, masse de pierre très-dure tenant à la terre; ROCH (*Saint*), né à Montpellier en 1295.

114. RHUM, *s. m.*, liqueur provenant de la mélasse fermentée; ROME, *s. pr.*, capitale de l'Italie et de la catholicité.

115. RI, part. de *rire*; RIS, *s. m.*, action de rire; RIS, *s. m.*, glande de la gorge du veau; RIS, *s. m.*, pli d'une voile; RIZ, *s. m.*, céréale aquatique des pays chauds.

116. ROCHER, *s. m.*, masse de pierre élevée et escarpée; ROCHET, *s. m.*, surplis d'évêque; bobine; terme de mécanique.

117. ROI, *s. m.*, souverain d'un État; ROUET, *s. m.*, dér. de *roue*; ROUÉ, part. pas. du verbe *rouer*.

118. ROUE, *s. f.*, cercle sur lequel roule une voiture; ROUT, *s. m.*, assemblée de personnes réunies pour leur plaisir; ROUX, *adj.*, rouge teinté de noir.

119. RU, *s. m.*, ruisseau; RUE, *s. f.*, chemin dans une ville; plante.

S

120. SAIN, *adj.*, en bonne santé; SAINT, *adj.*, canonisé; SEIN, *s. m.*, devant de la poitrine; SEING, *s. m.*, signature; CEINT, part. de *ceindre*, qui a une ceinture; CINQ, *adj. num.* (lat., *quinque*).

121. SANG, *s. m.*, liquide nourricier des animaux, le plus souvent rouge; SANS prép. exclusive; CENT, *adj. num.*; SENT, 3ᵉ pers. du sing. du verbe *sentir*.

122. SATIRE, *s. f.*, discours critique ordinairement en vers; SATYRE, *s. m.*, demi-dieu représenté avec des jambes de bouc.

123. SAUR ou SAURE, *adj.*, jaune-bleuâtre; SORE, *s. m.*, organe reproducteur des fougères; SORT, *s. m.*, destinée; SORS, impér. du verbe *sortir*.

124. SAUT, *s. m.*, action de sauter; SCEAU, *s. m.*, cachet, empreinte; SEAU, *s. m.*, vase pour puiser de l'eau; SOT, *adj.*, dépourvu d'esprit.

125. SCÈNE, *s. f.*, partie d'un théâtre où jouent les acteurs; SEINE, *s. pr.*

f., fleuve de France; CÈNE, *s. f.*, le dernier souper de Notre-Seigneur Jésus-Christ avec ses Apôtres.

126. SEL, *s. m.*, substance qui sert à *saler*; SCEL, *s, m.*, ancienne forme de *sceau*; SELLE, *s. f.*, siége sur le dos d'un cheval; CELLE, *pr. dém.*, fem. de *celui*; SCELLE, 3° personne du sing. du verbe *sceller*; CÈLE, 3° pers. du sing. du verbe *celer*.

127. SENS, *s. m.*, organes de la perception externe; CENS, *s. m.*, dénombrement des citoyens; redevance annuelle, impôt; CENSE, *s. f.*, ferme, métairie (vieux).

128. SEREIN, *s. m.*, rosée du soir; SEREIN, *adj.*, qui est sans nuages et sans vent; SERIN, *s. m.*, oiseau jaune originaire des Canaries.

129. SERMENT, *s. m.*, affirmation faite en prenant Dieu à témoin; SERREMENT, *s. m.*, action de serrer.

130. SOC, *s. m.*, pièce de fer d'une charrue, qui ouvre le sillon; SOCQUE, *s. f.*, espèce de chaussure.

131. SOI, *pr. réf.*; SOIE, *s. f.*, matière filamenteuse produite par le ver d'un papillon; SOIT, 3° pers. du verbe *être*; SOIT, interjection; SOUHAIT, *s. m.*, appétence, désir d'un bien qu'on n'a pas.

132. SAULE, *s. m.*, arbre; SOL (lat. *solum*), *s. m.*, surface de la terre; note de la gamme; SOLE, *s. f.*, poisson de mer plat et ovale.

133. SOU, *s. m.*, monnaie de cuivre; SOUE, *s. f.*, étable à porcs; SOÛL et SAOÛL, *adj.*, rassasié, enivré (trivial); SOUS, *prép.*

134. STATUE, *s. f.*, représentation en plein relief d'un homme ou d'un animal; STATUT, *s. m.*, règlement, loi, ordonnance.

135. SUR, *prép.* marquant la supériorité; SUR, *adj.*, qui a un goût aigre; SUR, *adj.*, qui est en sécurité; SURRE, *s. m.*, gland du chêne-liége.

T

136. TAIE, *s. f.*, enveloppe d'un oreiller; tache blanche sur la cornée de l'œil; TÉ, *s. m.*, équerre en forme de T; terme de fortification, de chirurgie, etc., TES, *adj. pos.*; TEST, *s. m.*, tesson, coquille; TÊT, *s. m.*, tesson; THÉ, *s. m.*, arbrisseau dont les feuilles infusées fournissent une boisson excitante.

137. TAIN, *s. m.*, combinaison d'étain et de mercure qu'on applique derrière les glaces et les miroirs; TEINT,

s. m., coloris du visage; TEINT, *part.* passé de *teindre*; THYM, *s. m.*, plante odorante de la famille des labiées.

138. TANTE, *s. f.*, sœur de père ou de mère; TENTE, *s. f.*, abri en toile; TENTE, 3° pers. sing. du verbe *tenter*.

139. TAON, *s. m.*, sorte de grosse mouche; THON, *s. m.*, gros poisson de mer; TON, *s. m.*, certain degré d'élévation et d'abaissement de la voix; TON, *adj. pos.*; TOND, 3° pers. du sing. du verbe *tondre*.

140. TAU, *s. m.*, le T grec; terme de blason; TAUD, *s. m.*, toile tendue au-dessus d'une barque; TAUX (autre forme de *taxe*), *s. m.*, taxe, prix courant; intérêt de cent francs; TÔT, *adv.*, signifiant vite.

141. TEMPS, *s. m.*, mesure de la durée; TAN, *s. m.*, écorce de chêne réduite en poudre; TANT, *adv.*, autant.

142. TERME, *s. m.*, fin, borne par rapport au lieu ou au temps; THERMES, *s. m.*, bains chauds chez les Romains.

143. TORD, 3° pers. du sing. du verbe *tordre*; TORE, *s. m.*, moulure ronde à la base d'une colonne; TORS, *adj.*, tordu (ancien participe de *tordre*); TORT, *s. m.*, ce qui est opposé à la raison, lésion, dommage.

144. TOUE, *s. f.*, action de touer; bateau plat; TOUT, TOUS, *adj. ind.*; TOUX, *s. f.*, action de tousser.

145. TROP, *adv.* de quantité (autre forme de *troupe*); TROT, *s. m.*, allure du cheval.

146. TRIBU, *s. f.*, assemblage de familles ordinairement du même sang; TRIBUT, *s. m.*, impôt.

147. VAIN, *adj.*, litt. *vide*, sans talent, qui s'estime trop; VAINC, 3° pers. du sing. de *vaincre*; VIN, *s. m.*, jus fermenté du raisin; VINGT, *adj. num.*; VINT, 3° pers. du sing. de *venir*.

148. VAN, *s. m.*, instrument d'osier pour nettoyer le blé; VEND, 3° pers. du sing. de *vendre*; VENT, *s. m.*, air en mouvement.

149. VER, *s. m.*, animal de la division des annélides; VERRE, *s. m.*, matière transparente et fusible; VERS, *s. m.*, assemblage de mots mesurés et rimés suivant certaines règles; VERS, *préposition*; VERT, *adj.*, de couleur verte.

150. VICE, *s. m.*, défaut, imperfection; VIS, *s. f.*, machine simple; VISSE, 3° pers. du sing. de *visser*.

151. VOIE, *s. f.*, chemin; VOIX, *s. f.*, son qui sort du larynx; VOIT, 3° pers. sing. de *voir*.

I. Exercices général sur les Homonymes.

Remplacez les points par le mot convenable. — Les nᵒˢ renvoient à la list
précédente.

1. La ... (1) est mauvaise conseillère, elle aveugle ceu
qu'elle possède.

Une longue marche occasionne quelquefois des douleur
dans l'... (1)

Les ... (117) Francs avaient leurs fermes dans la vallée
de l' ... (1)

Gédéon * battait son grain sur l'... (2) de sa grange quand
un ange lui apparut.

L' ... (2) est nécessaire à la respiration des animaux e
des végétaux * ainsi qu'à la combustion * des ... (34).

Charlemagne * portait constamment la ... (2) ... (133) se
habits d'apparat.

L' ... (2) des Romains datait de la fondation de ... (114)
l'an 753 avant Jésus-Christ.

L'aigle construit son ... (2) sur la cime des rochers le
plus inaccessibles.

Que de pauvres ... (2) seraient devenus de grands homme
si les circonstances les avaient favorisés !

Les chiens suivaient les ... (2) du ... (23).

2. Les sombres autans * avaient touché le malade de leu
froide ... (3).

Les cordonniers font continuellement usage de leur ... (3)

Certains amandiers produisent des ... (4) douces et d'autres des ... (4) amères.

Chez les barbares Germains, on expiait tous les crimes,
même le meurtre, par une ... (4).

Au ... (141) d'Homère*, les ... (5) des navires n'étaient
que de grosses pierres.

Trissotin * menaçait Vadius de combattre contre lui
jusqu'à la dernière goutte de son ... (5).

L'acheteur a donné des ... (7) pour la conclusion du
marché.

L'architecture est un des ... (7) le plus anciennement
cultivés.

Le supplice de la ... (7) était très-fréquent au moyen âge *.

L' ... (7) est une surface de ... (121) ... (73) carrés.

Les Romains consultaient les ... (8) avant de livrer bataille.

Ces travaux historiques seront publiés sous les ... (8) de
l'Académie *.

Les salles des ... (8) devront être bien aérées.

Dans les premiers siècles de l'Eglise, les tombeaux des
... (78) servaient d' ... (9).

1.

LIVRE DU MAITRE.

Corrigé 1.

1. La *haine* est mauvaise conseillère, elle aveugle ceux qu'elle possède.

Une longue marche occasionne quelquefois des douleurs dans l'*aine*.

Les *rois* francs avaient leurs fermes dans la vallée de l'*Aisne*.

Gédéon * battait son grain sur l'*aire* de sa grange quand un ange lui apparut.

L'*air* est nécessaire à la respiration des animaux et des végétaux * ainsi qu'à la combustion * des *corps*.

Charlemagne * portait constamment la *haire sous* ses habits d'apparat.

L'*ère* des Romains datait de la fondation de *Rome*, l'an 753 avant Jésus-Christ.

L'aigle construit son *aire* sur la cime des rochers les plus inaccessibles.

Que de pauvres *hères* seraient devenus de grands hommes si les circonstances les avaient favorisés !

Les chiens suivaient les *erres* du *cerf*.

2. Les sombres autans * avaient touché le malade de leur froide *haleine*.

Les cordonniers font continuellement usage de leur *alêne*.

Certains amandiers produisent des *amandes* douces, et d'autres des *amandes* amères.

Chez les barbares Germains, on expiait tous les crimes, même le meurtre, par une *amende*.

Au *temps* d'Homère *, les *ancres* des navires n'étaient que de grosses pierres

Trissotin * menaçait Vadius de combattre contre lui jusqu'à la dernière goutte de son *encre*.

L'acheteur a donné des *arrhes* pour la conclusion du marché.

L'architecture est un des *arts* le plus anciennement cultivés.

Le supplice de la *hart* était très-fréquent au moyen âge *.

L'*are* est une surface de *cent mètres* carrés.

Les Romains consultaient les *auspices* avant de livrer bataille.

Ces travaux historiques seront publiés sous les *auspices* de l'Académie *.

Les salles des *hospices* devront être bien aérées.

Dans les premiers siècles de l'Eglise, les tombeaux des *martyrs* servaient d'*autels*.

3. Coligny * fut assassiné en son ... (9) la nuit de la Saint Barthélemy *.

La ... (10) du mont Blanc * est de quatre mille sept cent quatre-vingt-quinze ... (73).

C'est en ... (147) qu'au Parnasse * un téméraire ... (10) pense de l' ... (7) des ... (149) atteindre la ... (10), si son astre en naissant ne l'a point fait poëte.

Quand les seigneurs du moyen âge* allaient à la ... (58), ils convoquaient le ... (13) et l'arrière- ... (13) de leurs vassaux *.

Chez les Israélites, les juges et les anciens siégeaient sur des ... (13) de pierre, aux portes des villes.

Les prétendus sorciers d'autrefois passaient pour aller au sabbat * à cheval sur un ... (12).

Les ... (34) de ... (12) de l'Opéra * sont souvent très-beaux.

Bien des accidents arrivent dans les ... (11) masqués.

Le jeu de la paume ou de la ... (11) faisait les délices de nos aïeux.

Les ... (14) rouges font partie du costume des cardinaux.

4. Un lieu ... (14) et humide est toujours malsain.

Peu m'importe à qui j'appartienne, dit l'âne, pourvu que je porte mon ... (14)

Le lion se précipite d'un ... (15) sur sa proie.

L'homme ... (15) croit que tout le monde lui ressemble.

Quand on regarde dans une lunette par le petit ... (16), on voit les objets rapetissés et très-éloignés.

La ville de Lutèce * avait la réputation d'être en toute saison remplie de ... (16).

Pour atteindre le premier un ... (17), il faut partir à ... (141).

L'ancienne ... (114) était bâtie sur sept collines ou plutôt sept ... (17), dont les ... (85) sont devenus immortels.

Les premiers chrétiens étaient en ... (17) aux persécutions du paganisme * mourant.

La science moderne a débrouillé le ... (18) de l'histoire de l'empire de Babylone * et de celui de Ninive. *

Le ... (18) de nos voitures serait insupportable pour un Oriental.

Les ... (21) sont chargés d'une partie importante du harnachement des chevaux.

Le ... (147) ne se conserve pas bien dans tous les ... (21).

Au moyen âge *, les esclaves portaient le nom de ... (23).

3. Coligny * fut assassiné en son *hôtel* la nuit de la Saint-Barthélemy *.

La *hauteur* du mont Blanc * est de quatre mille sept cent quatre-vingt-quinze *mètres*.

C'est en *vain* qu'au Parnasse * un téméraire *auteur* pense de l'*art* des *vers* atteindre la *hauteur*, si son astre en naissant ne l'a point fait poëte.

Quand les seigneurs du moyen âge * allaient à la *guerre*, ils convoquaient le *ban* et l'arrière-*ban* de leurs vassaux *.

Chez les Israélites, les juges et les anciens siégeaient sur des *bancs* de pierre, aux portes des villes.

Les prétendus sorciers d'autrefois passaient pour aller au sabbat * à cheval sur un *balai*.

Les *chœurs* de *ballet* de l'Opéra * sont souvent très-beaux.

Bien des accidents arrivent dans les *bals* masqués.

Le jeu de la paume ou de la *balle* faisait les délices de nos aïeux.

Les *bas* rouges font partie du costume des cardinaux.

4. Un lieu *bas* et humide est toujours malsain.

Peu m'importe à qui j'appartienne, dit l'âne, pourvu que je porte mon *bât*.

Le lion se précipite d'un *bond* sur sa proie.

L'homme *bon* croit que tout le monde lui ressemble.

Quand on regarde dans une lunette par le petit *bout*, on voit les objets rapetissés et très-éloignés.

La ville de Lutèce * avait la réputation d'être en toute saison remplie de *boue*.

Pour atteindre le premier un *but*, il faut partir à *temps*.

L'ancienne *Rome* était bâtie sur sept collines, ou plutôt sept *buttes*, dont les *noms* sont devenus immortels.

Les premiers chrétiens étaient en *butte* aux persécutions du paganisme * mourant.

La science moderne a débrouillé le *chaos* de l'histoire de l'empire de Babylone * et de celui de Ninive *.

Le *cahot* de nos voitures serait insupportable pour un Oriental.

Les *selliers* sont chargés d'une partie importante du harnachement des chevaux.

Le *vin* ne se conserve pas bien dans tous les *celliers*.

Au moyen âge *, les esclaves portaient le nom de *serfs*.

5. Les ... (23) deviennent rares dans les grandes forêt.
de l'Europe.

Christophe Colomb * voulut être enterré avec les ... (24
dont l'avaient chargé les souverains de l'Espagne*.

Le gui * qui poussait sur les ... (24) était révéré des Gaulois*.

Le professeur Cuvier * illustra la ... (25) de zoologie * a1
Jardin des Plantes de Paris.

La ... (25) du veau est moins nourrissante que ... (126) d1
bœuf et du mouton.

Nous fîmes bonne ... (25) pendant notre séjour à la campagne.

Le ... (132) natal est ... (25) à ... (144) les hommes bier
nés.

L'alouette fait entendre son ... (26) dès la première heure
du jour.

Le ... (26) des paresseux est couvert de ronces et d'é-
pines.

On fabrique la ... (27) en chauffant fortement la pierre à
bâtir ordinaire.

Arrière ceux dont la bouche souffle le ... (27) et le froid !

6. Il faut battre le fer tandis qu'il est ... (27).

Le ... (28) de l'homme se compose de quatre cavités *,
dont deux contiennent du ... (121) noir et deux du ... (121)
rouge.

Les matelots chantaient en ... (28) sur le pont du navire.

Les confitures de ... (31) sont astringentes*.

L'invention du ... (31) comme ... (126) de la scie ... (41)
de la plus ... (62) antiquité.

Qui t'a fait ... (33)? demandait Hugues Capet * à l'un
de ... (22) vassaux*. — Qui t'a fait ... (117) ? répliqua ce
dernier.

On a réglé le ... (33) des ouvriers.

La Fontaine * assure que si le ... (33) de Peau d'Ane était
narré, il y prendrait un plaisir extrême.

Les combats de ... (32) étaient autrefois en grande vogue
en Angleterre*.

Deux œufs à la ... (32) suffisent pour mon déjeuner.

Le ... (32), plus difficilement inflammable que la houille *,
est beaucoup plus économique que ce dernier combustible.

Il y a influence réciproque de l'âme sur le ... (34) et
du ... (34) sur l'âme.

Les bois et les montagnes retentissaient du son du ... (34).

5. Les *cerfs* deviennent rares dans les grandes forêts de l'Europe.

Christophe Colomb * voulut être enterré avec les *chaînes* dont l'avaient chargé les souverains de l'Espagne*.

Le gui * qui poussait sur les *chênes* était révéré des Gaulois*.

Le professeur Cuvier * illustra la *chaire* de zoologie * au Jardin des Plantes de Paris.

La *chair* du veau est moins nourrissante que *celle* du bœuf et du mouton.

Nous fîmes bonne *chère* pendant notre séjour à la campagne.

Le *sol* natal est *cher* à *tous* les hommes bien nés.

L'alouette fait entendre son *chant* dès la première heure du jour.

Le *champ* des paresseux est couvert de ronces et d'épines.

On fabrique la *chaux* en chauffant fortement la pierre à bâtir ordinaire.

Arrière ceux dont la bouche souffle le *chaud* et le froid!

6. Il faut battre le fer tandis qu'il est *chaud*.

Le *cœur* de l'homme se compose de quatre cavités *, dont deux contiennent du *sang* noir et deux du *sang* rouge.

Les matelots chantaient en *chœur* sur le pont du navire.

Les confitures de *coing* sont astringentes*.

L'invention du *coin* comme *celle* de la scie *date* de la plus *haute* antiquité.

Qui t'a fait *comte?* demandait Hugues Capet * à l'un de *ses* vassaux*. — Qui t'a fait *roi?* répliqua ce dernier.

On a réglé le *compte* des ouvriers.

La Fontaine * assure que si le *conte* de Peau d'Ane lui était narré, il y prendrait un plaisir extrême.

Les combats de *coqs* étaient autrefois en grande vogue en Angleterre *.

Deux œufs à la *coque* suffisent pour mon déjeuner.

Le *coke*, plus difficilement inflammable que la houille *, est beaucoup plus économique que ce dernier combustible.

Il y a influence réciproque de l'âme sur le *corps* et du *corps* sur l'âme.

Les bois et les montagnes retentissaient du son du *cor*.

7. L'extirpation d'un ... (34) est une opération parfois douloureuse.

Le ... (36) de ce vêtement est de ... (121) francs.

Les laquais de comédie, les mascarilles * et les scapins * sont friands de ... (36) de bâton.

Le ... (36) de la girafe, malgré sa longueur considérable, est loin d'atteindre les dimensions de ceux de certains reptiles qui vivaient aux époques géologiques *

Le ... (37) du Volga * est d'environ trois mille huit cents kilomètres.

Une ... (37) de ferme bien tenue revèle une fermière soigneuse et intelligente.

En France, le tribunal suprême porte le nom de ... (37) de cassation.

Le pied ancien est environ trois ... (51) plus ... (37) que le .., (73).

Le duc de Guise * avait formé le ... (42) de s'emparer de la couronne.

Le ... (42) linéaire est enseigné dans toutes les écoles.

Un ... (44) est dû à la réflexion du son qui, rencontrant un obstacle, rebondit à la manière d'une ... (11) élastique.

8. Le moment de payer son ... (44) s'appelle souvent le ... (20) d'heure de Rabelais *.

La ... (48) est mauvaise conseillère, nous dit un proverbe.

Le fil de lin est plus ... (48) que le fil de chanvre.

Il ne faut pas admettre que la ... (48) justifie les moyens.

Le loup de la fable avait ... (48) de témoigner le plus vif intérêt au cheval malade.

Le massacre des Vêpres siciliennes * avait été fixé par ses ... (10) à la ... (50) de Pâques.

La girouette grince sur le ... (50) de la tour.

On a souvent le ... (137) jaune dans les maladies du ... (51).

La ville de Constantinople * fut incendiée un grand nombre de ... (51).

Il faut garder scrupuleusement la ... (51) jurée.

Un jour la Vérité sortit toute nue du ... (52) d'un ... (108).

Clovis, ... (117) des Franks, fut conduit par ... (120) Remi aux ... (52) baptismaux.

Dans l'entrevue du camp du Drap d'or entre François Ier et Henri VIII d'Angleterre, plus d'un seigneur portait son ... (52) de terre sur ses épaules, tant il était magnifiquement vêtu.

7. L'extirpation d'un *cor* est une opération parfois douloureuse.

Le *coût* de ce vêtement est de *cent* francs.

Les laquais de comédie, les mascarilles* et les scapins*, sont friands de *coups* de bâton.

Le *cou* de la girafe, malgré sa longueur considérable, est loin d'atteindre les dimensions de ceux de certains reptiles qui vivaient aux époques géologiques*.

Le *cours* du Volga* est d'environ trois mille huit cents kilomètres.

Une *cour* de ferme bien tenue révèle une fermière soigneuse et intelligente.

En France, le tribunal suprême porte le nom de *cour* de cassation.

Le pied ancien est environ trois *fois* plus *court* que le *mètre*.

Le duc de Guise* avait formé le *dessein* de s'emparer de la couronne.

Le *dessin* linéaire est enseigné dans toutes les écoles.

Un *écho* est dû à la réflexion du son, qui, rencontrant un obstacle, rebondit à la manière d'une *balle* élastique.

8. Le moment de payer son *écot* s'appelle souvent le *quart* d'heure de Rabelais*.

La *faim* est mauvaise conseillère, nous dit un proverbe.

Le fil de lin est plus *fin* que le fil de chanvre.

Il ne faut pas admettre que la *fin* justifie les moyens.

Le loup de la fable avait *feint* de témoigner le plus vif intérêt au cheval malade.

Le massacre des Vêpres siciliennes* avait été fixé par ses *auteurs* à la *fête* de Pâques.

La girouette grince sur le *faîte* de la tour.

On a souvent le *teint* jaune dans les maladies du *foie*.

La ville de Constantinople* fut incendiée un grand nombre de *fois*.

Il faut garder scrupuleusement la *foi* jurée.

Un jour la Vérité sortit toute nue du *fond* d'un *puits*.

Clovis, *roi* des Franks, fut conduit par *saint* Remi aux *fonts* baptismaux.

Dans l'entrevue du camp du Drap d'or entre François Ier et Henri VIII d'Angleterre, plus d'un seigneur portait son *fonds* de terre sur ses épaules, tant il était magnifiquement vêtu.

9. Ce fut au... (55) de Blanche-Taque qu'Édouard III d'Angleterre passa la Somme* avant de livrer à Philippe de Valois la bataille de Crécy*.

Un homme ... (55) communique facilement sa gaîté à ceux qui l'entourent.

La ... (58) est un fléau d'autant plus horrible qu'il n'y a ... (58) d'occasion dans laquelle on ne puisse l'éviter avec un peu de bonne volonté.

Le ... (59) des pays chauds dessèche la ... (95).

On a bâti une ... (59) très-commode et très-belle.

Chez les anciens, les ... (60) remplissaient souvent l'office d'ambassadeurs.

Vercingétorix fut le ... (60) de la ... (58) que les Gaulois soutinrent pour conserver leur indépendance.

Les jardiniers s'en vont au marché avec des ... (62) pleines de légumes.

Quoique Solon* fût l'... (62) du ... (117) Crésus *, il se garda bien de flatter la vanité du prince.

L'agriculture moderne ne se sert pas autant de la ... (63) que l'agriculture d'autrefois.

C'est avec l'écorce du ... (63) que se fabrique la colle connue sous le nom de glu.

10. Il ne faut pas croire à l'influence de la canicule* ; s'il y a plus de noyés au mois d'... (63), c'est qu'il y a plus de baigneurs.

Ne dites pas : ... (63) est le bien, là est la patrie.

Vaincre... (63) mourir, telle est la devise des braves.

Puisque vous n'êtes pas étranger dans la maison, vous en devez connaître tous les ... (61).

Les copeaux de ... (61) jouent un certain rôle dans la fabrication du vinaigre.

Louis le... (64), ... (117) de France, fit partie de la seconde croisade.

Les ... (64) trop prolongés fatiguent l'estomac.

Le ... (67) des animaux est peut-être l'aliment le plus complet qui existe.

Une ... (67) est furieuse quand on attaque ses petits.

Un frère ... (67) nous introduisit dans le couvent.

L'âne ne nous paraît ... (67) que parce que nous le comparons toujours au cheval.

Les petits poëmes nommés ... (67) étaient fort en vogue au moyen âge*.

Les ... (67) faits aux bibliothèques sont d'excellentes choses.

Il faut plusieurs ... (67) d'étoffe pour cette robe.

9. Ce fut au *gué* de Blanche-Taque qu'Edouard III d'Angleterre passa la Somme *, avant de livrer à Philippe * de Valois la bataille de Crécy *.

Un homme *gai* communique facilement sa gaîté à ceux qui l'entourent.

La *guerre* est un fléau d'autant plus horrible, qu'il n'y a *guère* d'occasion dans laquelle on ne puisse l'éviter avec un peu de bonne volonté.

Le *hâle* des pays chauds dessèche la *peau*.

On a bâti une *halle* très-commode et très-belle.

Chez les anciens, les *héraults* remplissaient souvent l'office d'ambassadeurs.

Vercingétorix fut le *héros* de la *guerre* que les Gaulois soutinrent pour conserver leur indépendance.

Les jardiniers s'en vont au marché avec des *hottes* pleines de légumes.

Quoique Solon* fût l'*hôte* du *roi* Crésus *, il se garda bien de flatter la vanité du prince.

L'agriculture moderne ne se sert pas autant de la *houe* que l'agriculture d'autrefois.

C'est avec l'écorce du *houx* que se fabrique la colle connue sous le nom de glu.

10. Il ne faut pas croire à l'influence de la canicule* : s'il y a plus de noyés au mois d'*août*, c'est qu'il y a plus de baigneurs.

Ne dites pas : *Là où* est le bien, là est la patrie.

Vaincre *ou* mourir, telle est la devise des braves.

Puisque vous n'êtes pas étranger dans la maison, vous en devez connaître tous les *êtres*.

Les copeaux de *hêtre* jouent un certain rôle dans la fabrication du vinaigre.

Louis le *Jeune*, *roi* de France, fit partie de la seconde croisade.

Les *jeûnes* trop prolongés fatiguent l'estomac.

Le *lait* des animaux est peut-être l'aliment le plus complet qui existe.

Une *laie* est furieuse quand on attaque ses petits.

Un frère *lai* nous introduisit dans le couvent.

L'âne ne nous paraît *laid* que parce que nous le comparons toujours au cheval.

Les petits poëmes nommés *lais* étaient fort en vogue au moyen âge*.

Les *legs* faits aux bibliothèques sont d'excellentes choses.

Il faut plusieurs *lés* d'étoffe pour cette robe.

11. Un ... (68) moelleux n'est pas nécessaire à des gens bien fatigués.

On débarrasse le ... (147) de sa ... (68) en le soutirant.

Les ... (68) sont des plantes tellement remarquables par la beauté de leurs fleurs, que beaucoup mériteraient d'être cultivés comme plantes d'ornement.

La distance de la lune à la terre est d'environ quatre-vingts mille ... (69).

Le séjour dans des ... (69) marécageux expose aux attaques de la fièvre paludéenne.

C'est pendant le mois de ... (72) que s'épanouissent le plus de fleurs.

Souvent un ... (72) vient arrêter un beau raisonnement.

Les ... (72) délicats et recherchés conviennent plutôt aux estomacs des oisifs qu'à ceux des robustes travailleurs.

La ... (80) Rouge* est ainsi nommée à cause d'innombrables petits champignons de cette couleur qui en couvrent souvent la surface.

Charles Martel était ... (80) du palais quand il défit les Sarrasins à Poitiers*.

Quelle ... (80) n'aime pas ses enfants.

Nul ne peut servir deux ... (73).

Il y a dix millions de ... (73) du pôle à l'équateur.

12. Un ancien recommandait de prononcer toutes les lettres de l'alphabet avant de se ... (73) en colère.

Ce voyageur est prêt à partir, et il a déjà fait ses ... (74).

L'oie ... (74) porte le ... (85) de *jars*.

La nostalgie ou ... (74) du pays est une maladie causée par le souvenir de la patrie absente.

Deux ... (76) valaient l'ancienne livre.

En distillant le ... (76) du raisin, on obtient de l'eau-de-vie.

Le voisinage d'une ... (76) est désagréable en été à cause du coassement des grenouilles.

Dans l'ancien ... (141), les dames de qualité portaient toujours une ... (75) noire dans les cérémonies.

L'essence de ... (75) est employée par les confiseurs et les parfumeurs.

Un ou deux ... (79) sont nécessaires pour la garde de la basse-cour.

Je lui disais parfois : Monsieur Perrin Dandin, tout franc, vous vous levez tous les jours trop ... (79).

Les Huns* montaient leurs chevaux sans ... (81) ni brides.

11. Un *lit* moelleux n'est pas nécessaire à des gens bien fatigués.

On débarrasse le *vin* de sa *lie* en le soutirant.

Les *lis* sont des plantes tellement remarquables par la beauté de leurs fleurs, que beaucoup mériteraient d'être cultivés comme plantes d'ornement.

La distance de la lune à la terre est d'environ quatre-vingt mille *mètres*.

Le séjour dans des *lieux* marécageux expose aux attaques de la fièvre paludéenne.

C'est pendant le mois de *mai* que s'épanouissent le plus de fleurs.

Souvent un *mais* vient arrêter un beau raisonnement.

Les *mets* délicats et recherchés conviennent plutôt aux estomacs des oisifs qu'à ceux des robustes travailleurs.

La *mer* Rouge* est ainsi nommée à cause d'innombrables petits champignons de cette couleur qui en couvrent souvent la surface.

Charles Martel était *maire* du palais quand il défit les Sarrasins à Poitiers *.

Quelle *mère* n'aime pas ses enfants!

Nul ne peut servir deux *maîtres*.

Il y a dix millions de *mètres* du pôle à l'équateur.

12. Un ancien recommandait de prononcer toutes les lettres de l'alphabet avant de se *mettre* en colère.

Ce voyageur est prêt à partir, et il a déjà fait ses *malles*.

L'oie *mâle* porte le *nom* de *jars*.

La nostalgie ou *mal* du pays est une maladie causée par le souvenir de la patrie absente.

Deux *marcs* valaient l'ancienne livre.

En distillant le *marc* du raisin, on obtient de l'eau-de-vie.

Le voisinage d'une *mare* est désagréable en été à cause du coassement des grenouilles.

Dans l'ancien *temps*, les dames de qualité portaient toujours une *mante* noire dans les cérémonies.

L'essence de *menthe* est employée par les confiseurs et les parfumeurs.

Un ou deux *mâtins* sont nécessaires pour la garde de la basse-cour.

Je lui disais parfois : Monsieur Perrin Dandin, tout franc, vous vous levez tous les jours trop *matin*.

Les Huns* montaient leurs chevaux sans *mors* ni brides.

13. La ... (81) de Charlemagne* fut le signal de l'apparition des Normands sur nos ... (35).

Il ne faut point faire la ... (82) pour rien.

La chaleur et l'... (2) sont nécessaires à la fermentation du ... (82) de raisin.

Un style ... (82) ennuie souvent le lecteur.

Une certaine variété de mûrier produit des ... (83) rouges, et une autre des ... (83) blanches.

Les raisins ... (83) sont portés au pressoir.

On commet une grande faute en escaladant le ... (83) du voisin.

De belles forêts de ... (88) couvrent les sommets du Jura*.

Donnez-nous notre ... (88) quotidien.

Raphaël* a ... (88) de belles toiles.

La ... (93) bien levée est beaucoup plus légère que la ... (93) non fermentée.

La bête scélérate à de certains cordons se tenait par la ... (93).

Un ... (91) de mur a été abattu par le canon.

On dit d'un homme vaniteux qu'il est orgueilleux comme un ... (91).

Il faut ... (92) les blessés au moins deux fois par jour.

Nous devons ... (92) à notre dernière heure.

14. Avez-vous le ... (101) de la forêt de Fontainebleau?

On a repiqué de jeunes ... (101) de chêne.

Il est très-mal d'avoir deux ... (103) et deux mesures.

La ... (103) blanche sert à faire un emplâtre qu'on applique dans les inflammations de poitrine.

Les ... (103) sont très-nourrissants.

Les vaisseaux ont pu gagner le ... (105) avant la tempête.

Le ... (105) à s'engraisser coûtera peu de son.

Les ... (34) les plus compactes en apparence sont criblés de ... (105).

Quand la lumière du soleil passe à travers certains ... (149) appelés prismes, elle donne naissance à une magnifique image formée par l'agglomération de toutes les couleurs et sillonnée de ... (109), désignées sous le nom de ... (109) du spectre * solaire.

Un ... (109) réunit les jantes d'une ... (118) au moyeu.

Cet animal a été pris dans des ... (109).

Certaines personnes possèdent dans des bocaux pleins d'eau des ... (110) qui leur annoncent d'avance le beau ou le mauvais ... (141).

Catherine * de Médicis ... (110) de France était Italienne d'origine.

13. La *mort* de Charlemagne* fut le signal de l'apparition des Normands sur nos *côtes*.

Il ne faut point faire la *moue* pour rien.

La chaleur et l'*air* sont nécessaires à la fermentation du *moût* de raisin.

Un style *mou* ennuie souvent le lecteur.

Une certaine variété de mûrier produit des *mûres* rouges, et une autre des *mûres* blanches.

Les raisins *mûrs* sont portés au pressoir.

On commet une grande faute en escaladant le *mur* du voisin.

De belles forêts de *pins* couvrent les sommets du Jura*.

Donnez-nous notre *pain* quotidien.

Raphaël* a *peint* de belles toiles.

La *pâte* bien levée est beaucoup plus légère que la *pâte* non fermentée.

La bête scélérate à de certains cordons se tenait par la *patte*.

Un *pan* de mur a été abattu par le canon.

On dit d'un homme vaniteux qu'il est orgueilleux comme un *paon*.

Il faut *panser* les blessés au moins deux fois par jour.

Nous devons *penser* à notre dernière heure.

14. Avez-vous le *plan* de la forêt de Fontainebleau?

On a repiqué de jeunes *plants* de chêne.

Il est très-mal d'avoir deux *poids* et deux mesures.

La *poix* blanche sert à faire un emplâtre qu'on applique dans les inflammations de poitrine.

Les *pois* sont très-nourrissants.

Les vaisseaux ont pu gagner le *port* avant la tempête.

Le *porc* à s'engraisser coûtera peu de son.

Les *corps* les plus compactes en apparence sont criblés de *pores*.

Quand la lumière du soleil passe à travers certains *verres* appelés prismes, elle donne naissance à une magnifique image formée par l'agglomération de toutes les couleurs et sillonnée de *raies*, désignées sous le nom de *raies* du spectre * solaire.

Un *rais* réunit les jantes d'une *roue* au moyeu.

Cet animal a été pris dans des *rets*.

Certaines personnes possèdent dans des bocaux pleins d'eau des *raines* qui leur annoncent d'avance le beau ou le mauvais *temps*.

Catherine* de Médicis, *reine* de France, était Italienne d'origine.

15. Il y a eu une époque où le ... (110) vivait en grandes troupes sur le .. (132) actuel de la France.

Sa main, sur ses chevaux, laissait flotter les ... (110).

Les mathématiques apprennent à ... (111) juste.

Les cloches en ... (149) que l'on ... (151) chez les Russes ... (111) d'un son argentin.

Un proverbe dit : L'esprit est ... (120) dans un ... (34) ... (120).

Cette charte * est revêtue du ... (120) de Philippe*-Auguste.

L'histoire des ... (120), pour chaque jour de l'année, a été écrite par les Bollandistes *.

Caton * d'Utique, ne voulant pas survivre à la liberté de sa patrie, se perça le ... (120) de son épée.

Le ... (80) était ... (120) de son écharpe.

... (120) siècles se sont écoulés depuis la ... (71) de ... (121) ans ... (6) la France * et l'Angleterre.

Il n'y avait en Grèce * que des acteurs; les femmes n'y montaient jamais sur la ... (125).

Paris est situé sur les deux rives de la ... (125).

Léonard de Vinci * avait ... (88) une magnifique fresque* représentant la ... (125) de Notre-Seigneur Jésus-Christ.

16. Les animaux appelés kanguroos n'avancent que par ... (124).

Chaque guerrier frank se faisait enterrer avec le ... (124) qui lui servait à puiser de l'eau.

On a mis le ... (124) de la mairie sur cet acte de naissance.

Il n'est tel qu'un ... (124) pour se croire de l'esprit.

La loi fondamentale du royaume d'Italie * porte le nom de ... (134).

La ... (134) de Vercingétorix * a été placée à Alise Sainte-Reine, en Bourgogne.

On met dans beaucoup de sauces un bouquet de ... (137).

Cette ... (64) fille a le ... (137) frais et vermeil.

On applique le ... (137) sur les glaces au moyen d'une forte pression.

Ce vêtement a été ... (137) en noir.

La division par ... (146) existait chez les Juifs et existe encore chez les Arabes.

Les Romains imposaient des ... (146) aux peuples vaincus.

Le ... (149) a été, assure-t-on, découvert par les Phéniciens *.

La racine fraîche du grenadier tue le ... (149) solitaire.

15. Il y a eu une époque où le *renne* vivait en grandes troupes sur le *sol* actuel de la France.

Sa main, sur ses chevaux, laissait flotter les *rênes*.

Les mathématiques apprennent à *raisonner* juste.

Les cloches en *verre* que l'on *voit* chez les Russes *résonnent* d'un son argentin.

Un proverbe dit : L'esprit est *sain* dans un *corps sain*.

Cette charte * est revêtue du *seing* de Philippe*-Auguste.

L'histoire des *saints*, pour chaque jour de l'année, a été écrite par les Bollandistes *.

Caton* d'Utique, ne voulant pas survivre à la liberté de sa patrie, se perça le *sein* de son épée.

Le *maire* était *ceint* de son écharpe.

Cinq siècles se sont écoulés depuis la *lutte* de *Cent* ans *entre* la France* et l'Angleterre.

Il n'y avait en Grèce* que des acteurs; les femmes n'y montaient jamais sur la *scène*.

Paris est situé sur les deux rives de la *Seine*.

Léonard de Vinci* avait *peint* une magnifique fresque* représentant la *Cène* de Notre-Seigneur Jésus-Christ.

16. Les animaux appelés kanguroos n'avancent que par *sauts*.

Chaque guerrier frank se faisait enterrer avec le *seau* qui lui servait à puiser de l'eau.

On a mis le *sceau* de la mairie sur cet acte de naissance.

Il n'est tel qu'un *sot* pour se croire de l'esprit.

La loi fondamentale du royaume d'Italie* porte le nom de *statut*.

La *statue* de Vercingétorix* a été placée à Alise Sainte-Reine, en Bourgogne.

On met dans beaucoup de sauces un bouquet de *thym*.

Cette *jeune* fille a le *teint* frais et vermeil.

On applique le *tain* sur les glaces au moyen d'une forte pression.

Ce vêtement a été *teint* en noir.

La division par *tribus* existait chez les Juifs et existe encore chez les Arabes.

Les Romains imposaient des *tributs* aux peuples vaincus.

Le *verre* a été, assure-t-on, découvert par les Phéniciens *.

La racine fraîche du grenadier tue le *ver* solitaire.

17. Dans le spectre * solaire, le ... (149) est ... (6) le bleu et le jaune.

Composer des... (149) était autrefois une maladie générale.

La planète * Vénus se montre tantôt ... (149) l'orient, et tantôt ... (149) l'occident.

La ... (151) du rossignol se fait entendre dans le silence des nuits.

Cette bande blanche, dirigée du sud au nord, que l'on aperçoit au ciel pendant les nuits sereines, s'appelle la ... (151) lactée *.

Exercice Lexicologique 2.

Répondez par écrit, à l'aide du Lexique placé à la fin de ce livre, aux questions suivantes

Qu'est-ce que : Gédéon, — Charlemagne, — Trissotin et Vadius, — Coligny, — Homère, — Catherine de Médicis, — les Gaulois, — Cuvier, — Hugues Capet, — La Fontaine, — le duc de Guise, — Rabelais, — Philippe de Valois, — Solon, — Crésus, — les Huns, — Raphaël, — les Bollandistes, — Caton d'Utique, — Léonard de Vinci, — Vercingétorix ?

Que signifient les mots : combustion, — autan, — vassal, — sabbat, — cavité ?

Qu'est-ce que : l'Académie, — l'Opéra, — le paganisme, — un gué, — la zoologie, — la houille, — la canicule, — une fresque, — une planète ?

Où sont situés : Rome, — Constantinople, — Poitiers, — Fontainebleau ?

Qu'entend-on par le Parnasse ?

Quelle époque embrasse la période dite du moyen âge ?

Quelle est la ville qui portait autrefois le nom de Lutèce ?

Quelle découverte doit-on à Christophe Colomb ? en quelle année ?

Quelles sont les principales villes de l'Espagne, — de l'Angleterre, — de la France, — de la Grèce, — de l'Italie ?

Que signifient les adjectifs : astringent, — géologique, — lacté ?

Que savez-vous de la Saint-Barthélemy, — de l'empire de Babylone et de Ninive, — des Vêpres siciliennes, — de la bataille de Crécy ?

Qu'est-ce que : le mont Blanc, — le Volga, — la Somme, — le Jura ?

Comment appelle-t-on le canal qui unit **la mer Rouge** * **à la Méditerranée** ?

17. Dans le spectre* solaire, le *vert* est *entre* le bleu et le jaune.

Composer des *vers* était autrefois une maladie générale.

La planète* Vénus se montre tantôt *vers* l'orient, et tantôt *vers* l'occident.

La *voix* du rossignol se fait entendre dans le silence des nuits.

Cette bande blanche, dirigée du sud au nord, que l'on aperçoit au ciel pendant les nuits sereines, s'appelle la *voie* lactée*.

Corrigé 2.

(Voir la réponse au Lexique.)

DICTÉE

SUR LES SUBSTANTIFS DONT LE GENRE OFFRE QUELQUE DIFFICULTÉ.

Les *omnibus* (m.) ont été *inventés* par Pascal. — L'*émétique* (m.) a été *administré* au malade. — L'*hémisphère* (m.) nord de la terre est plus *accidenté* que l'hémisphère sud.— Les *alcôves* (f.) devraient être *supprimées*, empêchant l'air de pénétrer jusqu'au dormeur. — Les *antichambres* (f.) des gens puissants sont sans cesse *encombrées* de solliciteurs. — L'*atmosphère* (f.) était *embaumée* du parfum des fleurs. — L'*armistice* (m.) qui a été *signé* durera vingt jours. — L'*emplâtre appliqué* (m.) sur la poitrine a débarrassé mon frère de son rhume. — Les *épisodes* (m.) *semés* dans cet ouvrage sont *remplis* d'intérêt. — Les *ustensiles* (m.) qu'on a *repêchés* dans la mer étaient fort *détériorés*. — Les *chanvres* (m.) *récoltés* en Picardie sont d'une hauteur prodigieuse. — Les *artères* (f.) sont *remplies* de sang rouge. — Les *décombres* (m.) qu'on a *enlevés* de cette maison ont été *portés* dans les champs. — L'*empois* (m.) que l'on a *appliqué* sur ce linge lui a communiqué trop de roideur. — Souvent les *épitaphes* (f.) *gravées* sur les tombeaux ne sont qu'une satisfaction de la vanité. — L'*obélisque* (m.) *transporté* d'Egypte à Paris est *établi* sur la place de la Concorde. — Beaucoup des *obus* (m.) *lancés* par l'ennemi n'éclataient point. — Les *sentinelles* (f.) *placées* de distance en distance écartaient les curieux.

NOTIONS PRÉLIMINAIRES

DES SUFFIXES DIMINUTIFS (1).

On appelle *diminutif* la forme que prend un mot pour indiquer l'amoindrissement de l'objet ou de la qualité représentée par ce mot.

On forme les diminutifs en ajoutant au mot certaines terminaisons auxquelles on a donné le nom de *suffixes* (c'est-à-dire ce qui est *fixé à la suite*) diminutifs.

1° EL, ELLE, EAU. Ex. : prune, *prunelle*, petite prune ; dindon, *dindonneau*, petit dindon.

2° ILLE. Ex. : faux, *faucille*, petite faux ; mante, *mantille*, petite mante.

3° OLE, EUIL. Ex. : chemise (camise), *camisole*, petite chemise ; *chèvre*, *chevreuil*, littéralement *petite chèvre*.

4° ULE. Ex. : globe, *globule*, petit globe.

5° CULE. Ex. : corps, *corpuscule*, petit corps ; mont, *monticule*, petit mont ; peau, *pellicule*, petite peau.

6° ON, CHON, CHE. Ex. : âne, *ânon*, petit âne ; corne, *cornichon*, littéralement *petite corne ;* barbe, *barbiche*, littéralement *petite barbe ;* flamme, *flammèche*, littéralement *petite flamme.*

7° IN, INE. Ex. : tambour, *tambourin*, petit tambour ; blond, *blondin*, légèrement blond ; botte, *bottine*, petite botte.

8° ET, ETTE. Ex. : jardin, *jardinet*, petit jardin ; chaîne, *chaînette*, petite chaîne.

Remarque. Les mots terminés en *eau* forment leurs diminutifs comme s'ils étaient terminés en *el*. Ex. : bateau (batel), *batelet ;* cerveau (cervel), *cervelet.*

9° OT, OTTE. Ex. : balle, *ballot*, petite balle ; main, *menotte* (pour *mainotte*), main d'enfant.

DES PRÉFIXES.

Le français a obtenu un grand nombre de composés en plaçant au commencement des radicaux quelques particules invariables auxquelles on a donné le nom de *préfixes* (c'est-à-dire ce qui est *fixé en avant*). Les préfixes sont ordinairement des prépositions.

Souvent la consonne finale des préfixes se modifie, afin de pouvoir se sonder plus aisément avec la consonne-initiale du radical. Tantôt cette consonne finale est entièrement supprimée. Ex. : *a-baisser* pour *ad-baisser ;* tantôt elle est assimilée, autrement dit, elle se change en une consonne identique à celle qui commence le radical. Ex. : *ap-porter* pour *ad-porter*. Nous allons passer en revue les principaux préfixes.

I. A, AB ou ABS. Ce préfixe indique une idée d'éloignement. On le trouve sous chacune de ses trois formes dans : *a-version*, *ab-ject*, *s'abs-tenir*.

II. AD. Ce préfixe indique tendance vers un but, rapprochement, addition,

---

(1) Les notions suivantes sur les suffixes diminutifs et sur les préfixes trouveront dans notre *Troisième année de Grammaire* les développements qu'elles comportent. Si nous les indiquons ici sommairement, c'est dans le but d'initier les élèves de Deuxième Année aux principes élémentaires de la formation et de la composition des mots. De plus, on y trouvera la réponse à certaines questions posées dans la suite de cet ouvrage.

augmentation. Il se réduit à la seule lettre *a* devant *m*, *b*, *ch*, *sp*, *st*, et quelquefois devant *n*. Il s'assimile devant les autres articulations initiales et se change par là en *ac*, *af*, *ag*, *al*, *an*, *ap*, *ar*, *as*, *at*. Il reste intact devant *d*. Voici des exemples de ces différents cas : *a- masser*, *a- baisser*, *a- cheminer*, *a- spirer*, *a- streindre*, *a- noblir*; *ac- courir*, *af- fluer*, *ag- gression*, *al- locution*, *an- nexer*, *ap- porter*, *ar- rogant*, *as- socier*, *at- tabler* ; *ad- dition*.

III. Com. Ce préfixe vient du latin *cum*, avec. Il indique une idée de réunion, de rapprochement, de complexité, de totalité, de continuité, d'instantanéité. Il reste *com* devant *m*, *p*, *b*; il se change en *con* devant la plupart des consonnes ; en *col* devant *l* ; en *cor* devant *r* ; en *co* devant *h* ou devant une voyelle. Ex. *com- patriote*, *con- fédération*, *col- lection*, *cor- respondre*, *co- héritier* *co- associer*.

IV. Dé. Ce préfixe marque éloignement, mouvement de haut en bas, déviation, changement, décroissance, privation, négation, déplacement, progression, etc. Il reste *dé* devant les consonnes et devient *dés* devant *h* et devant une voyelle. Ex. : *dé- poser*, *dé- jeuner*, *dé- raisonner*, *dés- habituer*, *dés- obéir*.

V. Dis. Ce préfixe indique une idée de division, de dispersion, de négation, d'opposition, Il se réduit à *di* devant *g*, et quelquefois devant *l*. Il devient *dif* devant *f*. Il reste *dis* dans tous les autres cas. Ex. : *di- gérer*, *di- later*, *dif- famer*, *dis- courir*.

VI. E ou Ex. Ce préfixe marque sortie, ablation, aboutissement, augmentation, surabondance. Il a toujours la forme *ex* devant les voyelles et devant *h* ainsi que devant *c*, *p*, *q*, *s*, *t*. Il devient quelquefois *ef* devant *f*. Il se réduit à *e* devant *b*, *m*, *l*, et quelquefois devant *c*. Ex. : *ex- ubérant*, *ex- haler*, *ex- patrier*, *ex- tirper*, *ef- fusion*, *é- monder*, *é- bourgeonner*, *é- liminer* *é- corce*.

VII. In. Ce préfixe indique le repos dans un lieu, ou la tendance vers un but avec toutes leurs conséquences, ou la négation. Il reste *in* ou se change en *en* devant les voyelles, devant *h*, ainsi que devant *c*, *d*, *f*, *g*, *j*, *n*, *q*, *s*, *t*, *v*, Il devient *im* ou *em* devant les labiales *m*, *b*, *p* ; *il* devant *l* ; *ir* devant *r*. Enfin il prend la forme *ig* devant quelques mots venus directement du latin. Ex. ; *in- abordable*, *in- hospitalier*, *in- commensurable*, *en- fourner*, *in- juste*, *in- saisissable*; *em- porter*, *im- matériel*; *il- légal*; *ir- régulier*; *i- gnoble*.

VIII. Ob. Ce préfixe marque opposition, empêchement, obstacle. Il se réduit à *o* devant *m*; il s'assimile devant *c*, *f*, *p*, c'est-à-dire qu'il devient *oc*, *of*, *op*. Il reste *ob* dans tous les autres cas. Ex. : *O- mettre* ; *oc- currence*, *of- fenser*, *op- position* ; *ob- jecter*, *ob- lation*, *ob- stacle*.

IX. Re. Le préfixe *re* marque répétition, retour en arrière. Il se réduit à *r* devant *a*, *é*, *en*. Ex. : *r- avaler*, *r- échauffer* ; il s'écrit *ré* devant les autres voyelles et devant les consonnes quand il marque la répétition. Ex. : *ré- ussir* ; *ré- itérer*, *ré- péter* ; il s'écrit *re* dans tous les autres cas : *re- cueillir*, *re- hausser*.

X. Sub. Ce préfixe marque infériorité. Il se réduit quelquefois à *su*, comme dans *su- jet*. Il s'assimile devant *c*, *f*, *g*, *p*, c'est-à-dire qu'il devient *suc*, *suf*, *sug*, *sup*. Il se change en *sou* devant *l*, *m*, *r*. Il devient quelquefois *se*, comme dans *secourir*. Il reste *sub* dans les autres cas. Ex. : *suc- céder*, *suf- fire*, *sug- gérer*, *sup- poser*; *sou- lever*, *sou- mettre*, *sou- rire* ; *sub- alterne*, *sub- juguer*, *sub- stance*.

XI. Trans. Ce préfixe marque passage d'une situation à une autre, transformation, supériorité. Il prend les différentes formes : *trans*, *tran*, *tra*, *tres*, *tré*. Ex. : *trans- férer*, *trans- vaser*, *tran- scrire*, *tra- duire*, *tres- saillir*, *tré- passer*.

DES SIGNES ORTHOGRAPHIQUES.

Exercice 3.

UNE ÉDUCATION AU XVIe SIÈCLE.

Règles 11 à 18. — Le morceau suivant est écrit dans l'ancienne orthographe. Copiez-le en mettant l'orthographe actuelle et les signes orthographiques. Vous substituerez l'imparfait moderne en *ais* à l'ancien imparfait en *ois, ois, oit.*

Le jeune Amyot *se esveilloit a* environ quatre heures du matin. Pendant qu*on* *l*habill*oit*, lui *estoit* lue quelque page de la divine *Escriture**. Alors il *se* adonn*oit a reverer*, adorer, prier et supplier le bon Dieu.

Ce fait, il *estoit* accoustré* et parfumé, durant lequel temps on lui *repetoit* les leçons du jour davant. Lui mesme les dis*oit* par cœur, et en tir*oit* quelques pratiques concernant *l*estat humain ; lesquelles leçons ses maistres *estendoient* quelquefois pendant deux ou trois heures ; mais ordinairement ils les cess*oient* lorsqu*il* *estoit* du tout habillé.

Puis sort*oient* dans les pres ou jou*oient a* la balle, s*exer*ceant le corps, comme ils av*oient* auparavant exercé les *anmes**. Tout leur jeu n*estoit* qu*en* liberté. Ensuite ils all*oient* voir si le *disner estoit* prest.

Cependant *l*appetit ven*oit* et ils *s*assey*oient a* table, parlant des vertus et proprietés de tout ce qui leur *estoit* servi : du pain, du vin, de *l*eau, du sel, des viandes, poissons, fruits, herbes, racines et de *l*apprest *d*icelles. Et il retint si bien les choses dites que, pour lors, n*estoit* medecin qui en s*ust* moitié autant que lui. Apres le repas ils se lav*oient* les yeux et les mains de belle eau fraische, et rend*oient graces a* Dieu par quelques beaux cantiques.

DE LA PROPOSITION.

Exercice 4.

Règles 30-38. — Décomposez chaque proposition en ses éléments. *Écrivez :* La terre (sujet) — est (verbe) — ronde (attribut).

La terre est ronde. — La mer est salée. — Le désert était brûlant. — La route sera poudreuse. — Les oiseaux chantent. — Le ruisseau murmure. — Le tonnerre grondera. — L'hiver a été froid. — La fontaine a tari*. — Les bestiaux avaient bu. — Le mulet et l'âne sont sobres. — La pierre et la brique sont utiles. — Les abricots et les pêches seront vendus. — Les lapins et les lièvres fuiront. — Le frère et la sœur ont obéi. — Le navet et la carotte sont des légumes. — Vous êtes habiles. — Jean et Louis sont menuisiers. — Voler est un crime.

Corrigé 3.

UNE ÉDUCATION AU XVIᵉ SIÈCLE.

Le jeune Amyot *s'éveillait à* environ quatre heures du matin. Pendant qu'*on l'*habillait, lui *était* lue quelque page de la divine *Écriture* *. Alors il *s'adonnait à révérer*, adorer, prier et supplier le bon Dieu.

Ce fait, il *était* accoutré* et parfumé, durant lequel temps on lui *répétait* les leçons du jour *d'*avant. Lui même les *disait* par cœur, et en tirait quelques pratiques concernant *l'état* humain; lesquelles leçons ses maîtres *étendaient* quelquefois pendant deux ou trois heures ; mais ordinairement ils les cessaient lorsqu'*il était* du tout habillé.

Puis sortaient dans les *prés* ou jouaient à la balle, *s'exer*çant le corps, comme ils avaient auparavant exercé les *âmes* *. Tout leur jeu *n'était* qu'*en* liberté. Ensuite ils allaient voir si le *dîner était* prêt.

Cependant *l'*appétit venait et ils *s'asseyaient à* table, parlant des vertus et propri*étés* de tout ce qui leur *était* servi : du pain, du vin, de *l'*eau, du sel, des viandes, poissons, fruits, herbes, racines et de *l'*apprêt *d'*icelles. Et il retint si bien les choses dites que, pour lors, *n'était* médecin qui en *sût* moitié autant que lui. Après le repas ils se lavaient les yeux et les mains de belle eau fraîche, et rendaient *grâces à'*Dieu par quelques beaux cantiques.

Corrigé 4.

La terre (*suj.*) est (*v.*) ronde (*attr.*). — La mer (*suj.*) est (*v.*) salée (*attr.*). — Le désert (*suj.*) était (*v.*) brûlant (*attr.*). — La route (*suj.*) sera (*v.*) poudreuse (*attr.*). — Les oiseaux (*suj.*) sont (*v.*) chantant (*attr.*). — Le ruisseau (*suj.*) est (*v.*) murmurant (*attr.*). — Le tonnerre (*suj.*) sera (*v.*) grondant (*attr.*). — L'hiver (*suj.*) a été (*v.*) froid (*attr.*). — La fontaine (*suj.*) a été (*v.*) tarissant (*attr.*). — Les bestiaux (*suj.*) avaient été (*v.*) buvant (*attr.*). — Le mulet et l'âne (*suj. comp.*) sont (*v.*) sobres (*attr.*). — La pierre et la brique (*suj. comp.*) sont (*v.*) utiles (*attr.*). — Les abricots et les pêches (*suj. comp.*) seront (*v.*) vendus (*attr.*). — Les lapins et les lièvres (*suj. comp.*) seront (*v.*) fuyant (*attr.*). — Le frère et la sœur (*suj. comp.*) ont été (*v.*) obéissant (*attr.*). — Le navet et la carotte (*suj. comp.*) sont (*v.*) des légumes (*attr.*). — Vous (*suj.*) êtes (*v.*) mobiles (*attr.*). — Jean et Louis (*suj. comp.*) sont (*v.*) menuisiers (*attr.*). — Voler (*suj.*) est (*v.*) un crime (*attr.*).

Même exercice 5.

Décomposez chaque proposition en ses éléments, et indiquez les dépendances de ces derniers. *Ecrivez* : Le courage du soldat (sujet avec complément) — est (verbe) — indomptable (attribut simple).

Le courage du soldat est indomptable. — La charrue et la herse sont utiles aux cultivateurs. — Les poires du jardin sont excellentes. — Le pays était montagneux. — Les pommes de terre sont blanches et farineuses. — Nous avons entendu la flûte et le hautbois. — Les coqs et les faisans sont l'ornement de la basse-cour. — Les enfants de chœur chantent juste. — Les petits garçons méchants ont déniché les nids d'oiseaux. — La vipère a mordu cet homme au talon. — Travailler sans relâche est le moyen le plus assuré d'acquérir des richesses.

DU NOM OU SUBSTANTIF

PLURIEL DES NOMS COMPOSÉS.

Exercice 6.

Règles 67-74. — Copiez et répondez aux questions suivantes : *Ecrivez : Les petites fontaines en forme de bornes sont des bornes-fontaines.*

Comment appelez-vous : De petites fontaines en forme de *bornes?* — Des couteaux qui ont la forme d'un *poignard?* — Ceux qui veillent à la garde des *champs?* — Les officiers supérieurs qui peuvent remplacer (*tenir lieu*) le colonel? — Ceux qui veillent à la garde des *forêts?* — Les monuments en forme de voûte (*d'arc*) élevés en signe de *triomphe?* — Des interprétations contraires au *sens?* — La partie antérieure du *bras?* — Les étages des maisons compris *entre* le *sol* et le premier étage? — Les fonctionnaires publics dont le rang est au-dessous de celui de *prefet?* — Les officiers de marine dont le grade est au-dessous de celui d'*amiral**?

Exercice 7.

Règles 67-74. — Expliquez l'orthographe des noms composés qui suivent. *Ecrivez :* Des réveille-matin, *horloges* qui réveillent le matin.

Des réveille-matin, horloges...

Des perce-neige, plantes...

Des rabat-joie, personnes ou choses...

Des va-nu-pieds, hommes...

Corrigé 5.

Le courage du soldat (*suj. avec compl.*) est (*v.*) indomptable (*attr. simp.*). — La charrue et la herse (*suj. composé*) sont (*v.*) utiles aux cultivateurs (*attr. avec compl.*). — Les poires du jardin (*suj. avec compl.*) sont (*v.*) excellentes (*attr. simple*). — Le pays (*suj.*) était (*v.*) montagneux (*attr. simple*). — Les pommes de terre (*suj.*) sont (*v.*) blanches et farineuses (*attr. composé*). — Nous (*suj. simpl.*) avons été (*v.*) entendant la flûte et le hautbois (*attr. avec compl.*). — Les coqs et les faisans (*suj. composé*) sont (*v.*) l'ornement de la basse-cour (*attr. avec compl.*). — Les enfants de chœur (*suj. avec compl.*) sont (*v.*) chantant fort (*attr. avec qualificatij adverbe*). — Les petits garçons méchants (*suj. avec qualificatif adjectif*) ont été (*v.*) dénichant les nids d'oiseaux (*attr. avec compl.*). — La vipère (*suj.*) a été (*v.*) mordant cet homme au talon (*attr. avec deux compl.*). — Travailler sans relâche (*suj. avec compl.*) est (*v.*) le moyen le plus assuré d'acquérir des richesses (*attr. avec qualificatif et avec compl.*).

Corrigé 6.

Les petites fontaines en forme de bornes sont des *bornes-fontaines*. — Les couteaux qui ont la forme d'un poignard sont des *couteaux-poignards*. — Ceux qui veillent à la garde des champs sont des *gardes-champêtres*. — Les officiers supérieurs qui peuvent remplacer le colonel sont des *lieutenants-colonels*. — Ceux qui veillent à la garde des forêts sont des *gardes-forestiers*. — Les monuments en forme de voûte élevés en signe de triomphe, sont des *arcs de triomphe*. — Les interprétations contraires au sens sont des *contre-sens*. — La partie antérieure du bras est l'*avant-bras*. — Les étages compris entre le sol et le premier étage sont des *entre-sols* (1). — Les fonctionnaires publics dont le rang est au-dessous de celui de préfet sont des *sous-préfets*. — Les officiers de marine dont le grade est au-dessous de celui d'amiral sont des *vice-amiraux* et des *contre-amiraux*.

Corrigé 7.

— *Horloges* qui réveillent le matin.
— *Plantes* qui percent la neige.
— *Personnes* ou *choses* qui rabattent la joie.
— *Hommes* qui vont nu-pieds.

---

(1) Pour former le pluriel des noms composés formés de la préposition *entre* et d'un substantif, on met le substantif au pluriel : un entre-sol, des *entre-sols ;* une entre-côte, des *entre-côtes ;* un entre-pont, des *entre-ponts ;* une entre-voie, des *entre-voies ;* un entr'acte, des *entr'actes.*

Des porte-crayon, instruments...
Des trouble-fête, personnes...
Des tire-bottes, instruments.
Des tire-lignes, instruments.

Les tue-chien, plantes...
Des prie-Dieu, chaises...
Des brise-tout, hommes...
Des chasse-marée *, petits vaisseaux...

Exercice 8.

Règles 67-74. — Copiez et répondez aux questions suivantes. *Ecrivez :* Les bains inventés par la prophétesse Marie sont des *bains-Marie.*

Comment appelez-vous : Des *bains* inventés par la prophétesse Marie ? — Des *hôtels* où l'on reçoit les gens pour l'amour de Dieu ? — Des hommes qui ont une *brèche* aux dents ? — Des gens qui coupent les *jarrets* * ? — Des entretiens où l'on est *tête à tête?* — Les *vers* qui fournissent la soie? — Les *fers* qu'on met aux pieds des chevaux ? — Les *vers* qui luisent pendant la nuit ? — Des *chars* où il y a des bancs pour s'asseoir ? — Les relâches * *entre* les différents *actes* d'une pièce de théâtre ? — Les armoires où l'on garde le *manger?* — Les oiseaux qui ont la *gorge* rouge ? — De petits marchands qui portent une *balle* * ?

Exercice 9.

Règles 67-74. — Mettez au pluriel les mots en italique.

Le réveille-matin, c'est-à-dire *le coq, eut* la gorge coupée.

Le grand-maître des chevaliers de Malte * *se signala* contre les Turcs.

Nous placerons ici *un garde-manger.*

Nous avons commandé *une charrue* et *un avant-train.*

J'ai vu chez le joaillier * *une belle aigue-marine* *.

Il aperçut *un chasse-marée* * à l'horizon.

Le ver-à-soie est originaire de la Chine.

On placera *un garde-fou* * en cet endroit.

Le sergent-major fera l'appel *de la compagnie.*

La chauve-souris est un animal insectivore *.

Exercice général 10.

SOMMAIRE. — Pluriel des noms composés (règles 67-74); — Pluriel des noms empruntés aux langues étrangères (règles 75-77). — Pluriel des noms propres (règles 78-79). — Pluriel des mots invariables (règle 80). — Noms qui ont les deux genres (règles 81-83).

Mettez au pluriel les mots entre parenthèses et rappelez brièvement la règle. *Ecrivez :* Les *duos* (duo, quoique mot étranger, prend un *s* parce qu'il est usité), sont des morceaux de musique, etc.

1. Les (*duo,* § 75) sont des morceaux de musique chantés par deux voix ou exécutés par deux instruments.

— *Instruments* qui portent un crayon.
— *Personnes* qui troublent la fête.
— *Instruments* pour tirer les bottes.
— *Instruments* pour tirer les lignes.
— *Plantes* qui tuent un chien.
— *Chaises* avec lesquelles on prie Dieu.
— *Hommes* qui brisent tout.
— *Petits vaisseaux* qui apportent la marée, c'est-à-dire le poisson de mer.

Corrigé 8.

Des bains inventés par les prophètesse Marie sont des *bains-marie*. — Des hôtels où l'on reçoit les gens pour l'amour de Dieu sont des *hôtels-Dieu*. — Des hommes qui ont une brèche aux dents sont des *brèche-dents*. — Des gens qui coupent les jarrets sont des *coupe-jarrets*. — Des entretiens où l'on est tête à tête sont des *tête-à-tête*. — Les vers qui fournissent la soie sont des *vers-à-soie*. — Les fers qu'on met aux pieds des chevaux sont de *fers-à-cheval*. — Les vers qui luisent pendant la nuit sont des *vers-luisants*. — Des chars où il y a des bancs pour s'asseoir sont des *chars-à-bancs*. — Les relâches entre les différents actes d'une pièce de théâtre sont des *entr'actes*. — Des armoires où l'on garde le manger sont des *garde-manger*. — Les oiseaux qui ont la gorge rouge sont des *rouges-gorges*. — Les petits marchands qui portent une balle sont des *porte-balles*.

Corrigé 9.

Les réveille-matin, c'est-à-dire *les coqs*, eurent la gorge coupée.
Les grands-maîtres des chevaliers de Malte * *se signalèrent* contre les Turcs.
Nous placerons ici *des garde-manger*.
Nous avons commandé *des charrues* et *des avant-trains*.
J'ai vu chez le joaillier * *de belles aigues-marines* *.
Il aperçut *des chasse-marée* * à l'horizon.
Les vers-à-soie sont originaires de la Chine.
On placera *des garde-fou* * en cet endroit.
Les sergents-majors feront l'appel *des compagnies*.
Les chauves-souris sont des animaux insectivores *.

Corrigé 10.

1. Les *duos* sont des morceaux de musique chantés par deux voix ou exécutés par deux instruments.

Les joyeux (*alleluia*) retentissent sous les voûtes des églises pendant le temps pascal.

Les (*opéra*, § 75) sont des pièces de théâtre en musique.

Les (*lazzarone*) sont des mendiants qui pullulent * à Naples *.

Les (*in-octavo*) sont des volumes composés avec des feuilles d'impression pliées en huit.

Il y a bien des (*pourquoi*) que l'on trouve indiscrets, par la raison que l'on ne connaît point les (*parce que*) qui pourraient y répondre.

Il ne faut ni trop dédaigner les (*qu'en dira-t-on*) ni trop s'en affecter.

Les (*zéro*, § 75) étaient représentés autrefois par des points.

Les (*Te Deum*) que l'on chante à la suite des batailles sont toujours accompagnés d'un grand nombre de (*De profundis*).

On appelle (*dilettante*) des amateurs forcenés de musique.

Les (*quolibet*, § 75) sont des plaisanteries d'un goût quelque peu équivoque.

2. Nous avons feuilleté des (*album*, § 75) composés de vues photographiques * très-bien exécutées.

Voltaire * a défini une armée : la réunion de quarante mille (*Alexandre* *) à un sou par jour.

L'Italie a le droit d'être fière de ses (*Léonard* * *de Vinci*), de ses (*Raphaël* *) et de ses (*Michel-Ange* *).

On a vendu des (*Titien* *) (1), des (*Murillo* *), des (*Canaletti* *), des (*Philippe de Champaigne*), des (*Rembrandt* *) qui ont atteint des prix fabuleux.

Les (*Bernard Palissy* *) (2) que possède le musée du Louvre * sont admirés de tous les connaisseurs.

Boileau * se plaignait que certains individus traitassent d'auteurs froids, de poëtes stériles, les (*Homère* *) et les (*Virgile* *).

Il y a des sujets de tragédie particulièrement affectionnés des poëtes : il n'existe pas moins de trois (*Œdipe*) (3) et de deux (*Phèdre*) (3).

J'ai acheté plusieurs éditions rares des auteurs classiques : trois (*Molière* *) (4), trois (*Racine* *), deux (*Boileau* *).

---

(1) Ces mots, *des Titien*, *des Murillo*, signifient *des tableaux* du Titien, de Murillo ; les mots *Titien*, *Murillo*, etc., restent au singulier.

(2) Cette expression, *les Bernard Palissy* équivaut à *les porcelaines* de Bernard Palissy ; employez le singulier.

(3) Ces mots *trois Œdipe*, *deux Phèdre*, signifient *trois tragédies* intitulées *Œdipe*, *deux tragédies* intitulées *Phèdre* ; employez le singulier.

(4) Ces mots *trois Molière*, *trois Racine*, *deux Boileau*, signifient *trois éditions* de Molière, de Racine, *deux éditions* de Boileau ; employez le singulier.

Les joyeux *alleluia* retentissent sous les voûtes des églises pendant le temps pascal.

Les *opéras* sont des pièces de théâtre en musique.

Les *lazzaroni* sont des mendiants qui pullulent* à Naples *.

Les *in-octavo* sont des volumes composés avec des feuilles d'impression pliées en huit.

Il y a bien des *pourquoi* que l'on trouve indiscrets, par la raison que l'on ne connaît point les *parce que* qui pourraient y répondre.

Il ne faut ni trop dédaigner les *qu'en dira-t-on*, ni trop s'en affecter.

Les *zéros* étaient représentés autrefois par des points.

Les *Te Deum* que l'on chante à la suite des batailles sont toujours accompagnés d'un grand nombre de *De profundis*.

On appelle *dilettanti* des amateurs forcenés de musique.

Les *quolibets* sont des plaisanteries d'un goût quelque peu équivoque.

2. Nous avons feuilleté des *albums* composés de vues photographiques* très-bien exécutées.

Voltaire * a défini une armée : la réunion de quarante mille *Alexandres* * à un sou par jour.

L'Italie a le droit d'être fière de ses *Léonard* de Vinci*, de ses *Raphaël** et de ses *Michel-Ange**.

On a vendu des *Titien**, des *Murillo**, des *Canaletti**, des *Philippe de Champaigne*, des *Rembrandt** qui ont atteint des prix fabuleux.

Les *Bernard Palissy** que possède le musée du Louvre* sont admirés de tous les connaisseurs.

Boileau* se plaignait que certains individus traitassent d'auteurs froids, de poëtes stériles, les *Homère** et les *Virgile**.

Il y a des sujets de tragédie particulièrement affectionnés des poëtes : il n'existe pas moins de trois *Œdipe* et de deux *Phèdre*.

J'ai acheté plusieurs éditions rares des auteurs classiques : trois *Molière**, trois *Racine **, deux *Boileau* *.

3. Un broc de vin de Suresnes* délie la langue aux (*Apollon**) des cabarets.

Par un contraste surprenant, les pays déshérités de la nature font les plus (*cher*) *amours* de leurs habitants ; le Suisse* ressent les plus (*vif*) *délices* à habiter ses âpres montagnes ; le Lapon* meurt d'ennui loin de ses plaines neigeuses.

Les (*étonnant*) *orgues* de Fribourg, en Suisse, sont l'œuvre d'Aloys Mooser.

Livingstone* nous apprend qu'il y a de (*bon*) et même d'(*excellent*) *gens* parmi les nègres* de l'Afrique australe*.

Les *gens* (*sensé*) gardent la modération en toute chose.

Mon *enfant*, disait une mère à sa fille, plus tu te montreras (*modeste*), (*pieux*), (*bon*), (*obligeant*), (*actif*), (*discret*), et plus on t'estimera.

Le mot *carnaval* signifie enlèvement de la chair ; c'est qu'en effet les (*carnaval*), qui reviennent périodiquement chaque année, ouvrent le temps d'abstinence, qui ne finit qu'à Pâques.

Il n'y a pas de cour* d'appel dans tous les (*chef-lieu*) de département.

4. Il y a des gens qui ne manquent jamais d'ajouter des (*post-scriptum*) à toutes leurs lettres.

Sans les (*zéro*, § 75), notre numération serait très-défectueuse, comme l'était celle des anciens Grecs.

On ne cesse d'entretenir le feu des (*haut-fourneau**) une fois qu'ils ont été allumés.

En France, il n'y a pas moins de cinq (*Champagne**) ; car, outre la grande province de ce nom, on en cite quatre autres plus petites. La plus connue peut-être de ces dernières est la Champagne des environs de Cognac*.

Plusieurs citadins ont des (*pied-à-terre**) dans ce village.

Les (*arc-en-ciel*) sont dus à la décomposition des rayons lumineux pas de petites ampoules d'eau remplies d'air.

Ce jeune homme a reçu pour étrennes plusieurs volumes (*in-octavo*).

Les (*Mézeray*), les (*Adrien de Valois*), les (*Augustin Thierry*), nous ont retracé en tout ou en partie l'histoire de notre pays.

Les (*maximum*) des crues* de la Seine sont des phénomènes assez rares.

Si la petite fille que l'on a appelée le Petit Chaperon rouge n'avait pas été (*un enfant désobéissant*), elle n'eût pas fait la rencontre du loup.

Les (*Copernic*), les (*Képler*), les (*Galilée*), les (*Newton*), ont puissamment contribué aux progrès de l'astronomie.

3. Un broc de vin de Suresnes* délie la langue aux *Apollons** des cabarets.

Par un contraste surprenant, les pays déshérités de la nature font les plus *chères amours* de leurs habitants : le Suisse* ressent les plus *vives délices* à habiter ses âpres montagnes ; le Lapon* meurt d'ennui loin de ses plaines neigeuses.

Les *étonnantes orgues* de Fribourg, en Suisse, sont l'œuvre d'Aloys Mooser.

Livingstone* nous apprend qu'il y a de *bonnes* et même d'*excellentes gens* parmi les nègres* de l'Afrique australe*.

Les *gens sensés* gardent la modération en toute chose.

Mon *enfant*, disait une mère à sa fille, plus tu te montreras *modeste, pieuse, bonne, obligeante, active, discrète*, et plus on t'estimera.

Le mot *carnaval* signifie enlèvement de la chair ; c'est qu'en effet les *carnavals* qui reviennent périodiquement chaque année, ouvrent le temps d'abstinence, qui ne finit qu'à Pâques.

Il n'y a pas de cour* d'appel dans tous les *chefs-lieux* de département.

4. Il y a des gens qui ne manquent jamais d'ajouter des *post-scriptum* à toutes leurs lettres.

Sans les *zéros* notre numération serait très-défectueuse, comme l'était celle des anciens Grecs.

On ne cesse d'entretenir le feu des *hauts-fourneaux** une fois qu'ils ont été allumés.

En France, il n'y a pas moins de cinq *Champagnes** ; car, outre la grande province de ce nom, on en cite quatre autres plus petites. La plus connue peut-être de ces dernières est la Champagne des environs de Cognac*.

Plusieurs citadins ont des *pied-à-terre** dans ce village.

Les *arcs-en-ciel* sont dus à la décomposition des rayons lumineux pas de petites ampoules d'eau remplies d'air.

Ce jeune homme a reçu pour étrennes plusieurs volumes *in-octavo*.

Les *Mézeray**, les *Adrien de Valois**, les *Augustin Thierry**, nous ont retracé en tout ou en partie l'histoire de notre pays.

Les *maxima* des crues* de la Seine sont des phénomènes assez rares.

Si la petite fille que l'on a appelée le Petit Chaperon rouge n'avait pas été *une enfant désobéissante*, elle n'eût pas fait la rencontre du loup.

Les *Copernic*, les *Képler*, les *Galilée*, les *Newton*, ont puissamment contribué aux progrès de l'astronomie.

5. Nos connaissances géographiques permettent d'affir
mer que l'avenir ne verra jamais de nouveaux (*Christoph*
Colomb *) découvrir sur notre planète quelque vaste con
tinent.

Les *gens* (*adonné*) à la passion du jeu s'en corrigent diffi
cilement.

On distingue deux (*Bretagne*) : la Grande-Bretagne, au
trefois nommée Albion, qui fait partie de l'Angleterre *, e
la Bretagne armoricaine, la terre la plus occidentale du
continent européen, qui fait partie de la France.

On vit rarement une famille princière plus éprouvé
que le fut celle des (*Stuart* *).

Les (*contre-poison*) sont d'autant plus efficaces qu'ils son
plus tôt administrés.

RÈGLES SUR **AIGLE** ET SUR **HYMNE**.

Aigle est féminin : 1° quand il signifie *drapeau ;* 2° quand il désigne *la mère
des aiglons.*

Ex. : Les *Aigles romaines. L'aigle* est *pleine* de tendresse pour ses petits.
En dehors de ces deux cas, le mot *aigle* est toujours masculin.

Ex. : L'*aigle altier.*

Hymne, chant d'Église, est féminin ; dans tout autre sens il est masculin.

Ex. : L'*hymne* de l'Assomption est *très-belle.* Les *hymnes guerriers* de la
France.

Exercice 11.

Appliquez la règle qui précède.

L'*aigle* qui vient d'être mère est (*plein*) de courage pour
défendre ses petits.

Les Romains ont promené leurs *aigles* (*victorieux*) dans
tous les pays qui entourent la Méditerranée*.

Deux *aigles* (*criard*), (*élevé*) en captivité et (*auquel*) on
jetait de temps à autre des chats vivants, leur arrachaient
d'abord les yeux, dont (*ils, elles*) sont (*très-friand*), leur dévoraient le foie * et les mettaient ensuite en lambeaux.

L'*hymne* si (*connu*) du *Veni Creator* a été (*composé*) par
saint Hilaire, évêque de Poitiers*.

Les Francs marchaient au combat en chantant des
hymnes (*guerriers*).

Les *aigles* avaient été (*gratifié*) par les anciens naturalistes * d'une longévité* qui dépassait toutes les limites du
vraisemblable.

Exercice Lexicologique 12.

Répondez par écrit aux questions suivantes au moyen du lexique.

Qu'est-ce que : la divine Écriture, — la marée, — un
relâche, — une balle, — une aigue-marine, — un chasse-

5. Nos connaissances géographiques permettent d'affirmer que l'avenir ne verra jamais de nouveaux *Christophe Colomb** découvrir sur notre planète quelque vaste continent.

Les *gens adonnés* à la passion du jeu s'en corrigent difficilement.

On distingue deux *Bretagnes* : la Grande-Bretagne, autrefois nommée Albion, qui fait partie de l'Angleterre *, et la Bretagne armoricaine, la terre la plus occidentale du continent européen, qui fait partie de la France.

On vit rarement une famille princière plus éprouvée que le fut celle des *Stuarts**.

Les *contre-poisons* sont d'autant plus efficaces qu'ils sont plus tôt administrés.

REMARQUES SUR AIGLE ET SUR HYMNE.

Aigle. — On trouve *aigle* des deux genres dès les premiers temps de notre langue. Cependant on le faisait le plus souvent masculin. Aujourd'hui *aigle* est toujours masculin dans le sens propre ; mais il n'est pas rare de rencontrer dans les auteurs *aigle* au féminin même dans ce sens. *Aigle* est considéré comme masculin quand il est pris figurément pour indiquer la supériorité. Ex. : C'est *un aigle*. Il est féminin lorsqu'il s'agit d'une manière précise de la femelle de l'oiseau de proie. Ex. : *Cette belle aigle* pondit deux œufs.

Aigle est encore féminin quand il désigne un *étendard*, des *armoiries*.

Hymne. — L'*e* muet qui termine *hymne* montre qu'à l'origine ce substantif devait être exclusivement féminin. Il a conservé ce genre quand il désigne un chant d'Eglise. Au xvi* siècle, on remarqua que *hymne*, provenant du mot latin masculin *hymnus*, devait être du genre masculin, et on lui donna ce dernier genre toutes les fois qu'il ne s'agissait pas d'un chant d'Eglise. L'ancien genre de *hymne* ne lui fut conservé que dans son acception la plus populaire.

Corrigé 11.

L'*aigle* qui vient d'être mère est *pleine* de courage pour défendre ses petits.

Les Romains ont promené leurs *aigles victorieuses* dans tous les pays qui entourent la Méditerranée*.

Deux *aigles criards*, *élevés* en captivité et auxquels on jetait de temps à autre des chats vivants, leur arrachaient d'abord les yeux, dont *ils* sont *très-friands*, leur dévoraient le foie * et les mettaient ensuite en lambeaux.

L'*hymne* si *connue* du *Veni Creator* a été *composée* par saint Hilaire, évêque de Poitiers*.

Les Francs marchaient au combat en chantant des *hymnes guerriers*.

Les *aigles* avaient été *gratifiés* par les anciens naturalistes * d'une longévité* qui dépassait toutes les limites du vraisemblable.

marée, — un garde-fou, — l'Afrique australe, — un haut fourneau, — un pied-à-terre ?

Qu'est-ce que : une fontaine qui a *tari*, — un animal *insectivore*, — une vue *photographique*, — le *musée* du Louvre, — une *cour* d'appel, — la *crue* d'un fleuve, — le foie, — la longévité ?

Qu'est-ce que : un amiral, — un naturaliste ?

Quelles sont les contrées que baigne la Méditerranée ?

Dans quel département se trouve Poitiers ?

Où est située l'île de Malte, à quelle nation appartient-elle ?

Que signifie le verbe pulluler ?

Que savez-vous de Voltaire, — d'Alexandre, — de Christophe Colomb, — de Léonard de Vinci, — de Raphaël, — de Michel-Ange, — du Titien, — de Murillo, — de Canaletto, — de Philippe de Champaigne, — de Rembrandt, — de Bernard Palissy, — de Boileau, — d'Homère, — de Virgile, — de Molière, — de Racine, — de Livingstone, — des Stuarts ?

Quels sont les principaux lacs de la Suisse ?

Où est située la Laponie ?

Quelles sont les principales villes de la Champagne ?

Quelle est la capitale de l'Angleterre ?

SUBSTANTIFS QUI ONT PLUSIEURS SENS.

Un certain nombre de substantifs, bien que s'écrivant de la même manière, diffèrent complétement de signification ; cette différence de sens provient d'une différence d'origine. Le plus souvent à ces changements de sens correspond un changement de genre. Les mots suivants sont dans ce cas.

AUNE, *m.*, arbre ; AUNE, *f.*, ancienne mesure.

AIDE, *m.*, coopérateur * ; AIDE, *f.*, assistance.

CARTOUCHE *, *m.*, terme de peinture et de sculpture ; CARTOUCHE, *f.*, charge d'un fusil.

COUPLE, *m.*, le père et la mère ; COUPLE, *f.*, deux objets semblables.

CRÊPE, *m.*, étoffe de deuil ; CRÊPE, *f.*, pâte frite.

ÉCHO, *m.*, répétition d'un son ; ÉCHO, *f.*, nymphe *.

ENSEIGNE, *m.*, porte-drapeau ; ENSEIGNE, *f.*, inscription sur une boutique.

FOUDRE, *m.*, grand général et grand orateur ; FOUDRE, *m.*, immense tonneau ; FOUDRE, *f.*, feu du ciel.

GARDE, *m.*, homme qui surveille une chose ; GARDE, *f.*, troupe armée ; GARDE, *f.*, action de garder.

GREFFE, *m.*, secrétariat d'un tribunal ; GREFFE, *f.*, opération pratiquée sur un arbre.

LIVRE, *m.*, imprimé ; LIVRE, *f.*, mesure de poids ; LIVRE, *f.*, ancienne monnaie.

MANŒUVRE, *m.*, aide-ouvrier ; MANŒUVRE, *f.*, mouvement de troupes.

MÉMOIRE, *f.*, faculté de se souvenir ; MÉMOIRE, *m.*, note de fournitures.

MOULE, *m.*, forme creuse d'un objet ; MOULE, *f.*, coquillage bon à manger.

Corrigé 12.

(Voir la réponse au Lexique.)

PHRASES A ANALYSER GRAMMATICALEMENT.

1. Tous les hommes sont mortels.
2. Le printemps, l'été, l'automne et l'hiver sont les quatre saisons de l'année.
3. Les rivières se jettent dans les fleuves, et les fleuves dans la mer.
4. Vous et moi entreprendrons le voyage d'Amérique.
5. Celui qui persévérera jusqu'à la fin sera sauvé.
6. Le blé que l'on sème en hiver n'est pas plus tôt mûr que celui que l'on sème au printemps.
7. Les noisettes, la faîne et le gland constituent les aliments ordinaires de l'écureuil.
8. L'étain, le cuivre, le plomb, le zinc et le fer sont les métaux les plus usuels.
9. La vigne qui croît dans les terrains montagneux et pierreux donne des produits de meilleure qualité que celle qui a été plantée dans la plaine.
10. Travailler est le plus sûr moyen de parvenir à l'aisance.
11. L'âne nous rend presque autant de services que le cheval.
12. La brouette fut inventée par Pascal.
13. Nous nous sommes promenés dans le parc.
14. Les haies d'aubépine protégent parfaitement les propriétés.
15. L'ivrognerie, comme la paresse, dégrade l'homme.
16. L'enfer, de même que le ciel, prouve un Dieu juste et bon.
17. La tortue, ainsi que le caméléon, habite les pays chauds.
18. Le vin ou l'eau-de-vie tue celui qui en boit à l'excès.
19. Il est arrivé un grand malheur.
20. Il tomba une neige abondante.
21. Il vaut mieux être malheureux que criminel.
22. Il importe qu'on ne perde pas une minute de son temps.

SUBSTANTIFS QUI ONT PLUSIEURS SENS.

Il y a lieu d'ajouter les mots suivants à la liste ci-jointe :

Guide, *m.*, celui qui conduit une personne ; guide, *f.*, lanière de cuir pour diriger les chevaux.

Manche, *m.*, partie d'un instrument par où on le prend (racine, *main*); manche, *f.*, partie du vêtement où l'on met le bras (même étymologie).

Mode, *m.*, méthode : *mode d'enseignement ;* terme de grammaire; mode, *f.*, manière, fantaisie, usage passager qui dépend du goût et du caprice.

Page, *m.*, jeune garçon attaché au service d'un prince; page, *f.*, l'un des côtés d'un feuillet de papier.

Poste, *m.*, lieu assigné à quelqu'un pour un office quelconque; poste, *f.*, relai de chevaux pour le transport des voyageurs; administration publique pour le transport des lettres.

Tour, *m.*, machine pour façonner le bois en rond; tour, *f.*, bâtiment élevé, rond ou à plusieurs faces.

Voile, *m.*, pièce d'étoffe dont les femmes se couvrent le visage; voile, *f.*, assemblage de pièces de toile que l'on attache aux vergues des mâts pour recevoir le vent.

Mousse, *m.*, jeune apprenti matelot ; mousse, *f.*, plante ; mousse, *f.*, écume.

Office, *m.*, cérémonie religieuse ; office, *m.*, fonction, emploi ; office, *f.*, lieu où l'on garde les vivres.

Pendule, *m.*, balancier d'une horloge ; pendule, *f.*, sorte d'horloge.

Remise, *f.*, hangar ; remise, *m.*, voiture de louage.

Solde, *m.*, ce qui reste dû sur un compte ; solde, *f.*, paie des troupes.

Vase, *m.*, ustensile de cuisine ; vase, *f.*, boue.

Exercice 13.

Faites accorder l'adjectif ou le participe entre parenthèses et donnez le sens du substantif. *Ecrivez :* Les *aunes plantés* dans un terrain marécageux poussent rapidement. (Il s'agit ici de *aune*, arbre, *masc.*)

1. Les *aunes* (*planté*) dans un terrain marécageux poussent rapidement.

Le chirurgien doit être assisté d'*aides* (*intelligent*).

Sur les monuments égyptiens, les noms des souverains sont enfermés dans des *cartouches* profondément (*gravé*) dans la pierre.

Est-il *couple* plus (*uni*) que (*celui, celle*) que formaient le Gaulois Sabinus et sa femme Eponine?

Le noir étant chez nous la couleur du deuil, les personnes qui ont perdu quelqu'un des leurs ont des *crêpes* (*noir*) à leur chapeau.

Les *échos* qui répètent huit ou dix fois le son ne sont pas (*commun*).

L'*enseigne* du régiment a été (*tué*) à la première décharge faite par l'ennemi.

Les anciens représentaient Jupiter* lançant ses *foudres* (*vengeur*) sur les têtes coupables.

2. Il nous est arrivé deux *foudres* (*rempli*) d'excellent vin.

(*Le, la*) *garde* (*montant*) est (*celui, celle*) qui vient relever un poste.

Boileau* barbouilla quelque temps du papier timbré dans (*un, une*) *greffe* (*poudreux*).

(*Le, la*) *livre* (*employé*) jusqu'à la Révolution comme unité de monnaie a été (*remplacé*) par le franc.

Les *manœuvres* (*appliqué*) au travail deviennent bientôt habiles dans leur métier.

Les *moules* (*destiné*) à la fonte des cloches ont été (*exécuté*) avec soin et (*rempli*) ensuite d'airain* en fusion.

(*Le, la*) *mousse* (*recueilli*) dans la forêt est (*teint*) avant d'être (*vendu*).

(*Un, une*) *mousse* (*épais*) couronnait les pots de bière.

Les *mémoires* des entrepreneurs ont été (*réglé*) par un architecte.

Il y a (*certain*) *offices* qui sont plus (*honorable*) que (*lucratif**).

OBSERVATIONS. — Il faut remarquer que les substantifs qui ont les deux genres, quoique s'écrivant d'une manière identique, présentent cependant des sens distincts, et dérivent en général de mots latins essentiellement différents.

Par exemple : *Aune*, arbre, vient du latin *alnus*, tandis que *aune*, mesure, est tiré de *ulna*.

Cette confusion apparente de deux mots en un seul doit être attribuée à la tendance qu'a la langue française à contracter les mots latins.

Corrigé 13.

1. Les *aunes plantés* dans un terrain marécageux poussent rapidement.

Le chirurgien doit être assisté d'*aides intelligents*.

Sur les monuments égyptiens, les noms des souverains sont enfermés dans des *cartouches* profondément *gravés* dans la pierre.

Est-il *couple* plus *uni* que *celui* que formaient le Gaulois Sabinus et sa femme Eponine?

Le noir étant chez nous la couleur du deuil, les personnes qui ont perdu quelqu'un des leurs ont des *crêpes noirs* à leur chapeau.

Les *échos* qui répètent huit ou dix fois le son ne sont pas *communs*.

L'*enseigne* du régiment a été *tué* à la première décharge faite par l'ennemi.

Les anciens représentaient Jupiter* lançant ses *foudres vengeresses* sur les têtes coupables.

2. Il nous est arrivé deux *foudres remplis* d'excellent vin.

La *garde montante* est *celle* qui vient relever un poste.

Boileau* barbouilla quelque temps du papier timbré dans *un greffe poudreux*.

La *livre, employée* jusqu'à la Révolution comme unité de monnaie, a été *remplacée* par le franc.

Les *manœuvres appliqués* au travail deviennent bientôt habiles dans leur métier.

Les *moules destinés* à la fonte des cloches ont été *exécutés* avec soin et *remplis* ensuite d'airain* en fusion.

La *mousse recueillie* dans la forêt est *teinte* avant d'être vendue.

Une *mousse épaisse* couronnait les pots de bière.

Les *mémoires* des entrepreneurs ont été *réglés* par un architecte.

Il y a *certains offices* qui sont plus *honorables* que lucratifs*.

3. Les *pendules* *(dit)* Louis XV sont ainsi *(appelé)* parce qu'*(ils, elles)* ont été *(fabriqué)* sous le règne de ce roi.

Il y a dans cette cour *(un, une)* *remise* *(construit)* à grands frais, pour abriter les voitures.

Tout compte se règle par *(un, une)* *solde* *(débiteur)* et par *(un, une)* *solde* *(créditeur)*.

Les *vases* *(acheté)* à la manufacture de Sèvres* seront *(placés)* sur notre cheminée.

L'*aune* *(dit)* de Provins est encore *(employé)* à Londres pour mesurer les étoffes.

Avec l'*aide* *(divin)*, on est toujours fort.

Les *cartouches* *(déchiré)* ne peuvent servir pour charger les nouveaux fusils.

(Un, une) *(seul)* *couple* d'œufs ne suffit pas pour le déjeuner d'un homme robuste.

Les *crêpes* sont toujours *(mangé)* avec délices par les enfants.

Echo fut fort *(attristé)* d'avoir été *(délaissé)* par Narcisse.

Il y a des *enseignes* *(conçu)* en des termes tels qu'*(ils* ou *elles)* provoquent toujours le rire chez ceux qui les lisent.

Les *foudres* de guerre ne sont jamais *(effrayé)* du grand nombre de leurs ennemis.

Les *gardes* des forêts sont quelquefois *(attaqué)* par les braconniers.

4. Ceux qui faisaient partie de *(le, la)* *garde* *(national)* s'appelaient des *gardes* *(national)*.

(Un, une) *livre* *(métrique)* équivaut à cinq cents grammes.

Les *(premier)* livres *(imprimés)* l'étaient en caractères gothiques.

Les *manœuvres* *(exécuté)* par les troupes étaient d'une précision surprenante.

Les *moules* qui ont été *(attaché)* quelque temps au cuivre des vaisseaux deviennent *(vénéneux)*.

Les *mousses* ont été *(puni)* pour contravention à la discipline du bord*.

Il y a des personnes douées *(d'un, d'une)* *mémoire* *(surprenant)*, et qui peuvent répéter jusqu'à cent mots dans l'ordre où ils ont été prononcés devant elles.

L'*office* des morts a été *(chanté)* en faux-bourdon.

Les *offices* des grandes maisons sont amplement *(pourvu)* de tous les objets relatifs au service de la table.

(Le, la) *pendule* qui bat les secondes n'a pas la même longueur en tous les lieux de la terre; *(il, elle)* est plus *(long)* à Paris et plus *(court)* à l'équateur.

3. Les *pendules dites* Louis XV sont ainsi *appelées* parce qu'*elles* ont été *fabriquées* sous le règne de ce roi.

Il y a dans cette cour *une remise construite* à grands frais, pour abriter les voitures.

Tout compte se règle par *un solde débiteur* et par *un solde créditeur.*

Les *vases achetés* à la manufacture de Sèvres* seront *placés* sur notre cheminée.

L'*aune dite* de Provins est encore *employée* à Londres pour mesurer les étoffes.

Avec l'*aide divine*, on est toujours fort.

Les *cartouches déchirées* ne peuvent servir pour charger les nouveaux fusils.

Une seule couple d'œufs ne suffit pas pour le déjeuner d'un homme robuste.

Les *crêpes* sont toujours *mangées* avec délices par les enfants.

Echo fut fort *attristée* d'avoir été *délaissée* par Narcisse.

Il y a des *enseignes conçues* en des termes tels qu'*elles* provoquent toujours le rire chez ceuxqui les lisent.

Les *foudres* de guerre ne sont jamais *effrayés* du grand nombre de leurs ennemis.

Les *gardes* des forêts sont quelquefois *attaqués* par les braconniers.

4. Ceux qui faisaient partie de *la garde nationale* s'appelaient des *gardes nationaux.*

Une livre métrique équivaut à cinq cents grammes.

Les *premiers* livres *imprimés* l'étaient en caractères gothiques.

Les *manœuvres exécutées* par les troupes étaient d'une précision surprenante.

Les *moules* qui ont été *attachées* quelque temps au cuivre des vaisseaux deviennent *vénéneuses.*

Les *mousses* ont été *punis* pour contravention à la discipline du bord*.

Il y a des personnes douées *d'une mémoire surprenante,* et qui peuvent répéter jusqu'à cent mots dans l'ordre où ils ont été prononcés devant elles.

L'*office* des morts a été *chanté* en faux-bourdon.

Les *offices* des grandes maisons sont amplement *pourvues* de tous les objets relatifs au service de la table.

Le pendule qui bat les secondes n'a pas la même longueur en tous les lieux de la terre; *il* est plus *long* à Paris et plus *court* à l'équateur.

Nous avons fait toutes nos courses avec (*un, une*) *remise* (*loué*) à l'heure.

Les soldats mercenaires* du moyen âge combattaient pour ceux qui leur offraient (*le, la*) (*meilleur*) *solde*.

(*Un, une*) *vase* (*épais*) était (*accumulé*) au fond de la mare.

STYLE ET COMPOSITION.

SUBSTANTIF MIS EN APOSTROPHE.

Exercice 14.

Règle 84. — Remplacez les points par un substantif convenable, mis en apostrophe.

Clovis*, voyant son armée plier à Tolbiac, et songeant au Dieu qu'adorait Clotilde, s'écria : « ... que Clotilde affirme être le fils du Dieu vivant, si tu m'accordes la victoire, je croirai en toi et me ferai baptiser en ton nom! »

Saint Remi, évêque de Reims*, en versant l'eau du baptême sur la tête du roi frank Clovis, lui adressa ces paroles : « Courbe la tête, ..., adore ce que tu as brûlé, et brûle ce que tu as adoré. »

Après avoir été fait prisonnier à la bataille de Pavie, François* Ier écrivit à sa mère : « ..., tout est perdu, fors (excepté) l'honneur. »

Voltaire écrivit à un seigneur anglais une lettre commençant par ces mots : « Je fais compliment à votre nation, ..., de la prise de Porto-Bello. »

Le même auteur, dédiant au pape Benoît XIV, sa tragédie de *Mahomet*, lui dit : « ... »

Louis* XIV, ayant fait un madrigal*, dit un matin au maréchal de Gramont : « ..., je vous prie, lisez ce petit madrigal, et voyez si vous en avez jamais vu un si impertinent. » Le maréchal, après avoir lu, dit au roi : « ..., Votre Majesté juge divinement les choses; voilà le plus sot et le plus ridicule madrigal que j'aie jamais lu. — Oh bien! dit le roi, je suis ravi que vous m'en ayez parlé si bonnement; c'est moi qui l'ai fait. — Ah! ..., quelle trahison! que Votre Majesté me le rende; je l'ai lu brusquement. — Non, ..., les premiers sentiments sont toujours les plus naturels. »

Saint Louis ayant appelé Joinville*, sénéchal de Champagne, lui dit : « ..., qu'est-ce que Dieu? » Joinville répondit : « ..., c'est si bonne chose que meilleure ne peut être. »

Un vieux soldat que le baron des Adrets, protestant

Nous avons fait toutes nos courses avec *un remise loué à l'heure.*

Les soldats mercenaires* du moyen âge combattaient pour ceux qui leur offraient *la meilleure solde.*

Une vase épaisse était accumulée au fond de la mare.

STYLE ET COMPOSITION.

SUBSTANTIF MIS EN APOSTROPHE.

Corrigé 14.

Clovis*, voyant son armée plier à Tolbiac, et songeant au Dieu qu'adorait Clotilde, s'écria : « *Jésus-Christ* que Clotilde affirme être le fils du Dieu vivant, si tu m'accordes la victoire, je croirai en toi et me ferai baptiser en ton nom. »

Saint Remi, évêque de Reims*, en versant l'eau du baptême sur la tête du roi frank Clovis, lui adressa ces paroles : « Courbe la tête, *fier Sicambre*, adore ce que tu as brûlé, et brûle ce que tu as adoré. »

Après avoir été fait prisonnier à la bataille de Pavie, François* Ier écrivit à sa mère : « *Madame*, tout est perdu, fors (excepté) l'honneur. »

Voltaire écrivit à un seigneur anglais une lettre commençant par ces mots : « Je fais compliment à votre nation, *mylord*, de la prise de Porto-Bello. »

Le même auteur, dédiant au pape Benoît XIV sa tragédie de *Mahomet*, lui dit : « *Très-saint Père.* »

Louis* XIV, ayant fait un madrigal*, dit un matin au maréchal de Gramont : « *Monsieur le maréchal*, je vous prie, lisez ce petit madrigal, et voyez si vous en avez jamais vu un si impertinent. » Le maréchal, après avoir lu, dit au roi : « *Sire*, Votre Majesté juge divinement les choses; voilà le plus sot et le plus ridicule madrigal que j'aie jamais lu. — Oh bien! dit le roi, je suis ravi que vous m'en ayez parlé si bonnement; c'est moi qui l'ai fait. — Ah! *sire*, quelle trahison! que Votre Majesté me le rende; je l'ai lu brusquement. — Non, *monsieur le maréchal*, les premiers sentiments sont toujours les plus naturels. »

Saint Louis ayant appelé Joinville*, sénéchal de Champagne, lui dit : « *Sénéchal*, qu'est-ce que Dieu? » Joinville répondit : « *Sire*, c'est si bonne chose que meilleure ne peut être. »

Un vieux soldat que le baron des Adrets, protestant

fanatique, voulait obliger à se précipiter du haut d'une
tour, prit trois fois son élan : « Comment! fit le baron, un
vieux brave comme toi s'y prend à trois fois pour exécuter
ce saut. — ..., répliqua l'autre, je vous le donne en dix. »

Le chevalier d'Assas, capitaine au régiment d'Au
vergne, rencontra, en faisant une reconnaissance*, une
division ennemie. Menacé de mort s'il donnait l'alarme
d'Assas, sans hésiter, s'écria : « A moi, ..., voilà les
ennemis, » et il tomba percé de mille coups.

Nota. — Les élèves feront leurs efforts pour trouver eux-mêmes le mot con
venable ; s'ils n'y réussissent pas, ils chercheront dans la liste suivante : *madame
mylord*, *monsieur le maréchal*, *monseigneur*, *Auvergne*, *Jésus-Christ
sire*, *fier Sicambre*, *Très-Saint-Père*, *Sénéchal*.

Sujet à développer 15.

LE PAPILLON ET LA CHENILLE (*Fable*).

Le maître indiquera brièvement les points à développer et essaiera d'éveiller
l'imagination des élèves, puis il leur lira le développement, qui servira de
modèle.

Peignez un papillon se promenant dans un parterre et
pompant le nectar des fleurs. Apercevant une chenille dans
une rose, il exprime son dégoût en termes peu mesurés.
Imaginez la réponse de la chenille. Dites que le papillon est
l'image du parvenu, c'est-à-dire de celui qui... (Vous emploierez la forme dialoguée).

SUBSTANTIF SUJET.

Exercice 16.

Règles 85-86. — Remplacez les points par un sujet qui convienne au verbe.

Un ... se jette dans une rivière; une ... porte ses eaux
dans un fleuve; un ... verse les siennes dans la mer.

Un ... est une montagne qui vomit des flammes et des
substances minérales fondues.

Un ... est une portion de mer resserrée entre deux
terres.

Un ... ou ... est une pointe de terre qui s'avance dans
la mer.

Le ... porte les vagues de la mer au-dessus du niveau
habituel de l'Océan; le ... les ramène à l'endroit d'où elles
étaient parties.

L' ... répète les dernières syllabes des paroles que pro
nonce celui qui se trouve à une distance convenable de
l'obstacle contre lequel le son vient se briser.

La ... tombant à gros flocons a bientôt enveloppé la terre
d'un blanc linceul.

fanatique, voulait obliger à se précipiter du haut d'une tour, prit trois fois son élan : « Comment! fit le baron, un vieux brave comme toi s'y prend à trois fois pour exécuter ce saut. — *Monseigneur*, répliqua l'autre, je vous le donne en dix. »

Le chevalier d'Assas, capitaine au régiment d'Auvergne, rencontra, en faisant une reconnaissance, une division ennemie. Menacé de mort s'il donnait l'alarme, d'Assas, sans hésiter, s'écria : « A moi, *Auvergne !* voilà les ennemis ! » et il tomba percé de mille coups.

Corrigé 15.

Un papillon dont les ailes venaient de se développer se promenait avec délices dans un parterre. On le voyait voler de fleur en fleur. Mais les hommages qu'il leur rendait n'étaient pas tout à fait désintéressés ; avec sa trompe, qu'il introduisait délicatement entre les pétales, il en soutirait une liqueur sucrée et véritablement délicieuse. Tout à coup il s'arrête; il vient d'apercevoir une chenille : « Oses-tu bien, vil insecte, s'écrie-t-il, poser ton corps impur sur ces organes délicats et salir d'une humeur gluante la reine des fleurs? — Qui es-tu pour me parler ainsi, riposta la chenille? Fais retour sur toi-même et songe à ce que tu étais dans ton jeune âge. Tu rampais comme moi; comme moi tu couvrais de ta bave feuilles, fleurs et fruits. — Comment l'aurais-je fait, puisque je vole? — Tu n'as pas toujours eu des ailes; avant d'être papillon, tu as été chenille. Je le vois, tu es du nombre de ces parvenus à qui un présent prospère ne fait que rop vite oublier leur humble commencement. »

SUBSTANTIF SUJET.

Corrigé 16.

Un *ruisseau* se jette dans une rivière; une *rivière* porte ses eaux dans un fleuve; un *fleuve* verse les siennes dans *la* mer.

Un *volcan* est une montagne qui vomit des flammes et des substances minérales fondues.

Un *détroit* est une portion de mer resserrée entre deux terres.

Un *cap* ou *promontoire* est une pointe de terre qui s'avance dans la mer.

Le *flux* porte les vagues de la mer au-dessus du niveau habituel de l'Océan; le *reflux* les ramène à l'endroit d'où elles étaient parties.

L'*écho* répète les dernières syllabes des paroles que prononce celui qui se trouve à une distance convenable de l'obstacle contre lequel le son vient se briser.

La *neige*, tombant à gros flocons, a bientôt enveloppé la terre d'un blanc linceul.

La ... ... d'une horloge marque les heures, la ... ... marque les minutes.

Le ... se compose de vingt-quatre heures, l' ... de soixante minutes, la ... de soixante secondes.

Le ... préserve de la foudre les édifices sur lesquels il est placé.

La ..., malgré sa lenteur, arrive au but avant le lièvre, qui n'a pas su partir à temps.

L' ... précède ou accompagne toujours le bruit du tonnerre.

Nota. — Les élèves feront leurs efforts pour trouver eux-mêmes le sujet convenable ; s'ils n'y réussissent pas, ils chercheront dans la liste suivante : *détroit, flux, minute, cap, écho, grande aiguille, paratonnerre, volcan, heure, ruisseau, tortue, promontoire, neige, jour, éclair, fleuve, reflux, petite aiguille, rivière.*

Sujet à développer 17.

LES DEUX ALMANACHS (*Fable*).

Le maître procédera comme il est indiqué page 30.

Un almanach de l'an passé, placé sur un bureau près d'un almanach de l'année, lui disait : « Quel crime ai-je donc commis pour que mon maître ne me considère plus ? Autrefois, il était sans cesse ... ; mais, maintenant, il n'a plus d'yeux que pour toi seulement. » Imaginez la réponse du nouvel almanach, et terminez-la par cette pensée : que trop souvent les hommes dédaignent ceux qui ...

SUBSTANTIF COMPLÉMENT DIRECT.

Exercice 18.

Règles 87-88. — Remplacez les points par un complément direct qui convienne au sens.

On sonne les ... régulièrement trois fois par jour : au matin, à midi et au soir.

Le lion a des ... pour saisir sa proie et des ... pour la déchirer.

Les voyageurs allumèrent du ... pour réchauffer leurs ... engourdis.

La betterave nous donne un ... aussi bon que celui que fournit la canne.

C'est de la farine du blé que l'on extrait l' ... avec lequel on fait de l'empois.

C'est en chauffant la ... que l'on obtient le ... au moyen duquel on éclaire aujourd'hui les villes.

Les Chinois avaient la ... pour se diriger sur la mer bien avant que les Européens se servissent de cet instrument.

La *petite aiguille* d'une horloge marque les heures, la *grande aiguille* marque les minutes.

Le *jour* se compose de vingt-quatre heures, l'*heure* de soixante minutes, la *minute* de soixante secondes.

Le *paratonnerre* préserve de la foudre les édifices sur lesquels il est placé.

La *tortue*, malgré sa lenteur, arrive au but avant le lièvre, qui n'a pas su partir à temps.

L'*éclair* précède ou accompagne toujours le bruit du tonnerre.

Corrigé 17.

Deux almanachs se trouvaient placés côte à côte sur un bureau, et dans les deux il y avait un mécontent. Vous devinez que c'était l'almanach de l'année précédente. Il ne pouvait voir sans un extrême dépit son successeur consulté sans cesse par le maître, tandis qu'on ne jetait pas même sur lui, vieux serviteur, un regard de commisération. « Voilà bien les hommes, s'écriait-il, on se tue à les servir, et pour toute récompense ils vous mettent au rebut pour faire bon visage aux nouveaux-venus. Ne t'enorgueillis pas trop, camarade, d'être maintenant le favori. Comme toi j'ai été l'objet de toutes les attentions; comme moi tu seras délaissé. —Ami, repartit l'autre, ne nourris pas de mauvais sentiments à mon égard, je ne me fais pas illusion sur la faveur dont je jouis. Quand j'aurai rendu autant de services que toi, il me faudra céder la place à un nouvel almanach. Les hommes ne voient pas de bon œil ceux dont ils sont les obligés. A peine souffrent-ils leur présence, qui leur reproche sans cesse leur ingratitude. »

SUBSTANTIF COMPLÉMENT DIRECT.

Corrigé 18.

On sonne les *cloches* régulièrement trois fois par jour : au matin, à midi et au soir.

Le lion a des *griffes* pour saisir sa proie et des *dents* pour la déchirer.

Les voyageurs allumèrent du *feu* pour réchauffer leurs *membres* engourdis.

La betterave nous donne un *sucre* aussi bon que celui que fournit la canne.

C'est de la farine du blé que l'on extrait *l'amidon* avec lequel on fait de *l'empois*.

C'est en chauffant la *houille* que l'on obtient le *gaz* au moyen duquel on éclaire aujourd'hui les villes.

Les Chinois avaient la *boussole* pour se diriger sur la mer bien avant que les Européens se servissent de cet instrument.

Esaü vendit à Jacob son ... ... pour un plat de lentilles.

C'est avec le bois de châtaignier que l'on fabrique les ... avec lesquels on entoure les tonneaux.

Les boulangers chauffent leur ... avec du bois blanc.

C'est avec de petits brins de bouleau que l'on fabrique les ...

Les cultivateurs labourent leurs ... avec la charrue.

Nota. — Les élèves s'efforceront de trouver eux-mêmes le complément direct convenable ; s'ils n'y réussissent pas, ils chercheront dans la liste suivante : *sucre, droit d'aînesse, houille, champ, dent, balai, membre, boussole, four, cloche, amidon, feu, cerceau, griffe, gaz.*

Sujet à développer 19.

LA CHUTE D'UN GLAND (*Fable*).

Le maître procédera comme il est indiqué page 30.

Une belette dormait au pied d'un chêne quand un gland tomba sur sa tête. Elle s'enfuit, criant au rat des champs que la branche énorme d'un chêne est tombée sur elle. Le rat rencontre deux lapins qui ... ; il leur dit qu'un gros chêne vient de tomber sur la plaine. Les lapins racontent le fait en y ajoutant que la foudre .... Un écureuil y joint un tremblement de terre qui ... Bref, la chute d'un gland s'était transformée en un cataclysme*, et tous les animaux ... L'homme agit de même : il grossit le mal ; par contre, il rabaisse les bonnes actions. (*Vous emploierez la forme dialoguée.*)

SUBSTANTIF COMPLÉMENT INDIRECT.

Exercice 20.

Règles 89-90. — Remplacez les points par un complément indirect qui convienne au sens.

Les oiseaux volent dans les ... ; les poissons nagent dans les ...

Dieu fit de ... la terre et tout ce qui existe.

Dieu donna sa loi aux ... sur le mont Sinaï.

C'est du ... de la terre que l'homme tire les métaux et les pierres.

Magellan * fit le premier le tour du monde : étant parti de ... et se dirigeant toujours vers ..., il revint au bout de trois ans à son ... ...

L'instituteur enseigne à ... ... la lecture, l'écriture, la grammaire, le calcul et l'histoire.

Pendant les orages, les clochers, les arbres et tous les objets élevés sont plutôt frappés de la ... que les objets qui ne dépassent pas de beaucoup la surface du sol.

Esaü vendit à Jacob son *droit d'aînesse* pour un plat de lentilles.

C'est avec le bois de châtaignier que l'on fabrique les *cercles* avec lesquels on entoure les tonneaux.

Les boulangers chauffent leur *four* avec du bois blanc.

C'est avec de petits brins de bouleau que l'on fabrique les *balais*.

Les cultivateurs labourent leurs *terres* avec la charrue.

Corrigé 19.

Demoiselle belette dormait au pied d'un chêne quand tout à coup un gland tomba sur sa tête et la réveilla en sursaut. Transie de peur, elle s'enfuit précipitamment. Le rat des champs l'interpelle au passage : « Ma commère, pourquoi courir ainsi tout effarée? A-t-on lâché quelque dogue à vos trousses? — Je ne m'effraierais pas pour si peu, mon ami; sachez que plusieurs branches sont tombées du chêne à l'ombre duquel je me reposais. Sans mon agilité j'y laissais ma peau. » Le rat quitte la fugitive. Il aperçoit deux lapins : « Connaissez-vous déjà, leur dit-il, l'horrible événement? Un chêne, l'orgueil des forêts, vient d'être renversé par un ouragan, son cadavre couvre la plaine. » A cette terrible nouvelle, les lapins cessent de brouter et s'éloignent au plus vite. Chemin faisant ils rencontrent un écureuil de leur connaissance : « Où allez-vous, malheureux, êtes-vous donc las de vivre? N'avez-vous donc pas entendu le coup de foudre dont la belette a été la victime? » Ce disant, nos deux lapins détalent. Quoique saisi de crainte, l'écureuil va semer la terreur chez tous ses voisins : « Quelle secousse! s'écrie-t-il, la terre ébranlée jusque dans ses fondements nous annonce le dernier jour du monde ! » Grande rumeur parmi les animaux, qui croient que les jours du déluge sont revenus et que c'en est fait de tout ce qui a vie.

Ne rions pas de ces pauvres bêtes, dont l'imagination affolée transforme la chute d'un gland en une convulsion de la nature. L'homme est bâti comme elles : il s'ingénie, il est vrai, à rabaisser le mérite des bonnes actions; mais s'agit-il du mal, il le grossit sans mesure et semble jouir de la terreur qu'il inspire à ses semblables tout en la partageant.

SUBSTANTIF COMPLÉMENT INDIRECT.

Corrigé 20.

Les oiseaux volent dans les *airs*; les poissons nagent dans les *eaux*.

Dieu fit de *rien* la terre et tout ce qui existe.

Dieu donna sa loi aux *Juifs* sur le *mont Sinaï*.

C'est du *sein* de la terre que l'homme tire les métaux et les pierres.

Magellan * fit le premier le tour du monde : étant parti de l'*occident* et se dirigeant toujours vers l'*orient*, il revint au bout de trois ans à son *point de départ*.

L'instituteur enseigne à ses *élèves* la lecture, l'écriture, la grammaire, le calcul et l'histoire.

Pendant les orages, les clochers, les arbres et tous les objets élevés sont plutôt frappés de la *foudre* que les objets qui ne dépassent pas de beaucoup la surface du sol.

Un proverbe dit que l'eau va toujours à la ...

Les enfants soumis et laborieux sont bénis de ... et aimés de leurs ...

Songez que, quand vous vous rendez à l'..., c'est pour prier Dieu et pour lui demander les grâces dont vous avez besoin.

Il y a bien des siècles que l'homme a appris à tirer le feu des ... d'un caillou.

Nota. — Les élèves s'efforceront de trouver eux-mêmes le complément indirect convenable ; s'ils n'y réussissent pas, ils chercheront dans la liste suivante : *point de départ, airs, l'Orient, rivière, rien, sein, l'Occident, église, eaux, Juifs, ses élèves, foudre, veines, Dieu, parents.*

Sujet à développer 21.

LES ÉTOILES ET LA FUSÉE (*Fable.*)

Le maître procédera comme il est indiqué page 30.

Représentez une foule réunie pour assister à un feu d'artifice. Une fusée part aux applaudissements de tous. Dans son fol orgueil, la fusée s'imagine qu'elle va prendre place parmi les étoiles. Elle apostrophe celles-ci assez dédaigneusement. Sa folle jactance redouble au moment où elle éclate en brillantes étincelles diversement colorées. Dites ce qu'elle est devenue un moment après. Faites l'application de cette fable au faux mérite. (*Vous emploierez la forme dialoguée.*)

DÉFINITION D'UN SUBSTANTIF.

Exercice 22.

Définissez les mots suivants le plus clairement et le plus brièvement que vous pourrez.

Qu'est-ce que :

1. Un moulin à vent?	7. Un perron?
2. Un rabot?	8. Un remblai?
3. Un établi?	9. Un soupirail?
4. Un évier ?	10. Un fauteuil?
5. Une rampe d'escalier?	11. Un chevron?
6. Une mansarde?	12. Une gouttière?

Même exercice 23.

Qu'est-ce que :

1. Une citerne?	7. Un bateau?
2. Une mare?	8. Un aviron?
3. Un ruisseau?	9. Un gouvernail?
4. Un potager?	10. Un mât?

Un proverbe dit que l'eau va toujours à *la rivière.*

Les enfants soumis et laborieux sont bénis de *Dieu* et aimés de leurs *parents.*

Songez que, quand vous vous rendez à l'*église,* c'est pour prier Dieu et pour lui demander les grâces dont vous avez besoin.

Il y a bien des siècles que l'homme a appris à *tirer* le feu des *veines* d'un caillou.

Corrigé 21.

C'était un jour de fête ; la foule s'était portée en masse à l'endroit où devait être tiré un feu d'artifice. Enfin le signal est donné : aux yeux de la foule ravie une fusée s'élance majestueusement dans les airs ; son apparition provoque un tonnerre d'applaudissements. Il est bien doux de se voir ainsi applaudi. Aussi la fusée sent-elle les fumées de l'orgueil lui monter à la tête. Elle se croit à jamais détachée de la terre. Elle apostrophe les étoiles d'une voix dédaigneuse. « Oseriez-vous, leur dit-elle, comparer vos feux tranquilles à ces jets brillants dont j'inonde l'espace ? » A peine la fusée a-t-elle prononcé ces paroles qu'elle éclate en gerbes éblouissantes. De son sein s'échappent des myriades d'étincelles nuancées des couleurs de l'arc-en-ciel. Ivre de joie et d'orgueil, elle semble dire aux astres : « Qui d'entre vous oserait se comparer à moi ? » Elle en était là, lorsqu'en un clin d'œil elle s'éteignit. Il ne restait d'elle qu'une baguette et un peu de fumée.

Cette fusée ne nous peint-elle pas le faux mérite qui se croit apte à tous les emplois, jusqu'au moment, toujours bien rapproché, où il disparaît à jamais ?

Corrigé 22.

1. Une machine mue par le vent et servant à convertir le blé en farine. — 2. Un instrument de menuisier à l'aide duquel on aplanit le bois. — 3. Une espèce de table longue et épaisse sur laquelle travaillent les menuisiers et quelques autres artisans. — 4. Une pierre creusée à la surface sur laquelle on lave la vaisselle et munie d'un conduit par où s'écoulent les eaux ménagères. — 5. Une balustrade placée le long d'un escalier pour garantir des chutes. — 6. Chambre pratiquée dans un comble et inventée par l'architecte Mansard. — 7. Un escalier extérieur terminé par une plate-forme. — 8. Un amas de terre rapportée pour élever un terrain ou combler un trou. — 9. Une petite ouverture pratiquée dans les parois d'une cave pour y faire pénétrer l'air. — 10. Une sorte de chaise rembourrée avec dossier et bras. — 11. Une pièce de charpente soutenant la couverture d'un toit. — 12. Un canal ou auge demi-cylindrique qui règne au-dessous d'un toit et qui reçoit les eaux de pluie.

Corrigé 23.

1. Une cavité revêtue en maçonnerie et dans laquelle on conserve l'eau de pluie. — 2. Un petit amas d'eau dormante et souvent bourbeuse. — 3. Un très-petit cours d'eau. — 4. Un jardin où l'on cultive des légumes. — 5. Un terrain enclos planté d'arbres fruitiers. — 6. Un petit enfoncement de la mer au milieu des terres et où les vaisseaux trouvent un abri. — 7. Une construction flottante en bois ou en fer, servant à naviguer. — 8. Une sorte de levier terminé par une partie plate et servant à faire mouvoir une embarcation. — 9. Un appareil

5. Un verger?
6. Un port?

11. Une cognée?
12. Une bisaiguë.

Même exercice 24.

Qu'est-ce que :

1. Une targette?
2. L'avant-bras?
3. Le bras?
4. Un orteil?
5. La nuque?
6. Le sabot d'un cheval?
7. Le groin d'un porc?
8. Une lime?
9. Un mégissier *?
10. Un mercier?
11. Un chaufournier *?
12. Un tanneur?

Même exercice 25.

Qu'est-ce que :

1. Un corroyeur?
2. Un confiseur?
3. Un pharmacien?
4. Un médecin?
5. Un chirurgien?
6. Un architecte?
7. Un marguillier?
8. Un postillon?
9. Un rail?
10. Une locomotive?
11. Un aqueduc?
12. Un viaduc?

Même exercice 26.

Qu'est-ce que :

1. Un tunnel?
2. Une barrique?
3. Une crécelle?
4. Un encensoir?
5. Un lutrin?
6. Une contre-basse?
7. Un ophicléide?
8. Un violon?
9. Un tambour?
10. Une écluse?
11. Un canal?
12. Un coteau?

Exercice 27.

Dites quel est l'objet auquel convient chacune des définitions suivantes :

1. Un terrain enclos planté d'arbres fruitiers?
2. Un terrain planté d'osier?
3. Une usine où l'on convertit le grain en farine?
4. Une voiture servant à transporter les voyageurs sur le chemin de fer?
5. L'habitation des poules?
6. Un homme qui cultive la vigne?
7. Un homme qui défend les causes devant un tribunal?
8. Une machine garnie de dents servant à ameublir * les terres cultivées ou à recouvrir la semence?
9. Un gros tas de gerbes non battues que l'on fait dans les champs?
10. Un homme qui garde les bœufs?

placé à l'arrière d'un bateau et servant à le diriger. — 10. Une longue pièce de charpente dressée verticalement sur un vaisseau et supportant les voiles. — 11. Une sorte de hache servant à travailler le bois. — 12. Un outil de charpentier coupant à ses deux extrémités.

Corrigé 24.

1. Une sorte de petit verrou qui maintient une porte fermée. — 2. La partie du bras qui s'étend du coude au poignet. — 3. La partie du membre supérieur allant de l'épaule au coude. — 4. L'un des doigts du pied. — 5. Le derrière du cou. — 6. La partie cornée et arrondie qui termine la jambe d'un cheval. — 7. Le nez d'un porc.—8. Une barre d'acier couverte d'aspérités et servant à entamer un corps dur. — 9. Un artisan qui prépare les peaux pour en faire autre chose que du cuir.—10. Un homme qui vend du fil, des rubans, des aiguilles, etc. — 11. Un fabricant de chaux. — 12. Un artisan qui convertit les peaux en cuir.

Corrigé 25.

1. Un homme qui apprête ou vend les cuirs. — 2. Un homme qui prépare ou vend des sucreries et des fruits confits. — 3. Un homme qui prépare les médicaments.— 4. Un homme qui pratique l'art de guérir. — 5. Un homme qui soigne les blessures et fait les amputations. — 6. Un homme qui dresse le plan des bâtiments et en surveille la construction. — 7. Un membre d'une fabrique et qui en administre le temporel. — 8. Un employé de la poste aux chevaux qui conduit les voyageurs. —9. Une bande de fer sur laquelle roulent les roues des wagons. — 10. Une machine à vapeur installée sur une voiture et servant à traîner les convois sur les chemins de fer. — 11. Une construction en maçonnerie supportant un canal destiné à conduire l'eau. — 12. Un pont en arcades reliant les deux bords de deux escarpements, et sur lequel on fait passer un chemin.

Corrigé 26.

1. Une voie souterraine pratiquée sous une montagne ou sous une rivière : *tunnel* est une autre forme du mot *tonneau*. — 2. Une sorte de tonneau servant au transport des vins et de différentes marchandises. — 3. Une espèce de moulinet en bois faisant beaucoup de bruit et remplaçant les sonnettes dans les églises pendant la semaine sainte. —4. Un vase en métal suspendu à des chaînes et qui sert à offrir de l'encens dans les églises. — 5. Un pupitre supportant les livres de chant dans les églises. — 6. Une sorte de gros violon à trois cordes. — 7. Un instrument de musique à vent en cuivre et muni de clés : *ophicléide* signifie littéralement serpent à clé. — 8. Instrument de musique composé d'une caisse d'harmonie sur laquelle sont tendues quatre cordes. — 9. Un cylindre creux de bois ou de métal dont les deux bouts sont fermés par une peau tendue. — 10. Une barrière établie sur un cours d'eau naturel ou artificiel pour retenir l'eau ou pour la lâcher. — 11. Une rivière artificielle destinée à faire passer l'eau par-dessus une montagne. — 12. Une colline ou l'un des penchants d'une colline.

Corrigé 27.

1. Un verger. — 2. Une oseraie. — 3. Un moulin. — 4. Un wagon. — 5. Le poulailler. — 6. Un vigneron. — 7. Un avocat. — 8. Une herse. — 9. Une meule

11. Un homme qui garde les chèvres?

12. Un instrument tranchant et recourbé à l'aide duquel on moissonne les céréales?

13. Un ustensile en osier qui sert à nettoyer les grains qu'on vient de battre?

14. Les bandes de fer sur lesquelles roulent les voitures d'un train de chemin de fer?

15. Un homme qui prête de l'argent à gros intérêt?

Même exercice 28.

1. Un outil avec lequel on bat le blé et les autres céréales?

2. Le crime de celui qui tue son frère?

3. Un terrain planté de chênes?

4. Un prêtre qui a pour mission de prêcher l'Evangile aux sauvages?

5. Une substance que prend un malade pour se guérir?

6. Une sorte de prison en fil de fer ou en osier, et dans laquelle on renferme les oiseaux?

7. Un terrain planté de noisetiers ou coudriers?

8. Un homme qui prépare et vend des médicaments?

9. Un homme qui possède une maison ou un champ sur le bord d'un cours d'eau?

10. Un homme qui panse les blessures et qui fait les amputations *?

11. Un homme qui guérit les malades?

12. Un vase en métal suspendu à des chaînes, et qui sert à offrir de l'encens dans les églises?

13. Un terrain planté de saules?

14. Un homme qui fait des tours de force ou d'adresse sur les places publiques?

15. Un terrain planté d'arbres nommés charmes?

Sujet à développer 29.

LES DEUX SAULES.

Le maître procédera comme il est indiqué page 30.

Un saule se plaignait de sa petite taille et était jaloux des peupliers, des marronniers, des acacias, prétendant qu'ils lui dérobaient ... Un saule pleureur, son voisin, lui dit : « Que n'imites-tu ma philosophie? Je suis plus petit que toi, et cependant ... C'est que je suis penché vers la terre et que j'ai soin de ne regarder qu'au-dessous de moi; tandis que toi au contraire ... » Concluez que, pour vivre heureux, il faut considérer ceux qui ...

— 10. Un bouvier. — 11. Un chevrier. — 12. Une faux ou une faucille. — 13. Un van. — 14. Un rail. — 15. Un usurier.

Corrigé 28.

1. Un fléau. — 2. Un fratricide. — 3. Une chênaie. — 4. Un missionnaire. — 5. Un médicament. — 6. Une cage. — 7. Une condraie. — 8. Un pharmacien. — 9. Un riverain. — 10. Un chirurgien. — 11. Un médecin. — 12. Un encensoir. — 13. Une saussaie. — 14. Un saltimbanque. — 15. Une charmoie.

Corrigé 29.

Un saule était plongé dans une profonde mélancolie, et pour être imaginaires, ses maux n'en étaient pas moins cuisants. Jour et nuit il se lamentait de la triste figure qu'il faisait, pensait-il, dans le monde, à cause de sa petite taille, et il ne cessait d'accuser la nature, qui s'était montrée si avare envers lui, bien qu'elle eût prodigué ses dons à une foule d'autres végétaux. « Pourquoi, s'écriait-il, ces peupliers s'élancent-ils majestueusement dans les airs ? pourquoi ces marronniers touffus, ces acacias, dont la croissance est si rapide, ont-ils été si libéralement dotés? Force, taille colossale, grâce de formes, port majestueux, rien ne leur a été refusé; ils excitent à chaque instant l'admiration des hommes, tandis que moi je végète tristement sans que personne daigne m'honorer d'un regard.» Un saule pleureur, voisin, qui avait entendu le monologue de l'affligé, entreprit de le consoler : « Que vous sert, lui dit-il, de gémir de la sorte? De grâce, je vous prie, ayez un peu plus de philosophie, imitez mon exemple: au lieu d'élever orgueilleusement mon front vers les cieux, je me tiens incliné vers la terre, et en contemplant mille végétaux plus petits que moi, je remercie la Providence de m'avoir fait ce que je suis. Je regarde sans envie les arbres qui me sont supérieurs, et même quelquefois je me sens mû à leur égard d'un sentiment de compassion. Je me dis qu'ils sont plus exposés que moi aux coups de la foudre et qu'ils ont plus à redouter des ouragans. »

N'oubliez pas que, pour vivre heureux, nous devons considérer ceux dont la vie est plus misérable encore que la nôtre, sans oublier que les êtres mieux doués que nous en apparence achètent chèrement les avantages dont ils semblent jouir.

Exercice d'invention 30.

Dites ce que l'on fait avec chacun des objets représentés par les noms suivants. (Dans les cas difficiles, on trouvera la réponse dans le lexique ; toutefois nous engageons les élèves à réfléchir et à trouver la réponse eux-mêmes; ce n'est qu'après cette recherche personnelle qu'ils devront recourir au lexique.) *Ecrivez :* Le raisin sert à faire le *vin*.

1. Le raisin ...
2. Les pommes ...
3. Le lait ...
4. La crème ...
5. Le blé ...
6. Le chanvre ...
7. Les olives ...
8. La faîne * ...
9. Le chènevis ...
10. La betterave * ...
11. La canne à sucre ...
12. Le cacao * ...
13. Les groseilles ...
14. Les feuilles de ronce ...
15. Le houblon * ...
16. Les chiffons ...
17. Le plâtre ...
18. La laine ...
19. La soie ...
20. La farine ...
21. Le bois ...
22. Les œufs ...
23. La cendre * ...
24. Le fer ...
25. L'argent ...
26. L'or ...
27. Le cuivre ...
28. L'étain ...
29. Le plomb ...
30. Le zinc ...
31. La terre glaise ...
32. La chaux * ...
33. Le sable * ...

Exercice d'invention 31.

Dites avec quoi l'on fait chacune des choses suivantes. *Ecrivez :* Le beurre se fait avec de *la crème*.

1. Le beurre ...
2. Le fromage ...
3. Le vin ...
4. Le cidre ...
5. Le poiré ...
6. La bière * ...
7. L'eau-de-vie * ...
8. La toile ...
9. L'huile ...
10. Le drap ...
11. La farine ...
12. La choucroute * ...
13. Les confitures ...
14. L'omelette ...
15. La matelotte * ...
16. La galette ...
17. Le gâteau ...
18. La fécule * ...
19. L'amidon * ...
20. Le chocolat * ...
21. Les souliers ...
22. Les clous ...
23. Les sabots ...
24. Les chemises ...
25. Les boutons *
26. La montre ...
27. Les casseroles ...
28. Les tuiles * ...
29. Les tonneaux ...
30. L'ouate * ...
31. Les seaux ...
32. Le verre * ...
33. La lessive ...
34. Le tain * des glaces ...
35. La purée ...
36. La présure ...
37. La pommade * ...
38. Les peignes * ...
39. Le laiton * ...
40. Les cloches * ...
41. Les canons * ...
42. La poudre * ...
43. Les allumettes *
44. Le sucre ...

Sujet à développer 32.

LA POULE ET L'ALOUETTE (*Fable*).

Procéder comme il est indiqué page 30.

Une alouette, après avoir fait son nid dans les blés, élevait ses petits sous l'abri protecteur des épis. Une poule la rencontre. « Que vous êtes heureuse, lui dit-elle, de vous voir entourée de votre jeune famille. Moi, au contraire, dès que je ponds un œuf, le fermier... — Je com-

Corrigé 30.

1. Sert à faire le *vin*. — 2. Servent à faire le *cidre*. — 3. Sert à faire le *beurre* et le *fromage*. — 4. Sert à faire le *beurre*. — 5. Sert à faire la *farine* dont on confectionne le pain. — 6. Sert à faire la *toile*. — 7. Servent à faire de l'*huile*. — 8. Sert à faire de l'*huile*. — 9. Sert à nourrir les oiseaux et à faire de l'huile à brûler. — 10. Sert à faire le sucre. — 11 Sert à faire le sucre. — 12. Sert à faire le *chocolat*. — 13. Servent à faire des confitures et du sirop. — 14. Servent à faire de la tisane contre les maux de gorge. — 15. Sert à aromatiser la *bière*. — 16. Servent à faire le papier. — 17. Est employé dans les constructions. — 18. Sert à faire le drap. — 19. Sert à faire des étoffes. — 20. Sert à faire le pain. — 21. Sert à faire les charpentes, les meubles et est employé comme combustible. — 22. Servent d'aliment. — 23. Sert à faire la lessive et est employée pour amender les terres. — 24. Sert à faire des outils tranchants ou contondants. — 25 et 26. Servent à représenter la richesse et à fabriquer des objets d'art. — 27. Sert à fabriquer les ustensiles de cuisine et les pièces de différentes machines. — 28. Sert à faire des mesures de capacité, des cuillers et des fourchettes. — 29. Sert à faire les soudures, à couvrir les maisons et à fabriquer des tuyaux de conduite pour les eaux. — 30. Sert à faire des vases de grande capacité et à couvrir des maisons. — 31. Sert à faire les briques, les tuiles et la poterie. — 32. Sert à faire du mortier. — 33. Sert à faire le verre, le mortier, etc.

Corrigé 31.

1. Se fait avec de la crème. — 2. Se fait avec le lait caillé. — 3. Se fait avec le raisin. — 4. Se fait avec les pommes. — 5. Se fait avec les poires. — 6. Se fait avec l'orge germée et le houblon. — 7. S'obtient en distillant le vin. — 8. Se fait avec les fils du chanvre. — 9. Se fait avec les olives et avec différentes graines, telles que la graine du pavot, du colza, de la navette, de la cameline et avec l'amande de la faîne. — 10. Se fait avec de la laine. — 11. Se fait avec le blé et les autres céréales. — 12. Se fait avec des choux qu'on laisse fermenter. — 13. Se font avec des groseilles et des fruits. — 14. Se fait avec des œufs. — 15. Se fait avec du poisson. — 16 et 17. Se font avec de la farine, du beurre et des œufs. — 18. Se fait avec des pommes de terre. — 19. Se fait avec la farine de blé. — 20. Se fait avec le cacao. — 21. Se font avec du cuir. — 22. Se font avec du fer et du cuivre. — 23. Se font avec du bois de hêtre, de bouleau ou de noyer. — 24. Se font avec de la toile ou du coton. — 25. Se font avec du bois, de la nacre ou du métal. — 26. Se fait avec de l'acier, du laiton, de l'or, de l'argent ou du bronze d'aluminium. — 27. Se font avec le cuivre pur ou cuivre rouge. — 28. Se font avec de la terre glaise ou argile. — 29. Se font avec des planches en chêne nommées *douves*. — 30. Se fait avec du coton. — 31. Se fait avec des planchettes en chêne ou avec du zinc. — 32. Se fait avec des cendres et du sable. — 33. Se fait avec des cendres. — 34. Se fait avec de l'étain et du mercure ou vif-argent. — 34. Se fait avec des pois ou des haricots. — 36. Se fait avec la membrane intérieure de l'estomac du mouton, nommée *caillette*. — 37. Se fait avec de l'axonge et un parfum : autrefois il y entrait des pommes, de là son nom. — 38. Se font avec de l'ivoire, de l'or, de la corne ou du caoutchouc. — 39. Se fait avec du cuivre et du zinc. — 40 et 41. Se font avec du cuivre et de l'étain. — 42. Se fait avec du salpêtre, du charbon et du soufre. — 43. Se font avec du bois et du soufre. — 44. Se fait avec le jus de la canne à sucre, de la betterave ou de l'érable à sucre.

Corrigé 32.

Une alouette, dès les premiers jours du printemps, avait fait son nid dans un champ de blé, puis elle s'était mise à couver assidûment ses œufs, d'où étaient nés de charmants petits oisillons, qu'elle menait avec délices à la picorée. Mère tendre autant que vigilante, elle voyait sa jeune famille grandir et prospérer sous son aile. Elle était heureuse de la joie de ses petits. Tout à coup survient une poule qui avait réussi à s'échapper de la ferme voisine. « Que j'envie votre

patis à votre douleur, répond l'alouette; mais pourquoi, dès que vous avez pondu, vous mettez-vous à ... Cachez votre bonheur, de peur que ...

Exercice Lexicologique 33.

Répondez par écrit aux questions suivantes au moyen du lexique.

Sur quel fleuve est située la ville de Londres ?

Dans quel département sont situés Provins, — Reims ?

Que savez-vous de Jupiter, — de Louis XV, — de Clovis, — de François Ier, — de Louis XIV, — de Joinville, — des Sicambres, — de Magellan ?

Qu'est-ce que : faire une *reconnaissance* (terme de guerre), — *ameublir* une terre, — faire une *amputation* ?

Qu'est-ce que l'airain, — un madrigal, — un cataclysme, — un évier, — un mégissier, — un chaufournier, — un soldat *mercenaire* ?

Que signifie le mot *bord* en terme de marine ?

Qu'est-ce que la manufacture de Sèvres ?

Par qui la bataille de Pavie fut-elle gagnée, et en quelle année ?

Que signifie le mot anglais *mylord* ?

DE L'ARTICLE.

Exercice 34.

Règles 97 et 98. — Remplacez les points par *du, de la, des*, ou la préposition *de*, et expliquez les motifs de votre choix. *Ecrivez :* Le sol de l'Angleterre renferme *de* nombreuses mines de houille (*de* à cause de l'adjectif *nombreuses*)

Le sol de l'Angleterre * renferme ... nombreuses mines de houille.

... cèdres gigantesques couvraient autrefois les sommets du Liban *.

Il n'est pas rare de rencontrer ... vieux matelots qui ont fait plusieurs fois le tour du monde.

... troupes de bisons * errent dans les solitudes de la Nouvelle-Bretagne.

Il y a en Egypte * ... hommes assez habiles pour obtenir ... poulets par l'incubation * artificielle.

... immenses cours d'eau descendent ... sommets de l'Himalaya *.

Une grande partie de la Russie * est couverte ... vastes steppes *.

En Touraine *, on nomme faluns ... terrains contenant

sort, dit-elle à l'alouette ; après que vous avez pondu vos œufs, vous vous voyez entourée de rejetons qui composent autour de vous une famille aimée, et vous connaissez la joie de la maternité ! Moi, au contraire, à peine ai-je pondu un œuf que l'avide fermier vient me le dérober. — N'est-ce pas un peu votre faute ? repartit l'alouette ; dès que vous avez pondu, vous vous mettez à chanter, et vous avertissez ainsi les gens de la basse-cour, qui n'ont rien de plus pressé à faire que de venir vous enlever votre trésor. Changez à l'avenir de méthode, et si vous voulez vivre heureuse, vivez cachée. C'est dans l'obscurité qu'on trouve le bonheur. »

PHRASES A ANALYSER LOGIQUEMENT.

Quand on considère que l'espèce des mammouths ou éléphants primitifs est aujourd'hui complétement anéantie, et que les débris en sont répandus sur presque toute la surface du globle, on est forcé d'admettre que c'est une grande cause physique qui a pu ainsi effacer une population animale, et la coucher sur les champs où elle avait vécu.

Que j'assiste au spectacle d'un meurtre, que je voie un homme trahir ses amis, retenir le dépôt qu'on lui a confié ou que j'entende seulement le récit de l'une de ces actions, aussitôt, sans hésiter ni réfléchir, quelles que soient les circonstances, quel que soit le degré de sympathie que je puis ressentir pour l'auteur, je le déclare criminel et infâme.

DE L'ARTICLE.

Corrigé 34.

Le sol de l'Angleterre * renferme *de* nombreuses mines de houille.

Des cèdres gigantesques couvraient autrefois les sommets du Liban *.

Il n'est pas rare de rencontrer *de* vieux matelots qui ont fait plusieurs fois le tour du monde.

Des troupes de bisons * errent dans les solitudes de la Nouvelle-Bretagne.

Il y a en Egypte * *des* hommes assez habiles pour obtenir *des* poulets par l'incubation * artificielle.

*D'*immenses cours d'eau descendent *des* sommets de l'Himalaya*.

Une grande partie de la Russie* est couverte *de* vastes steppes*.

En Touraine *, on nomme faluns *des* terrains contenant

d'innombrables coquillages, et qui sont employés pour l'a
mendement * ... cultures.

Si l'on prend ... pruniers sauvages et qu'on les transport
dans ... bonnes terres, on leur voit perdre en quelquer
années toutes leurs épines.

... dames-jeannes sont ... grosses et grandes bouteilles à
large ventre, de la contenance ... cinquante à soixante
litres, qui servent à garder et à transporter ... vin ou ...
autres liqueurs.

Exercice 35.

Règles 97 et 98. — Mettez au pluriel les mots en italiques.

Un petit berger conduisait un troupeau de moutons dans
les pâturages.

Un bon vin vieux peut réconforter *un estomac délabré.*

Boileau* assure qu'*un dîner réchauffé* ne *valut* jamais
rien.

Un glacier est un fleuve de glace *qui descend* plus ou moins
lentement sur la pente d'*une montagne.*

Un courant d'eau tiède *qui traverse* les flots plus froids de
l'Océan, sans s'y mêler, *va* souvent réchauffer *un lointain
pays.*

Une bonne terre bien cultivée produira nécessairement *une
abondante récolte.*

Le crocodile est un vilain reptile qui vient déposer *ses œufs
sur la rive d'un fleuve* des pays chauds.

Exercice 36.

**Règles 97 et 98. — Copiez en faisant précéder chaque nom en italiques d'un
adjectif qui convienne par le sens.**

Des peupliers bordent très-bien *des avenues.*

Des pelouses, fournissant une herbe excellente, conviennent parfaitement au climat de la Normandie.

Les Lapons sont *des hommes* qui habitent la partie septentrionale de l'Europe.

Les violons sont *des instruments* à cordes.

On appelle blocs erratiques *des pierres* entraînées par
les glaciers.

Des bancs * de harengs parcourent à des époques fixes
diverses parties de l'Océan.

On donne le nom de feux-follets à *des flammes* qui apparaissent quelquefois la nuit dans les marécages * et dans
les cimetières.

Pendant les hivers rigoureux, on voit quelquefois *des
bandes* de loups rôder dans certaines campagnes.

*d'*innombrables coquillages, et qui sont employés pour l'amendement* *des* cultures.

Si l'on prend *des* pruniers sauvages et qu'on les transporte dans *de* bonnes terres, on leur voit perdre en quelques années toutes leurs épines.

Des dames-jeannes sont *de* grosses et grandes bouteilles à large ventre, de la contenance *de* cinquante à soixante litres, qui servent à garder et à transporter *du* vin ou *d'*autres liqueurs.

Corrigé 35.

De petits bergers conduisaient des troupeaux de moutons dans les pâturages.

De bons vins vieux peuvent réconforter *des estomacs délabrés.*

Boileau* assure que *des diners réchauffés* ne *valurent* jamais rien.

Des glaciers sont des fleuves de glace *qui descendent* plus ou moins lentement sur la pente *des montagnes.*

Des courants d'eau tiède *qui traversent* les flots plus froids de l'Océan, sans s'y mêler, *vont* souvent réchauffer *de lointains pays.*

De bonnes terres bien cultivées produiront nécessairement *d'abondantes récoltes.*

Les crocodiles sont de vilains reptiles qui viennent déposer *leurs* œufs sur *les rives des fleuves* des pays chauds.

Corrigé 36.

De grands peupliers bordent très-bien *de longues avenues.*

De vertes pelouses, fournissant une herbe excellente, conviennent parfaitement au climat de la Normandie*.

Les Lapons sont *de petits hommes* qui habitent la partie septentrionale de l'Europe.

Les violons sont *d'harmonieux instruments* à cordes.

On appelle blocs erratiques *d'énormes pierres* entraînées par les glaciers.

*D'immenses bancs** de harengs parcourent à des époques fixes diverses parties de l'Océan.

On donne le nom de feux-follets à *de légères flammes* qui apparaissent quelquefois la nuit dans les marécages* et dans les cimetières.

Pendant les hivers rigoureux, on voit quelquefois *de nombreuses bandes* de loups rôder dans certaines campagnes.

Exercice 37.

Règles 99-102. — Remplacez les points par l'article convenable.

Les vers ... *mieux* remplis, les pensées ... *plus* nobles ne peuvent plaire à l'esprit, quand l'oreille est blessée.

Ceux qui ont ... *plus* cultivé les sciences, qui ont pénétré ... *plus* avant dans les secrets de la nature, sont effrayés de voir combien de choses les hommes ont encore à découvrir.

Les artistes qui ont ... *mieux* reproduit la nature sont les hommes qui en ont été ... *plus* fidèles observateurs et qui ont eu la sensibilité ... *plus* exquise.

Les peuples ... *plus* sauvages sont quelquefois ceux qui ont la loi naturelle ... *mieux* gravée dans le cœur.

Les personnes qui ont ... *plus* souffert sont celles qui pratiquent ... *plus* délicatement et ... *plus* noblement les devoirs que la charité impose à tout homme.

Les travaux ... *moins* sérieux ont un charme qui surpasse infiniment les douceurs que l'on peut goûter dans l'oisiveté et le désœuvrement ... *plus* absolus.

De toutes les découvertes, ... *plus* attrayantes pour nous sont celles que nous avons avons faites nous-mêmes, lors même qu'elles seraient ... *moins* importantes aux yeux d'autrui.

De tous les jours de notre vie, ... *plus* beaux sont ceux où il nous a été donné de faire ... *plus* de bien.

De toutes les blessures que nous pouvons recevoir, celles-là sont ... *plus* sensibles qui ont été faites à notre amour-propre.

Les calculs ... *moins* décevants * sont ceux où nous avons ... *mieux* tenu compte des intérêts du prochain.

Exercice 38.

Règles 103 et 104.— Remplacez les points par *et*, avec ou sans article. Au besoin, répétez le nom.

Les glands *doux* et ... *amers* (ce sont deux espèces distinctes de glands) appartiennent à des chênes d'espèces différentes.

Les pissenlits *verts* et ... *jaunes* (ce sont deux espèces distinctes de pissenlits) doivent la diversité de leurs couleurs à ce que les premiers croissent à la lumière, et les seconds dans l'obscurité.

Les terrains *maigres* et ... *sablonneux* (ce sont deux natures distinctes de terrains) peuvent donner d'excellents vins.

Les étoffes *belles* et ... *solides* coûtent proportionnelle-

Corrigé 37.

Les vers *les mieux* remplis, les pensées *les plus* nobles, ne peuvent plaire à l'esprit, quand l'oreille est blessée.

Ceux qui ont *le plus* cultivé les sciences, qui ont pénétré *le plus* avant dans les secrets de la nature, sont effrayés de voir combien de choses les hommes ont encore à découvrir.

Les artistes qui ont *le mieux* reproduit la nature sont les hommes qui en ont été *les plus* fidèles observateurs et qui ont eu la sensibilité *la plus* exquise.

Les peuples *les plus* sauvages sont quelquefois ceux qui ont la loi naturelle *le mieux* gravée dans le cœur.

Les personnes qui ont *le plus* souffert sont celles qui pratiquent *le plus* délicatement et *le plus* noblement les devoirs que la charité impose à tout homme.

Les travaux *les moins* sérieux ont un charme qui surpasse infiniment les douceurs que l'on peut goûter dans l'oisiveté et le désœuvrement *les plus* absolus.

De toutes les découvertes, *les plus* attrayantes pour nous sont celles que nous avons faites nous-mêmes, lors même qu'elles seraient *le moins* importantes aux yeux d'autrui.

De tous les jours de notre vie, *les plus* beaux sont ceux où il nous a été donné de faire *le plus* de bien.

De toutes les blessures que nous pouvons recevoir, celles-là sont *les plus* sensibles qui ont été faites à notre amour-propre.

Les calculs *les moins* décevants* sont ceux où nous avons *le mieux* tenu compte des intérêts du prochain.

Corrigé 38.

Les glands *doux* et *les glands amers* (ce sont deux espèces distinctes de glands) appartiennent à des chênes d'espèces différentes.

Les pissenlits *verts* et *les pissenlits jaunes* (ce sont deux espèces distinctes de pissenlits) doivent la diversité de leurs couleurs à ce que les premiers croissent à la lumière, et les seconds dans l'obscurité.

Les terrains *maigres* et *sablonneux* peuvent donner d'excellents vins.

Les étoffes *belles* et *solides* coûtent proportionnellement moins que les étoffes *communes* et ... *peu résistantes*.

Les amandes *douces* et ... *amères* (ce sont deux espèces d'amandes) ont des propriétés bien différentes : celles-là sont inoffensives, celles-ci renferment un violent poison.

Les vins *secs* et ... *liquoreux* (ce sont deux sortes de vins) sont obtenus parfois d'un même vignoble.

La *douce* et ... *timide* colombe devient la proie de l'épervier aux serres * cruelles.

Une fable de La Fontaine * nous représente le loup décharné portant envie au mâtin *gros* ... *gras*.

Les houilles *grasses* et ... *maigres* (ce sont deux sortes de houilles) ont des emplois tout à fait distincts.

Les propriétés de la chaux *vive* et ... *éteinte* (ce sont deux sortes de chaux) ne sont pas du tout les mêmes.

Exercice Lexicologique 39.

Répondez par écrit aux questions suivantes au moyen du lexique.

Quelles sont les trois contrées qui composent le royaume d'Angleterre ?

Citez le principal fleuve de l'Egypte.

Qu'est-ce que : l'*incubation* artificielle, — l'*amendement* des cultures, — un *banc* de harengs, — un marécage, — un calcul *décevant* ?

Où sont situés : le Liban, — l'Himalaya ?

Que savez-vous sur la Russie, — sur la Touraine, — sur la Normandie ?

Que savez-vous sur La Fontaine ?

STYLE ET COMPOSITION.

Exercice oral 40.

LES MÉTAUX (1).

Les élèves répondront verbalement aux questions suivantes que leur posera le Maître ; ils prendront note des meilleures réponses, et ils les reproduiront sous forme de devoirs à la suite de chaque question.

1. Nommez les métaux les plus utiles. — 2. Nommez les ustensiles de ménage qui sont en fer. — 3. Nommez les instruments d'agriculture qui sont en fer. — 4. Nommez les armes qui sont en fer. — 5. Avec quel métal fait-on les casseroles, les balances, les poids jaunes ? — 6. Avec

(1) A l'égard de l'importance de ces exercices et des analogues, dont le but est de donner aux élèves la plus grande somme possible de connaissances générales, consulter la préface.

ment moins que les étoffes *communes* et *peu résistantes*.

Les amandes *douces* et *les amandes amères* (ce sont deux espèces d'amandes) ont des propriétés bien différentes : celles-là sont inoffensives, celles-ci renferment un violent poison.

Les vins *secs* et *les vins liquoreux* (ce sont deux sortes de vins) sont obtenus parfois d'un même vignoble.

La *douce* et *timide* colombe devient la proie de l'épervier aux serres* cruelles.

Une fable de La Fontaine* nous représente le loup décharné portant envie au mâtin *gros et gras*.

Les houilles *grasses* et *les houilles maigres* (ce sont deux sortes de houilles) ont des emplois tout à fait distincts.

Les propriétés de la chaux *vive* et de *la chaux éteinte* (ce sont deux sortes de chaux) ne sont pas du tout les mêmes.

PHRASES A ANALYSER GRAMMATICALEMENT.

L'Océan nourrit de nombreuses espèces de poissons et de mollusques.
Le cultivateur cultive le blé, l'orge, l'avoine et diverses autres céréales.
Les abeilles composent leur miel et leur cire avec le suc des fleurs.
L'âne est un serviteur utile, et cependant souvent nous le rudoyons, nous le maltraitons sans motif.
Les fleurs que nous avons cueillies dans la prairie sont déjà fanées.
Qui mettra-t-on à la tête de cette usine ?
Les Hollandais élèvent des digues pour préserver leur pays de l'envahissement des eaux de la mer.

STYLE ET COMPOSITION.

Corrigé 40.

1. Le fer, le cuivre, l'étain, le plomb, le zinc, l'or, l'argent et le platine. — 2. La pelle à feu, les pincettes, la poêle, le gril, l'écumoire, le couperet, les lames des couteaux, certaines casseroles, la marmite. — 3. Le soc, le coutre et diverses autres pièces de la charrue, la faux, la faucille, les pioches et les bêches, certaines herses et certains rouleaux. — 4. Le sabre, l'épée, le poignard, le fusil, le pistolet, le revolver. — 5. Les casseroles sont faites avec le cuivre, les balances et les poids

quel métal couvre-t-on quelquefois les maisons? — 7. Avec quel métal fait-on les tuyaux pour conduire l'eau? — 8. Avec quel métal fabrique-t-on les mesures qui servent pour les liquides? — 9. De quoi les cloches et les canons sont-ils faits? — 10. Comment appelle-t-on le cuivre jaune? — 11. Quelle est la couleur de chacun des métaux?

Sujet à développer 41.

UNE TUILE DE MOINS (*Narration*).

Le Maître indiquera sommairement les divisions du sujet; il fera appel à l'imagination de ses élèves, puis il lira le développement à titre de modèle.

Le valet de ferme Thomas prévint son maître qu'il manquait une tuile à la couverture de la grange. Le maître répondit que cela lui était indifférent, car ... Le maître avait tort; le vent, s'engouffrant par le petit trou, enleva d'autres tuiles; la neige et la pluie pénétrèrent dans le grenier, et ... Bientôt toute la charpente fut ... Il fallut faire venir le charpentier et le couvreur. Leurs travaux montèrent à une somme considérable. Le fermier comprit alors, mais trop tard, que ...

Exercice oral 42.

LES ARBRES DES FORÊTS.

Procéder comme il est indiqué page 40.

1. Nommez les arbres les plus communs dans les forêts. — 2. Comment nomme-t-on le fruit du chêne? — 3. A quoi sert l'écorce du chêne? — 4. Comment nomme-t-on le fruit du hêtre? — 5. A quoi sert-il? — 6. Que fait-on avec le bois de hêtre? — 7. Avec quel bois fait-on les sabots? — 8. Avec quel bois fait-on les cerceaux? — 9. Avec quel bois fait-on les moyeux des voitures? — 10. Avec l'écorce de quel bois fait-on les cordes pour les puits? — 11. Qu'appelle-t-on arbre vert? — 12. Quels produits retire-t-on des arbres verts? — 13. Quels sont les principaux bois de chauffage? — 14. Quels sont les principaux bois de charpente?

Sujet à développer 43.

LA PETITE FILLE ET LA ROSE (*Allégorie*).

Le Maître lira le développement, que l'élève reproduira à sa façon.

La petite Elisa avait dans son parterre un rosier déjà couvert de boutons, dont elle prenait grand soin. Chaque jour, elle ... Ses efforts furent récompensés : un bouton plus avancé que les autres montrait déjà ... Alors la petite fille, impatiente, eut la mauvaise idée de déchirer l'enve

jaunes avec le laiton ou cuivre jaune. — 6. Avec le zinc. — 7. Avec le plomb. — 8. Avec l'étain. — 9. Avec le bronze, qui est un alliage de cuivre et d'étain. — 10. Laiton. — 11. Le fer est d'un blanc grisâtre, le zinc d'un blanc bleuâtre, l'étain est presque aussi brillant que l'argent, le plomb est gris avec un reflet bleu, le cuivre est d'un beau rouge, l'argent est blanc, l'or est jaune.

41. Thomas. le valet de ferme, vint un jour prévenir son maître qu'il manquait une tuile à la toiture de la grange. Le fermier se mit à rire. « Que veux-tu que je fasse à cela, mon bon Thomas, dit-il à son serviteur ? Tu penses bien que je n'irai pas perdre mon temps à remettre moi-même cette tuile. D'ailleurs, le trou est trop petit pour nous causer du dommage. Ainsi tu peux dormir en paix, mon ami. » Le maître avait tort de négliger l'avis de Thomas : bientôt le vent, s'engouffrant dans l'espace vide qu'avait laissé la chute de la tuile, enleva les tuiles voisines. La pluie et la neige pénétrèrent dans le grenier, et les fourrages qu'il contenait furent bientôt gâtés. Mais ce ne fut pas tout. L'humidité pourrit la poutre et tous les chevrons qui soutenaient la toiture, et le mal allait toujours en augmentant. A la fin, le fermier fut obligé de remédier à cet état de choses ; il fallut recourir à la fois aux charpentiers et aux couvreurs. Il en coûta gros au cultivateur pour avoir dédaigné la remarque du valet de ferme. Le fermier comprit alors, mais un peu tard, qu'il faut couper le mal dans sa racine et que, si l'on néglige ce soin, il fait des progrès rapides qu'on a bien de la peine à arrêter.

42. 1. Le chêne, le hêtre, le bouleau, le charme, l'orme, le tilleul, le frêne, l'aune, le pin, le sapin, le châtaignier, le merisier, le sorbier, le tremble, etc. — 2. Gland. — 3. A tanner le cuir. — 4. Faîne. — 5. A faire de l'huile. — 6. Des sabots, des étaux, de la boissellerie, du bois à brûler. On se sert de copeaux de hêtre dans la fabrication du vinaigre. — 7. Avec le hêtre, le bouleau ou le noyer. — 8. Avec le châtaignier. — 9. Avec l'orme. — 10. Avec l'écorce du tilleul. — 11. Un arbre qui ne perd jamais ses feuilles et qui produit de la résine, comme le pin et le sapin. — 12. De la térébenthine et du goudron ; la térébenthine distillée se dédouble en essence de térébenthine et en résine. — 13. Le chêne, le hêtre, l'orme, le peuplier, l'aune, etc. — 14. Le chêne, le châtaignier et le peuplier.

43. Les parents de la jeune Elisa avaient accordé à cette enfant un coin de jardin qu'elle cultivait à sa fantaisie. Elle en avait fait un magnifique parterre où les fleurs se succédaient sans interruption pendant la belle saison. Aussi le parterre faisait-il les délices de la jeune fille, qui y travaillait tout le temps de ses récréations. Entre autres plantes, elle avait un rosier magnifique, objet de ses soins assidus. Chaque jour elle visitait l'arbuste, le débarrassait des chenilles qui pouvaient l'avoir envahi, en ôtait les pucerons et n'oubliait point de l'arroser. Tant de soins allaient être récompensés. Elisa vit apparaître force boutons ; l'un d'eux était déjà d'une grosseur énorme, et à travers son enveloppe verte on voyait poindre des pétales du plus beau pourpre. L'enfant, trop pressée d'avoir une rose, voulut hâter le travail de la nature. Elle écarta avec ses doigts les pièces barbelées du calice; mais, hélas ! lorsque le lendemain elle vint pour contempler la rose qu'elle s'attendait à voir épanouie, elle la trouva déjà fanée. Elle apprit ainsi à ses dépens que nous ne devons pas trop nous hâter de jouir des biens que la nature nous promet, et un peu

loppe; le lendemain la rose était ... Concluez qu'il ne faut pas trop hâter ...

Exercice oral 44.

LES ARBRES ET LES ARBRISSEAUX DES VERGERS.

Procéder comme il est indiqué page 40.

1. Citez les principaux arbres à fruits. — 2. Citez les meilleures poires. — 3. Citez les meilleures pommes. — 4. Citez les meilleures prunes. — 5. Qu'est-ce qu'un espalier? — 6. Quels sont les principaux arbres fruitiers que l'on cultive en espalier? — 7. Quelles sont les différentes espèces de cerises? — 8. Que fait-on avec les groseilles? — 9. Que fait-on avec les framboises? — 10. Que fait-on avec les pommes, les poires, le raisin, les abricots? — 11. Que fait-on avec les coings? — 12. Quand les nèfles sont-elles bonnes à manger? — 13. Comment fait-on pour préserver les raisins des insectes?

Sujet à développer 45.

LES PERLES (*Narration*).

Le Maître lira le développement, que l'élève reproduira à sa façon.

Un voyageur qui parcourait un pays lointain s'égara dans un désert. Pendant plusieurs jours, il ne trouva rien pour ... Il était près de mourir de ... quand il rencontra un arbre ombrageant une source ... Sur l'arbre, point de ... ; près de la source un petit sac. Le voyageur souhaita de le trouver rempli de pois, car ...; mais, hélas! le sac ne contenait que des perles. Peindre le désespoir du voyageur. Il allait succomber, quand il fut recueilli par une caravane. Concluez.

Exercice oral 46.

LES CHEMINS.

Procéder comme il est indiqué page 40.

1. Qu'est-ce qu'un chemin? — 2. Quel est le synonyme de chemin? — 3. Quelles sont les principales sortes de chemins? — 4. Combien y a-t-il d'espèces de routes? — 5. Comment les routes sont-elles pavées? — 6. Qu'est-ce qui les borde? — 7. Qu'est-ce que le *macadam*? — 8. Qu'est-ce qu'une chaussée? — 9. Qu'est-ce qu'un sentier? — 10. Pourquoi les principaux chemins sont-ils quelquefois appelés les *artères d'un pays*? — 11. Que signifie *enfiler la venelle*?

de réflexion lui fit comprendre qu'il en devait être de même dans toutes les circonstances de la vie.

44. 1. Le pommier, le poirier, le cerisier, le guignier, le prunier, l'abricotier, le pêcher, l'amandier, le cognassier, le groseillier, le néflier, la vigne. — 2. Parmi les poires fondantes et sucrées, il y a diverses espèces de beurré et de doyenné, la crassane ; quant aux poires cassantes ou croquantes, on distingue surtout le bon-chrétien, le messire-jean, le rousselet. — 3. Les pommes d'api, le calville, la pomme de rambour, et les diverses espèces de reinettes. — 4. La prune de reine-Claude, la prune de Monsieur, le Damas, la mirabelle, la prune abricotée, la prune cerisette, la prune de Sainte-Catherine, la grosse cornemuse, etc. — 5. Un espalier se compose d'arbres fruitiers dont les branches sont étalées et fixées contre un mur ou un treillage. — 6. Les pêchers, les abricotiers, les cerisiers anglais, les poiriers, la vigne. — 7. Les cerisiers proprement dits, à fruits acides ; les cerisiers anglais à fruits aigres-doux, les bigarreautiers et les guigniers à fruits doux et un peu fades et les merisiers. — 8. Des confitures et du sirop. — 9. Des confitures, des conserves, des gelées, du ratafia, du sirop, du vin. — 10. Avec les pommes on fait du cidre et des gelées ; avec les poires, du poiré, des confitures, des compotes ; avec le raisin, du vin, du raisiné, du verjus ; avec les abricots, des beignets, des compotes, des confitures, des gelées, des marmelades, une pâte, une liqueur. — 11. Des compotes, une eau de coing, une gelée, une pâte, du sirop, un vin. — 12. Quand elles sont blettes. — 13. On les enveloppe dans des sacs en papier ou en crin.

45. Un voyageur, qui parcourait un pays lointain, s'égara dans un désert. Après plusieurs jours de marche, ses provisions se trouvèrent épuisées, et bientôt il fut en proie aux tourments de la faim et de la soif. Aussi sa joie fut-elle grande lorsqu'il aperçut de loin un bouquet de palmiers. Oubliant aussitôt ses fatigues, il hâta le pas pour atteindre ce lieu où il comptait trouver son salut. Au pied d'un arbre murmure une petite source où il se désaltère avidement, puis il songe à apaiser sa faim. Il lève les yeux sur le palmier ; ô douleur ! celui-ci ne porte pas de fruits. Tout à coup il aperçoit à quelques pas de lui un sac plein : peut-être renferme-t-il de ces pois que les voyageurs emportent avec eux ; il prend le sac, l'ouvre en tremblant, mais aussitôt il le rejette : le sac ne contenait que des perles ! Le malheureux voyageur tombe découragé sur le sol. Par bonheur pour lui, une caravane qui vint à passer s'empressa de le recueillir et de le réconforter. Le voyageur était sauvé. Mais depuis ce moment il songeait sans cesse à sa mésaventure et il répétait souvent : « Les vrais biens sont les aliments et les fruits de toute sorte que la terre produit pour notre subsistance, et que nous sommes parfois assez fous pour dédaigner. »

46. 1. C'est une voie de communication d'un pays à un autre. — 2. Route. — 3. Les chemins de fer, les chemins d'exploitation, les chemins de halage, les chemins ruraux et les chemins vicinaux. — 4. Il y a cinq espèces de routes, qui sont : les routes agricoles, les routes forestières, les routes stratégiques, les routes nationales et les routes départementales. — 5. Les unes ont une chaussée formée de pavés, les autres sont macadamisées. — 6. Des fossés et des plantations d'arbres. — 7. Le macadam est un empierrement de la chaussée composé de petites pierres concassées ou de cailloux : le tout est tassé et concrétionné au moyen de rouleaux très-pesants. — 8. La partie bombée d'une route ou d'une rue, ou bien encore une levée en terre sur laquelle est établi un chemin. — 9. C'est un chemin étroit au travers des champs ou des bois. — 10. Parce qu'ils permettent de circuler à travers le pays comme le sang parcourt

Sujet à développer 47.

COMPARAISON ENTRE LE CHEVAL ET LE BŒUF.

Le Maître lira le développement, que l'élève reproduira à sa façon.

Comparez le cheval et le bœuf au point de vue de la beauté des formes, de la vivacité, des services qu'ils nous rendent par leurs travaux, des profits que nous en retirons après leur mort. Dites auquel de ces deux animaux vous accordez la préférence, et justifiez votre opinion.

Exercice oral 48.

LES MONTAGNES.

Procéder comme il est indiqué page 40.

1. Qu'est-ce qu'une montagne? — 2. Comment nomme-t-on la partie la plus élevée d'une montagne? — 3. Qu'est-ce que les flancs d'une montagne? — 4. Comment nomme-t-on le bas d'une montagne? — 5. Qu'est-ce qu'un plateau? — 6. Qu'est-ce qu'une chaîne de montagnes? — 7. Qu'est-ce qu'une colline? — 8. Qu'est-ce qu'un coteau? — 9. Qu'entend-on par les deux versants d'une chaîne de montagnes? — 10. Qu'est-ce que la ligne de partage des eaux d'une montagne? — 11. Où les cours d'eau prennent-ils habituellement leur source?—12. Comment nomme-t-on une montagne recouverte d'une enveloppe de glace qui glisse lentement sur ses pentes? — 13. Comment nomme-t-on une montagne qui vomit des flammes et des pierres fondues?

Sujet à développer 49.

LE LOUP ET L'AGNEAU (*Fable*).

Le Maître lira le développement, que l'élève reproduira à sa façon.

Un agneau est en train de boire à un ruisseau. Survient un loup affamé : « Pourquoi troubles-tu mon breuvage? — Je ne puis le troubler, puisque ... — On m'a dit que tu as mal parlé de moi, l'an passé. — Ce n'est pas possible, vu que ... — C'est donc quelqu'un de tes parents. — Hélas! non; car ... » Le loup ne permit pas à l'agneau d'en dire davantage, et ... Dites ce que vous pensez de la conduite du loup.

Exercice oral 50.

LES EAUX.

Procéder comme il est indiqué page 40.

1. Qu'est-ce que la mer? — 2. Par quoi l'eau de mer se distingue-t-elle des autres eaux? — 3. Quelle substance très-utile retire-t-on de l'eau de mer? — 4. Qu'est-ce qu'un

le corps au moyen des *artères*. — 11. *Venelle* veut dire petit sentier : *enfiler la venelle* signifie s'enfuir par un sentier, ou simplement s'enfuir.

47. S'il est deux animaux entre lesquels existe le plus étonnant contraste, c'est sans contredit le cheval et le bœuf. Le premier nous charme aussitôt par l'élégance et la beauté de ses formes ; la masse du second, ses membres lourds et trapus nous laissent au moins froids et indifférents. Nous constatons dans le cheval une exubérance de vie ; nous le voyons s'élancer, intrépide et plein de feu, au milieu des plaines. Le bœuf, au contraire, semble ne se mouvoir qu'avec effort. Ils nous rendent tous les deux des services : le cheval nous emporte dans nos chars légers ; il traîne au besoin nos plus lourds fardeaux, se laisse atteler à la charrue et exécute en bien moins de temps que le bœuf les travaux du labourage. A la vérité le bœuf supporte plus longtemps la fatigue, et à la longue il exécute des travaux que nous n'aurions pas attendus de lui. Supposons-les morts tous les deux, nous ne retirons guère du cheval que la peau ; mais si nous avons le soin d'engraisser le bœuf lorsque ses forces commencent à baisser, sa chair est pour nous un aliment précieux et des plus réparateurs. Souvent sa valeur en viande dépasse le prix qu'il nous avait coûté, de sorte qu'en définitive il nous a rendu toute la vie des services gratuits. Auquel des deux devons-nous donner la préférence ? Il est difficile de décider la question. Cependant nous nous sentons portés à mettre le cheval au-dessus du bœuf, parce que le cheval s'associe dans une certaine mesure à notre existence. Nous nous prenons souvent d'affection pour lui, nous pleurons sa perte comme celle d'un serviteur dévoué et intelligent.

48. 1. C'est une grande élévation de terre. — 2. Le sommet ou la cime. — 3. Les deux pentes. — 4. Le pied de la montagne. — 5. C'est une plaine d'une étendue plus ou moins considérable située à la partie supérieure d'une montagne. — 6. C'est une suite de montagnes qui se touchent. — 7. Une petite montagne. — 8. Le penchant d'une colline ou cette colline elle-même. — 9. Les deux pentes par où s'écoulent les eaux de la montagne. — 10. C'est la ligne qui sépare les eaux qui coulent sur un versant de celles qui coulent sur l'autre. — 11. Dans les montagnes. — 12. Un glacier. — 13. Un volcan.

49. Pendant qu'un agneau se désaltérait à un ruisseau, survint un loup affamé dont la férocité habituelle se trouvait encore surexcitée par le long jeûne qu'il venait de faire. « Pourquoi troubles-tu mon breuvage ? s'écrie-t-il plein de rage. — Seigneur, reprend l'agneau, je ne puis le troubler, puisque je suis au-dessous de l'endroit que vous avez choisi pour vous désaltérer. — Mais on m'a rapporté que tu avais mal parlé de moi l'an passé et que, sans me connaître, tu avais débité sur mon compte d'affreuses calomnies. — Comment l'aurais-je fait, répondit l'agneau, je n'étais pas encore né. — Alors c'est quelqu'un de tes parents, vous êtes solidaires les uns des autres. — Hélas ! mes parents ne peuvent s'être rendus coupables de ce méfait, car je suis un pauvre orphelin. » Sans permettre à l'agneau d'en dire davantage, le loup le saisit et l'entraîne dans la forêt, où il le dévore. — Ce loup nous représente bien ces natures perverses qui, pour sacrifier un innocent, ne se montrent guère scrupuleuses sur le choix des prétextes.

50. 1. Un grand amas d'eau salée. — 2. Par sa salure. — 3. Le sel marin ou sel de cuisine. — 4. Un canal naturel et en pente dans lequel coule

cours d'eau? — 5. Quels sont les différents noms que l'on donne aux cours d'eau? — 6. Comment appelle-t-on l'eau des cours d'eau par opposition à l'eau de la mer? — 7. Qu'est-ce qu'un fleuve? — 8. Qu'est-ce qu'une rivière? — 9. Qu'est-ce qu'un ruisseau? — 10. Qu'entend-on par rive droite et rive gauche d'un fleuve? — 11. Qu'est-ce que l'*amont* et l'*aval* d'un fleuve? — 12. Qu'est-ce que c'est qu'un affluent? — 13. Qu'est-ce qu'un lac? — 14. Qu'est-ce qu'un étang? — 15. Qu'est-ce qu'un marais? — 16. Qu'est-ce qu'un canal? — 17. Comment peut-on faire monter l'eau par-dessus les montagnes? — 18. Qu'est-ce qu'une écluse? — 19. A quoi servent les canaux?

Sujet à développer 51.

L'HOMME ET L'HIRONDELLE (*Fable*).

Le Maître lira le développement, que l'élève reproduira à sa façon.

Vous direz qu'un homme qui s'était enrichi se faisait construire un magnifique palais. Une hirondelle, au printemps, vint y établir son nid, édifié avec un talent et un soin que vous apprécierez. L'homme de s'écrier : «Pourquoi la pauvrette se donne-t-elle tant de peine, puisque dans quelques mois ...» Tandis qu'il parlait, une pierre se détacha du toit et vint l'avertir que l'homme n'est ici-bas ... Quelques jours après, il avait cessé de vivre.

DE L'ADJECTIF.

DEGRÉS DE SIGNIFICATION.

Exercice 52.

Règles 144-146. — Remplacez le comparatif d'infériorité par le comparatif de supériorité, après que vous aurez changé l'ordre des termes de la comparaison. *Écrivez :* Les beurres de Normandie et de Bretagne sont *meilleurs* que les beurres que produisent les autres parties de la France.

Les beurres que produisent les autres parties de la France sont *moins bons* que les beurres de Normandie * et de Bretagne *.

Les marbres de Belgique * sont *moins* riches en couleurs que ceux des Pyrénées *.

Les eaux des rivières sont *moins* mauvaises que les eaux séléniteuses * de beaucoup de sources et de puits.

Les feuilles de la digitale cultivée sont *moins* efficaces que celles de la digitale sauvage.

l'eau. — 5. Torrent, ruisseau, rivière, fleuve. — 6. Eau douce. — 7. C'est un cours d'eau qui se jette dans la mer. — 8. C'est un cours d'eau qui se jette dans un fleuve. — 9. C'est un petit cours d'eau qui se jette dans une rivière. — 10. La rive droite est le bord du fleuve qui se trouve au côté droit d'une personne qui descend ce fleuve dans une barque ; la rive gauche est l'autre bord du fleuve situé à la gauche de cette personne. — 11. L'*amont* est la partie supérieure du cours du fleuve par rapport au point où l'on est ; l'*aval* en est la partie inférieure. — 12. C'est un cours d'eau qui se jette dans un autre. — 13. C'est une masse d'eau douce d'une grande étendue. — 14. C'est une petite masse d'eau douce. — 15. C'est une eau dormante et bourbeuse où croissent des plantes aquatiques. — 16. C'est une rivière creusée de main d'homme. — 17. Au moyen d'un canal sur lequel sont établies des écluses de distance en distance. — 18. C'est une barrière placée en travers d'un canal. — 19. A faire communiquer le bassin de deux fleuves ou à rectifier le cours d'un fleuve.

Corrigé 51.

Un homme qui s'était enrichi s'occupait de se faire construire une demeure somptueuse. Il cherchait à faire oublier, à force de magnificence, son humble origine. Une hirondelle, au retour du printemps, était venue construire sa demeure dans la maison de ce riche. A l'une des fenêtres, elle avait suspendu son nid, auquel elle avait su donner une forme élégante et commode, et qu'elle avait garni intérieurement de moelleux coussins dont la matière avait été apportée brin à brin. La pauvrette n'avait rien négligé pour que ses petits, en naissant, pussent jouir de tout le confortable possible. Voyant ses soins et tous ses longs et pénibles travaux, l'homme s'écria : « A quoi bon tant de peines pour bâtir cette demeure d'un jour, puisque bientôt l'oiseau devra abandonner ce berceau de ses enfants ! » Il n'avait pas encore cessé de parler, quand une pierre se détachant du toit vint le blesser à la tête, et l'avertir que l'homme lui-même n'est sur cette terre qu'un oiseau de passage, que sa maison n'est qu'une hôtellerie où bien d'autres viendront s'héberger après lui. Le riche dut reconnaître par sa propre expérience qu'il en est ainsi réellement de nous ici-bas, car quelques jours après il avait cessé de vivre.

Corrigé 52.

Les beurres de Normandie et de Bretagne sont *meilleurs* que les beurres que produisent les autres parties de la France.

Les marbres des Pyrénées sont *plus* riches en couleurs que ceux de Belgique.

Les eaux séléniteuses de beaucoup de sources et de puits sont *plus* mauvaises que les eaux de rivières.

Les feuilles de la digitale sauvage sont *plus* efficaces que celles de la digitale cultivée.

Le sucre indigène* n'est pas *moins* bon que le sucre des colonies*.

Les montagnes de l'Europe sont généralement *moins* élevées que celles de l'Asie et de l'Amérique.

La valeur des pierres précieuses factices* est *moindre* que celle des gemmes* naturelles.

Les vins les plus renommés de l'Italie sont *moins bons* que ceux des grands crus de la France.

MOTS EXPRIMANT LES COULEURS.

RÈGLE. — Quand un nom sert accidentellement pour désigner une couleur, il demeure invariable. Exemple : Des habits *marron*, des robes *puce*, c'est-à-dire des habits *de la couleur du marron*, des robes *de la couleur de la puce*.

Quand deux adjectifs exprimant chacun une couleur sont juxtaposés, ils sont habituellement tous les deux invariables. Exemple : des cheveux *châtain-clair*, c'est-à-dire, *d'un châtain clair*.

Exercice 53.

Mettez au pluriel les mots en italiques. *Ecrivez : De beaux rubans jonquille ornaient...*

Un beau ruban jonquille ornait le chapeau de cette dame.

Les alouettes font leurs nids dans *le blé vert*.

La ceinture bleu-pâle fut quelque temps à la mode.

Il s'est fait faire *un habit marron-foncé*.

Voilà *une couleur gris de fer qui attriste* l'œil.

Les plumes du coq ont *un reflet vert-doré*.

Certaines dames affectionnent *une chaussure pistache*.

Voici pour cette robe *une garniture aurore qui sera* du plus charmant effet.

Avez-vous vu *le velours puce* que ma mère vient d'acheter ?

Connaissez-vous une plante qui ait *une fleur jaune-pâle ?*

Exercice général 54.

SOMMAIRE. — Adjectifs employés adverbialement (règles 147-148). — *Nu, demi, mi, semi, feu* (règles 149-150). — Exceptions aux règles d'accord des adjectifs (règles 151-153). — Complément des adjectifs (règle 154).

Appliquez les règles et donnez les motifs qui vous feront adopter telle ou telle orthographe (1). *Ecrivez : Les personnes de la campagne parlent ordinairement très-haut (haut est employé adverbialement, parce qu'il modifie parlent).*

1. Les personnes de la campagne parlent ordinairement très- (*haut*).

Bien des personnes ressemblent au lièvre de la fable : elles ont beau courir (*fort*), elles n'arrivent jamais à temps, parce qu'elles sont parties trop tard.

(1) La meilleure manière de vérifier si les élèves ont compris une leçon, c'est de les mettre en demeure d'en donner eux-mêmes l'explication.

Le sucre des colonies n'est pas *meilleur* que le sucre indigène.

Les montagnes de l'Asie et de l'Afrique sont généralement *plus* élevées que celles de l'Europe.

La valeur des gemmes naturelles est *plus grande* que celles des pierres précieuses factices.

Les vins des grands crus de la France sont *meilleurs* que les vins les plus renommés de l'Italie.

DICTÉE SUR LES HOMONYMES.

Un *temps clair* au printemps pronostique la gelée. — Au moyen âge, on donnait la qualification de *clerc* à *tout* homme qui se livrait à l'étude. — Les *cottes* d'armes sont devenues hors d'usage depuis l'introduction de l'artillerie. — Les os en forme d'arc qui entourent la poitrine ont reçu le nom de *côtes*; de plus, ils se distinguent en vraies et fausses *côtes*. — Chaque contribuable est tenu de payer sa *cote* personnelle et mobilière. — Les carriers font usage continuel du *cric* pour déplacer les blocs de pierre qu'ils extraient. — Rien de plus lugubre et de plus monotone que le *cri* du corbeau. — L'année 1453 est la *date* qui a été admise comme étant le commencement de l'*ère* moderne. — Les *dattes* que produit le palmier-dattier sont des fruits très-savoureux. — *Dom* Mabillon est un des plus savants hommes qu'il y ait eu dans l'ordre des Bénédictins. — Philippe II, roi d'Espagne, fit mettre à *mort* son fils *don* Carlos.

Corrigé 53.

De beaux rubans jonquille ornaient le chapeau de cette dame.

Les alouettes font leurs nids dans *les blés verts*.

Les ceintures bleu-pâle furent quelque temps à la mode.

Il s'est fait faire *des habits marron-foncé*.

Voilà *des couleurs gris de fer qui attristent* l'œil.

Les plumes du coq ont *des reflets vert-doré*.

Certaines dames affectionnent *des chaussures pistache*.

Voici pour cette robe *des garnitures aurore qui seront* du plus charmant effet.

Avez-vous vu *les velours puce* que ma mère vient d'acheter?

Connaissez-vous une plante qui ait *des fleurs jaune-pâle?*

Corrigé 54.

1. Les personnes de la campagne parlent ordinairement *très-haut*.

Bien des personnes ressemblent au lièvre de la fable : elles ont beau courir *fort*, elles n'arrivent jamais à temps, parce qu'elles sont parties trop tard.

La plupart des plantes de la même famille que la pomme

La plupart des plantes de la même famille que la pomme de terre sentent (*mauvais*); elles ont, comme on dit, une odeur véreuse.

Certaines maladies de la vue font que nous voyons (*double*).

La volatile malheureuse (*droit*) au logis s'en retourna.

Les chemins tortus deviendront (*droit*), et les raboteux deviendront (*uni*).

Les personnes accusées innocemment restent (*ferme*) devant leurs juges.

Les vaisseaux ont tenu (*ferme*) contre la tempête.

Nous sommes arrivés de bonne heure, parce que nous avons marché (*fort*).

Les marchandises doivent toujours être pesées (*juste*).

Ces souliers me blessent, parce qu'ils sont un peu (*juste*).

On a dit que la numération par vingt avait été adoptée par des peuples qui, marchant (*nu*)-pieds, avaient toujours présents à la vue leurs doigts et leurs orteils*.

Nous avons acheté une horloge qui sonne les (*demi*) et les quarts.

2. (*Feu*) la reine Louise* de Savoie nourrissait une haine profonde contre Samblançay, surintendant des finances.

Les Turcs sont toujours demeurés (*semi*)-barbares.

Les (*demi*)-lunes sont des ouvrages de fortification placés en avant des places fortes.

Il y a des gens qui se trouvent très-fatigués après avoir fait à pied une lieue et (*demi*) ou deux lieues.

On dit qu'un individu possède la (*nu*)-propriété d'un terrain, quand ce terrain lui appartient sans qu'il en ait l'usufruit*.

La plupart des théâtres sont (*semi*)-circulaires*.

Les hommes ne pourraient vivre (*nu*) dans les pays septentrionaux.

N'y a-t-il pas plusieurs (*nu*)-propriétaires des biens dont vous avez la jouissance?

Saint Louis s'attendrissait toujours au souvenir de sa (*feu*) mère, la reine Blanche de Castille.

Les Parisiens, pendant les troubles du règne du roi Jean* II, dit le Bon, avaient adopté comme signe de ralliement un chaperon (*mi*)-partie blanc et (*mi*)-partie rouge.

Un aiguillon ou une épine (*acéré*) peut faire beaucoup de mal en pénétrant dans les chairs.

La passion rend quelquefois les hommes civilisés d'une barbarie, d'une cruauté (*égal*) à (*celle*) des peuples les plus sauvages.

Quand on a pour l'étude un goût, une ardeur (*extraordi-*

de terre sentent *mauvais;* elles ont, comme on dit, une odeur vireuse.

Certaines maladies de la vue font que nous voyons *double.*

La volatile malheureuse *droit* au logis s'en retourna.

Les chemins tortus deviendront *droits,* et les raboteux deviendront *unis.*

Les personnes accusées innocemment restent *fermes* devant leurs juges.

Les vaisseaux ont tenu *ferme* contre la tempête.

Nous sommes arrivés de bonne heure, parce que nous avons marché *fort.*

Les marchandises doivent toujours être pesées *juste.*

Ces souliers me blessent, parce qu'ils sont un peu *justes.*

On a dit que la numération par vingt avait été adoptée par des peuples qui, marchant *nu*-pieds, avaient toujours présents à la vue leurs doigts et leurs orteils*.

Nous avons acheté une horloge qui sonne les *demies* et les quarts.

2. *Feu* la reine Louise* de Savoie nourrissait une haine profonde contre Samblançay, surintendant des finances.

Les Turcs sont toujours demeurés *semi*-barbares.

Les *demi*-lunes sont des ouvrages de fortification placés en avant des places fortes.

Il y a des gens qui se trouvent très-fatigués après avoir fait à pied une lieue et *demie* ou deux lieues.

On dit qu'un individu possède la *nue* propriété (1) d'un terrain. quand ce terrain lui appartient sans qu'il en ait l'usufruit*.

La plupart des théâtres sont *semi*-circulaires*.

Les hommes ne pourraient vivre *nus* dans les pays septentrionaux.

N'y a-t-il pas plusieurs *nus* propriétaires des biens dont vous avez la jouissance?

Saint Louis s'attendrissait toujours au souvenir de sa *feue* mère, la reine Blanche de Castille.

Les Parisiens, pendant les troubles du règne du roi Jean* II, dit le Bon, avaient adopté comme signe de ralliement un chaperon *mi*-partie blanc et *mi*-partie rouge.

Un aiguillon ou une épine *acérée* peut faire beaucoup de mal en pénétrant dans les chairs.

La passion rend quelquefois les hommes civilisés d'une barbarie, d'une cruauté *égale* à *celle* des peuples les plus sauvages.

Quand on a pour l'étude un goût, une ardeur *extraordi-*

(1) La règle 449 ne s'applique pas aux expressions suivantes: la *nue* propriété, les *nus* propriétaires, dans lesquelles *nu* s'accorde avec le substantif qui suit. Voir la *Deuxième année de grammaire,* partie du maître, p. 39*.

naire), il est impossible que l'on ne devienne pas savant.

3. La faïence et la porcelaine, si (*commode*) dans les usages ordinaires de la vie, étaient (*inconnu*) aux anciens.

Une fièvre ou une dyssenterie (*épidémique*) fait souvent plus de victimes que la guerre la plus cruelle.

Une naïveté, une bonhomie (*inimitable*) est le caractère le plus saillant des fables de La Fontaine *.

Dans leur lutte, dans leur résistance (*héroïque*) contre les Turcs, les Grecs modernes se sont acquis une gloire immortelle.

, Le hêtre ou l'orme bien (*sec*) est un excellent bois de chauffage.

Il y a dans la musique de Haydn * une harmonie, une suavité d'accords (*supérieur*) à tout ce que l'on trouve dans les compositions plus anciennes.

Les peuples du Nord sont *adonnés et avides* de liqueurs alcooliques.

Les Italiens sont *aptes* et *amoureux* de la musique.

On trouve peu d'hommes *reconnaissants* et *contents* de la fortune.

On croyait autrefois que certains hommes n'avaient point de rate, et que, par suite, ils étaient *propres* et *capables* de longues courses.

4. Combien n'a-t-on pas vu de personnes *hostiles* et *ingrates* envers leurs bienfaiteurs !

Les enfants sont *avides* et *sensibles* à la louange, mais trop légers pour la mériter.

Malheur à quiconque sera *dédaigneux* et *indifférent* à l'estime de ses semblables !

Ne sois jamais ni *inaccessible* ni *insolent* envers les pauvres.

Les athlètes * étaient *adroits* et *amoureux* de tous les exercices du corps.

Dans les eaux (*bas*), la navigation de certains fleuves devient difficile, et alors il n'est pas rare d'entendre dire que des embarcations ont coulé (*bas*).

La (*feu*) reine de Navarre *, Jeanne d'Albret, mère de Henri IV, avait un courage tout viril *.

Une bravoure, une intrépidité peu (*commun*), excite toujours l'admiration.

Le rat ou la souris (*apprivoisé*) n'est pas (*dépourvu*) d'une certaine gentillesse.

Mon frère et moi nous avons acheté des manteaux (*rouge-bai* * *vif*).

Préférez-vous les étoffes (*marron-foncé*) aux étoffes (*gris-tendre*) ?

naire, il est impossible que l'on ne devienne pas savant.

3. La faïence et la porcelaine, si *commodes* dans les usages ordinaires de la vie, étaient *inconnues* aux anciens.

Une fièvre ou une dyssenterie *épidémique* fait souvent plus de victimes que la guerre la plus cruelle.

Une naïveté, une bonhomie *inimitable* est le caractère le plus saillant des fables de La Fontaine*.

Dans leur lutte, dans leur résistance *héroïque* contre les Turcs, les Grecs modernes se sont acquis une gloire immortelle.

Le hêtre ou l'orme bien *sec* est un excellent bois de chauffage.

Il y a dans la musique de Haydn* une harmonie, une suavité d'accords *supérieure* à tout ce que l'on trouve dans les compositions plus anciennes.

Les peuples du Nord sont *adonnés* aux liqueurs alcooliques et en sont *avides*.

Les Italiens sont *aptes* à la musique et en sont *amoureux*.

On trouve peu d'hommes *reconnaissants* envers la fortune et *contents* de celle-ci.

On croyait autrefois que certains hommes n'avaient point de rate, et que, par suite, ils étaient *capables* de longues courses et y étaient *propres*.

4. Combien n'a-t-on pas vu de personnes *hostiles* à leurs bienfaiteurs et *ingrates* envers eux.

Les enfants sont *sensibles* à la louange et en sont *avides*, mais trop légers pour la mériter.

Malheur à quiconque sera *dédaigneux* de l'estime de ses semblables et y sera *indifférent !*

Ne sois jamais ni *inaccessible* aux pauvres, ni *insolent* envers eux.

Les athlètes* étaient *adroits* dans tous les exercices du corps et en étaient *amoureux*.

Dans les eaux *basses*, la navigation de certains fleuves devient difficile, et alors il n'est pas rare d'entendre dire que des embarcations ont coulé *bas*.

La *feue* reine de Navarre*, Jeanne d'Albret, mère de Henri IV, avait un courage tout viril*.

Une bravoure, une intrépidité peu *commune*, excite toujours l'admiration.

Le rat ou la souris *apprivoisée* n'est pas *dépourvue* d'une certaine gentillesse.

Mon frère et moi nous avons acheté des manteaux *rouge-bai* * vif*.

Préférez-vous les étoffes *marron-foncé* aux étoffes *gris-tendre* ?

5. Certaines renoncules, obtenues par la culture, ont des couleurs (*rouge-ponceau*).

Les personnes opérées de la cataracte* voient (*clair*) comme avant l'invasion de la maladie.

Quand la marée* est (*haut*), il n'est plus possible de recueillir des coquillages.

Certains aéronautes* ont monté si (*haut*) que la terre avait complétement disparu à leurs yeux.

La (*demi*)-circonférence contient le rayon trois fois, plus un septième de fois environ.

Les botanistes appellent graines (*nu*) celles qui ne sont pas complétement enfermées dans une enveloppe; les graines du pin sont des graines (*nu*).

Une grange ou un grenier (*plein*) cause toujours une vive satisfaction au laboureur.

Une paresse, une inertie (*invincible*), rend un homme très-malheureux.

Les huîtres coûtent plus (*cher*) actuellement qu'elles n'ont jamais coûté.

Les parents du moribond* sont arrivés (*juste*) à temps pour recueillir son dernier soupir.

La chouette et le hibou, (*friand*) de souris et d'autres petits rongeurs, débarrassent le cultivateur d'ennemis acharnés à détruire ses récoltes.

L'aune valant douze décimètres, la (*demi*)-aune est longue de six décimètres.

La biche reçut (*droit*) dans la poitrine la balle du chasseur.

ADJECTIFS QU'IL NE FAUT PAS EMPLOYER ABUSIVEMENT.

1. CAPABLE, SUSCEPTIBLE. — *Capable* ne se dit que des personnes, il signifie : qui a *la capacité* nécessaire pour faire une chose. Exemple : Pascal était *capable* de retrouver les mathématiques si elles avaient été oubliées.

Susceptible ne se dit que des animaux et des choses. Il signifie : qui peut être modifié par telle ou telle chose. Ex. : Le geai est *susceptible* d'une certaine éducation. *Susceptible* ne se dit des personnes que quand il signifie *prompt à se fâcher.*

2. CONSÉQUENT, CONSIDÉRABLE. — *Conséquent* signifie : logique, conforme aux principes, à la raison. Ex. : Le vrai sage a toujours une conduite *conséquente* avec ses principes.

Considérable signifie : qui doit être remarqué pour son importance. Ex.: Crésus avait une fortune *considérable.*

Ce serait une faute grossière que de dire : une fortune *conséquente.*

3. DIGNE, INDIGNE. — *Digne*, quand il n'est pas accompagné d'une négation, se dit du bien ou du mal ; avec une négation, il ne se dit que du bien. Ex. : Il est

5. Certaines renoncules, obtenues par la culture, ont des couleurs *rouge-ponceau*.

Les personnes opérées de la cataracte * voient *clair* comme avant l'invasion de la maladie.

Quand la marée* est *haute*, il n'est plus possible de recueillir des coquillages.

Certains aéronautes* ont monté si *haut* que la terre avait complétement disparu à leurs yeux.

La *demi*-circonférence contient le rayon trois fois, plus un septième de fois environ.

Les botanistes appellent graines *nues* celles qui ne sont pas complétement enfermées dans une enveloppe; les graines du pin sont des graines *nues*.

Une grange ou un grenier *plein* cause toujours une vive satisfaction au laboureur.

Une paresse, une inertie *invincible*, rend un homme très-malheureux.

Les huîtres coûtent plus *cher* actuellement qu'elles n'ont jamais coûté.

Les parents du moribond* sont arrivés *juste* à temps pour recueillir son dernier soupir.

La chouette et le hibou, *friands* de souris et d'autres petits rongeurs, débarrassent le cultivateur d'ennemis acharnés à détruire ses récoltes.

L'aune valant douze décimètres, la *demi*-aune est longue de six décimètres.

La biche reçut *droit* dans la poitrine la balle du chasseur.

DICTÉE

D'ORTHOGRAPHE USUELLE

Une *hallebarde* est une sorte d'arme terminée supérieurement par un fer large et pointu, au-dessous duquel est un autre fer en forme de croissant. — L'*ache* est une plante très-semblable au céleri, dont les anciens se couronnaient dans les festins et qu'ils employaient dans les cérémonies funèbres. — L'*éléphantiasis* est une sorte de lèpre qui rend la peau des nègres semblable à celle de l'éléphant. — Un homme meurt fatalement d'une *hémorrhagie*, s'il ne parvient pas à l'arrêter.— Les monuments de l'antique Egypte sont couverts d'*hiéroglyphes* que les savants modernes sont parvenus à déchiffrer.— On donne le nom d'*ichthyophages* aux peuples qui se nourrissent de poissons. — L'*oïdium* est un

digne d'éloge ; il est *digne* de blâme ; il n'est pas *digne* de récompense. On ne pourrait dire : Il n'est pas *digne de punition*.

Indigne, avec ou sans négation, ne se dit que du bien. Ex. : Il est, ou il n'est pas *indigne* de vos bontés. On ne pourrait dire : Cette personne est *indigne* de mépris.

4. ÉMINENT, IMMINENT. — *Éminent* signifie : qui domine, très-élevé, très-grand. Ex.: Michel * de l'Hôpital occupait un poste *éminent* dans la magistrature.

Imminent signifie : inévitable. Ex. : Quelque éruption du Vésuve* rend la destruction de Naples * *imminente*.

5. HÉBREU, HÉBRAÏQUE. — *Hébreu* se dit des personnes appartenant à la nation juive. Ex. : La fille de Pharaon trouva un enfant *hébreu* dans une corbeille flottant sur le Nil *.

Hébraïque se dit des choses qui ont rapport à la nation juive. Ex.: La langue *hébraïque* fait partie de la famille des langues sémitiques.

6. OMBRAGEUX, OMBREUX. — *Ombrageux* signifie littéralement : qui a peur de son ombre. Ex.: C'est à force de douceur que l'on guérit de leurs défauts les chevaux *ombrageux*. Au figuré: Soupçonneux, défiant. Ex.: caractère *ombrageux*.

Ombreux signifie : couvert d'ombre ou qui donne de l'ombre. Ex.: Nous parcourûmes maintes vallées *ombreuses*.

7. OUVRIER, OUVRABLE. — *Ouvrier* se dit de tout ce qui a rapport aux gens de métier. Ex.: Des cités *ouvrières* ont été bâties dans plusieurs quartiers de Paris.

Ouvrable signifie : consacré au travail. Ex.: Les bureaux sont ouverts tous les jours *ouvrables*.

8. ROMANESQUE, ROMANTIQUE. — *Romanesque* se dit de tout ce qui peut figurer à bon droit dans un roman. Ex.: Les aventures *romanesques* du marin Selkirk ont donné à Daniel de Foë l'idée de son Robinson Crusoé.

Romantique se dit de lieux champêtres et de sites comparables à ceux que décrivent les poëtes et que représentent les peintres. Ex.: La vallée des Géants, en Ecosse *, est un des sites les plus *romantiques* de cette pittoresque contrée.

Romantique se dit encore d'un genre littéraire qui contraste avec la littérature *classique* de l'antiquité et du XVII° siècle. Ex.: Chateaubriand est le père de l'école *romantique*.

9. VÉNÉNEUX, VENIMEUX. — *Vénéneux* se dit des plantes. Ex.: Le tabac est *vénéneux*.

Venimeux se dit des animaux. Ex.: La morsure de la vipère est *venimeuse*.

Exercice 55.

Remplacez les points par le mot convenable (les numéros renvoient à la liste qui précède).

Les singes sont ... (1) d'apprendre à se servir comme nous de cuillers, de fourchettes, de serviettes et de couteaux.

Peu de gens sont ... (1) d'imiter les vertus civiques d'un La Tour d'Auvergne *.

Les gens ... (1) doivent être ménagés avec le plus grand soin, sans quoi on risque de les fâcher au moindre mot.

Jacques * Cœur avait acquis des biens, des richesses ... (2) en trafiquant avec les Vénitiens * et les Échelles du Levant * ...

champignon microscopique qui se développe sur la vigne et la fait souvent périr. — Chez les Juifs, on donnait le nom d'*holocauste* à un sacrifice dans lequel la victime était totalement consumée par le feu. — L'*humus* est une terre formée de substances végétales partiellement décomposées. — Les édits des empereurs de Russie sont désignés sous le nom d'*ukases*. — Les *oursins* sont des animaux marins dont la coquille est hérissée de pointes. — Le *houx* est un arbrisseau toujours vert dont l'écorce peut servir à faire de la glu. — Le *houblon* est une plante grimpante de la même famille que les orties. — Un pasteur s'estime très-heureux de pouvoir ramener les *ouailles* au bercail. — La *térébenthine* est une substance de consistance sirupeuse qui découle des arbres verts auxquels on a pratiqué des incisions. — Le plâtre est assez souvent désigné sous le nom de *gypse*. — Le *thon* est un gros poisson de mer dont la chair est très-estimée. — Il ne faut jamais parler d'un *ton* hautain. — On appelle *tan* l'écorce de chêne moulue qui sert à préparer le cuir. — La piqûre des *taons* est très-douloureuse pour les chevaux. — Le *thermomètre* sert à indiquer les degrés de chaleur et de froid. — Le *télescope* est un instrument d'optique destiné à rapprocher et à grossir les corps très-éloignés. — Les *aérolithes* sont des corps qui errent dans l'espace, et qui traversent quelquefois notre atmosphère. — Le *luth* est un instrument de musique qui est devenu le symbole de la poésie, quoiqu'il soit tombé en désuétude. — Les Grecs soutinrent contre les Turcs une *lutte* héroïque qui leur valut l'indépendance. — Les chimistes enduirent souvent les cornues * d'un *lut* formé d'argile et de quelqu'autre substance réfractaire *. — Dans l'ancienne monarchie, les douze *pairs* de F.ance étaient les douze principaux vassaux de la couronne. — Dans les feuilles dites composées, les folioles sont le plus souvent disposées par *paires* le long de la nervure médiane. — Nous avons dans le corps des organes *pairs* et des organes impairs. — Les enfants ne sont pas responsables des fautes de leur *père*. — Les anciens n'employaient que trois *signes* de ponctuation, trois sortes de *pauses*, qu'ils appelaient la *pause* faible, la *pause* moyenne et la *pause* complète. — La *pose* de la première pierre d'un monument se fait toujours avec une grande solennité.

Corrigé 55.

Les singes sont *susceptibles* d'apprendre à se servir comme nous de cuillers, de fourchettes, de serviettes et de couteaux.

Peu de gens sont *capables* d'imiter les vertus civiques d'un La Tour d'Auvergne *.

Les gens *susceptibles* doivent être ménagés avec le plus grand soin, sans quoi on risque de les fâcher au moindre mot.

Jacques * Cœur avait acquis des biens, des richesses *considérables* en trafiquant avec les Vénitiens * et les Échelles du Levant *.

Les pythagoriciens*, ... (2) avec leurs doctrines, ne voulaient manger de rien qui eût eu vie.

Sous Louis XV*, un grand nombre de personnes furent ruinées par les pertes ... (2) que leur fit éprouver la chute de la banque de Law*.

L'infâme Dubois*, favori du Régent *, n'était pas... (3) des honneurs auxquels il fut promu.

Le même Dubois était ... (3) de succéder au vertueux Fénelon *.

Comme les grands chênes sont en butte aux coups de la tempête, de même les hommes ... (4) sont exposés aux caprices de la fortune.

D'Assas *, bien que voyant la mort ... (4), n'hésita pas à faire son devoir, et à crier :« A moi, Auvergne! voilà les ennemis! »

Le musée* des antiquités, installé au Louvre*, possède le tombeau d'un roi ... (5) qu'on suppose avoir été le roi David.

Le prophète Isaïe offre les modèles les plus parfaits de la littérature ... (5).

Les fondements de la mosquée * bâtie sur l'emplacement du temple de Salomon, renferment quelques assises * qui peuvent donner une idée exacte de l'antique architecture ... (5).

Vallons ... (6), majestueuses et murmurantes forêts, puissé-je passer ma vie entière dans vos solitudes!

Denis de Syracuse * était un tyran ... (6) qui se faisait brûler la barbe avec des coquilles de noix, dans la crainte qu'en le rasant, on ne lui coupât la gorge.

Les bosquets ... (6) des Champs * Elysées plaisaient à l'imagination des Grecs, vivant sous un climat brûlant.

La classe ... (7) aspire à recevoir l'instruction.

Le nombre des fêtes ne doit pas être trop considérable, de peur de voir trop diminuer celui des jours ... (7).

Walter Scott * est l'un des plus illustres auteurs dont puisse s'enorgueillir l'école ... (8)

Les descriptions ... (8) d'Ossian * plongent l'âme dans une mélancolique mais délicieuse rêverie.

Il est souvent à craindre que les jeunes gens doués d'une imagination ... (8) ne commettent force sottises.

Les scorpions sont des bêtes ... (9) des pays chauds, ayant de nombreuses analogies avec les araignées.

Les fruits de la belladone, quoique sucrés et douceâtres, sont néanmoins très- ... (9).

Les pythagoriciens*, *conséquents* avec leurs doctrines, ne voulaient manger de rien qui eût eu vie.

Sous Louis XV*, un grand nombre de personnes furent ruinées par les pertes *considérables* que leur fit éprouver la chute de la banque de Law*.

L'infâme Dubois*, favori du Régent*, n'était pas *digne* des honneurs auxquels il fut promu.

Le même Dubois était *indigne* de succéder au vertueux Fénelon*.

Comme les grands chênes sont en butte aux coups de la tempête, de même les hommes *éminents* sont exposés aux caprices de la fortune.

D'Assas*, bien que voyant la mort *imminente*, n'hésita pas à faire son devoir, et à crier : « A moi, Auvergne! voilà les ennemis! »

Le musée* des antiquités, installé au Louvre*, possède le tombeau d'un roi *hébreu* qu'on suppose avoir été le roi David.

Le prophète Isaïe offre les modèles les plus parfaits de la littérature *hébraïque*.

Les fondements de la mosquée* bâtie sur l'emplacement du temple de Salomon, renferment quelques assises* qui peuvent donner une idée exacte de l'antique architecture *hébraïque*.

Vallons *ombreux*, majestueuses et murmurantes forêts, puissé-je passer ma vie entière dans vos solitudes!

Denis de Syracuse* était un tyran *ombrageux* qui se faisait brûler la barbe avec des coquilles de noix, dans la crainte qu'en le rasant, on ne lui coupât la gorge.

Les bosquets *ombreux* des Champs Elysées plaisaient à l'imagination des Grecs, vivant sous un climat brûlant.

La classe *ouvrière* aspire à recevoir l'instruction.

Le nombre des fêtes ne doit pas être trop considérable, de peur de voir trop diminuer celui des jours *ouvrables*.

Walter Scott* est l'un des plus illustres auteurs dont puisse s'enorgueillir l'école *romantique*.

Les descriptions *romantiques* d'Ossian* plongent l'âme dans une mélancolique mais délicieuse rêverie.

Il est souvent à craindre que les jeunes gens doués d'une imagination *romanesque* ne commettent force sottises.

Les scorpions sont des bêtes *venimeuses* des pays chauds, ayant de nombreuses analogies avec les araignées.

Les fruits de la belladone, quoique sucrés et douceâtres, sont néanmoins très-*vénéneux*.

EXPRESSIONS A DEUX SENS.

Certaines expressions composées d'un substantif et d'un adjectif changent de sens suivant que l'adjectif est placé avant ou après le substantif. Telles sont les expressions suivantes :

1. *Brave homme*, homme honnête et bon ; *homme brave*, courageux.

2. *Bon homme*, homme qui a de la bonhomie, de la simplicité dans les manières ; *homme bon*, qui a de la bonté.

3. *Commune voix*, à l'unanimité ; *voix commune*, ordinaire, qui manque de distinction.

4. *Grand homme*, homme illustre ; *homme grand*, de haute taille.

5. *Honnête homme*, qui a de la probité ; *homme honnête*, qui a de la politesse.

6. *Méchante épigramme* *, épigramme sans esprit ; *épigramme méchante*, mordante.

7. *Pauvre homme*, sans industrie, sans courage ; *homme pauvre*, qui est dans la misère.

8. *Propres termes*, les mêmes mots sans y rien changer ; *termes propres*, ceux qui expriment bien ce que l'on veut dire.

Exercice 56.

Remplacez les points par l'expression convenable. (Les chiffres renvoient à la liste qui précède.)

Un ... (1) a la confiance de tous ceux qui le connaissent.

Un ... ... (1) est le rempart de la patrie.

Un ... ... (2) a des larmes pour toutes les misères et toutes les infortunes.

Malgré son génie, La Fontaine * était un ... ... (2) d'une naïveté extraordinaire.

Ce chanteur que l'on admire tant a cependant une ... ... (3), et telle que l'on en trouve beaucoup de semblables.

Tous les Français, d'une ... ... (3), accordèrent à Louis XII* le beau titre de Père du peuple.

Vercingétorix *, Charlemagne*, saint Louis, Bayard *, Corneille *, La Tour d'Auvergne * étaient de ... ... (4).

Samson, Goliath, Teutobochus *, étaient des ... ... (4).

Un ... ... (5) est celui dont la probité est inattaquable ; un ... ... (5) est un homme poli et bien élevé.

Une ... ... (6) est une épigramme qui offre un trait malin, mordant et frappant juste ; une ... ... (6) est une épigramme composée sans sel *, sans esprit.

Il vaut mieux être un ... ... (7) qu'un ... ... (7).

Aux époques les plus reculées, les ambassadeurs *, s'acquittant de leur mission, répétaient les ... ... (8) du prince qui les avait envoyés.

Celui qui se sert toujours des ... ... (8) en écrivant, est bien plus sûr d'être compris de tout le monde.

PHRASES A ANALYSER LOGIQUEMENT.

1. Nous devons, autant que nous le pouvons, obliger tout le monde.

2. La nuit, si quelque chat faisait du bruit, le chat prenait l'argent.

3. L'Arabie, qui ne fut jamais assujettie à aucune puissance de l'antiquité, fut toujours gouvernée par ses propres princes, jusqu'au temps où parut Mahomet.

4. L'Océan, dont le soleil attire les vapeurs, voit une mer aérienne se former, s'élever et s'étendre au-dessus de lui.

5. Quand le ciel est rouge le soir du côté du couchant, on peut prédire que le vent soufflera le lendemain avec violence.

6. Tandis que le soleil éclaire notre hémisphère, les peuples de l'Océanie sont plongés dans les ténèbres.

7. Si un animal est placé dans une atmosphère où domine l'acide carbonique, il éprouve bientôt un grand malaise.

Corrigé 56.

Un *brave homme* a la confiance de tous ceux qui le connaissent.

Un *homme brave* est le rempart de la patrie.

Un *homme bon* a des larmes pour toutes les misères et toutes les infortunes.

Malgré son génie, La Fontaine * était un *bon homme* d'une naïveté extraordinaire.

Ce chanteur que l'on admire tant a cependant une *voix commune*, et telle que l'on en trouve beaucoup de semblables.

Tous les Français, d'une *commune voix*, accordèrent à Louis XII* le beau titre de Père du peuple.

Vercingétorix*, Charlemagne*, saint Louis, Bayard *, Corneille *, La Tour d'Auvergne* étaient de *grands hommes*.

Samson, Goliath, Teutobochus*, étaient des *hommes grands*.

Un *honnête homme* est celui dont la probité est inattaquable; un *homme honnête* est un homme poli et bien élevé.

Une *épigramme méchante* est une épigramme qui offre un trait malin, mordant et frappant juste; une *méchante épigramme* est une épigramme composée sans sel*, sans esprit.

Il vaut mieux être un *homme pauvre* qu'un *pauvre homme*.

Aux époques les plus reculées, les ambassadeurs *, s'acquittant de leur mission, répétaient les *propres termes* du prince qui les avait envoyés.

Celui qui se sert toujours des *termes propres* en écrivant, est bien plus sûr d'être compris de tout le monde.

Exercice Lexicologique 57.

Répondez par écrit, au moyen du Lexique, aux questions suivantes.

Que savez-vous : de la Normandie, — de la Bretagne, — de la Belgique, — des Pyrénées, — des Echelles du Levant, — de Venise, — de Syracuse, — du Nil, — de l'Ecosse, — de la Navarre ?

Qu'est-ce que : une eau *séléniteuse*, — du sucre *indigène*, — une *gemme* naturelle, — un *musée* des antiquités, — les *assises* d'un temple, — les *Champs Elysées* des Grecs, — une langue *sémitique*, — un courage *viril*, — une couleur *bai*, — l'opération de la *cataracte*, — une *épigramme* sans *sel* ?

Que savez-vous sur : La Tour d'Auvergne, — Jacques Cœur, — Louis XV, — l'Ecossais Law, — Dubois, — le Régent, — Fénelon, — d'Assas, — Louise de Savoie, — Michel de l'Hôpital, — Walter Scott, — Ossian, — Jean II le Bon, — La Fontaine, — Haydn, — Louis XII, — Vercingétorix, — Bayard, — Corneille, — Teutobochus ?

Qu'est-ce que : un pythagoricien, — le Louvre ?

Qu'est-ce que : les orteils, — une mosquée, — la marée, — un aéronaute, — un moribond, — un ambassadeur ?

STYLE ET COMPOSITION, INVENTION.

Exercice d'invention 58.

Remplacez les adjectifs par leur contraire. *Ecrivez :* Le *beau* chien a pour contraire le *laid* chien.

Le *beau* chien...	La rivière *rapide*...
La chatte *blanche*...	L'enfant *joyeux*...
Le poulet *gras*...	La terre *humide*...
La *haute* maison...	Le livre *amusant*...
Le chemin *large*...	La chambre *obscure*...
Le linge *propre*...	La *grosse* bûche...
Le champ *fertile*...	Le sentier *tortueux*...
L'*honnête* homme...	L'animal *glouton*...

Exercice d'invention 59.

Ajoutez un adjectif convenable à chacun des noms suivants. *Ecrivez :* L'âne est *frugal*.

L'âne ...	L'eau ...	Le coq ...
Le vin ...	Le vent ...	Le singe...
Le pain ...	La table ...	Les épis ...
La viande ...	La pêche ...	Le bœuf ...
La muraille ...	La robe ...	La pierre ...
L'histoire ...	Les cheveux...	Le fer ...
Le clocher...	L'homme ...	Le nez ...

DICTÉE

D'ORTHOGRAPHE USUELLE.

Un *filagramme* est un dessin tracé dans l'intérieur d'un papier, et qu'on n'aperçoit qu'en regardant à travers ce papier. — Un *philanthrope* est un homme qui fait toute son occupation de l'amélioration de ses semblables. — Le *rhumatisme* articulaire est celui qui attaque les articulations des membres. — Le *rubis* est une pierre précieuse d'un rouge vif. — Il y a des pièces de musique composées dans un *rhythme* vif et sautillant. — Les *rhododendrons* sont très-abondants dans les pays de montagnes. — L'*asphyxie* résulte de l'absence de l'air dans les poumons. — Un animal *amphibie* est celui qui peut vivre aussi bien dans l'air que dans l'eau. — L'*asphalte* est une matière de même nature que le *bitume*.

STYLE ET COMPOSITION, INVENTION.

Corrigé 58.

Le *laid* chien.
La chatte *noire*.
Le poulet *maigre*.
La maison *basse*.
Le chemin *étroit*.
Le linge *sale*.
Le champ *stérile*.
L'homme *grossier*.

La rivière *lente*.
L'enfant *triste*.
La terre *sèche*.
Le livre *ennuyeux*.
La chambre *claire*.
La *petite* bûche.
Le sentier *droit*.
L'animal *sobre*.

Corrigé 59.

L'âne *frugal*.
Le *bon* vin.
Le pain *blanc*.
La viande *fraîche*.
La muraille *élevée*.
L'histoire *véridique*.
Le clocher *gothique*.
L'eau *claire*.
Le vent *violent*.
La table *ronde*.
La pêche *miraculeuse*.

La robe *rose*.
Les cheveux *bruns*.
L'homme *aimable*.
Le coq *matinal*.
Le singe *alerte*.
Les épis *jaunes*.
Le bœuf *lent*.
La pierre *dure*.
Le fer *ductile*.
Le nez *pointu*.

Sujet à développer 60.

LA PRIÈRE DU MATIN.

Inspirez-vous des sentiments qui vous animent, le matin, lorsque vous priez Dieu à votre réveil.

Vous direz qu'un jeune enfant, à son réveil, se dispose à faire sa prière. Il remercie Dieu de ... Il prie pour son père et pour sa mère qui ... Il énumère tout ce qu'il se propose de faire dans la journée pour la bien passer. Il dit ensuite quelles sont les fautes qu'il a l'intention d'éviter. Il termine en priant pour tous ceux qui ont le plus besoin de prières, c'est-à-dire pour ...

(Vous emploierez le style direct.)

Exercice d'invention 61.

Remplacez les points par un attribut.

La brebis est ...; son bêlement est ...; son lait est ...; sa laine est ...

La fontaine est ...; sa profondeur est ...: son eau est ...; ses bords sont ...

Le forgeron est ...; ses bras sont ...; son enclume est ...; son marteau est ...; son soufflet est ...

L'or est ...; sa couleur est ...; sa pesanteur est ...; sa valeur est ...

La montagne est ...; ses flancs sont ...; son sommet est...

La ferme est ...; sa cour est ...; ses bâtiments sont ...

L'église est ...; son clocher est ...; ses fenêtres sont ...

La charrue est ...; son soc est ...; sa flèche est ...; ses roues sont ...

Le puits est ...; ses parois sont ...; sa margelle * est ...; son eau est ...

La grenouille est ...; sa peau est ...; ses pattes sont ...; sa chair est ...; son coassement est...

Même exercice 62.

L'artichaut est ...; ses feuilles sont ...; sa fleur est ...; son goût est ...

La pie est ...; son plumage est ...; son nid est ...; ses œufs sont ...

La faux est ...; son tranchant est ...; sa pointe est ...

Le vin est ...; sa saveur est ...; son arome est ...; ses effets sont ... ou ...

Le chêne est ...; ses branches sont ...; son gland est ...; son feuillage est ...; son bois est ...

Corrigé 60.

Le jeune Armand, dès qu'il se fut habillé, alla s'agenouiller devant son crucifix et adressa au Seigneur cette prière : « Mon Dieu, je vous rends grâce d'avoir cette nuit veillé sur moi et sur mes bons parents. Faites que mon père et ma mère coulent en paix d'heureux jours. Je tâcherai de passer la journée sans vous offenser. Je serai attentif aux leçons de mes maîtres : je m'appliquerai à bien faire mes devoirs, et je ne détournerai pas mes camarades des leurs. Je m'étudierai à être poli envers toutes les personnes avec lesquelles je pourrai me trouver, respectueux et soumis envers mes supérieurs ; je m'efforcerai de ne pas perdre mon temps, comme cela m'arrive quelquefois. Daignez, Seigneur, jeter un regard favorable sur ceux qui souffrent et qui sont dans l'affliction. Protégez particulièrement les pauvres, les prisonniers, les voyageurs et les malades. Permettez que les lumières de l'Evangile brillent aux yeux des nations qui ne l'ont point encore reçu. Faites, Seigneur, que je passe saintement cette journée et que je me conduise en enfant chrétien. »

61. La brebis est *douce;* son bêlement est *monotone;* son lait est *sucré;* sa laine est *blanche.*

La fontaine est *claire;* sa profondeur est *considérable;* son eau est *fraîche;* ses bords sont *moussus.*

Le forgeron est *robuste;* ses bras sont *vigoureux;* son enclume est *pesante;* son marteau est *lourd;* son soufflet est *énorme.*

L'or est *dense;* sa couleur est *jaune;* sa pesanteur est *grande;* sa valeur est *considérable.*

La montagne est *haute;* ses flancs sont *abrupts;* son sommet est *pointu.*

La ferme est *grande;* sa cour est *vaste;* ses bâtiments sont *immenses.*

L'église est *jolie;* son clocher est *élégant;* ses fenêtres sont *hautes.*

La charrue est *utile;* son soc est *luisant;* sa flèche est *solide;* ses roues sont *légères.*

Le puits est *profond;* ses parois sont *épaisses;* sa margelle * est *ronde;* son eau est *limpide.*

La grenouille est *peureuse;* sa peau est *nue;* ses pattes sont *palmées;* sa chair est *blanche;* son coassement est *désagréable.*

62. L'artichaut est *volumineux;* ses feuilles sont *vertes;* sa fleur est *violette;* son goût est *agréable.*

La pie est *bavarde;* son plumage est *noir et blanc;* son nid est *grossier;* ses œufs sont *verts.*

La faux est *longue;* son tranchant est *mince;* sa pointe est *acérée.*

Le vin est *tonique;* sa saveur est *agréable;* son arome est *délicieux;* ses effets sont *utiles* ou *nuisibles.*

Le chêne est *gigantesque;* ses branches sont *robustes;* son gland est *amer;* son feuillage est *élégant;* son bois est *dur.*

Le sel est ...; sa saveur est ...; son usage est ...; son origine est ...

Le marais est ...; ses bords sont ...; ses eaux sont ...; ses herbes sont ...

Le village est ...; ses rues sont ...; ses maisons sont ...; son école est ...

La grange est ...; ses portes sont ...; son aire* est ...; son toit est ...

Le canard est ...; ses pattes sont ...; son corps est ...; ses plumes sont ...; son cri est ...

Sujet à développer 63.

UNE FOIRE.

Vous supposerez que Jules écrit à son cousin Auguste pour lui raconter tout ce qu'il a vu. Vous emploierez les formes usitées dans une lettre.

C'était dernièrement la foire de ...; Jules y alla avec ses parents. La place du marché encombrée de bestiaux dont les maquignons font valoir les qualités; boutiques de toutes sortes; baraques de saltimbanques; prestidigitateurs; animaux curieux; mât de cocagne; enlèvement d'un ballon. Le soir, illumination et feu d'artifice. Décrivez tout cela.

Exercice d'invention 64.

Copiez et remplacez les mots en italiques par un adjectif, que vous pourrez trouver dans la page suivante. *Ecrivez :* Le garde *de la forêt*, le garde *forestier.* (Exercice 68 et suiv.)

Le garde *de la forêt*. — Les mœurs *du village*. — Un pays *de montagnes*. — Un temps *de neige*. — L'eau *de pluie*. — La hauteur *du baromètre*. — Une exploitation *de houille*. — Une colonne *d'air* (en grec, *aer*, air). — Un gentilhomme *de la campagne*. — Une odeur *de vin*. — Un sol *couvert de plantes*. — Une rivière *où il y a beaucoup de poissons*. — Un arbrisseau *garni d'épines*.

Même exercice 65.

Une **voix** *d'enfant*. — Une voie *de fer*. — Une source *d'eau chaude* (grec, *thermos*, chaud). — Une graine *dont on peut tirer de l'huile* (latin, *oleum*, huile; *gignere*, produire). — Un bois *contenant de la résine*. — Un corps *rempli de pores*. — Un instrument *servant à labourer* (en latin, *arare*, labourer). — Un temps *de brouillard* (latin, *bruma*, hiver). — Une attaque *de nuit* (latin, *nox*, *noctis*, nuit). — Le pain *de chaque jour* (latin, *quotidianus*, de chaque jour). — La respiration *dans l'air* (grec, *aer*, air). — L'os *du front*. —

Le sel est *blanc;* sa saveur est *salée;* son usage est *indispensable;* son origine est *marine.*

Le marais est *vaste;* ses bords sont *fangeux;* ses eaux sont *bourbeuses;* ses herbes sont *hautes.*

Le village est *grand;* ses rues sont *droites;* ses maisons sont *propres;* son école est *vaste.*

La grange est *carrée;* ses portes sont *solides;* son aire est *unie;* son toit est *imperméable.*

Le canard est *domestique;* ses pattes sont *palmées;* son corps est *élégant;* ses plumes sont *lisses;* son cri est *assourdissant.*

Corrigé 63.

Mon cher cousin, mes parents, voulant me témoigner leur satisfaction pour ma bonne conduite pendant le mois qui vient de s'écouler, m'ont emmené avec eux à la foire de Belair. Nous sommes partis dès le matin par un temps superbe. Nous avons traversé la forêt ; c'était une promenade délicieuse. A notre arrivée, la place du marché était déjà encombrée de bestiaux. Si les maquignons ne disent que la vérité, tous ces animaux étaient irréprochables; aucun des chevaux n'était poussif; les bœufs et les vaches appartenaient à la plus belle race; les moutons étaient de purs mérinos, et tous ces êtres à quatre pattes étaient doux comme des agneaux. A quelques pas de là je jetai un coup d'œil sur les étalages des bimbelotiers, me promettant d'y revenir un peu plus tard. Je me suis acheté un beau porte-monnaie qu'il n'y a plus qu'à remplir. Puis je me dirigeai vers les baraques des saltimbanques. Les uns étonnaient par leur force, les autres par leur adresse extraordinaire. Un prestidigitateur m'a surtout beaucoup amusé : il faisait une omelette dans un chapeau, réduisait une montre en poudre, et un instant après la rendait intacte à son propriétaire. Il y avait aussi une ample collection d'animaux curieux : des serins qui faisaient l'exercice, des chiens savants, des veaux à deux têtes, des rats à trompe. Sur le milieu du champ de foire se dressait un mât de cocagne couronné d'un cerceau d'où pendaient des pièces d'orfévrerie. La foule s'égayait beaucoup à voir les efforts infructueux de ceux qui essayaient d'atteindre ces objets. J'assistai ensuite à l'enlèvement d'un ballon. C'était un spectacle majestueux. Les plaisirs de la journée furent terminés par de belles illuminations et par un feu d'artifice vraiment superbe pour une petite ville. Je revins le soir bien content de ma journée et résolu à beaucoup travailler, pour que l'on m'emmenât encore à la prochaine fête.

   Ton ami dévoué,   Louis.

Corrigé 64.

Le garde *forestier.* — Les mœurs *villageoises.* — Un pays *montagneux.* — Un temps *neigeux.* — L'eau *pluviale.* — La hauteur *barométrique*. — Une exploitation *houillère.* — Une colonne *aérienne.* — Un gentilhomme *campagnard.* — Une odeur *vineuse.* — Un sol *plantureux.* — Une rivière *poissonneuse.* — Un arbrisseau *épineux.*

Corrigé 65.

Une voix *enfantine.* — Une voie *ferrée.* — Une source *thermale.* — Une graine *oléagineuse.* — Un bois *résineux.* — Un corps *poreux.* — Un instrument *aratoire.* — Un temps *brumeux.* — Une attaque *nocturne.* — Le pain *quotidien.* — La respiration *aérienne.* — L'os *frontal.* — L'enseignement

L'enseignement *de la musique*. — Des paroles *de menaces* (latin, *comminari*, menacer). — Des propositions *de paix* (latin, *pax, pacis*, paix).

Même exercice 66.

Un animal *à quatre pieds* (latin, *pes, pedis*, pied). — Le commerce *de Paris*. — La municipalité *de Lyon*. — La Chambre qui fait les lois (latin, *lex, legis*, loi ; *latum*, de *ferre*, porter). — Le pouvoir *de la justice* (latin, *judex, iudicis*, juge). — L'autorité *de l'évêque* (latin, *episcopus*, évêque). — Les glandes *qui produisent la salive*. — Des douleurs *d'estomac* (latin, *stomachus*, estomac). — Un mouvement *de fièvre* (latin, *febris*, fièvre). — Une consonne *que l'on prononce avec les lèvres* (latin, *labia*, lèvre).—L'étendard *de la nation*. — La forme *d'une sphère* (grec, *eidos*, forme). — La forme *d'un œuf* (latin, *ovum*, œuf ; grec, *eidos*, forme). — La forme *d'un cube*. — La forme *d'un cône*.

Sujet à développer 67.

LE SAUVAGE ET LE VIOLON (*Fable*).

Le maître commentera à haute voix le morceau suivant ; puis il donnera lecture du développement, que les élèves reproduiront d'inspiration.

Vous direz qu'un musicien portant avec lui son violon tomba au milieu d'une peuplade sauvage d'Amérique. Vous peindrez les effets extraordinaires que produisait sur ces sauvages le son de l'instrument, qu'ils prenaient pour une divinité, un fétiche *. Un soir que l'étranger dormait, les sauvages lui enlevèrent son violon pour l'adorer et le supplier d'accomplir tous leurs vœux. Voyant que le violon ne satisfaisait pas leur désir, ils le lancèrent en l'air ; lorsqu'il retomba, ils constatèrent qu'il était creux et vide.

Comparez le violon creux et vide à ces beaux parleurs qui ...

DÉFINITION D'UN ADJECTIF.

Exercice 68.

Définissez chacun des adjectifs suivants :

1. Une rivière *poissonneuse* est ...

2. Une saveur *aqueuse* (latin, *aqua*, eau) est ...

3. La peine *capitale* (latin, *caput*, tête) est ...

4. Un instrument *aratoire* est ...

musical. — Des paroles *comminatoires*. — Des propositions *pacifique.*

Corrigé 66.

Un animal *quadrupède*. — Le commerce *parisien*. — La municipalité *lyonnaise*. — La *Chambre législative*. — Le pouvoir *judiciaire*. — L'autorité *épiscopale*. — Les glandes *salivaires*. — Des douleurs *stomacales*. — Un mouvement *fébrile*. — Une consonne *labiale*. — L'étendard *national*. — La forme *sphérique*. — La forme *ovoïde*. — La forme *cubique*. — La forme *conique*.

Corrigé 67.

Après maintes pérégrinations, un musicien ambulant, que son violon ne quittait non plus que son ombre, tomba au milieu d'une tribu de Peaux-Rouges de l'Amérique septentrionale. Désirant se concilier la bienveillance des sauvages, l'artiste se mit aussitôt à jouer les plus beaux morceaux de son répertoire. On se figurerait malaisément la surprise de l'auditoire aux premiers coups d'archet. Ces sons magiques transportaient les sauvages d'allégresse ; ils ressentaient en même temps une admiration mêlée d'un profond respect pour l'instrument merveilleux. Bientôt, réfléchissant qu'une voix humaine n'égalerait jamais la suavité de ces accents, ils en vinrent à considérer le violon comme un dieu plus puissant que tous leurs fétiches. De là à adorer cette divinité d'une nouvelle espèce, il n'y avait qu'un pas. Aussi, un soir que l'étranger dormait, les Peaux-Rouges lui enlevèrent son violon, devant lequel ils se prosternèrent en le suppliant d'exaucer leurs vœux. Le violon demeura muet. Cette attitude excita la colère des suppliants, qui, fatigués d'attendre, lancèrent l'instrument dans les airs. Lorsqu'il retomba, ils le trouvèrent creux et vide.

A qui ressemble ce violon ? sinon à ces beaux parleurs dont la faconde nous éblouit un instant, mais dans la tête desquels ne germe jamais une idée raisonnable, et qui pérorent des journées entières sans la moindre utilité pour personne.

Corrigé 68.

1. Une rivière qui nourrit beaucoup de poissons. — 2. une saveur analogue à celle de l'eau. — 3. la peine subie par celui à qui l'on coupe la tête. — 4. un instrument de labourage. — 5. un sol couvert de plantes. — 6. un récit

5. Un sol *plantureux* est ...
6. Un récit *légendaire* est ...
7. L'eau *pluviale* est ...
8. Une pluie *torrentielle* est ..
9. Un temps *brumeux* est ...
10. Une histoire *fabuleuse* est ...
11. L'os *frontal* est ...
12. Une punition *exemplaire* est ...

Même exercice 69.

1. Un bois *résineux* est ...
2. Un breuvage *salutaire* est ...
3. La Chambre *législative* est ...
4. Les temps *antéhistoriques* sont ...
5. La forme *ovoïde* est ...
6. Une consonne *labiale* est ...
7. Le chapitre *diocésain* est ...
8. Un corps *poreux* est ...
9. Des douleurs *intestinales* sont ...
10. Une graine *oléagineuse* est ...
11. Des paroles *comminatoires* sont ...
12. L'histoire *profane* * est ...

Même exercice 70.

1. Un tempérament *bilieux* est ...
2. Un gentilhomme *campagnard* est ...
3. Un arbrisseau *épineux* est ...
4. L'os de l'*occiput* * est ...
5. Les mouvements *vermiculaires* * sont ...
6. Le doigt *auriculaire* * est ...
7. Les glandes *salivaires* sont ...
8. L'autorité *épiscopale* est ..
9. Un animal *quadrupède* est ...
10. La forme *sphéroïdale* est ...
11. Le pouvoir *judiciaire* est ...
12. La municipalité *lyonnaise* est ...

Même exercice 71.

1. La forme *conique* est ...
2. Les mœurs *villageoises* sont ...
3. Une attaque *nocturne* est ...
4. Des douleurs *rhumatismales* sont ...
5. Une statue *équestre* (latin, *equus*, cheval) est ...
6. Des propositions *pacifiques* (*pax, pacis*, paix) sont ...
7. Une exploitation *houillère* est ...
8. Une voie *ferrée* est ...
9. Une odeur *vineuse* est ...
10. Le pain *quotidien* est ...
11. L'enseignement *musical* est ...
12. Une source *thermale* est ..

Même exercice 72.

1. Une voix *enfantine* est ...
2. Le garde-*forestier* est ...
3. L'étendard *national* est ..
4. La forme *cubique* est ...

qui reproduit une légende. — 7. l'eau de pluie. — 8. une
pluie qui tombe à torrents. — 9. un temps de brume. —
10, une histoire qui n'est qu'une fable. — 11. l'os du front.
12. une punition qui doit servir d'exemple.

Corrigé 69.

1. Un bois qui contient de la résine. — 2. qui contribue
à sauver. — 3. la chambre qui fait les lois. — 4. les temps
antérieurs à celui où l'on a commencé à écrire l'histoire,
— 5. la forme d'un œuf. — 6. une consonne qu'on prononce avec les lèvres. — 7. le chapitre du diocèse. — 8. un
corps rempli de pores. — 9. des douleurs de l'intestin. —
10. une graine qui fournit de l'huile. — 11. des paroles de
menace. — 12. une histoire étrangère à la religion.

Corrigé 70.

1. Un tempérament où la bile abonde. — 2. un gentilhomme de la campagne. — 3. un arbrisseau garni d'épines
— 4. l'os occipital. — 5. des mouvements semblables à
ceux d'un ver. — 6. le petit doigt que l'on introduit dans
l'oreille. — 7. les glandes qui sécrètent la salive. — 8. l'autorité de l'évêque. — 9. un animal à quatre pieds. — 10. la
forme d'un sphéroïde. — 11. le pouvoir de la justice. —
12. la municipalité de Lyon.

Corrigé 71.

1. La forme d'un cône. — 2. les mœurs du village. —
3. une attaque de nuit. — 4. des douleurs occasionnées par
un rhumatisme. — 5. une statue d'un homme à cheval. —
6. des propositions de paix. — 7. une exploitation de
houille. — 8. une voie de fer. — 9. une odeur de vin. —
10. le pain de chaque jour. — 11. l'enseignement de la
musique. — 12. une source d'eau chaude.

Corrigé 72.

1. Une voix d'enfant. — 2. le garde de la forêt. — 3. l'é-
tendard de la nation. — 4. la forme d'un cube. — 5. un

5. Un temps *neigeux* est ...
6. La hauteur *barométrique* est ...
7. Le commerce *parisien* est ...
8. Les douleurs *stomacales* sont ...
9. Un mouvement *fébrile* est ...
10. Une colonne *aérienne* est ...
11. Une idée *lumineuse* est ...
12. Un esprit *inventif* est ...

Sujet à développer 73.

L'ERMITE (*Narration*).

Procéder comme il a été indiqué précédemment.

Un prince qui s'enorgueillissait de ce que ..., s'égara un jour à la chasse. Il arriva près d'un ermitage que vous décrirez. Il aperçut l'ermite assis devant sa cellule et considérant d'un air grave une tête de mort. Le prince demanda à l'ermite d'un ton railleur ce qu'il pouvait découvrir de si curieux dans cette tête, car ... L'ermite répliqua qu'il voulait découvrir si c'était le crâne d'un ... ou d'un ..., mais je n'en puis venir à bout. (Vous emploierez la orme dialoguée.)

ADJECTIFS DÉTERMINATIFS.

SOMMAIRE. — Suppression des adjectifs possessifs (règle 179). — Emploi de *son, sa, ses* et de *en* (règles 180-181). — Règles de *vingt* et de *cent* (règles 182-185). — Règle de *mille* (règles 186-188). — Orthographe de *même* (règles 189-192). — Orthographe de *quelque* (193-196). — Orthographe de *tout* (règles 197-200).

Supplément à la règle 179.

On ne remplace pas *mon, ton, son*, etc., par *le, la, les*, lorsqu'on veut exprimer d'une manière formelle l'habitude, la périodicité. Ex.: J'ai *mon* rhumatisme; *ma* fièvre m'a repris.

Supplément aux règles sur *tout*.

Tout reste au masculin singulier devant un nom féminin de ville, parce qu'on a dans la pensée *le peuple* de cette ville. Ex.: *Tout* Venise assistait au mariage du doge * avec la mer (c'est-à-dire, *tout le peuple* de Venise).

Tout entier est considéré comme une locution indivisible, dans laquelle *tout* est adverbe. Ex.: La ville *tout entière* assistait à son enterrement.

Devant le mot *autre*, *tout* est adjectif quand il signifie *quelqu'un*, et il a ce sens quand on peut mettre *autre* après le substantif.

Ex.: *Toute* autre maison me plairait davantage, c'est-à-dire, *toute* maison autre.

Il est adverbe quand il signifie *entièrement*.

Ex.: Cette personne est *tout autre* qu'on me l'avait dépeinte, c'est-à-dire, entièrement autre.

temps de neige. — 6. la hauteur du baromètre. — 7. le commerce de Paris. — 8. les douleurs d'estomac. — 9. un mouvement de fièvre. — 10. la colonne d'air. — 11. une idée de lumière. — 12. un esprit fertile en inventions.

Corrigé 73.

Un jeune prince qui comptait une longue suite d'aïeux, et qui s'imaginait que la gloire de quelques-uns d'entre eux devait amener tout le monde à ses pieds, quoiqu'il n'eût encore rien fait pour se distinguer, s'égara en chassant dans une forêt. Après avoir longtemps erré, il arriva en vue d'un ermitage taillé dans le roc et dont la porte était ombragée de chèvrefeuille et de clématite. Sur un banc de pierre, à l'entrée de la grotte, était assis un vénérable vieillard dont une longue barbe blanche couvrait la poitrine. Il considérait attentivement une tête de mort placée sur ses genoux : « Que pouvez-vous découvrir de si curieux dans cette tête? demanda le prince d'un ton railleur; car enfin elle ne peut pas vous apporter des nouvelles de l'autre monde, où sans doute vous espérez obtenir une place meilleure que celle que vous occupez dans celui-ci. — J'essaie, répondit l'ermite, de découvrir si cette tête a été celle d'un mendiant ou celle d'un prince, mais je n'en puis venir à bout, car l'un et l'autre ne sont que des hommes; et maintenant il importe peu à celui à qui cette tête a appartenu d'avoir vécu dans l'abjection ou dans le faste. Une seule chose lui importe, c'est d'avoir bien vécu. »

DICTÉE

SUR LES HOMONYMES.

Dieu pardonne volontiers au *pêcheur* repentant. — Les femmes des *pêcheurs* épient sur la grève le retour des embarcations de leurs maris. — Le *pène* d'une serrure est la pièce qui fait l'office d'un verrou. — Pour que certains oiseaux de basse-cour ne s'envolent pas, on est obligé de leur raccourcir les *pennes* des ailes. — Travaillez, prenez de la *peine*, c'est le fonds qui manque le moins. — Sur le *champ* de bataille, les blessés poussaient des *plaintes* déchirantes. — Les *plinthes* de cet appartement sont ornées de riches moulures. — C'est accomplir un *pieux* devoir que d'entretenir de fleurs la tombe de ses parents défunts. — Ulysse, d'après la fable, creva l'œil unique du cyclope Polyphème avec un *pieu* qu'il avait fait rougir au feu. — Lorsqu'un enfant montre le *poing* à un miroir, il est tout étonné de voir l'image lui montrer également le *poing*. — Les géomètres appellent tangente une ligne droite qui n'a qu'un *point* de commun avec la circonférence. — Tandis que les autres doigts se composent de trois phalanges, le *pouce* n'en a que deux. — La chicorée placée dans une cave à l'abri de la lumière, émet de longues *pousses* d'un blanc jaunâtre connues sous le nom de barbe de capucin.

Exercice général 74.

Règles 179-200. — Copiez les phrases suivantes en corrigeant celles qui sont fautives, et donnez en peu de mots les raisons qui vous feront préférer telle orthographe à telle autre. — Ecrivez les nombres en toutes lettres.

1. On croyait autrefois que les singes avaient (*les, leurs*) pieds conformés comme (*les, leurs*) mains ; mais il est prouvé maintenant qu'il n'en est pas ainsi, et que les singes ne sont pas quadrumanes *.

Notre-Seigneur Jésus-Christ disait, en parlant de ses ennemis : « Mon Père, pardonnez- (*leur*), car ils ne savent ce qu'ils font. »

Ce soldat ne peut pas encore sortir de l'hôpital, attendu que (*la, sa*) fièvre quarte * l'a repris.

Une épidémie ayant sévi sur les soldats français qui avaient envahi la Hollande*, les médecins (*leur*) ordonnèrent de se laver (*les, leurs*) mains et (*le, leur*) visage avec une dissolution de chlore.

Je suis condamné à garder (*la, ma*) chambre, parce que j'ai encore (*les, mes*) douleurs rhumatismales.

Les cultivateurs doivent donner, de temps en temps, des morceaux de sel gemme * à sucer à (*leur*) moutons et à (*leur*) autres bestiaux.

2. Osée ayant avancé (*la, sa*) main pour soutenir l'arche d'alliance, tomba frappé de mort.

Les Vénitiens ont (*leur*) canaux, qui (*leur*) tiennent lieu de rues, sans cesse sillonnés de gondoles *.

Si (*la, ta*) névralgie te reprend encore à la même heure, il faudra recourir au quinquina *.

Les Lapons * se plaisent tant au milieu de (*leur*) neiges que, quand ils viennent à quitter (*leur*) pays, une trop longue absence de la patrie (*leur*) cause tant de chagrin qu'ils n'y peuvent survivre.

Le mouton a (*son, l'*) estomac partagé en quatre poches que l'on nomme la panse, le bonnet, le feuillet et la caillette.

Les pêcheurs sont souvent occupés à raccommoder (*leur*) filets que le travail de la pêche (*leur*) a endommagés.

La taupe a (*les, ses*) humérus * courts et gros, pour qu'elle puisse plus aisément fouir la terre.

Les aigles font (*leur*) nids dans les fentes des rochers les plus escarpés.

Les chauves-souris ont, à l'entrée (*des, de leurs*) oreilles, une sorte de peau au moyen de laquelle elles se bouchent ces organes lorsqu'un bruit assourdissant vient les frapper.

Les Autrichiens *, lorsqu'ils veulent engraisser (*leur*)

Corrigé 74.

1. On croyait autrefois que les singes avaient *les* pieds conformés comme *les* mains; mais il est prouvé maintenant qu'il n'en est pas ainsi, et que les singes ne sont pas quadrumanes *.

Notre-Seigneur Jésus-Christ disait, en parlant de ses ennemis : « Mon Père, pardonnez-*leur*, car ils ne savent ce qu'ils font. »

Ce soldat ne peut pas encore sortir de l'hôpital, attendu que *sa* fièvre quarte * l'a repris.

Une épidémie ayant sévi sur les soldats français qui avaient envahi la Hollande *, les médecins *leur* ordonnèrent de se laver *les* mains et *le* visage avec une dissolution de chlore.

Je suis condamné à garder *la* chambre, parce que j'ai encore *mes* douleurs rhumatismales.

Les cultivateurs doivent donner, de temps en temps, des morceaux de sel gemme * à sucer à *leurs* moutons et à *leurs* autres bestiaux.

2. Osée, ayant avancé *la* main pour soutenir l'arche d'alliance, tomba frappé de mort.

Les Vénitiens ont *leurs* canaux, qui *leur* tiennent lieu de rues, sans cesse sillonnés de gondoles *.

Si *ta* névralgie te reprend encore à la même heure, il faudra recourir au quinquina *.

Les Lapons * se plaisent tant au milieu de *leurs* neiges que, quand ils viennent à quitter *leur* pays, une trop longue absence de la patrie *leur* cause tant de chagrin qu'ils n'y peuvent survivre.

Le mouton a *l'*estomac partagé en quatre poches que l'on nomme la panse, le bonnet, le feuillet et la caillette.

Les pêcheurs sont souvent occupés à raccommoder *leurs* filets que le travail de la pêche *leur* a endommagés.

La taupe a *les* humérus * courts et gros, pour qu'elle puisse plus aisément fouir la terre.

Les aigles font *leurs* nids dans les fentes des rochers les plus escarpés.

Les chauves-souris ont, à l'entrée *des* oreilles, une sorte de peau au moyen de laquelle elles se bouchent ces organes lorsqu'un bruit assourdissant vient les frapper.

Les Autrichiens *, lorsqu'ils veulent engraisser *leurs*

chevaux et (*leur*) faire acquérir une robe * luisante, (*leur*)
administrent une certaine dose d'arsenic.

3. Les individus de la race nègre ont (*les, leurs*) bras proportionnellement plus longs que ceux de la race blanche.

Les Anglais ont dans (*leur*) mines * de houille une source
presque inépuisable de combustible *; si ces houilles venaient à (*leur*) faire défaut, (*leur*) industrie serait arrêtée
dans son essor.

La fable raconte que le cyclope * Polyphème eut (*son, l'*)
œil crevé par Ulysse *, dont il avait dévoré en partie les
compagnons.

Les anciens habitants de la Suisse * construisaient (*leur*)
cabanes sur des pilotis * qu'ils établissaient au milieu ou sur
le bord des lacs, mais à une certaine distance du rivage;
ces habitations aquatiques * (*leur*) permettaient de se soustraire plus aisément, eux et (*leur*) familles, aux attaques
de (*leur*) ennemis.

L'Egypte * a (*le, son*) sol d'une fertilité extrême, parce
qu'il se trouve fécondé par les débordements du Nil *.

Marseille * est une très-importante place de commerce;
(*le, son*) port est vaste et sûr (règle 181) (1).

4. Le sommet du mont Blanc * est à quatre mille sept cent
quatre-vingt-quinze mètres au-dessus du niveau * de la
mer; (*l', son*) accès est extrêmement difficile (règle 181).

La mer Morte * a son niveau * à trois cent quatre-vingt-
douze mètres au-dessous de celui de la Méditerranée; (*les,
ses*) eaux sont peu profondes, limpides, mais chargées de
sel et d'un goût très-désagréable (1).

Le bouleau a (*la, sa*) tige recouverte d'une écorce blanche;
(*le, son*) feuillage est délicat et gracieux (1).

Dans l'Hindoustan * il existe une forêt qui n'est composée que d'un seul figuier des Banians, lequel se décompose en 350 troncs, sans compter 3,000 petites souches, de
façon à occuper une superficie de 600 mètres.

Le cours total de la Seine est de 800 kilomètres; ses principaux affluents * ont les longueurs suivantes : l'Yonne, 280
kilomètres; le Loing, 130; l'Essonne, 90; l'Eure, 198, dont
92 sont navigables *; l'Aube, 202 kilomètres; la Marne, 450;
l'Oise, 245, et l'Epte, 84.

La Somme, le cours d'eau le plus important du bassin * de
la Seine après cette dernière, a 220 kilomètres de sa source *
à son embouchure *. Voici les longueurs de quelques petits
fleuves côtiers * du même bassin * : la Canche, 70 kilomètres;

(1) La règle 181 est loin d'être d'une rigueur absolue.

chevaux et *leur* faire acquérir une robe* luisante, *leur* administrent une certaine dose d'arsenic.

3. Les individus de la race nègre ont *les* bras proportionnellement plus longs que ceux de la race blanche.

Les Anglais ont dans *leurs* mines* de houille une source presque inépuisable de combustible*; si ces houilles venaient à *leur* faire défaut, *leur* industrie serait arrêtée dans son essor.

La fable raconte que le cyclope* Polyphème eut *l'*œil crevé par Ulysse*, dont il avait dévoré en partie les compagnons.

Les anciens habitants de la Suisse* construisaient *leurs* cabanes sur des pilotis* qu'ils établissaient au milieu ou sur le bord des lacs, mais à une certaine distance du rivage; ces habitations aquatiques* *leur* permettaient de se soustraire plus aisément, eux et *leurs* familles, aux attaques de *leurs* ennemis.

L'Egypte* a *son* sol d'une fertilité extrême, parce qu'il se trouve fécondé par les débordements du Nil*.

Marseille* est une très-importante place de commerce; *le* port *en* est vaste et sûr (règle 181) (1).

4. Le sommet du mont Blanc* est à quatre mille sept cent quatre-vingt-quinze mètres au-dessous du niveau* de la mer; *l'*accès *en* est extrêmement difficile (règle 181).

La mer Morte* a son niveau* à trois cent quatre-vingt-douze mètres au-dessous de celui de la Méditerranée; *les* eaux *en* sont peu profondes, limpides, mais chargées de sel et d'un goût très-désagréable (1).

Le bouleau a *sa* tige recouverte d'une écorce blanche; *le* feuillage *en* est délicat et gracieux (1).

Dans l'Hindoustan* il existe une forêt qui n'est composée que d'un seul figuier des Banians, lequel se décompose en trois cent cinquante troncs, sans compter trois mille petites souches, de façon à occuper une superficie de six cents mètres.

Le cours total de la Seine est de huit cents kilomètres; ses principaux affluents* ont les longueurs suivantes : l'Yonne, deux cent quatre-vingts kilomètres; le Loing, cent trente; l'Essonne, quatre-vingt-dix; l'Eure, cent quatre-vingt-dix-huit, dont quatre-vingt-douze sont navigables*; l'Aube, deux cent deux kilomètres; la Marne, quatre cent cinquante; l'Oise, deux cent quarante-cinq, et l'Epte, quatre-vingt-quatre.

La Somme, le cours d'eau le plus important du bassin* de la Seine après cette dernière, a deux cent vingt kilomètres de sa source* à son embouchure*. Voici les longueurs de quelques petits fleuves côtiers* du même bassin*: la Canche.

l'Authie, 85; la Bresle, 60; la Toucques, 120; la Dives, 90; l'Orne, 140; la Vire, 100, et enfin la Rance, 80 kilomètres.

5. Les inondations les plus fortes de la Saône * ont eu lieu dans les années 580, 1570, 1602, 1608, 1709 et 1840.

Il y a une manière d'envisager ses devoirs qui leur ôte tout leur ennui et les rend (*même*) agréables : c'est de bien s'inculquer dans l'esprit que l'on parvient toujours à bien faire ce que l'on fait de bon cœur.

Dans les ruines de Pompéia *, la poterie, les bronzes, les peintures, les manuscrits (*même*) sont admirablement conservés.

Les prières que nous adressons à Dieu tous les jours sont les (*même*) que celles que lui adressaient les Pères de l'Eglise.

On vient de retrouver les remparts de Troie, ceux-là (*même*) qu'Homère a décrits dans l'Iliade *.

Le fumier qu'on laisse se consumer à l'air n'a pas les (*même*) vertus fertilisantes que celui que l'on répand dans les champs à l'état frais.

Nous ne connaissons pas le blé à l'état sauvage, nous ignorons (*même*) quelle a été sa première patrie.

6. Les diamants (*même*) les plus défectueux * ont encore une certaine valeur.

Les vents peuvent transporter des graines à des distances considérables, (*même*) à travers des bras de mer ou des mers tout entières.

Les eaux qui retombent en pluie sur la terre sont les (*même*) que celles que le soleil a soutirées à l'Océan sous forme de vapeurs.

Si nous pouvions être ingrats, les animaux eux-(*même*), dont on cite des traits de reconnaissance, nous ramèneraient au sentiment du devoir.

C'est de (*quelque*) pieds de caféiers transplantés à la Martinique * du temps de Louis * XIV que proviennent toutes les plantations qui existent maintenant en Amérique.

(*Quelque*) essais que l'on eût déjà faits pour parvenir à conserver les matières alimentaires *, on n'y était point parvenu avant Appert *.

(*Quelque*) habiles qu'aient été les peintres de l'antiquité, ceux de la Renaissance * les ont égalés ou (*même*) surpassés.

Il y a (*quelque*) trente-quatre ans que fut découvert le daguerréotype, auquel on substitua promptement la photographie.

(*Quelque*) soit la finesse du corbeau, il se laisse approcher par le chasseur, pourvu que celui-ci soit en voiture.

soixante-dix kilomètres ; l'Authie, quatre-vingt-cinq ; la Bresle, soixante ; la Toucques, cent vingt ; la Dives, quatre-vingt-dix ; l'Orne, cent quarante ; la Vire, cent, et enfin la Rance, quatre-vingts kilomètres.

5. Les inondations les plus fortes de la Saône * ont eu lieu dans les années cinq cent quatre-vingt, mil cinq cent soixante-dix, mil six cent deux, mil six cent huit, mil sept cent neuf et mil huit cent quarante.

Il y a une manière d'envisager ses devoirs qui leur ôte tout leur ennui et les rend *même* agréables : c'est de bien s'inculquer dans l'esprit que l'on parvient toujours à bien faire ce que l'on fait de bon cœur.

Dans les ruines de Pompéia *, la poterie, les bronzes, les peintures, les manuscrits *même* sont admirablement conservés.

Les prières que nous adressons à Dieu tous les jours sont les *mêmes* que celles que lui adressaient les Pères de l'Eglise.

On vient de retrouver les remparts de Troie, ceux-là *mêmes* qu'Homère a décrits dans l'Iliade*.

Le fumier qu'on laisse se consumer à l'air n'a pas les *mêmes* vertus fertilisantes que celui que l'on répand dans les champs à l'état frais.

Nous ne connaissons pas le blé à l'état sauvage, nous ignorons *même* quelle a été sa première patrie.

6. Les diamants *même* les plus défectueux* ont encore une certaine valeur.

Les vents peuvent transporter des graines à des distances considérables, *même* à travers des bras de mer ou des mers tout entières.

Les eaux qui retombent en pluie sur la terre, sont les *mêmes* que celles que le soleil a soutirées à l'Océan sous forme de vapeurs.

Si nous pouvions être ingrats, les animaux eux-*mêmes*, dont on cite des traits de reconnaissance, nous ramèneraient au sentiment du devoir.

C'est de *quelques* pieds de caféiers transplantés à la Martinique* du temps de Louis* XIV que proviennent toutes les plantations qui existent maintenant en Amérique.

Quelques essais que l'on eût déjà faits pour parvenir à conserver les matières alimentaires*, on n'y était point parvenu avant Appert *.

Quelque habiles qu'aient été les peintres de l'antiquité, ceux de la Renaissance * les ont égalés ou *même* surpassés.

Il y a *quelque* trente-quatre ans que fut découvert le daguerréotype, auquel on substitua promptement la photographie.

Quelle que soit la finesse du corbeau, il se laisse approcher par le chasseur, pourvu que celui-ci soit en voiture.

7. (*Quelque*) soient les dégâts que la foudre occasionne, ls n'atteignent pas ceux que causent les inondations.

(*Quelque*) vieux arbres sont, dans divers pays, l'objet d'une sorte de vénération.

Si nous passons dans notre vie (*quelque*) mauvais instants, il en est une foule d'autres qui nous en dédommagent : ce sont ceux que nous employons à faire le bien.

(*Quelque*) soit l'innocuité* des araignées, (*quelque*) personnes en ont grand'peur.

Il y a (*quelque*) cent vingt ans que la ville de Lisbonne* fut détruite par un tremblement de terre.

Presque (*tout*) les plantes de nos climats se dépouillent de leurs feuilles à l'approche de l'hiver.

Les hérissons, (*tout*) couverts de poils rudes et piquants, offrent difficilement prise à leurs ennemis quand ils se pelotonnent sur eux- (*même*), de manière à former une sorte de boule.

(*Tout*) impudente et (*tout*) hardie qu'était Frédégonde *, elle n'osait point persécuter ouvertement le saint évêque Prétextat.

Nous nous promenâmes dans des campagnes (*tout*) embaumées des senteurs du printemps.

8. (*Tout*) (1) Marseille* fut décimé par la peste de 1720.

Il vaut mieux planter des pommes de terre (*tout*) entières que de n'en planter que de petits fragments portant un œil ou deux.

(*Tout*) (1) *autre* personne que Gustave Wasa* eût désespéré de l'indépendance de sa patrie.

Depuis que j'étudie la chimie, je m'aperçois que cette science est (*tout*) (1) *autre* que je ne me l'étais imaginé.

La flèche* de la cathédrale de Strasbourg*, (*tout*) haute qu'elle est, n'atteint pas la hauteur de la plus grande des pyramides * d'Egypte.

La Lombardie*, (*tout*) entrecoupée de rivières, de fossés et de canaux, est un des pays les plus fertiles de l'Europe.

(*Quelque*) grands fleuves forment des deltas * à leur embouchure.

La péninsule scandinave* presque (*tout*) entière (1) est impropre à la culture du froment.

Les mauvaises terres elles-(*même*), lorsqu'elles ont été bien fumées, peuvent donner une assez bonne récolte.

Efforçons-nous de ne pas toujours retomber dans les (*même*) fautes, qui constituent ce que l'on appelle les péchés d'habitude.

(1) Voir les règles exposées en tête de cet exercice.

7. *Quels que* soient les dégâts que la foudre occasionne, ils n'atteignent pas ceux que causent les inondations.

Quelques vieux arbres sont, dans divers pays, l'objet d'une sorte de vénération.

Si nous passons dans notre vie *quelques* mauvais instants, il en est une foule d'autres qui nous en dédommagent : ce sont ceux que nous employons à faire le bien.

Quelle que soit l'innocuité * des araignées, *quelques* personnes en ont grand'peur.

Il y a *quelque* cent vingt ans que la ville de Lisbonne * fut détruite par un tremblement de terre.

Presque *toutes* les plantes de nos climats se dépouillent de leurs feuilles à l'approche de l'hiver.

Les hérissons, *tout* couverts de poils rudes et piquants, offrent difficilement prise à leurs ennemis quand ils se pelotonnent sur eux-*mêmes*, de manière à former une sorte de boule.

Tout impudente et *toute* hardie qu'était Frédégonde *, elle n'osait point persécuter ouvertement le saint évêque Prétextat.

Nous nous promenâmes dans des campagnes *tout* embaumées des senteurs du printemps.

8. *Tout* Marseille* fut décimé par la peste de 1720.

Il vaut mieux planter des pommes de terre *tout* entières que de n'en planter que de petits fragments portant un œil ou deux.

Toute autre personne que Gustave Wasa* eût désespéré de l'indépendance de sa patrie.

Depuis que j'étudie la chimie, je m'aperçois que cette science est *tout autre* que je ne me l'étais imaginée.

La flèche* de la cathédrale de Strasbourg *, *toute* haute qu'elle est, n'atteint pas la hauteur de la plus grande des pyramides * d'Egypte.

La Lombardie *, *tout* entrecoupée de rivières, de fossés et de canaux, est un des pays les plus fertiles de l'Europe.

Quelques grands fleuves forment des deltas * à leur embouchure.

La péninsule scandinave* presque *tout* entière (1) est impropre à la culture du froment.

Les mauvaises terres elles-*mêmes*, lorsqu'elles ont été bien fumées, peuvent donner une assez bonne récolte.

Efforçons-nous de ne pas toujours retomber dans les *mêmes* fautes, qui constituent ce que l'on appelle les péchés d'habitude.

(1) Voir les règles exposées en tête de cet exercice.

(*Quelque*) ait été les préventions contre la vaccine, la persévérance des hommes éclairés a fini par en triompher.

Exercice lexicologique 75.

Répondez par écrit, à l'aide du Lexique, aux questions suivantes :

Donnez l'étymologie de l'adjectif quadrumane, — qu'est-ce qu'une fièvre quarte?

Que savez-vous sur : la Hollande, — la Suisse, — le Nil, — Marseille, — le mont Blanc, — la mer Morte, — l'Hindoustan, — la Saône, — Pompéia, — la Martinique, — Lisbonne, — Strasbourg, — les pyramides d'Égypte, — la Lombardie, — la péninsule scandinave?

Qu'est-ce que : du sel *gemme*, — une gondole, — le quinquina, — l'humérus, — un combustible, — un pilotis, — la vaccine?

Que savez-vous sur : les Lapons, — les Autrichiens?

Qu'entend-on par : la *robe* d'un cheval, — une *mine* de houille, — une habitation *aquatique*, — le *niveau* de la mer, — l'*affluent* d'un fleuve, — le *bassin*, la *source*, l'*embouchure* d'un fleuve, — un fleuve *côtier*, — une matière *alimentaire*, l'*innocuité* d'un animal, — la *flèche* d'une cathédrale, — le *delta* d'un fleuve?

Que savez-vous sur : Ulysse, — l'Iliade, — Louis XIV, — la Renaissance, — Appert, — Frédégonde, — Gustave Wasa?

STYLE ET COMPOSITION.

Exercice oral 76.

LES VÉGÉTAUX.

Le Maître posera les questions suivantes ; les élèves y répondront et prendront note des meilleures réponses qu'ils reproduiront sous forme de devoir.

1. Qu'est-ce qu'un végétal? — 2. Qu'est-ce qu'un arbre? — 3. Qu'est-ce qu'un arbrisseau? — 4. Qu'est-ce qu'un arbuste? — 5. Qu'est-ce qu'une plante? — 6. Qu'est-ce qu'une herbe? — 7. Qu'est-ce qu'un légume? — 8. Qu'est-ce qu'un fruit? — 9. Qu'est-ce qu'une baie? — 10. Qu'est-ce qu'un fruit à noyau? — 11. Qu'est-ce qu'une capsule? — 12. Qu'est-ce qu'une gousse? — 13. Qu'est-ce qu'une plante fourragère? — 14. Qu'est-ce qu'une plante alimentaire? — 15. Qu'est-ce qu'une plante tinctoriale? — 16. Qu'est-ce qu'une plante textile? — 17. Qu'est-ce qu'une plante oléagineuse? — 18. Qu'est-ce qu'une plante vénéneuse? — 19. Qu'est-ce qu'une plante annuelle? — 20. Qu'est-ce

Quelles qu'aient été les préventions contre la vaccine *,
la persévérance des hommes éclairés a fini par en triompher.

PHRASES A ANALYSER LOGIQUEMENT.

1. L'onde approche, se brise, et vomit à nos yeux, parmi des flots d'écume,
un monstre furieux.

2. Lorsque Télémaque vit l'urne où étaient renfermées les cendres d'Hippias,
il versa un torrent de larmes.

3. Quand la perdrix voit ses petits exposés aux coups du chasseur, elle contrefait la boîteuse.

4. Les tremblements de terre qui ont désolé tant de fois maints pays, sont surtout redoutables aux peuples voisins des rivages de la mer.

DICTÉE

D'ORTHOGRAPHE USUELLE.

Un *hachis* de viande crue constitue un excellent manger pour les personnes
atteintes de la phthisie. — Les prétentions des Espagnols, qui soutenaient avoir
seuls droit à posséder l'Amérique, furent jugées *exorbitantes* par toutes les nations maritimes de l'Europe. — Les Grecs, comme la plupart des autres peuples
anciens, se croyaient *autochthones*, c'est-à-dire originaires de la terre où ils
habitaient. — On rapporte que saint Laurent subit le *martyre* sur un *gril* où
l'avaient placé les *panégyristes* du paganisme.

Corrigé 76.

1. Un être organisé qui vit, se nourrit et s'accroît, mais ne sent point.—**2.** C'est
un végétal vivace de grande taille, par rapport aux plantes, et dont le tissu est
ligneux, c'est-à-dire de la consistance du bois. — **3.** C'est un arbre de petite
taille. — **4.** C'est un petit arbrisseau. — **5.** C'est un végétal qui ne vit que quelques années au plus et dont la tige n'a que la consistance d'une herbe. — **6.** C'est
une plante dont la tige se flétrit chaque hiver. — **7.** C'est une plante dont quelque
partie est employée comme aliment. — **8.** C'est l'enveloppe comestible des
graines d'un végétal. — **9.** C'est un fruit charnu sans noyau, comestible ou non
(la groseille, le raisin). — **10.** Un fruit au centre duquel se trouve une partie li-
gneuse renfermant la graine (pêche, cerise). — **11.** C'est un fruit dont l'enveloppe est sèche et membraneuse (le pavot). — **12.** C'est le fruit des plantes légumineuses (pois, haricot). — **13.** C'est une plante dont la racine ou la tige sert
d'aliment aux bestiaux. — **14.** C'est une plante fournissant un aliment aux
hommes. — **15.** Une plante fournissant une couleur pour la teinture. — **16.** Une
plante fournissant des fibres que l'on peut convertir en fils avec lesquels on confectionne des étoffes. — **17.** C'est une plante dont on peut tirer de l'huile. —
18. C'est une plante contenant un suc agissant comme un poison. — **19.** Une

qu'une plante bisannuelle ? — 21. Qu'est-ce qu'une plante vivace ?

Sujet à développer 77.

LE LOUP ET LA MARMOTTE (*Fable*).

Le Maître expliquera le canevas à haute voix, puis il lira le développement, que les élèves reproduiront de leur mieux.

Un loup se moquait d'une marmotte qui venait de se réveiller de son sommeil hivernal*. Montrez le loup plaisantant celle-ci sur sa paresse. Réponse de la marmotte. Elle reconnaît son défaut; mais elle ajoute qu'elle aime mieux dormir six mois que d'en passer douze à ... Faites voir comment le loup, qui apercevait un fétu dans l'œil de sa voisine, ne remarquait pas la poutre qui était dans le sien.

Exercice oral 78.

LA BIÈRE.

Reproduisez par écrit les réponses aux questions suivantes :

1. Qu'est-ce que la bière? — 2. Avec quoi la fabrique-t-on? — 3. Qu'est-ce que de l'orge germée? — 4. Au moyen de quelle plante communique-t-on à la bière une bonne amertume? — 5. Comment appelle-t-on celui qui fait la bière? — 6. Comment nomme-t-on les établissements où l'on fait de la bière? — 7. Qu'appelle-t-on drèche? — 8. A quoi sert la drèche? — 9. La bière est-elle nourrissante? — 10. Qu'appelle-t-on bière de mars? — 11. Qu'appelle-t-on petite bière?

Sujet à développer 79.

L'ORMEAU ET LES RONCES (*Fable*).

Le Maître questionnera les élèves sur le canevas suivant qu'il expliquera; il lira le développement, que les élèves chercheront à reproduire de leur mieux.

Une graine d'orme ayant germé au milieu d'un fourré de ronces, celles-ci essayèrent à l'envi d'étouffer l'orme naissant. Ce dernier résista. Dites ce qu'il devint avec le temps. Les ronces, pour grandir avec lui, attachèrent à son tronc leurs tiges grimpantes. «Pourquoi, leur dit l'ormeau, me flattez-vous maintenant, tandis qu'autrefois... — Nous ne voulions pas vous étouffer, répondit une ronce; l'hiver nous nous serrions autour de vous afin de ..., l'été nous vous couvrions de notre ombre, afin de ... — Je vois, reprit l'ormeau, que le faible est maltraité par ..., et que, s'il devient fort, ses anciens persécuteurs ...

plante qui ne vit qu'un an. — 20. Une plante qui vit deux ans. — 21. Une plante qui vit plusieurs années.

Corrigé 77.

On sait que les marmottes passent tout l'hiver dans un profond sommeil, ou plutôt dans un engourdissement complet. Au retour des zéphyrs, l'un de ces animaux commençait à sortir de sa léthargie. D'aventure passe un loup qui voit la marmotte se détirant les membres, s'écarquillant les yeux. Aussitôt la méchante bête s'empresse de se moquer de la dormeuse : « Eh bien! ma petite commère, on a donc enfin achevé son somme? A-t-on fait au moins des rêves agréables? Fi! la vilaine paresseuse qui emploie la moitié de sa vie à ne rien faire! — Messire loup, qui faites le railleur, un peu plus de charité, je vous prie. J'avoue en toute humilité que je devrais faire plus d'efforts pour secouer ma somnolence habituelle. Permettez-moi cependant une réflexion : ne vaut-il pas encore mieux dormir six mois que d'en passer douze à mal faire? »

La marmotte avait raison : le loup, coureur des bois, grand mangeur de moutons, oubliait volontiers les milliers de crimes qu'il avait sur la conscience pour ne voir d'autre mal dans l'univers que la peccadille de la marmotte. Ceci nous remet en mémoire celui qui voit un fétu de paille dans l'œil de son voisin, et qui n'aperçoit pas une poutre dans le sien.

Corrigé 78.

1. Une boisson alcoolique. — 2. Avec de l'eau, de l'orge germée et du houblon. — 3. C'est la graine de l'orge dont la plantule, rudiment d'un nouveau pied d'orge, a commencé à pousser. — 4. Au moyen du houblon. — 5. Un brasseur. — 6. Des brasseries. — 7. Le résidu de l'orge germée. — 8. A engraisser les bestiaux. — 9. Oui, car elle contient des substances riches en azote. — 10. Celle que l'on fabrique au mois de mars, époque de la germination naturelle. — 11. La liqueur obtenue avec l'orge germée appauvrie par deux dilutions précédentes.

Corrigé 79.

Une graine d'orme, que le vent avait portée au milieu d'un fourré de ronces, s'y développa, bien que le milieu ne fût pas favorable. Aussitôt les ronces essayèrent à l'envi d'étouffer le jeune ormeau. Mais rien n'y fit, ce dernier résista. Avec le temps, le petit végétal devint un arbre magnifique dominant le chétif buisson. Les ronces, voyant cela, changèrent de tactique, elles se mirent à rechercher celui qu'elles méprisaient, et elles appliquèrent contre son tronc majestueux leurs tiges grimpantes, espérant que, grâce à son appui, elles grandiraient avec lui. L'orme devina bien vite leur secrète pensée. « Pourquoi, leur dit-il un jour, me flattez-vous maintenant, tandis qu'autrefois vous ne vous préoccupiez que de m'anéantir? — Quittez ces soupçons, répondit l'une des ronces, nous n'étions pas malintentionnées à votre égard, comme vous le supposez. Bien au contraire, l'hiver, nous nous serrions autour de vous, afin de vous abriter contre les âpres gelées. L'été, nous vous couvrions de notre ombre, pour vous préserver des ardeurs brûlantes du soleil. — Je vois ce qu'il en est, répliqua l'ormeau : toujours le faible est maltraité par ceux qui se jugent plus fort que lui; mais que la scène change, que le petit devienne grand, soudain ses anciens persécuteurs sont ses plus assidus courtisans. »

Exercice oral **80**.

L'ADMINISTRATION.

Reproduisez par écrit les réponses aux questions suivantes :

1. Qu'est-ce qu'une commune? — 2. Quelle différence y a-t-il entre une paroisse et une commune? — 3. Comment nomme-t-on celui qui est à la tête d'une commune? — 4. Comment nomme-t-on celui ou ceux qui le remplacent au besoin? — 5. Qu'est-ce que le conseil municipal? — 6. Comment appelle-t-on ceux qui en font partie? — 7. Comment élit-on les conseillers municipaux et pour combien de temps? — 8. Quelles sont les fonctions du garde-champêtre? — 9. Comment appelle-t-on celui qui administre un arrondissement? — 10. Comment appelle-t-on le conseil qui assiste le sous-préfet? — 11. Quelles sont les attributions du conseil d'arrondissement? — 12. Comment appelle-t-on celui qui administre un département? — 13. Qu'est-ce que le conseil de préfecture? — 14. Quelles sont ses attributions? — 15. Qu'est-ce que le conseil général? — 16. Quelles sont ses attributions?

Sujet à développer **81**.

MORT D'ABEL (*Narration*).

Après une étude attentive du canevas faite à haute voix, le Maître lira le développement, que les élèves reproduiront de leur mieux.

Abel était pasteur; Caïn, laboureur. Les offrandes qu'Abel faisait au Seigneur furent plus favorablement reçues que celles de Caïn. Jalousie de ce dernier, qui emmena son frère dans la campagne et le tua. Reproches de Dieu à Caïn. Dites ce que devint ce dernier après qu'il eut été maudit de Dieu.

Exercice oral **82**.

LES TRIBUNAUX.

Reproduisez par écrit les réponses aux questions suivantes :

1. Quelles sont les fonctions du juge de paix? — 2. Où réside-t-il? — 3. Qu'est-ce qu'un tribunal de première instance? — 4. De combien de juges se compose-t-il habituellement? — 5. Qui est à la tête d'un tribunal de première instance? — 6. Qu'est-ce qu'un juge d'instruction? — 7. Qu'est-ce que le parquet? 8. Quels sont les membres du parquet? — 9. Quelles sont les causes que doit juger un tribunal de première instance? — 10. Qu'est-ce qu'une cour d'appel? — 11. Qu'est-ce qu'une cour d'assises? — 12. Quelles

Corrigé 80.

1. Une réunion de citoyens administrés par un maire. — 2. Une paroisse est une subdivision religieuse comprenant tous les fidèles qui ont le même pasteur; une commune est une division purement civile, et qui peut renfermer plusieurs paroisses. — 3. Le maire. — 4. Adjoints. — 5. La réunion de citoyens élus pour gérer les affaires d'une commune. — 6. Conseillers municipaux. — 7. Ils sont élus par le suffrage universel, et pour cinq années. — 8. Il veille à ce que l'on ne commette point de dégâts dans les champs. — 9. Un sous-préfet. — 10. Conseil d'arrondissement. — 11. Il est l'auxiliaire du conseil général, dont il prépare les travaux. — 12. Un préfet. — 13 et 14. C'est un conseil établi auprès du préfet pour lui servir d'auxiliaire dans l'administration du département, et particulièrement pour prononcer sur toutes les matières contentieuses administratives. — 15. La réunion des citoyens élus, à raison de un par canton, pour coopérer à l'administration du département. — 16. La répartition des contributions, le vote des centimes additionnels, les emprunts départementaux, les questions de voierie, et généralement tout ce qui concerne l'administration du département.

Corrigé 81.

Les enfants d'Adam s'étaient déjà partagé les occupations de la vie champêtre. Abel élevait des troupeaux, Caïn s'était fait laboureur. L'un et l'autre offraient au Seigneur les prémices de leurs travaux : Abel, les plus beaux de ses moutons, Caïn, une partie de ses récoltes. Dieu, qui lit au fond des cœurs, accueillait favorablement les dons d'Abel, parce que celui-ci les présentait dans un élan de reconnaissance; mais il détournait la vue des offrandes de Caïn, qui n'approchait de l'autel qu'à contre-cœur. Caïn s'en aperçut et brûla de jalousie. Il ne songea plus qu'à se venger de son frère, et ne recula point pour se satisfaire devant l'effusion du sang. Il dit un jour à Abel : « Allons nous promener dans la plaine, » et dès qu'ils y furent, il se jeta sur lui et le tua. Aussitôt la voix de Dieu se fit entendre : « Caïn, qu'as-tu fait de ton frère? Le sang du juste Abel, que tu as répandu de ta main, crie vers moi; je te maudis, sois errant et vagabond par toute la terre. » Caïn, accablé sous le poids de la malédiction divine, désespéra du pardon et s'enfuit. Les autres enfants d'Adam le vouèrent à l'exécration. Si quelquefois ils venaient à l'apercevoir, ils détournaient les yeux avec horreur; mais nul n'attenta aux jours du meurtrier, car le Seigneur avait imprimé sur son front un signe indélébile qui semblait dire à tous : « Épargnez le criminel qu'attend la vengeance céleste. »

Corrigé 82.

1. Il est à la fois juge civil et correctionnel : comme juge civil, il connaît des affaires qui, suivant le cas, ne dépassent pas 200 ou 1,500 francs, des contestations intéressant la propriété rurale; comme juge criminel, il juge les contraventions de police. En matière civile, il doit d'abord chercher à concilier les parties. — 2. Au chef-lieu de canton. — 3. Un tribunal établi dans chaque chef-lieu d'arrondissement pour juger les procès civils et les délits passibles de peines correctionnelles. — 4. De trois juges au moins. — 5. Un président. — 6. C'est un juge chargé d'instruire les causes, d'interroger les accusés et les témoins, etc. — 7. C'est l'ensemble des magistrats chargés de poursuivre les délits et les crimes. — 8. Ce sont un procureur de la République et un ou plusieurs substituts. — 9. Les procès civils et les causes correctionnelles. — 10. C'est un tribunal supérieur près duquel on porte *appel* des jugements des tribunaux de première instance. — 11. Un tribunal dont les fonctions sont de juger les crimes. — 12. Toutes

sont les causes que doit juger une cour d'assises? — 13. Qu'est-ce que le jury? — 14. Qu'est-ce qu'un avocat? — 15. Qu'est-ce qu'un avoué? — 16. Qu'est-ce qu'un huissier? — 17. Qu'est-ce qu'un notaire et quelles sont ses fonctions? — 18. Qu'est-ce qu'un tribunal de commerce? — 19. Quelles sont les causes qu'il doit juger? — 20. Comment les juges du tribunal de commerce sont-ils nommés?

Sujet à développer 83.

LE FERMIER ET LA VACHE (*Fable*).

Après avoir fait à haute voix l'analyse du canevas suivant, le Maître lira le développement, que les élèves reproduiront.

Un fermier avare avait une vache qu'il tenait toujours à l'attache et ne nourrissait que fort maigrement. Dites comment il la nourrissait, et peignez l'état de la bête. A la fin, celle-ci ne donnant presque plus de lait, le fermier lui adressa de vifs reproches. Imaginez la réponse de la vache, et concluez.

Exercice oral 84.

LES JARDINS.

Reproduisez par écrit les réponses aux questions suivantes :

1. Qu'est-ce qu'un jardin? — 2. Comment appelle-t-on un jardin destiné à la culture des légumes? — 3. Comment appelle-t-on un jardin destiné à la culture des arbres fruitiers? — 4. Quels sont les principaux légumes cultivés dans les jardins potagers? — 5. Quelles sont les principales espèces de choux? — 6. Quelles sont les principales espèces de salades? — 7. Qu'est-ce que *repiquer* une plante? — 8. Quelles plantes repique-t-on? — 9. Qu'est-ce qu'une couche? — 10. Quelles sont les plantes que l'on cultive sur couche? — 11. Qu'est-ce que des châssis? — 12. Qu'est-ce que des paillassons? — 13. Dans quels cas se sert-on des châssis et des paillassons? — 14. Quels sont les principaux outils du jardinier? — 15. Quels sont les principaux arbres fruitiers? — 16. Qu'est-ce qu'un espalier? — 17. Qu'est-ce qu'un arbre en plein vent? — 18. Qu'est-ce qu'une quenouille? — 19. Qu'est-ce que greffer? — 20. En quoi consiste le marcottage? — 21. Qu'est-ce qu'une bouture? — 22. A quelle époque taille-t-on les arbres? — 23. En quoi consiste l'échenillage? — 24. Quelle est l'utilité de l'échenillage? — 25. Comment préserve-t-on les arbres fruitiers de la gelée? — 26. Est-il vrai que la lune rousse soit funeste aux arbres fruitiers?

les causes réputées crimes par la loi. — 13. C'est la réunion de douze citoyens adjoints aux juges des cours d'assises, et prononçant seuls la culpabilité ou la non-culpabilité des accusés. — 14. Une personne chargée de défendre les causes devant les tribunaux. — 15. Un homme de loi chargé de la procédure d'une affaire. — 16. Un officier ministériel chargé de signifier et de faire exécuter les actes judiciaires et les jugements. C'est lui qui assigne devant les cours et les tribunaux. — 17. Un officier ministériel chargé de recevoir les actes que contractent les particuliers. — 18. Un tribunal dont les juges sont élus parmi les notables commerçants. — 19. Toutes les causes commerciales. — 20. Les juges sont nommés par des assemblées composées de notables commerçants.

83. Un fermier avare avait une vache en faveur de laquelle il ne voulait dépenser, ni temps, ni provende, ni soins d'aucune sorte. Il la tenait toujours à l'attache et la nourrissait si maigrement, qu'il serait plus exact de dire qu'il ne la nourrissait point. Aussi la pauvre bête était-elle devenue une sorte de spectre, un fantôme de vache. Ses jambes, privées de muscles, ne la soutenaient plus, ses flancs amaigris faisaient peine à voir. A la fin, la pauvre vache, chez laquelle il ne se formait plus de sang, vit tarir les sources de son lait. Le fermier, qui voyait s'évanouir de la sorte une portion de ses bénéfices, lui adressa les plus vifs reproches. La vache répondit d'une voix éteinte : « N'accusez que vous-même si je ne vous donne plus de lait. Le lait n'est qu'une autre forme des aliments, et vous ne m'en fournissez point. Vous faites comme l'homme qui tua la poule aux œufs d'or, et vous oubliez complétement que l'avarice perd tout en voulant trop gagner. »

84. 1. Un terrain ordinairement enclos de murs ou de haies, et généralement affecté à la culture des légumes, des fruits, des fleurs. — 2. Un jardin potager. — 3. Un verger. — 4. Les choux, les navets, les radis, les carottes, les panais, les pommes de terre, les tomates, les aubergines, les pois, les haricots, les lentilles, les fèves, les oignons, les aulx, les poireaux et autres alliacées, les épinards, l'oseille, les différentes sortes de salades, le potiron, les melons, les concombres et autres cucurbitacées, les asperges, les artichauts, les cadons. — 5. Les choux cabus ou pommés, les choux de Milan ou pommés frisés, dont font partie les choux de Bruxelles; les choux verts ou non pommés, les choux-raves et les choux-fleurs ou brocolis. — 6. La laitue, l'escarole, la chicorée, la mâche, la raiponce, le cresson, le céleri, etc. — 7. C'est l'arracher dans son premier degré de croissance pour la replanter ailleurs. — 8. Les choux, la salade, les poireaux, les oignons, etc. — 9. Un terrain artificiel composé de fumier, de feuilles, de mousse, etc., en état de décomposition et qui peuvent donner lieu en fermentant à une production de chaleur. — 10 Le melon, le potiron, les concombres, les radis, les salades, etc — 11. Des espèces de caisses en bois fermées supérieurement par un vitrage. — 12. Des nattes en paille ou en toute autre matière analogue destinées à préserver les végétaux du froid. — 13. Quand on veut faire pousser les plantes plus rapidement ou les garantir d'une température trop froide. — 14. La bêche, le râteau, la serfouette, la binette, l'arrosoir, le plantoir, le cordeau, le croissant, le sécateur, la serpette, la serpe, etc. — 15. Les pommiers, les poiriers, les pruniers, les cerisiers, les abricotiers, les pêchers, les amandiers, les coignassiers, les néfliers. — 16. Un mur ordinaire ou un mur en planches contre lequel sont étalés et fixés des arbres fruitiers. — 17. Un arbre qui pousse librement et loin de tout abri. — 18. Un arbre façonné de telle sorte que son branchage a son plus grand diamètre vers le milieu de sa hauteur, et ses deux plus petits diamètres en haut et en bas. — 19. C'est souder sur un arbre une branche d'un autre arbre. — 20. Il consiste à mettre une branche en contact avec de la terre humide pour lui faire produire des racines, après la formation desquelles on sépare la branche du végétal auquel elle appartient. — 21. Une bouture consiste en un rameau détaché d'un végétal émondé légèrement au sommet et effilé par en bas, que l'on enfonce dans la terre pour lui faire prendre racine. — 22. Vers la fin de l'hiver et au printemps. — 23. Dans la destruction des nids de chenilles et l'enlèvement des anneaux ou chapelets d'œufs déposés autour des petites branches des arbres fruitiers. — 24. Son utilité est de débarrasser les arbres fruitiers de la présence des chenilles qui en rongent les feuilles. —25. En les couvrant de paillassons ou de draps ou en allumant dans leur voisinage des feux de paille mouillée. — 26. La lune rousse n'exerce aucune action sur les arbres fruitiers.

Sujet à développer 85.

L'AVEUGLE (*Narration*).

Le Maître lira à haute voix le canevas suivant, qu'il commentera de concert avec les élèves ; puis il lira le développement à titre de modèle.

Un jeune aveugle sortant de l'église marchait à tâtons, son bâton lui servant de guide. Parions dix écus, lui dit Lucas, que je cours plus vite que toi. André y consent, à condition que Lucas lui laissera le choix du lieu et de l'heure. Lucas accepte. A minuit, ils se mettent en route pour la ville. Il fallait traverser une forêt. André s'en tira bien, parce que … Lucas, au contraire … Bref, André atteint la ville avant le lever de l'aurore. Lucas n'y arrive que beaucoup plus tard et perd la gageure. Concluez de là qu'il ne faut jamais se moquer …

DU PRONOM.

Exercice général 86.

SOMMAIRE. — *Leur,* pronom personnel, et *leur* adjectif possessif (règles 238 à 240). — Emploi des pronoms personnels (règles 241 à 245). — Accord de *le, la, les* (règles 246 et 247). — Emploi de *soi* (règles 248 à 250). — Pronoms répétés (règles 251 à 253). — Emploi de *qui* ou de *lequel* (règles 254 à 256). — Place du pronom relatif (règles 257 et 258). — *Qui* et *que* en cascade (règles 259 et 260). — Emploi de *chaque* et de *chacun* (règles 261 à 263). — *Personne, quelque chose* (règles 264 à 268).

Appliquez la règle et expliquez-la en peu de mots.

1. Etes-vous la personne qui a eu la fièvre typhoïde ? Je (*le, la*) suis.

Etes-vous hommes à demeurer fermes dans vos opinions ? Nous (*le, les*) sommes.

Etes-vous les experts * ? Nous ne (*le, les*) sommes pas.

Madame, êtes-vous l'inspectrice des salles d'asile ? Je (*le, la*) suis.

Messieurs, êtes-vous les organisateurs de la fête ? Nous ne (*le, les*) sommes pas.

L'égoïste croit être très-habile en ne travaillant que pour (*lui, soi*) ; mais il n'en est pas moins très-souvent trompé dans ses calculs intéressés.

Quand *on* est heureux chez …, on n'a jamais envie d'aller se fixer ailleurs.

Ne *compter* que sur …, c'est de l'infatuation (§ 249).

L'ouvrier laborieux voit toujours les patrons courir après (*lui, soi*).

Corrigé 85.

Un jeune aveugle nommé André, au sortir de l'église, marchait à tâtons, sondant le terrain avec son bâton et n'avançant le pied qu'à bon escient. Ce spectacle attristait les assistants, mais non toutefois le jeune Lucas, pour qui la pitié était un sentiment inconnu. « Parions dix écus, dit-il à André, que je cours plus vite que toi. » L'aveugle y consent; mais à condition qu'il pourra choisir le lieu et l'heure de l'épreuve. Lucas accepte, bien persuadé qu'il sortira vainqueur da la lutte. A minuit ils se mettent en route pour la ville, qui était le but à atteindre. Il fallait traverser une forêt. André s'en tira à merveille; car le tact, qui était chez lui, comme chez tous les aveugles du reste, d'une délicatesse et d'une sûreté extrêmes, lui faisait éviter les obstacles. Lucas, au contraire, qui n'avait point l'habitude de prendre ses précautions, se trouvait arrêté à tous moments par quelque accident. Bref, André atteignit la ville avant le lever de l'aurore. Lucas n'y arriva que plus tard et dans le plus fâcheux état, les pieds endoloris, les mains saignantes, les habits en lambeaux. Il perdit donc la gageure, et apprit à ses dépens qu'il ne faut jamais se moquer des gens infirmes.

DU PRONOM.

Corrigé 86.

1. Etes-vous la personne qui a eu la fièvre typhoïde? Je *la* suis.

Etes-vous hommes à demeurer fermes dans vos opinions? Nous *le* sommes.

Etes-vous les experts*? Nous ne *les* sommes pas.

Madame, êtes-vous l'inspectrice des salles d'asile? Je *la* suis.

Messieurs, êtes-vous les organisateurs de la fête? Nous ne *les* sommes pas.

L'égoïste croit être très-habile en ne travaillant que pour *lui*; mais il n'en est pas moins très-souvent trompé dans ses calculs intéressés.

Quand *on* est heureux chez *soi*, on n'a jamais envie d'aller se fixer ailleurs.

Ne *compter* que sur *soi*, c'est de l'infatuation (§ 249).

L'ouvrier laborieux voit toujours les patrons courir après *lui*.

2. L'homme médiocre croit trop souvent avoir en (*lui, soi*) les ressources qui ne sont l'apanage que du génie.

Prétendre qu'il n'existe personne de supérieur à ..., c'est le comble de l'orgueil (§ 249).

Raton croyait tirer pour (*lui, soi*) les marrons qui cuisaient sous les cendres; mais il avait compté sans Bertrand, qui les croquait à mesure que son complice les lui jetait.

Lorsque les fermières soignent bien leurs vaches, qu'*elles* les nourrissent bien, qu'*elles* les fournissent abondamment de litière, *elles* leur donnent plus de lait; *elles* ne sont jamais malades, *elles* engraissent à vue d'œil, ce qui est un avantage si *elles* ont l'intention de les vendre (1).

Le touriste * qui veut parcourir les Alpes, fera bien de prendre un guide. *Il* lui signalera les passages dangereux; *il* lui fera voir les sites les plus pittoresques, et *il* ne courra jamais le risque de s'égarer; *il* n'aura pas à regretter plus tard d'être allé tout près d'une curiosité naturelle sans l'avoir visitée.

Quand *on* vous offre un secours désintéressé, alors qu'*on* est dans l'embarras, *on* ne doit pas le refuser.

3. Après que l'Espagne eut pris possession de l'Amérique, *elle* lui fournit tant d'or, qu'*elle* s'imagina n'avoir plus besoin des richesses naturelles, et qu'*elle* négligea de plus en plus son agriculture.

Lorsque Samson * jugea que ses forces étaient revenues, *il* fit promettre à son guide de le placer près d'une des colonnes du temple où les Philistins s'étaient réunis; *il* accomplit sa promesse, sans songer à ce qui allait en résulter. Alors *il* ébranla si bien cette colonne, qu'*il* la renversa et fit crouler le temple sur lui et sur tous les assistants.

Le jeune Manlius eut à lutter en combat singulier * contre un Gaulois; s'étant équipé du mieux qu'*il* put, *il* se dirigea contre son adversaire, qui était d'une taille gigantesque; *il* exécutait en l'attendant une danse nationale, *il* tirait la langue par moquerie; *il* essaya de frapper Manlius de son épée, mais *il* évita le coup; *il* s'avança promptement jusque sous le bouclier du Gaulois, et l'ayant frappé à deux reprises, *il* l'étendit mort à ses pieds.

François Ier * tint une conduite chevaleresque envers Charles-Quint *, son implacable ennemi. Lorsque celui-ci lui demanda l'autorisation de traverser la France pour al-

(1) Nous ferons remarquer que l'emploi répété des pronoms personnels ne devient fautif que lorsque ceux-ci cessent de représenter la même personne.

2. L'homme médiocre croit trop souvent avoir en *lui* les ressources qui ne sont l'apanage que du génie.

Prétendre qu'il n'existe personne de supérieur à *soi*, c'est le comble de l'orgueil (§ 249).

Raton croyait tirer pour *lui* les marrons qui cuisaient sous les cendres; mais il avait compté sans Bertrand, qui les croquait à mesure que son complice les lui jetait.

Lorsque les fermières soignent bien leurs vaches, qu'*elles* les nourrissent bien, qu'*elles* les fournissent abondamment de litière, *celles-ci* leur donnent plus de lait, *ne sont* jamais malades, et engraissent à vue d'œil, ce qui est un avantage dans le cas où on voudrait les vendre.

Le touriste* qui veut parcourir les Alpes, fera bien de prendre un guide. *Ce dernier* lui signalera les passages dangereux *et* lui fera voir les sites les plus pittoresques. *Le touriste* ne courra jamais le risque de s'égarer; *il* n'aura pas à regretter plus tard d'être allé tout près d'une curiosité naturelle sans l'avoir visitée.

Quand *on* vous offre un secours désintéressé, alors que *vous êtes* dans l'embarras, *vous* ne *devez* pas le refuser.

3. Après que l'Espagne eut pris possession de l'Amérique, *ce pays* lui fournit tant d'or, qu'*elle* s'imagina n'avoir plus besoin des richesses naturelles, et qu'*elle* négligea de plus en plus son agriculture.

Lorsque Samson* jugea que ses forces étaient revenues, *il* fit promettre à son guide de le placer près d'une des colonnes du temple où les Philistins s'étaient réunis; *le guide* accomplit sa promesse, sans songer à ce qui allait en résulter. Alors *Samson* ébranla si bien cette colonne, qu'*il* la renversa et fit crouler le temple sur lui et sur tous les assistants.

Le jeune Manlius eut à lutter en combat singulier* contre un Gaulois; s'étant équipé du mieux qu'*il* put, *il* se dirigea contre son adversaire, qui était d'une taille gigantesque *et qui* exécutait en l'attendant une danse nationale, *tirant* la langue par moquerie. Le Gaulois *essaya* de frapper Manlius de son épée. Mais *le Romain évita* le coup, *s'avança* promptement jusque sous le bouclier du Gaulois, et l'ayant frappé à deux reprises, *l'étendit* mort à ses pieds.

François Ier* tint une conduite chevaleresque envers Charles-Quint*, son implacable ennemi. Lorsque celui-ci lui demanda l'autorisation de traverser la France pour aller réduire une révolte des Flamands, *il* la lui accorda, et lorsqu'*il* fut à Paris à sa discrétion, *il* ne voulut pas le retenir, quoiqu'on le lui conseillât. *Il* laissa donc l'empereur continuer son voyage : acte de loyauté dont *il* ne se montra guère reconnaissant.

4. Les richesses après (*qui, lequel*) nous courons si avidement ne font pas toujours notre bonheur.

Les remparts derrière (*qui, lequel*) nous combattons ne peuvent être attaqués par l'artillerie ennemie.

Le connétable de Bourbon, par (*qui, lequel*) la France fut trahie, dut éprouver bien des remords.

Nous avons reçu la lettre par (*qui, lequel*) vous nous annoncez votre prochain retour d'Amérique.

On n'a pas oublié le chancelier Guérin, par (*qui, lequel*) l'armée française fut rangée en bataille, à Bouvines*.

Les ombres vers (*qui, lequel*) Télémaque* s'avançait dans les Champs* Elysées se promenaient au milieu de bosquets odoriférants.

Les forêts vierges* à travers (*qui, lequel*) nous passâmes étaient presque impénétrables.

Le fermier a semé *de l'œillette* dans son champ *qui* donnera de l'excellente huile (§ 257).

La cuisinière a acheté *du beurre* au marché *qui* était de bonne qualité.

5. Le boucher a ramené *un bœuf* de la foire *qui* ne pesait pas moins de quatre cents kilogrammes.

On a distribué *de la limonade sulfurique* aux moissonneurs *qui* les rafraîchira, tout en conservant leurs forces.

On a fait *une coupe de bois* dans la forêt *qui* fournira de magnifiques pièces de charpente.

On voit *des arbres* dans différents pays *qui* n'ont pas moins d'un millier d'années.

Il y a *un courant d'eau chaude* d'une rive à l'autre de l'océan Atlantique *qui* adoucit le climat des côtes septentrionales de l'Europe.

On a coupé *des joncs* dans les marais *qui* formeront pour les bestiaux une excellente litière.

En 1831, on vit surgir l'*île flottante de Julia* du sein de la Méditerranée, *qui* s'enfonça dans les eaux un mois après.

Il existe *une grande quantité de tourbe de bonne qualité* dans les marais de la Hollande, *qui* constitue l'une des principales richesses du pays.

On recueille *de la résine* dans les landes* de Gascogne, *qui* est la plus importante branche de commerce de cette partie de la France.

ler réduire une révolte des Flamands, *le roi* la lui accorda, et lorsque *Charles* fut à Paris à sa discrétion, *il* ne voulut pas le retenir, quoiqu'on le lui conseillât. *Il* laissa donc l'empereur continuer son voyage : acte de loyauté dont *Charles-Quint* ne se montra guère reconnaissant.

4. Les richesses après *lesquelles* nous courons si avidement ne font pas toujours notre bonheur.

Les remparts derrière *lesquels* nous combattons ne peuvent être attaqués par l'artillerie ennemie.

Le connétable de Bourbon, par *qui* la France fut trahie, dut éprouver bien des remords.

Nous avons reçu la lettre par *laquelle* vous nous annoncez votre prochain retour d'Amérique.

On n'a pas oublié le chancelier Guérin, par *qui* l'armée française fut rangée en bataille à Bouvines*.

Les ombres vers *lesquelles* Télémaque* s'avançait dans les Champs*-Elysées se promenaient au milieu de bosquets odoriférants.

Les forêts vierges* à travers *lesquelles* nous passâmes étaient presque impénétrables.

Le fermier a semé, dans son champ, *de l'œillette qui* donnera d'excellente huile (§ 257).

La cuisinière a acheté au marché *du beurre qui* était de bonne qualité.

5. Le boucher a ramené de la foire *un bœuf qui* ne pesait pas moins de quatre cents kilogrammes.

On a distribué aux moissonneurs *de la limonade sulfurique qui* les rafraîchira, tout en conservant leurs forces.

On a fait dans la forêt *une coupe de bois qui* fournira de magnifiques pièces de charpente.

On voit dans différents pays *des arbres qui* n'ont pas moins d'un millier d'années.

Il y a, d'une rive à l'autre de l'océan Atlantique, *un courant d'eau chaude qui* adoucit le climat des côtes septentrionales de l'Europe.

On a coupé dans les marais *des joncs qui* formeront pour les bestiaux une excellente litière.

En 1831, on vit surgir, du sein de la Méditerranée, *l'île flottante de Julia qui* s'enfonça dans les eaux un mois après.

Il existe, dans les marais de la Hollande, *une grande quantité de tourbe de bonne qualité qui* constitue l'une des principales richesses du pays.

On recueille, dans les landes* de Gascogne, *de la résine qui* est la plus importante branche de commerce de cette partie de la France.

6. On cultive dans les parties méridionales de l'Europe une plante *qui* s'appelle l'arachide, *qui* fournit de l'huile et *qui* (1) est surtout remarquable par cette circonstance *que* son fruit, *qui* se développe à l'air, s'enfonce ensuite dans le sol *qui* le protége contre les intempéries, et où il achève de mûrir.

Le lin est une plante textile *qui* est originaire de la haute Asie, et *que* l'on cultive depuis l'antiquité la plus reculée ; c'est elle *qui* fournit la filasse la plus fine ; elle est aussi précieuse pour sa graine, *qui* est utilisée en médecine de différentes manières, et *qui* renferme une huile *qui* est très-employée en peinture, à cause de ses propriétés siccatives.

Tout le monde connaît les bédégars, *qui* ressemblent à des paquets de mousse et *qui* croissent sur la tige du rosier sauvage, *qui*, piquée par un insecte *qui* y dépose ses œufs, se tuméfie bientôt et se couvre de filaments ; les œufs *que* renferme le bédégar, venant à éclore dans son intérieur, donnent naissance à des larves *qui* y subissent leurs métamorphoses, et *qui* percent ensuite la paroi de leur prison pour prendre leur essor.

7. Il n'est pas rare de trouver dans l'estomac des animaux ruminants des espèces de boules feutrées, *qui* paraissent formées principalement de poils *qui* ont été avalés par l'animal, et *qui* contiennent des débris de végétaux ainsi que des substances calcaires *qui* ont été ingérées avec les aliments. Ces corps occasionnent parfois une grande mortalité parmi les bêtes à laine, qui ont l'habitude de se lécher.

Il s'exhale presque toujours des contrées marécageuses des effluves ou miasmes *qui* se répandent dans l'air, *qui* en est empoisonné, et *qui* sont la cause de ces fièvres intermittentes *qui* dépeuplent successivement les générations *qui* se succèdent dans les localités *qui* se trouvent exposées aux émanations marécageuses.

Il se dégage des cuves où l'on fait le vin des torrents de gaz acide carbonique *qui* descendent le long de leurs bords, et *qui* vicient à tel point l'air des celliers *que* ceux *qui* y pénétreraient sans précaution tomberaient asphyxiés et y périraient promptement, s'il n'y avait personne *qui* vînt les en tirer.

(1) Remarquez que l'emploi répété du pronom relatif ne devient fautif que lorsque le pronom cesse de se rapporter au même antécédent.

6. On cultive dans les parties méridionales de l'Europe une plante *appelée* arachide, *fournissant* de l'huile et remarquable surtout par cette circonstance *que* son fruit, *qui* se développe à l'air, s'enfonce ensuite dans le sol *où il est* protégé contre les intempéries, et où il achève de mûrir.

Le lin est une plante textile *originaire* de la haute Asie, et *cultivée* depuis l'antiquité la plus reculée ; c'est elle *qui* fournit la filasse la plus fine ; elle est aussi précieuse pour sa graine, *utilisée* en médecine de différentes manières, et *renfermant* une huile très-employée en peinture, à cause de ses propriétés siccatives*.

Tout le monde connaît les bédégars, *qui* ressemblent à des paquets de mousse et *qui* croissent sur la tige du rosier sauvage. *Celle-ci*, piquée par un insecte *qui* y dépose ses œufs, se tuméfie bientôt et se couvre de filaments ; les œufs *renfermés dans* le bédégar, venant à éclore dans son intérieur, donnent naissance à des larves *qui* y subissent leurs métamorphoses, et *qui* percent ensuite la paroi de leur prison pour prendre leur essor.

7. Il n'est pas rare de trouver dans l'estomac des animaux ruminants des espèces de boules feutrées, paraissant formées principalement de poils *avalés* par l'animal, et *contenant* des débris de végétaux ainsi que des substances calcaires *qui* ont été ingérées avec les aliments. Ces corps occasionnent parfois une grande mortalité parmi les bêtes à laine, qui ont l'habitude de se lécher.

Il s'exhale presque toujours des contrées marécageuses* des effluves ou miasmes *se répandant* dans l'air, *qui* en est empoisonné. *Les miasmes* sont la cause de ces fièvres intermittentes* *qui* dépeuplent successivement les générations *qui* se succèdent dans les localités *exposées* aux émanations marécageuses.

Il se dégage des cuves où l'on fait le vin des torrents de gaz acide carbonique *descendant* le long de leurs bords, et *viciant* à tel point l'air des celliers *que* ceux *qui* y pénétreraient sans précaution tomberaient asphyxiés et y périraient promptement, s'il n'y avait personne *pour* les en tirer.

8. (*Chaque, chacun*) pays, (*chaque, chacun*) climat a ses végétaux et ses animaux particuliers.

Socrate, un jour, faisant bâtir, (*chaque, chacun*) censurait son ouvrage, (*chaque, chacun*) jugeait que la nouvelle maison du philosophe serait trop petite. Plût au ciel, s'écriat-il, que je pusse la remplir de vrais amis ! (*chaque, chacun*) se dit ami, mais quoique rien ne soit plus commun que ce nom, rien n'est plus rare que la chose.

Nous ne saurions trop blâmer la pensée égoïste de Montaigne*, qui voulait que (*chaque, chacun*) vécût dans sa chaumière sans se soucier de ses voisins.

Les hirondelles vont (*chaque, chacun*) année passer la mauvaise saison dans les pays chauds.

Ces pêches sont magnifiques; aussi les avons-nous achetées cinquante centimes (*chaque, chacun*).

(*Chaque, chacun*) année, le conseil * municipal arrête le budget* de la commune, et des répartiteurs fixent la partie de l'impôt qui incombe à (*chaque, chacun*).

(*Chaque, chacun*) de nos départements tire son nom d'un fleuve, d'une rivière, d'une montagne ou de quelque autre accident géographique.

9. C'est s'acharner à quelque chose d' (*insensé*), que de poursuivre la réalisation de cette chimère qu'on a nommée le mouvement perpétuel*.

Personne, parmi les humains, ne saurait être assez (*présomptueux*) pour se croire *exempt* des maux qui affligent l'humanité.

La *personné* la mieux (*portant*) ne peut être (*assuré*) d'avoir une longue vie.

Quelque chose que nous tentions, nous ne (*le, la*) mènerons pas à bonne fin sans beaucoup de travail et de persévérance.

Personne, parmi les hommes des anciens âges, n'a été assez (*clairvoyant*) pour deviner qu'un jour la télégraphie électrique mettrait en communication instantanée l'ancien monde* et le nouveau.

Dans tous les temps et chez tous les peuples, la *personne* d'un ambassadeur a été (*réputé*) inviolable et (*sacré*).

L'Italie * fabrique une grande quantité de pâtes alimentaires*; nous tirons (*en, d'elle*) la majeure partie de celles que nous consommons.

Si vous avancez trop près du bord de la rivière, vous pourrez tomber (*y, dans elle*).

Chaque fois que ce jeune homme pense à ses **parents**

8. *Chaque* pays, *chaque* climat a ses végétaux et ses animaux particuliers.

Socrate, un jour, faisant bâtir, *chacun* censurait son ouvrage; *chacun* jugeait que la nouvelle maison du philosophe serait trop petite. Plût au ciel, s'écria-t-il, que je pusse la remplir de vrais amis! *Chacun* se dit ami, mais quoique rien ne soit plus commun que ce nom, rien n'est plus rare que la chose.

Nous ne saurions trop blâmer la pensée égoïste de Montaigne*, qui voulait que *chacun* vécût dans sa chacunière sans se soucier de ses voisins.

Les hirondelles vont *chaque* année passer la mauvaise saison dans les pays chauds.

Ces pêches sont magnifiques; aussi les avons-nous achetées cinquante centimes *chacune*.

Chaque année, le conseil * municipal arrête le budget* de la commune, et des répartiteurs fixent la partie de l'impôt qui incombe à *chacun*.

Chacun de nos départements tire son nom d'un fleuve, d'une rivière, d'une montagne ou de quelque autre accident géographique.

9. C'est s'acharner à quelque chose d'*insensé*, que de poursuivre la réalisation de cette chimère qu'on a nommée le mouvement perpétuel*.

Personne, parmi les humains, ne saurait être assez *présomptueux* pour se croire *exempt* des maux qui affligent l'humanité.

La *personne* la mieux *portante* ne peut être *assurée* d'avoir une longue vie.

Quelque chose que nous tentions, nous ne *la* mènerons pas à bonne fin sans beaucoup de travail et de persévérance.

Personne, parmi les hommes des anciens âges, n'a été assez *clairvoyant* pour deviner qu'un jour la télégraphie électrique mettrait en communication instantanée l'ancien monde* et le nouveau.

Dans tous les temps et chez tous les peuples, la *personne* d'un ambassadeur a été *réputée* inviolable et *sacrée*.

L'Italie * fabrique une grande quantité de pâtes alimentaires*; nous *en* tirons la majeure partie de celles que nous consommons.

Si vous avancez trop près du bord de la rivière, vous pourrez *y* tomber.

Chaque fois que ce jeune homme pense à ses parents

absents, et qu'il parle (*en, d'eux*), il est sur le point de fondre en larmes.

10 Ce marin a voué une sorte de culte à la mémoire de son oncle : c'est qu'en effet, la fortune qu'il possède aujourd'hui, il l'a héritée (*en, de lui*).

Quand vous êtes assis à une table, il ne faut pas que vous appuyiez vos coudes (*y, sur elle*).

Les soldats qui avaient obtenu un congé ont reçu l'ordre de regagner leur garnison, et maintenant ils s'acheminent (*y, vers elle*).

Nous avons un domestique honnête et fidèle ; nous pouvons nous fier (*y, à lui*).

François Ier tenait Léonard de Vinci * *en grande estime*, et celui-ci *la* méritait (1).

Certaines personnes ont *peur* d'une araignée ou d'une chauve-souris, et aucun raisonnement ne peut *la* leur faire surmonter.

Si vous avez *honte* de vos imperfections, vous pouvez *a* faire cesser en travaillant à vous corriger.

Quand vous avez eu *tort*, vous pouvez toujours *le* réparer dans une certaine mesure.

Quand on vous fait *injure* et qu'*elle* n'est pas méritée, vous souffrez doublement.

11. Nous avons *compassion* pour ceux qui sont malheureux, même quand ils ne *la* méritent pas.

Lorsque nous avons à défendre nos intérêts, nous parlons souvent avec *éloquence; elle* semble couler de source, quoiqu'*elle* ne nous soit pas habituelle.

La Fontaine * nous représente le renard sorti du puits, faisant au bouc un beau sermon pour l'exhorter à la *patience;* mais *elle* n'était pas possible chez l'animal indignement trompé.

Pour être responsables, il faut que nous soyons maîtres d'agir à notre guise ; si nous ne (*le, les*) sommes pas, nous échappons à toute responsabilité.

A ceux qui demanderaient aux Français : Etes-vous les descendants des Gaulois? ils pourraient répondre : Nous (*le, les*) sommes.

Lorsqu'on adressait aux premiers chrétiens cette question : Etes-vous coupables des crimes dont on vous accuse? Ils pouvaient répondre: Nous ne (*le, les*) sommes pas.

Quand on s'enquérait des étrangers s'ils étaient ci-

(1) Dans cette phrase et autres semblables, il est souvent préférable de répéter le nom plutôt que de le déterminer.

absents, et qu'il parle *d'eux*, il est sur le point de fondre en larmes.

10. Ce marin a voué unesorte de culte à la mémoire de son oncle : c'est qu'en effet, la fortune qu'il possède aujourd'hui, il l'a héritée *de lui*.

Quand vous êtes assis à une table, il ne faut pas que vous *y* appuyiez vos coudes.

Les soldats qui avaient obtenu un congé ont reçu l'ordre de regagner leur garnison, et maintenant ils *s'y* acheminent.

Nous avons un domestique honnête et fidèle; nous pouvons nous fier *à lui*.

François Ier tenait Léonard de Vinci * *en grande estime*, et celui-ci méritait *cette estime* (1).

Certaines personnes ont *peur* d'une araignée ou d'une chauve-souris, et aucun raisonnement ne peut leur faire surmonter *cette peur*.

Si vous avez *honte* de vos imperfections, vous pouvez faire cesser *cette honte* en travaillant à vous corriger.

Quand vous avez eu *tort*, vous pouvez toujours réparer *ce tort* dans une certaine mesure.

Quand on vous fait *une injure* et qu'*elle* n'est pas méritée, vous souffrez doublement.

11. Nous avons *de la compassion* pour ceux qui sont malheureux, même quand ils ne *la* méritent pas.

Lorsque nous avons à défendre nos intérêts, nous parlons souvent avec *éloquence; cette éloquence* semble couler de source, quoiqu'*elle* ne nous soit pas habituelle.

La Fontaine * nous représente le renard sorti du puits, faisant au bouc un beau sermon pour l'exhorter à *la patience;* mais *elle* n'était pas possible chez l'animal indignement trompé.

Pour être responsables, il faut que nous soyons maîtres d'agir à notre guise; si nous ne *le* sommes pas, nous échappons à toute responsabilité.

A ceux qui demanderaient aux Français : Etes-vous les descendants des Gaulois? ils pourraient répondre : Nous *les* sommes.

Lorsqu'on adressait aux premiers chrétiens cette question : Etes-vous coupables des crimes dont on vous accuse? Ils pouvaient répondre : Nous ne *le* sommes pas.

Quand on s'enquérait des étrangers s'ils étaient ci-

(1) Dans cette phrase et autres semblables, il est souvent préférable de répéter le nom plutôt que de le déterminer.

toyens romains, et qu'ils s'écriaient : Nous (*le, les*) sommes, on leur témoignait aussitôt la plus grande déférence.

Exercice Lexicologique 87.

Répondez par écrit, au moyen du Lexique, aux questions suivantes :

Que savez-vous sur : l'Italie, — Bouvines?

Que signifient les expressions suivantes : une pâte *alimentaire*, — un diamant *défectueux*, — un combat *singulier*, — une forêt *vierge*, — les *landes* de Gascogne, — une huile *siccative*, — une contrée *marécageuse*, — des fièvres *intermittentes*, — le *conseil* municipal, — le *budget* d'une commune, — le mouvement *perpétuel*?

Que savez-vous sur : Léonard de Vinci, — La Fontaine, — Samson, — Charles-Quint, — Télémaque, — Montaigne?

Qu'est-ce que : un expert, — un touriste?

STYLE ET COMPOSITION.

SENS PROPRE ET SENS FIGURÉ.

Exercice de réflexion 88.

Règles 277-280. — Indiquez si les substantifs en italiques sont employés au propre ou au figuré. *Ecrivez :* Les dents (sens propre) du singe.

Le maître, par des interrogations, s'assurera si les élèves se rendent un compte exact de toutes les expressions.

Les *dents* du singe ; les *dents* d'une scie.—Le *dos* d'un rasoir ; le *dos* de la baleine.— Un *jeu* de mots ; un *jeu* de cartes. —Un *grain* de vanité ; un *grain* de blé.—La *carcasse* d'un animal ; la *carcasse* d'un vaisseau.—Une *toile* de Rubens* ; un tablier de *toile*. — Du *fiel* de bœuf ; des paroles pleines de *fiel*.—Aspirer à la *couronne** ; une *couronne* pleine de fleurs.— Un *serrement* de mains ; un *serrement* de cœur.—Le *tourbillon* des plaisirs ; un *tourbillon* de vent. — La *sphère** terrestre ; ne pas sortir de sa *sphère*. — Le *creuset* de l'adversité ; le *creuset* où l'on fond le soufre. — Les *épines* de la rose ; l'*épine** du dos.—La *rivière* de Dordogne ; une *rivière** de diamants. — La *manne* céleste ; la *manne* du frêne. — Une *maison* en briques ; la *maison* de Lorraine*.—Un discours plein de *sel* ; le *sel* marin.

Même exercice 89.

Une *robe* de soie ; la *robe* du renard. — Une *rupture* entre deux amis ; la *rupture* d'un anévrisme*. — Le *ventre* d'une cruche ; avoir mal au *ventre*. — Le *poids* d'un sac de blé ; le *poids* d'un argument.—La *pointe* d'une aiguille ; la *pointe**

toyens romains, et qu'ils s'écriaient : Nous *le* sommes, on leur témoignait aussitôt la plus grande déférence.

PHRASES A ANALYSER GRAMMATICALEMENT.

Les hiboux, qui ne voient pas clair pendant le jour, aperçoivent la nuit distinctement les objets.

Les jours, très-courts l'hiver, atteignent leur plus grande longueur le vingt-un juin, c'est-à-dire au solstice d'été.

L'an mil quatre cent cinquante-trois les Turcs s'emparèrent de Constantinople et mirent fin à l'empire grec d'Orient.

PHRASES A ANALYSER LOGIQUEMENT.

Tout Picard que j'étais, j'étais un bon apôtre et je faisais claquer mon fouet tout comme un autre.

Tel qui rit vendredi, dimanche pleurera.

Qui veut voyager loin ménage sa monture.

Celui qui met un frein à la fureur des flots, sait aussi des méchants arrêter les complots.

STYLE ET COMPOSITION.
Corrigé 88.

Les *dents p.* du singe ; les *dents f.* d'une scie. — Le *dos f.* d'un rasoir ; le *dos p.* de la baleine. — Un *jeu f.* de mots ; un *jeu p.* de cartes. — Un *grain f.* de vanité ; un *grain p.* de blé. — La *carcasse p.* d'un animal ; la *carcasse f.* d'un vaisseau. — Une *toile f.* de Rubens * ; un tablier de *toile p.* — Du *fiel p,* de bœuf ; des paroles pleines de *fiel f.* — Aspirer à la *couronne * f,* ; une *couronne p.* de fleurs. — Un *serrement p.* de mains ; un *serrement f.* de cœur. — Le *tourbillon f.* des plaisirs ; un *tourbillon p.* de vent. — La *sphère * p.* terrestre ; ne pas sortir de sa *sphère f.* — Le *creuset f.* de l'adversité ; le *creuset p.* où l'on fond le soufre. — Les *épines p.* de la rose ; l'*épine * f.* du dos. — La *rivière p.* de Dordogne ; une *rivière * f.* de diamants. — La *manne f.* céleste ; la *manne p.* du frêne. — Une *maison p.* en briques ; la *maison f.* de Lorraine *. — Un discours plein de *sel f.* ; le *sel p.* marin.

Corrigé 89.

Une *robe p.* de soie ; la *robe f.* du renard. — Une *rupture f.* entre deux amis ; la *rupture p.* d'un anévrisme *. — Le *ventre f.* d'une cruche ; avoir mal au *ventre p.* — Le *poids p.* d'un sac de blé ; le *poids f.* d'un argument. — La *pointe p.*

du jour. — Se casser le *bras* ; les *bras* d'un fauteuil. — L'*extinction* d'un incendie ; l'*extinction* de la mendicité. — Le *comble* de la gloire ; le *comble* d'une maison. — Du *tumulte* dans la rue ; le *tumulte* des passions. — La *pureté* des intentions ; la *pureté* de l'eau. — Le *bec* d'un oiseau ; un *bec*-de-cane. — La *rigidité* des mœurs ; la *rigidité* du fer. — Une *teinte* sombre ; une *teinte* de malice. — L'*écume* de la société ; l'*écume* du bouillon. — Le *sceau* du génie ; le *sceau* de la justice de paix.

Exercice de réflexion 90.

Indiquez si les adjectifs en italique sont employés au sens propre ou au sens figuré.

Un terrain *plat* ; du vin *plat*. — Un visage *pourpre* ; une rose *pourpre*. — Un feuillage *vert* ; du bois *vert*. — Un temps *gris* ; un habit *gris*. — Un ciel *nuageux* ; un esprit *nuageux*. — Un *mâle* courage ; un enfant *mâle*. — Une conduite *louche* ; un regard *louche*. — Un caractère *rassis* ; du pain *rassis*. — Du pain *tendre* ; un cœur *tendre*. — Un talent *souple* ; un jonc *souple*. — Un corps *léger* ; un caractère *léger*. — Une voix *aigre* ; une parole *aigre*. — Un projet *mûr* ; un fruit *mûr*. — Une eau *claire* ; une démonstration *claire*. — Un raisonnement *profond* ; un puits *profond*. — Un homme *rond* ; un visage *rond*. — Un bronze *lourd* ; un style *lourd*. — Un feu *ardent* ; un cheval *ardent*.

Exercice de réflexion 91.

Indiquez si les verbes en italique sont employés au sens propre ou au sens figuré.

Ternir la réputation ; *ternir* une glace. — *Éventer* le grain ; *éventer* un secret. — *Relever* une erreur ; *relever* un blessé. — *Friser* la moustache ; *friser* la quarantaine. — *Bercer* un enfant ; *bercer* quelqu'un d'illusions. — *Poursuivre* un lièvre ; *poursuivre* une entreprise. — *Blesser* à la jambe ; *blesser* la susceptibilité. — *Rompre* un bâton ; *rompre* un traité. — *Désarmer* un ennemi ; *désarmer* la colère. — *Diriger* une barque ; *diriger* son attention. — *Calmer* les flots ; *calmer* les passions. — *Couronner* un lauréat ; *couronner* les efforts. — *Vomir* la mort ; *vomir* le sang. — *Agrandir* un appartement ; *agrandir* l'esprit. — *Nourrir* des projets ; *nourrir* un animal. — *Étendre* la signification d'un mot ; *étendre* du linge. — *Abattre* le courage ; *abattre* un arbre. — *Répandre* du lait ; *répandre* la consternation.

Même exercice 92.

Exprimer le jus d'un citron ; *exprimer* sa pensée. — *Bou-*

d'une aiguille ; la *pointe f.* du jour. — Se casser le *bras p. ;*
les *bras f.* d'un fauteuil. — L'*extinction p.* d'un incendie ;
l'*extinction* f. de la mendicité. — Le *comble f.* de la gloire ;
le *comble p.* d'une maison. — Du *tumulte p.* dans la rue ; le
tumulte f. des passions. — La *pureté f.* des intentions ; la
pureté p. de l'eau. — Le *bec p.* d'un oiseau ; un *bec f.* -de-
cane. — La *rigidité f.* des mœurs ; la *rigidité p.* du fer. —
Une *teinte p.* sombre ; une *teinte f.* de malice. — L'*écume f.*
de la société ; l'*écume p.* du bouillon. — Le *sceau f.* du
génie ; le *sceau p.* de la justice de paix.

Corrigé 90.

Un terrain *plat p. ;* du vin *plat f.* — Un visage *pourpre f. ;*
une rose *pourpre p.* — Un feuillage *vert p. ;* du bois *vert f.* —
Un temps *gris f. ;* un habit *gris p.* — Un ciel *nuageux p. ;* un
esprit *nuageux f.* — Un *mâle f.* courage ; un enfant *mâle p.*
— Une conduite *louche f. ;* un regard *louche p.* — Un caractère *rassis f. ;* du pain *rassis p.* — Du pain *tendre p. ;* un cœur
tendre f. — Un talent *souple f. ;* un jonc *souple p.* — Un
corps *léger p. ;* un caractère *léger f.* — Une voix *aigre p. ;* une
parole *aigre f.* — Un projet *mûr f. ;* un fruit *mûr p.* — Une
eau *claire p. ;* une démonstration *claire f.* — Un raisonnement *profond f. ;* un puits *profond p.* — Un homme *rond f. ;*
un visage *rond p.* — Un bronze *lourd p. ;* un style *lourd f.*
— Un feu *ardent p. ;* un cheval *ardent f.*

Corrigé 91.

Ternir f. la réputation ; *ternir p.* une glace. — *Éventer p.*
le grain ; *éventer f.* un secret. — *Relever f.* une erreur ; *relever p.* un blessé. — *Friser p.* la moustache ; *friser f.* la
quarantaine. — *Bercer p.* un enfant ; *bercer f.* quelqu'un d'illusions. — *Poursuivre p.* un lièvre ; *poursuivre f.* une entreprise. — *Blesser p.* à la jambe ; *blesser f.* la susceptibilité.
— *Rompre p.* un bâton ; *rompre f.* un traité. — *Désarmer p.*
un ennemi ; *désarmer f.* la colère. — *Diriger p.* une barque ;
diriger f. son attention. — *Calmer p.* les flots ; *calmer f.*
les passions. — *Couronner p.* un lauréat ; *couronner f.* les
efforts. — *Vomir f.* la mort ; *vomir p.* le sang. — *Agrandir p.*
un appartement ; *agrandir f.* l'esprit. — *Nourrir f.* des projets ; *nourrir p.* un animal. — *Étendre f.* la signification
d'un mot ; *étendre p.* du linge. — *Abattre f.* le courage ;
abattre p. un arbre. — *Répandre p.* du lait ; *répandre f.* la
consternation.

Corrigé 92.

Exprimer p. le jus d'un citron ; *exprimer f.* sa pensée. — *Bouleverser p.*

leverser un terrain; *bouleverser* les idées. — *Tenir* un serment; *tenir* une fleur à la main. — *Ruiner* les espérances; *ruiner* une ville. — *Raccommoder* deux amis brouillés; *raccommoder* une robe. — *Troubler* un liquide; *troubler* la conscience. — *Arracher* un secret; *arracher* une dent. — *Attiser* les haines; *attiser* le feu. — *Dénouer* un cordon; *dénouer* une difficulté. — *Empoisonner* les jours; *empoisonner* un chien. — *Casser* un œuf; *casser* un jugement. — *Abaisser* l'orgueil; *abaisser* une trappe. — *Accabler* d'injures; *accabler* de coups. — *Dessécher* un marais; *dessécher* le cœur. — *Rafraîchir* la mémoire; *rafraîchir* du vin. — *Envenimer* une plaie; *envenimer* une discussion.

Exercice oral 93.

LES SAISONS ET LEURS TRAVAUX.

Le maître posera les questions suivantes; les élèves y répondront et reproduiront par écrit les meilleures réponses.

1. En combien de saisons partage-t-on l'année? — 2. Nommez les quatre saisons. — 3. Quand commence chacune d'elles? — 4. Quelle est la saison pendant laquelle les jours sont les plus courts? — 5. A quelles époques les jours sont-ils égaux aux nuits? — 6. Quelle est la saison pendant laquelle les jours sont les plus longs? — 7. A quelle époque fait-on les semailles? — 8. A quelle époque fait-on la moisson? — 9. A quelle époque fait-on la vendange? — 10. A quelle époque cueille-t-on les pommes et les poires? — 11. A quelle époque plante-t-on les pommes de terre? — 12. A quelle époque les arrache-t-on? — 13. Quels sont les deux moments de l'année où il fait le plus de vent? — 14. Quelle est l'époque des plus grandes chaleurs? — 15. Quelle est l'époque des plus grands froids?

Sujet à développer 94.

LA PIERRE (*Narration*).

Le maître analysera à haute voix le canevas suivant, puis il lira le développement, que les élèves reproduiront chacun à sa manière.

Un homme riche se prit de querelle avec un pauvre journalier, et finit par lui jeter une pierre. L'autre la ramassa, pensant qu'il viendrait un temps où il pourrait la renvoyer à la tête de son ennemi. Le riche, réduit à la mendicité par ..., passa un jour devant la cabane du journalier. Celui-ci courut pour chercher la pierre; mais en chemin il songea que la vengeance ..., et il s'arrêta dans son projet et secourut celui qui l'avait si injustement maltraité. Qualifiez la conduite de chacun de ces deux hommes.

un terrain; *bouleverser f.* les idées. — *Tenir f.* un serment; *tenir p.* une fleur à la main. — *Ruiner f.* les espérances; *ruiner p.* une ville. — *Raccommoder f.* deux amis brouillés; *raccommoder p.* une robe. — *Troubler p.* un liquide; *troubler f.* la conscience. — *Arracher f.* un secret; *arracher p.* une dent. — *Attiser f.* les haines; *attiser p.* le feu. — *Dénouer p.* un cordon; *dénouer f.* une difficulté. — *Empoisonner f.* les jours; *empoisonner p.* un chien. — *Casser p.* un œuf; *casser f.* un jugement. — *Abaisser f.* l'orgueil; *abaisser p.* une trappe. — *Accabler f.* d'injures; *accabler p.* de coups. — *Dessécher p.* un marais; *dessécher f.* le cœur. — *Rafraîchir f.* la mémoire; *rafraîchir p.* du vin. — *Envenimer p.* une plaie; *envenimer f.* une discussion.

Corrigé 93.

1. En quatre saisons. — 2. Le printemps, l'été, l'automne et l'hiver. — 3. Le printemps commence au 21 mars; l'été, au 21 juin; l'automne, au 21 septembre; l'hiver, au 21 décembre. — 4. C'est l'hiver. — 5. Au 21 mars et au 21 septembre. — 6. C'est l'été. — 7. Il y a deux saisons de semailles : l'automne et le printemps. — 8. Dans les mois de juillet et d'août. — 9. En octobre. — 10. Dans les mois de septembre et d'octobre. — 11. Dans la seconde quinzaine d'avril. — 12. Du 1er août au 1er octobre, suivant les variétés. — 13. A l'équinoxe du printemps, c'est-à-dire vers le 21 mars, et à l'équinoxe d'automne, c'est-à-dire vers le 21 septembre. — 14. Les plus grandes chaleurs ont lieu pendant la canicule, c'est-à-dire du 24 juillet au 26 août. — 25. Les plus grands froids ont lieu du 15 décembre au 15 janvier.

Corrigé 94.

Un homme riche se prit de querelle avec un pauvre journalier, et finit par lui jeter une pierre. Le journalier se contenta de ramasser la pierre. « Peut-être, pensa-t-il en lui-même, qu'un jour se présentera une circonstance où je pourrai renvoyer cette pierre à la tête de cet homme. »

Plusieurs années s'écoulèrent. L'homme riche, par des naufrages, par des faillites, par l'effet d'une guerre survenue inopinément, perdit toute sa fortune, et se vit réduit à la mendicité; car il n'était plus d'âge à pouvoir travailler de ses mains, et une longue oisiveté l'en avait d'ailleurs rendu incapable. Tandis qu'il se trouvait dans cet état de misère, il passa un jour devant la chaumière du journalier. Celui-ci, qui labourait le petit enclos situé devant sa cabane, le reconnut, et, sans se donner le temps de la réflexion, courut chercher la pierre, qu'il tenait toujours en réserve. Mais, en chemin, Dieu lui suscita une bonne pensée : « Que vais-je faire, se dit-il? Me venger d'une ancienne injure; mais la vengeance n'est-elle pas le plus bas et le plus vil des sentiments qui puissent germer dans le cœur de l'homme? N'est-elle pas contraire à la loi divine? » Cette pensée l'arrêta court. Bien loin d'accabler le malheureux qui passait devant sa porte, il l'invita à entrer chez lui et se montra ingénieux à le soulager.

Que vous semble de la conduite de ces deux hommes? Rendre le bien pour le mal, n'est-ce pas le comble de la sagesse?

Exercice oral 95.

LES ASTRES.

Reproduisez par écrit les réponses aux questions suivantes :

1. Quelle est la forme du soleil? — 2. Quels sont les effets du soleil? — 3. Qu'est-ce que la lune? — 4. Qu'appelle-t-on les phases de la lune? — 5. Quand y a-t-il nouvelle lune? — 6. Quand y a-t-il premier quartier? — 7. Quand y a-t-il pleine lune? — 8. Quand y a-t-il dernier quartier? — 9. Quel est le temps qui s'écoule entre deux nouvelles lunes? — 10. Qu'est-ce qu'une planète? — 11. Qu'est-ce qu'une étoile fixe? — 12. Qu'appelle-t-on constellation? — 13. Qu'est-ce qu'une comète? — 14. Les comètes annoncent-elles des événements heureux ou malheureux? — 15. Qu'est-ce qu'une étoile filante ou aérolithe?

Sujet à développer 96.

LA PLUIE (*Narration*).

Procéder comme il est dit plus haut.

Un marchand revenait de la foire, sa valise pleine d'argent. La pluie tombait à torrents, et le bonhomme ... Il murmurait de ce que Dieu ... Bientôt, en traversant une forêt, il aperçut derrière un arbre un brigand qui le couchait en joue avec un fusil. Mais le coup ne partit pas, parce que ... Le marchand put s'échapper. Plus tard, il se dit à lui-même : Combien j'ai eu tort de murmurer contre la Providence; car si ...

Exercice oral. 97.

LE SUCRE.

Reproduisez par écrit les réponses aux questions suivantes :

1. A quoi sert le sucre? — 2. Quelles sont les deux principales espèces de sucre? — 3. De quelle plante provient le sucre des pays chauds? — 4. Quelle est la plante que l'on cultive surtout en Europe pour en extraire le sucre? — 5. Quelles sont les autres plantes qui contiennent du sucre? — 6. Qu'est-ce que la cassonade? — 7. Qu'est-ce que la mélasse? — 8. Quelle liqueur fabrique-t-on avec la mélasse? — 9. Qu'est-ce que le caramel? — 10. Le sucre est-il nuisible à la santé? — 11. Qu'est-ce qu'un sirop?

Sujet à développer 98.

LE NID D'OISEAUX (*Narration*).

Procéder comme il est dit plus haut.

Un petit garçon méchant ne s'amusait qu'à chercher des

Corrigé 95.

1. Le soleil a la forme d'une sphère, c'est-à-dire d'une boule. — 2. Le soleil a pour effet d'échauffer la terre de ses rayons, et par suite de ranimer la végétation et de lui faire parcourir toutes ses phases. — 3. La lune est le satellite de la terre, qu'elle éclaire pendant une partie des nuits. — 4. On donne le nom de phases de la lune aux différentes figures qu'elle présente dans le cours de chacune de ses révolutions mensuelles autour de la terre. — 5. Lorsque la lune est invisible à cause de sa position entre la terre et le soleil. — 6. Lorsque la lune nous montre la première moitié éclairée de son disque. — 7. Lorsque la lune nous montre tout son disque éclairé; elle est alors à l'opposite du soleil par rapport à la terre. — 8. Lorsque la lune nous montre la seconde moitié éclairée de son disque. — 9. Environ 27 jours, durée d'un mois lunaire. — 10. Un corps analogue à la terre et tournant comme elle autour du soleil. — 11. Un astre analogue au soleil, mais situé à une si grande distance qu'il ne nous apparaît que comme un point lumineux. — 12. Un groupe d'étoiles fixes que les anciens avaient supposé représenter dans son contour général un personnage, un animal, ou un objet terrestre. — 13. Un astre formé d'une matière gazeuse et muni d'une queue lumineuse appelée chevelure ou queue de la comète. — 14. Nullement. — 15. Une masse minérale tournant autour du soleil, qui s'enflamme lorsqu'elle vient à traverser notre atmosphère, et qui quelquefois tombe sur la terre.

Corrigé 96.

Un marchand revenait d'une foire où, grâce à l'affluence des acheteurs accourus de plusieurs lieues à la ronde, il avait fait d'excellentes affaires et réalisé de beaux bénéfices. Aussi s'en retournait-il avec sa valise pleine. Cependant de gros nuages s'étaient amoncelés dans le ciel, et bientôt la pluie tomba par torrents. Le marchand parcourait une campagne déserte. Nul abri ne se présentait à ses yeux, et bien qu'il eût lieu d'être satisfait de sa journée, qui avait été pour lui des plus lucratives, la chute de l'averse lui faisant oublier le gain qu'il avait réalisé, il se laissa aller jusqu'à murmurer contre la Providence. Soudain il s'arrête tremblant d'effroi : sur un des côtés de la route il a aperçu un brigand qui, caché derrière un arbre, l'ajuste avec un fusil. Il faudrait fuir au plus vite; mais la terreur semble avoir cloué le marchand sur le sol. Le bandit lâche la détente; mais, ô bonheur inespéré! le coup rate, la pluie a mouillé la poudre, qui ne peut plus s'enflammer : le marchand est sauvé! Il a retrouvé ses jambes; il s'éloigne à la hâte, tandis que le malfaiteur, de son côté, s'enfonce dans le bois. Le marchand, ayant repris son sang-froid, se dit à lui-même : « Combien n'ai-je pas été coupable de murmurer contre la Providence à propos de cette pluie! Si elle n'était pas survenue, c'en était fait de ma vie. Je n'oublierai plus désormais, après une telle leçon, cette grande vérité : que Dieu sait mieux que nous ce qu'il nous faut. »

Corrigé 97.

1. Il sert à sucrer, à édulcorer certaines boissons et certains aliments. — 2. Le sucre de canne et le sucre de betterave. — 3. D'une espèce de roseau appelé *canne à sucre*. — 4. La betterave. — 5. L'érable du Canada, le bouleau, le tilleul, la carotte, le navet, le potiron, le melon, etc. — 5. C'est le sucre non encore purifié. — 7. C'est le résidu de la fabrication du sucre. — 8. Le tafia et le rhum. — 9. C'est du sucre brûlé. — 10. Non, le sucre est au contraire utile à la santé; il n'échauffe pas, comme on le croit vulgairement, il entretient la chaleur du corps. — 11. Une dissolution concentrée de sucre souvent aromatisée avec une autre substance.

Corrigé 98.

Un méchant petit garçon n'avait pas d'autre plaisir que de tourmenter ses

nids et crevait les yeux des petits oiseaux. Sa mère le réprimandait souvent et lui disait : ... Mais le méchant garçon riait des avertissements de sa mère. Un jour qu'il était allé dans une forêt pour y exercer de nouvelles cruautés, il vit sur un chêne un énorme nid. Aussitôt il grimpa sur l'arbre, arracha du nid l'un des petits et le jeta par terre. Il allait en prendre un second, quand le père et la mère des petits survenant, lui crevèrent les yeux à coups de bec. Conclusion.

Exercice oral 99.

LES HUILES.

Reproduisez par écrit les réponses aux questions suivantes :

1. Combien y a-t-il de principales espèces d'huiles? — 2. Qu'est-ce que l'huile à manger? — 3. Qu'est-ce que l'huile à brûler?—4. Quels sont les principaux végétaux qui fournissent de l'huile à manger? — 5. Quelle est la meilleure huile à manger? — 6. Quels sont les principaux végétaux qui fournissent l'huile à brûler? — 7. Qu'est-ce qu'une huile siccative?—8. A quoi servent les huiles siccatives? — 9. Quelle est la partie des plantes qui fournit habituellement l'huile? — 10. Comment fabrique-t-on l'huile? — 11. Qu'appelle-t-on tourteau?— 12. A quoi servent les tourteaux?

Sujet à développer 100.

LE SINGE (*Narration*).

Procédez comme il est indiqué plus haut.

Un singe entre par une fenêtre dans la chambre d'un avare qui était absent. L'animal apercevant la caisse, qui était pleine de pièces d'or et d'argent, les prit par poignées et les jeta par la fenêtre. Aussitôt le peuple se rassembla dans la rue pour ramasser l'argent. Peignez la douleur de l'avare qui, revenant par l'autre bout de la rue, aperçut ce qui se passait devant sa maison. A ses imprécations contre le singe, un voisin répliqua : — Certes il est insensé de jeter l'argent par la fenêtre; mais ce qui est plus insensé encore, c'est de ...

Exercice oral 101.

LE CHAUFFAGE.

Reproduisez par écrit les réponses aux questions suivantes :

1. Quelles sont les matières dont on se sert pour se chauffer? — 2. Quels sont les divers appareils qui servent

camarades et de martyriser les animaux. Quand on l'envoyait à l'école, au lieu de s'y rendre, il courait jusqu'à la forêt voisine, dont il fouillait les profondeurs en cherchant des nids. Lorsqu'il en trouvait où il y eût des petits, il crevait sans pitié les yeux aux pauvres oisillons. Sa mère, qui avait entendu parler de sa conduite barbare, ne cessait de le réprimander et lui disait : « Quelle jouissance trouves-tu donc à faire souffrir ainsi des êtres sensibles comme nous? Est-ce un spectacle si attrayant que celui d'un pauvre animal qui se débat dans les convulsions de la douleur? Renonce à ce passe-temps barbare, sinon tu auras lieu de t'en repentir un jour. » Le mauvais enfant, bien loin de tenir compte des remontrances de sa mère, continua à faire l'école buissonnière et à faire aux jeunes oiseaux une guerre implacable.

Un jour, en parcourant la forêt suivant sa coutume, il aperçoit au sommet d'un vieux chêne un nid d'un volume énorme. Embrasser l'arbre et grimper jusqu'au nid est pour lui l'affaire d'un moment. Il plonge la main dans l'intérieur de ce nid, et il en sort un petit qu'il jette immédiatement à terre. Il va recommencer le même manége, quand soudain il voit planer au-dessus de sa tête deux oiseaux gigantesques au bec tranchant et recourbé, aux serres puissantes et aiguës, qui poussent des cris perçants. C'est le père et la mère des jeunes oiseaux qui accourent pour défendre leur progéniture. Ils se précipitent sur le malheureux enfant, et lui crèvent les deux yeux à coups de bec.

Celui qui fait le mal doit s'attendre à être maltraité.

Corrigé 99.

1. Deux sortes : les huiles comestibles, ou huiles à manger, et les huiles non comestibles, ou huiles à brûler. — 2. Celle qui entre dans les assaisonnements. — 3. Celle dont on se sert pour l'éclairage. — 4. L'olivier, le hêtre, le pavot dit œillette, le noyer, le noisetier et l'arachide. — 5. L'huile d'olive. — 6. Le lin, le chanvre, le colza, la navette, la cameline, etc. — 7. Une huile qui, au contact de l'air, s'épaissit et devient solide. — 8. Elles sont employées dans la peinture. — 9. La graine. — 10. En écrasant les graines oléagineuses au moyen d'un moulin. — 11. Le résidu de la fabrication de l'huile. — 12. A engraisser les bestiaux et à fumer les terres.

Corrigé 100.

Un singe, voisin d'un vieil avare, avait profité de l'absence de celui-ci pour pénétrer dans son logis par une fenêtre qu'il avait laissée ouverte. Dès que le malin Bertrand s'est introduit dans la place, le voilà qui furette de tous côtés cherchant quelque chose à sa convenance. Bientôt toute son attention est attirée par le coffre de l'avare tout rempli de pièces d'or et d'argent, et que notre harpagon a négligé de fermer, non point sans doute par oubli, mais afin de revoir plus tôt en rentrant son cher trésor. Aussitôt le singe puise à pleines mains dans le coffre, et, courant à la fenêtre, lance dans la rue les pièces de monnaie. On ne s'attendait pas à une telle pluie tombant d'une telle maison. La foule accourt : on se pousse, on se précipite, on se bouscule, c'est à qui ramassera les ducats. Le spectacle de la cohue réjouit fort le singe, qui continue avec ardeur à vider le coffre. Cependant l'avare, qui s'en revenait au logis, aperçoit du bout de la rue la foule réunie sous ses fenêtres. Il se demande ce qu'elle peut bien faire là et si ce n'est pas à lui qu'on en veut. Mais quel n'est pas son désespoir lorsqu'en approchant davantage, il a vu et le singe qui sème ses pièces et le peuple qui les recueille! « Ah! maudit animal, s'écrie-t-il, tu me fais souffrir mille morts! Que ne tombé-je sans vie à l'instant plutôt que d'être témoin d'une pareille scène! Mes ducats, mes pauvres ducats! C'est m'arracher le cœur que de me les enlever. — Eh! l'ami, fait un voisin qui a entendu ces paroles, pourquoi tant regretter ces espèces qui ne vous étaient d'aucun usage? Sans doute il est insensé de jeter l'argent par la fenêtre, comme le fait cette bête; mais n'est-il pas encore plus insensé d'amasser des richesses sans en jouir? A quoi vous servent cet argent, cet or que vous accumulez dans vos coffres? Mettez des pierres à la place, et elles vous serviront tout autant. »

101. 1. Le bois, la houille, le coke, la tourbe, le gaz d'éclairage.—2. Les che-

pour le chauffage? — 3. Qu'est-ce qu'une cheminée? — 4. Qu'est-ce que l'âtre d'une cheminée? — 5. Qu'est-ce qu'un poêle? — 6. Qu'est-ce qu'un fourneau? — 7. Quels sont les principaux bois de chauffage? — 8. Qu'est-ce que le charbon de bois? — 9. Comment l'obtient-on? — 10. Qu'est-ce que la braise? — 11. Qu'est-ce que la houille ou charbon de terre? — 12. Qu'est-ce que le coke? — 13. Qu'est-ce que la tourbe? —14. Qu'est-ce que les cendres? —15. A quoi servent-elles? —16. Qu'est-ce que la fumée? —17. Qu'est-ce que la suie? — 18. Quelle est la saveur de la suie? — 19. Qu'est-ce qu'une bûche? —20. Qu'est-ce qu'un fagot? —21. Qu'est-ce qu'une bourrée? — 22. Comment allume-t-on le feu? — 23. Comment le conserve-t-on?

Sujet à développer 102.

L'ESCARGOT ET LA CHENILLE (*Fable*).

Procédez comme il est indiqué ci-dessus.

La chenille, rencontrant un jour un escargot, lui dit : — Bonjour, mon cousin; car nous sommes parents, puisque… —Arrière! vilaine créature, s'écria l'escargot; osez-vous… A quelque temps de là, la chenille devint papillon. L'escargot, qui l'aperçut, lui adressa un discours flatteur que vous imaginerez. Le papillon le reçut fort mal en motivant sa conduite. Tirez la morale de cette fable.

Exercice lexicologique 103.

Répondez par écrit, à l'aide du lexique, aux questions suivantes :

Que signifient les expressions suivantes : une toile de *Rubens*, — aspirer à la *couronne*, — la *sphère* terrestre, — l'*épine* du dos, — une *rivière* de diamants, — la maison de *Lorraine*, — la rupture d'un *anévrisme*, — la *pointe* du jour, — l'*extinction* de la mendicité, — un homme *rond?*

DU VERBE.

Exercice 104.

Mettez au pluriel les mots en italique. *Ecrivez :* Des vents froids *soufflent* depuis une semaine.

Un vent froid souffle depuis une semaine.
Le petit ruisseau babillard serpente dans la prairie.
L'oiseau léger voltige dans les airs.
On vous achètera *un bel habit.*

minées, les poêles, les calorifères.—3. Un tuyau vertical en maçonnerie allant de
l'intérieur d'un appartement à l'extérieur, et terminé en bas par une ouverture
rectangulaire. — 4. Le sol situé au bas d'une cheminée et où on fait le feu. —
— 5. C'est une cheminée portative en fonte ou en faïence. — 6. Une construction
où l'on allume du feu pour faire cuire les aliments. — 7. Le chêne, le hêtre,
l'orme, le peuplier et autres bois blancs. — 8. C'est le charbon que l'on obtient
par la combustion du bois. — 9. En faisant brûler lentement un tas de bois recouvert de terre. — 10. Un charbon de bois blanc. — 11. Une matière charbonneuse qu'on trouve dans la terre, et provenant d'anciennes forêts englouties aux
époques géologiques. — 12. Le résidu de la calcination de la houille en vases
clos. — 13. Une matière charbonneuse qu'on trouve dans les marais, et provenant de la décomposition de plantes marécageuses. — 14. Les sels minéraux qui
restent quand on a brûlé du bois, de la houille ou du coke. — 15. A faire la lessive, à fabriquer le verre, à amender les terres. — 16. Une espèce de nuage grisâtre ou noir qui s'élève des foyers de combustion, et qui est un mélange de vapeur d'eau, de charbon très-divisé et de parties non brûlées. — 17. Une matière
noire que la fumée dépose le long des conduits des cheminées et des poêles. —
18. Amère. — 19. Un gros morceau de bois obtenu en fendant un arbre, et
destiné à être brûlé. — 20. Une botte de menues branches contenant toujours
trois ou quatre brins de bois plus gros que les autres. — 21. Une botte formée
exclusivement de menues branches. — 22. En enflammant au-dessous du bois
disposé à cet effet une petite quantité d'une matière très-combustible, comme la
paille, le papier, les minces copeaux de menuiserie, les chènevottes, etc. —
23. En le couvrant de cendres.

Corrigé 102.

Par une belle journée de printemps, la chenille avait quitté ses feuilles pour aller
humer les senteurs embaumées qui s'exhalaient d'un verger voisin. Chemin faisant, elle rencontra messire escargot qui, pris d'un semblable caprice, s'était
aussi mis en campagne. « Eh! bonjour, mon cousin, lui cria-t-elle du plus loin
qu'elle l'aperçut. Que je suis aise de vous voir! car nous sommes parents à coup
sûr. N'avons-nous pas l'un et l'autre la même manière de marcher? Les envieux
appellent cela ramper; mais... La chenille allait continuer quand l'escargot
l'interrompit net. » Arrière! vilaine créature, lui dit-il d'un air irrité. Osez-vous
bien vous comparer à moi? Vous n'avez ni feu ni lieu, tandis que je jouis en
toute propriété de cette élégante volute que rehaussent les plus brillantes couleurs. Vous êtes aveugle comme une taupe, tandis que moi je puis déployer à
volonté les ressorts de mes deux télescopes? Cessez donc de vous imaginer qu'il
y ait quelque parenté entre nous. » La chenille vit bien qu'elle n'avait qu'à se
taire et à continuer sa route. A quelque temps de là, un changement complet
s'était opéré dans le mode d'existence de la chenille. Elle était devenue papillon; ses ailes resplendissaient de pourpre, d'azur et d'or. Elle voltigeait
par les airs et allait rendre visite aux fleurs les plus belles. L'escargot l'aperçut
de la terre où il rampait. « Salut, chère amie, lui dit-il, que je suis aise d'assister
à votre transformation! Vous voilà devenue la reine des airs, et comme nous
sommes un peu parents, j'espère que vous voudrez bien... — Silence! s'écria
le papillon en l'interrompant, ai-je donc si peu de mémoire que je ne me sou-
vienne plus de la façon dont tu me traitas lorsque je n'étais encore qu'au début
de ma carrière? Va, tu es bien de ceux qui méprisent et foulent aux pieds les
petits, tandis qu'ils fatiguent les grands de leurs plates adulations. »

Corrigé 104.

Des vents froids soufflent depuis une semaine.
Les petits ruisseaux babillards serpentent dans la prairie.
Les oiseaux légers voltigent dans les airs.
On vous achètera *de beaux habits.*

Nous entourerons *ce terrain d'une haie épineuse* et *infranchissable*.

Nous habitons *une maison commode et spacieuse*.

Avec l'*amande de la noix* et avec *celle de la noisette*, on fait de bonne huile.

Faute d'une nourriture réconfortante, *le bétail languit* et *finit* par succomber.

Le hibou s'imagine que *son petit est plus joli* et *plus mignon* que *celui* de n'importe *quel autre oiseau*.

Le fleuve impétueux inonde la vallée.

On trouve dans *cette montagne une belle carrière* de marbre.

Un fort verrou ferme notre porte.

Un bon balai de bouleau *a* toujours *son* prix.

Exercice 105

Copiez et mettez au pluriel le sujet, le verbe et le complément direct. *Écrivez :* Les vitriers remettront des carreaux.

Le vitrier remettra un carreau. — Le Gaulois inventa le tonneau. — Le canonnier* manœuvre sa pièce*. — Le singe se nourrit de fruits. — Le bison* habite la partie septentrionale de l'Amérique. — Le pin compose cette immense forêt. — Le pâtre conduira son troupeau dans les montagnes. — Le magicien effraye l'ignorant. — Le tremblement de terre détruisit la ville. — La grenouille coasse dans le marécage.

Exercice 106.

Règles 327 et 328. — Mettez au pluriel les mots en italique.

Je nettoierai mes armes quelques jours avant l'ouverture de la chasse.

Il faut que *tu essuies* les verres de *tes* lunettes avant de *t*'en servir.

Je côtoyais les bords de la rivière.

Tu ne *bégaies* plus autant que *tu bégayais* autrefois.

Il faut que *je lie* tout *mon* blé dans la journée.

J'envoie un domestique acheter des provisions à la ville.

Si *tu t'ennuies* trop, *tu pourras te* promener.

Il convient que *je m'humilie* devant Dieu.

Pour que *tu réussisses*, il est indispensable que *tu déploies* constamment la plus grande activité.

Je ne rudoyais point les animaux qui *me* servaient,

Nous entourerons *ces terrains de haies épineuses* et *infranchissables.*

Nous habitons *des maisons commodes et spacieuses.*

Avec *les amandes des noix* et avec *celles des noisettes*, on fait de bonne huile.

Faute d'une nourriture réconfortante, *les bestiaux languissent* et *finissent* par succomber.

Les hiboux s'imaginent que *leurs petits sont plus jolis* et *plus mignons* que *ceux* de n'importe *quels autres oiseaux.*

Les fleuves impétueux inondent la vallée.

On trouve dans *ces montagnes de belles carrières* de marbre.

De forts verrous ferment notre porte.

De bons balais de bouleau *ont* toujours *leur* prix.

Corrigé 105.

Les vitriers remettront des carreaux. — Les Gaulois inventèrent les tonneaux. — Les canonniers manœuvrent leurs pièces. — Les singes se nourrissent de fruits. — Les bisons habitent les parties septentrionales de l'Amérique. — Les pins composent ces immenses forêts. — Les pâtres conduiront leurs troupeaux dans les montagnes. — Les magiciens effraient les ignorants. — Les tremblements de terre détruisirent les villes.—Les grenouilles coassent dans le marécage.

Corrigé 106.

Nous nettoierons nos armes quelques jours avant l'ouverture de la chasse.

Il faut que *vous essuyiez* les verres de *vos* lunettes avant de *vous* en servir.

Nous côtoyions les bords de la rivière.

Vous ne *bégayez* plus autant que *vous bégayiez* autrefois.

Il faut que *nous liions* tout *notre* blé dans la journée.

Nous envoyons un domestique acheter des provisions à la ville.

Si *vous vous ennuyez* trop, *vous pourrez vous* promener.

Il convient que *nous nous humiliions* devant Dieu.

Pour que *vous réussissiez*, il est indispensable que *vous déployiez* constamment la plus grande activité.

Nous ne *rudoyions* point les animaux qui *nous* servaient.

Exercice 107.

Règles 342 à 344. — Au lieu : *Vous devez répondre poliment,* écrivez avec le futur : *Vous répondrez poliment.*

Vous devez répondre poliment.

On ne *doit* pas *clouer* les hiboux aux portes des fermes.

Les artilleurs *doivent enclouer* leurs canons, s'ils ont à craindre qu'ils ne tombent entre les mains de l'ennemi.

Tu *dois prescrire* le matin à tes serviteurs ce qu'ils auront à faire dans la journée.

Vous devez exclure les méchants de votre société.

De ce que plusieurs navigateurs ont fait le tour de la terre en marchant toujours dans la même direction, nous *devons conclure* que cette planète est ronde.

Vous *devez croire* tout ce que l'évidence vous révèle.

Tu *dois prier* Dieu de te pardonner tes fautes.

Exercice 108.

Règles 322 à 344. — Copiez et remplacez le mode impératif par le futur. *Ecrivez : Tu t'adresseras* au Seigneur dans tes tribulations.

Adresse-toi au Seigneur dans tes tribulations.

Une fable nous représente le charretier embourbé s'écriant : Hercule, *aide-moi;* et le dieu lui répond : *Romps-moi* ce caillou qui te nuit.

Enquiers-toi sérieusement des événements passés, afin de bien comprendre ceux qui se déroulent sous tes yeux.

Donnez-nous l'exemple de la docilité et du travail.

Montrez-vous miséricordieux comme votre père céleste lui-même est miséricordieux.

Habituez-vous dès votre enfance à supporter la faim, la soif, tous les genres de privations.

Seigneur, *pardonnez-nous* nos offenses comme nous pardonnons à ceux qui nous ont offensés.

Cent fois sur le métier *remettez* votre ouvrage; *polissez-le* sans cesse.

Applique-toi à soulager ton prochain.

VERBES CONJUGUÉS NÉGATIVEMENT.

On conjugue négativement un verbe en ajoutant *ne... pas* à la conjugaison ordinaire.

Dans les temps simples on met *ne* devant le verbe et *pas* après. Ex. Je *ne* mange *pas.*

Dans les temps composés on met *ne* devant l'auxiliaire et *pas* entre l'auxiliaire et le participe passé. Ex.: Je *n'ai pas* mangé.

Corrigé 107.

Vous répondrez poliment.

On ne *clouera* pas les hiboux aux portes des fermes.

Les artilleurs *encloueront* leurs canons, s'ils ont à craindre qu'ils ne tombent entre les mains de l'ennemi.

Tu *prescriras* le matin à tes serviteurs ce qu'ils auront à faire dans la journée.

Vous *exclurez* les méchants de votre société.

De ce que plusieurs navigateurs ont fait le tour de la terre en marchant toujours dans la même direction, nous *conclurons* que cette planète est ronde.

Vous *croirez* tout ce que l'évidence vous révèle.

Tu *prieras* Dieu de te pardonner tes fautes.

Corrigé 108.

Tu t'adresseras au Seigneur dans tes tribulations.

Une fable nous représente le charretier embourbé s'écriant : *Tu m'aideras*, et le dieu lui répond : *Tu me rompras* ce caillou qui te nuit.

Tu t'enquerras sérieusement des événements passés, afin de bien comprendre ceux qui se déroulent sous tes yeux.

Vous nous donnerez l'exemple de la docilité et du travail.

Vous vous montrerez miséricordieux comme votre Père céleste lui-même est miséricordieux.

Vous vous habituerez, dès votre enfance, à supporter la faim, la soif, tous les genres de privations.

Seigneur, *vous nous pardonnerez* nos offenses comme nous pardonnons à ceux qui nous ont offensés.

Cent fois sur le métier *vous remettrez* votre ouvrage, *vous* le *polirez* sans cesse.

Tu t'appliqueras à soulager ton prochain.

Exercice 109.

Rendez toutes les phrases négatives. *Ecrivez :* Je dors; *je ne dors pas.*

Je dors. — Tu marches. — Ils chantent. — Nous réussissions. — Vous couriez. — Nous avons déjeuné. — Tu avais soupé. — Elle partira. — Ils réciteront. — J'aurais parlé. — Vous auriez consenti. — Elle serait morte. — Si tu ris. — Quand elle sera tombée. — Chantons. — Exercez-vous. — Sauve-toi. — Parle-nous. — Accompagne-la. — Invitez-le — Grondez-les. — Tu fis bien. — Tu avais bien fait. — Vous ririez. — Promenez-vous. — Elle avait craint. — Nous aurions voulu. — Vous aurez travaillé. — Quoiqu'il eût promis. — Si vous écriviez. — Tu resteras. — Promettez-nous. — Excusez-la. — Emmenez-moi. — Ils avaient voyagé. — Tu nies. — Elle aura étudié.

Exercice 110.

Rendez toutes les phrases négatives. *Ecrivez :* Louis a fini son devoir; *Louis n'a pas fini son devoir.*

Louis a fini son devoir. — Ma cousine chante bien. — Mes frères avaient étudié l'anglais. — Il a gelé la semaine dernière, — Les loups sont entrés dans la bergerie. — Ma sœur avait déchiré sa robe. — Les prairies auraient rapporté beaucoup de foin. — Ton livre, je l'ai lu. — Tes fleurs, nous les avons arrosées. — Sa mère, ils l'ont aperçue. — L'enfant a bien su sa leçon. — Les hirondelles sont parties plus tôt que l'année dernière. — Les chanvres ont poussé vite. — Je sarclais mon jardin. — Paul et son frère avaient travaillé dans la forêt. — Les enfants avaient menti l'un et l'autre. — Nous avons recueilli des fleurs de mauve. — Ils ont passé plusieurs années en Amérique. — Vous justifierez votre conduite. — Tu pleures souvent. — Ces vitres ont été brisées. — Ces marchandises se sont écoulées vite. — On cuit le pain tous les jours. — Cette terre produit d'excellentes récoltes. — Le charpentier et le maçon auront terminé ce bâtiment dans un mois.

INTERROGATIONS.

Remarque. — 1° On met toujours un *trait* d'union entre le verbe interrogatif et le pronom sujet.

2° Quand le verbe interrogatif est à la première personne du singulier, et finit par un *e* muet, on change cet *e* muet en *é fermé.* Ex. : J'aime, aimé-je ?

3° Quand un verbe n'a qu'une syllabe à la première personne du singulier, on ne peut pas l'employer interrogativement. On ne dit pas : *cours-je? sors-je? dors-je?* mais on prend une autre tournure, et l'on dit : *est-ce que je cours ?*

Corrigé 109.

Je ne dors pas. — Tu ne marches pas. — Ils ne chantent pas. — Nous ne réussissions pas. — Vous ne couriez pas. — Nous n'avons pas déjeuné. — Tu n'avais pas soupé. — Elle ne partira pas. — Ils ne réciteront pas. — Je n'aurais pas parlé. — Vous n'auriez pas consenti. — Elle ne serait pas morte. — Si tu ne ris pas. — Quand elle ne sera pas tombée. — Ne chantons pas. — Ne vous exercez pas. — Ne te sauve pas. — Ne nous parle pas. — Ne l'accompagne pas. — Ne l'invitez pas. — Ne les grondez pas. — Tu ne fis pas bien. — Tu n'avais pas bien fait. — Vous ne ririez pas. — Ne vous promenez pas. — Elle n'avait pas craint. — Nous n'aurions pas voulu. — Vous n'aurez pas travaillé. — Quoiqu'il n'eût pas promis. — Si vous n'écriviez pas. — Tu ne resteras pas. — Ne nous promettez pas. — Ne l'excusez pas. — Ne m'emmenez pas. — Ils n'avaient pas voyagé. — Tu ne nies pas. — Elle n'aura pas étudié.

Corrigé 110.

Louis n'a pas fini son devoir. — Ma cousine ne chante pas bien. — Mes frères n'avaient pas étudié l'anglais. — Il n'a pas gelé la semaine dernière. — Les loups ne sont pas entrés dans la bergerie. — Ma sœur n'avait pas déchiré sa robe. — Les prairies n'auraient pas rapporté beaucoup de foin. — Ton livre, je ne l'ai pas lu. — Tes fleurs, nous ne les avons pas arrosées. — Sa mère, ils ne l'ont pas aperçue. — L'enfant n'a pas bien su sa leçon. — Les hirondelles ne sont pas parties plus tôt que l'année dernière. — Les chanvres n'ont pas poussé vite. — Je ne sarclais pas mon jardin. — Paul et son frère n'avaient pas travaillé dans la forêt. — Les enfants n'avaient menti ni l'un ni l'autre. — Nous n'avons pas recueilli de fleurs de mauve. — Ils n'ont pas passé plusieurs années en Amérique. — Vous ne justifierez pas votre conduite. — Tu ne pleures pas souvent. — Ces vitres n'ont pas été brisées. — Ces marchandises ne se sont pas écoulées vite. — On ne cuit pas le pain tous les jours. — Cette terre ne produit pas d'excellentes récoltes. — Le charpentier et le maçon n'auront pas terminé ce bâtiment dans un mois.

est-ce que je sors ? *est-ce que* je dors ? etc. Cependant, age permet de dire : *suis-je ? ai-je ? vais-je ? dis-je ? dois-je ? vois-je? fais-je ?* bien que ces verbes n'aient qu'une syllabe.

Exercice 111.

Règles 333-335. — Copiez et rendez interrogatives les phrases suivantes.

Tu parles bien. — Vous aimez la salade. — Nous avons hésité à venir. — Vous avez entendu nos plaintes. — Il aime la campagne. — Elle habite toujours Paris. — On crie toujours très-fort. — On partira demain. — Je cours bien. — Je dors bien. — Je mange bien. — Je *fais* bien mon devoir. — Je *vois* clair. — J'ai été averti à temps. — Tu as fumé abondamment ton champ. — Vous aviez vendangé trop tôt. — Je cours après la fortune. — Je *vais* le prévenir de ce malheur. — On trouve beaucoup de cœurs généreux. — Il pleut souvent à Paris. — Il tonne tous les jours en Abyssinie *. — Je *dois* secourir mes semblables. — Je sens couler mes larmes. — Je *puis* vous être utile. — Ils ont échappé à l'incendie. — Il nous a exhortés à la patience.

Même exercice 112.

Copiez et rendez les phrases suivantes interrogatives.

Le chien est fidèle. — Les chats avaient dérobé le fromage. — Les jeunes filles ont brodé longtemps. — Mon oncle arriva de bonne heure. — On essaie de déblayer le terrain. — On sauva ceux qui allaient se noyer. — Le jardinier vend cher ses légumes. — La couturière achève la robe. — Le loup mange gloutonnement. — On espère guérir le malade. — Elle écoute attentivement. — Ta mère se promène tous les jours. — On a labouré ce champ. — On a cultivé ce coteau. — Ta sœur avait étudié sa leçon. — Mon parent avait défendu de pénétrer dans son jardin. — Mon ami vous a exprimé sa reconnaissance. — On m'a prévenu à temps. — Je *suis* cause de ce malheur. — On fauche quelquefois les blés verts. — Je sers fidèlement mon Dieu. — Il faut que j'aille avec vous. — Je sors d'un songe. — On sema le chanvre de bonne heure.

Exercice 113.

Copiez et rendez les phrases négatives et interrogatives. *Ecrivez* : Tu files ce lin. *Ne files-tu pas ce lin?*

Tu files ce lin. — Il planta des haricots. — On creusa profondément dans la terre. — Vous bêchâtes le jardin. — Nous accourûmes à son secours. — Il travaillera courageusement. — Ils apprendraient promptement à lire. — On

Corrigé 111.

Parles-tu bien? — Aimez-vous la salade? — Avons-nous
hésité à venir? — Avez-vous entendu nos plaintes? —
Aime-t-il la campagne? — Habite-t-elle toujours Paris? —
Crie-t-on toujours très-fort? — Partira-t-on demain? —
Est-ce que je cours bien? — Est-ce que je dors bien? —
Est-ce que je mange bien? — Est-ce que je fais bien mon
devoir? *ou* fais-je bien mon devoir? — Est-ce que je vois
clair? *ou* vois-je clair? — Ai-je été averti à temps? — As-tu
fumé abondamment ton champ? — Aviez-vous vendangé
trop tôt? — Est-ce que je cours après la fortune? — Vais-je
le prévenir de ce malheur? — Trouve-t-on beaucoup de
cœurs généreux? — Pleut-il souvent à Paris? — Tonne-t-il
tous les jours en Abyssinie? — Dois-je secourir mes semblables? — Est-ce que je sens couler mes larmes? — Puis-je
vous être utile? — Ont-ils échappé à l'incendie? — Nous
a-t-il exhortés à la patience?

Corrigé 112.

Le chien est-il fidèle? — Les chats avaient-ils dérobé le
fromage? — Les jeunes filles ont-elles brodé longtemps?
— Mon oncle arriva-t-il de bonne heure? — Essaie-t-on
de déblayer le terrain? — Sauva-t-on ceux qui allaient
se noyer? — Le jardinier vend-il cher ses légumes? — La
couturière achève-t-elle la robe? — Le loup mange-t-il
gloutonnement? — Espère-t-on guérir le malade? — Écoute-
t-elle attentivement? — Ta mère se promène-t-elle tous
les jours? — A-t-on labouré ce champ? — A-t-on cultivé
ce coteau? — Ta sœur avait-elle étudié sa leçon? — Mon
parent avait-il défendu de pénétrer dans son jardin? —
Mon ami vous a-t il exprimé sa reconnaissance? — M'a-
t on prévenu à temps? — Suis-je cause de ce malheur? —
Fauche-t-on quelquefois les blés verts? — Est-ce que je
sers fidèlement mon Dieu? — Faut-il que j'aille avec vous?
— Est-ce que je sors d'un songe? — Sema-t-on le chanvre
de bonne heure?

Corrigé 113.

Ne files-tu pas ce lin? — Ne planta-t-il pas des haricots?
— Ne creusa-t-on pas profondément dans la terre? — Ne
bêchâtes-vous pas le jardin? — N'accourûmes-nous pas à
son secours? — Ne travaillera-t-il pas courageusement?
— N'apprendraient-ils pas promptement à lire? — Ne fu-

fumera bien cette terre. — Le fermier étêtera* les saules. — Les conseillers municipaux seront convoqués par le maire. — Le jardinier ratissera les allées. — L'instituteur enseigna le calcul aux enfants. — Le médecin saigna le malade. — Le vétérinaire pansa le cheval. — Le chasseur tua deux lièvres. — J'aime passionnément le laitage. — Je prends soin de la basse-cour. — Je vends tous mes légumes au marché. — Je dors huit heures par jour. — Je crains le mauvais temps. — On allume des feux de joie à la Saint-Jean. — Il faut détruire les hannetons. — Il faudra vanner le blé. — Le pain sera cher. — La rivière a débordé.

STYLE ET COMPOSITION.

Exercice d'invention 114.

Remplacez les points par un verbe attributif qui convienne au sens de la phrase.

Les bûcherons ... les arbres. — Le meunier ... le blé. — Demain le boulanger ... le pain. — Hier le pêcheur ... ses filets. — La poule ... des œufs. — Le cultivateur ... son champ. — Le ver à soie ... son cocon. — Le maçon ... une maison. — Le vendangeur ... les raisins. — Le brasseur ... la bière. — Le chasseur ... le gibier. — L'araignée ... sa toile. — Le menuisier ... une planche. — Les épiciers ... de la moutarde.

Même exercice 115.

La rivière débordée ... la plaine. — La gelée ... les pierres. — Le soleil ... les moissons. — Les charançons ... les grains de blé. — Les hirondelles ... les changements de temps. — Les mauvais champignons ... les imprudents. — Les canards ... dans la mare. — Le dimanche des Rameaux, le prêtre ... le buis. — Le débiteur *... un billet*. — Souvent la familiarité ... le mépris. — A ... sans péril on ... sans gloire. — A chaque jour ... sa peine. — Tant ... la cruche à l'eau qu'à la fin elle se ...

Exercice d'invention 116.

Exprimez au moyen d'un verbe le cri des animaux suivants. *Ecrivez : La grenouille coasse.*

La grenouille...	La tourterelle..	Le renard...
Le corbeau...	La poule...	Le dindon...
Le bœuf...	Le coq...	Le petit chien...
Le lion...	Le merle...	Le moineau...

mera-t-on pas bien cette terre? — Le fermier n'étêtera-t-il
pas les saules? — Les conseillers municipaux ne seront-
ils pas convoqués par le maire? — Le jardinier ne ratis-
sera-t-il pas les allées? — L'instituteur n'enseigna-t-il pas
le calcul aux enfants? — Le médecin ne saigna-t-il pas le
malade? — Le vétérinaire ne pansa-t-il pas le cheval? —
Le chasseur ne tua-t-il pas deux lièvres? — N'aimé-je
pas passionnément le laitage? — Est-ce que je ne prends
pas soin de la basse-cour? — Est-ce que je ne vends pas
tous mes légumes au marché? — Est-ce que je ne dors pas
huit heures par jour? — Est-ce que je ne crains pas le
mauvais temps? — N'allume-t-on pas des feux de joie à la
Saint-Jean? — Ne faut-il pas détruire les hannetons? —
Ne faudra-t-il pas vanner le blé? — Le pain ne sera-t-il
pas cher? — La rivière n'a-t-elle pas débordé?

Corrigé 114.

Les bûcherons *abattent* les arbres. — Le meunier *moud*
le blé. — Demain le boulanger *cuira* le pain. — Hier le pêcheur *a raccommodé* ses filets. — La poule *pond* des œufs.
— Le cultivateur *laboure* son champ. — Le ver à soie *file*
son cocon. — Le maçon *bâtit* une maison. — Le vendangeur
cueille les raisins, — Le brasseur *fabrique* la bière. — Le
chasseur *tue* le gibier. — L'araignée *file* sa toile. — Le
menuisier *rabote* une planche. — Les épiciers *vendent* de
la moutarde.

Corrigé 115.

La rivière débordée *inonde* la plaine. — La gelée *fend*
les pierres. — Le soleil *mûrit* les moissons. — Les charançons *rongent* les grains de blé. — Les hirondelles *annoncent*
les changements de temps. — Les mauvais champignons
empoisonnent les imprudents. — Les canards *barbotent*
dans la mare. — Le dimanche des Rameaux, le prêtre *bénit* le buis. — Le débiteur *souscrit* un billet*. — Souvent la
familiarité *engendre* le mépris. — A *vaincre* sans péril on
triomphe sans gloire. — A chaque jour *suffit* sa peine. —
Tant *va* la cruche à l'eau qu'à la fin elle *se casse*.

Corrigé 116.

La grenouille *coasse*.	La tourterelle *roucoule*.	Le renard *glapit*.
Le corbeau *croasse*.	La poule *glousse*.	Le dindon *glousse*.
Le bœuf *mugit*.	Le coq *chante*.	Le petit chien *jappe*.
Le lion *rugit*.	Le merle *siffle*.	Le moineau *pépie*.

Le chien...   Le porc...   Le mouton...
Le loup...   Le cheval...   Le serpent...
Le chat...   L'âne...   Le cerf...
Le pigeon...   Le rossignol...

Sujet à développer 117.

L'HÉRITAGE (*Narration*).

Un riche négociant, en se retirant des affaires, céda tous ses biens à ses enfants, à la condition qu'ils pourvoiraient à ses besoins. D'abord ils s'acquittèrent convenablement de ce devoir ; puis ils ne donnèrent plus rien à leur père et le laissèrent dans le plus triste état. Décrivez la position du vieillard. Cependant, un de ses anciens correspondants lui remit une somme de vingt mille écus pour solde* d'une vieille créance* que .... L'ancien négociant renferma cet argent dans un coffre-fort. Montrez les enfants comblant de nouveau leur père de soins pour ... Mais le vieillard garda son trésor. Les enfants s'en consolèrent, pensant que ... Le vieillard mort, les fils ouvrirent le coffre-fort. Le père avait donné secrètement son argent à une maison d'orphelins. Les fils trouvèrent la caisse pleine de pierres. Au-dessus était un billet ainsi conçu ..... Qualifiez comme elle le mérite l'odieuse conduite des trois fils.

DÉFINITION D'UN VERBE.

On appelle *définition d'un verbe* l'explication courte, claire et précise de l'action exprimée par ce verbe.

Ex.: Qu'est-ce que *arroser* ? *Arroser* c'est répandre de l'eau très-divisée sur les plantes pour les faire mieux pousser.

Exercice de définitions 118.

Donnez la définition des verbes suivants :

Qu'est-ce que :

1. Labourer ?	5. Faner ?	9. Siffler ?
2. Semer ?	6. Crier ?	10. Déjeuner ?
3. Herser ?	7. Parler ?	11. Dîner ?
4. Faucher ?	8. Chanter ?	12. Souper ?

Même exercice 119.

Qu'est-ce que :

1. Dormir ?	5. Commander ?	9. Se promener ?
2. Veiller ?	6. Défendre ?	10. Appréhender ?
3. Approuver ?	7. Chercher ?	11. Finir ?
4. Blâmer ?	8. Trouver ?	12. Guérir ?

Le chien *aboie*. Le porc *grogne*. Le mouton *béle*.
Le loup *hurle*. Le cheval *hennit*. Le serpent *siffle*.
Le chat *miaule*. L'âne *brait*. Le cerf *brame*.
Le pigeon *roucoule*. Le rossignol *chante*.

117. Après de longues années de fatigues et de labeurs, un négociant avait amassé une fortune considérable ; il résolut de renoncer au commerce et de passer dans le repos le reste de ses jours. Pour être délivré du souci que lui aurait occasionné l'administration de ses biens, il les partagea entre ses enfants, à condition que ces derniers pourvoiraient à tous ses besoins. Dans les premiers temps, le négociant n'eut qu'à se féliciter d'avoir pris ce parti : ses fils lui payaient exactement ses revenus, il jouissait d'une grande aisance et pouvait même soulager les malheureux de son superflu. Mais les choses changèrent bien à mesure que les années s'écoulèrent : les enfants cessèrent peu à peu de servir au négociant la rente qui le faisait vivre, et bientôt ils ne lui donnèrent plus rien. Alors il fut réduit à un dénûment absolu : l'hiver il n'eut plus de bois pour se chauffer ; parfois le pain même lui manqua.

Un beau jour le vieillard apprend qu'un de ses anciens débiteurs, après avoir éprouvé un désastre commercial, était parvenu, par sa probité et son travail, à réparer ses pertes et à se créer une nouvelle fortune. Cet honnête débiteur lui envoyait une somme de 20,000 écus pour s'acquitter envers lui. L'ancien négociant serra cette somme dans un coffre-fort, et voilà que bientôt les fils reviennent visiter leur père, s'enquièrent de ses besoins et s'empressent de les satisfaire. C'est à qui comblera le négociant de plus de douceurs. Mais le vieillard ne fit de largesses à personne ; ses fils s'en consolèrent, pensant qu'à son décès les 20,000 écus ne pourraient manquer de leur revenir. Cependant le père meurt. Les fils se rassemblent et procèdent à l'ouverture du coffre-fort. Mais hélas ! quel n'est pas leur désappointement ! Ils trouvent cette caisse toute remplie de pierres ; car le négociant avait secrètement donné son argent à une maison d'orphelins. Cependant un espoir leur reste encore ; ils aperçoivent à l'entrée du coffre un billet plié : ils l'ouvrent, et lisent avec stupéfaction ces quelques mots :

« Il faut que mes fils soient punis de leur conduite à mon égard. Ils m'ont abandonné quand je manquais de tout : ils porteront dès cette vie la peine de cette mauvaise action : les pauvres seuls seront mes héritiers. »

118. 1. Retourner la terre au moyen de la charrue pour la rendre productive. — 2. Répandre de la graine sur un champ préparé pour qu'elle pousse et donne une nouvelle moisson. — 3. Passer une herse sur un champ pour briser les mottes de terre ou enterrer les semences. — 4. Moissonner à l'aide d'une faux les céréales ou le fourrage. — 5. Disposer le foin ou tout autre fourrage de différentes manières pour les faire sécher. — 6. Pousser des cris ou parler très-haut. — 7. Produire des sons articulés qui sont les signes de nos pensées. — 8. Moduler des sons avec la voix. — 9. Faire sortir l'air de la bouche en lui donnant un son aigu. — 10. Rompre son jeûne en faisant un premier repas. — 11. Faire le second repas de la journée. — 12. Faire le repas du soir.

119. 1. Être dans un état de repos pendant lequel il y a cessation des mouvements volontaires, abolition de perception des sens, mais développement de la vie de nutrition. — 2. Se trouver dans un état contraire à celui où l'on est quand on dort. — 3. Donner son assentiment à un acte, à une opinion. — 4. Désapprouver en termes plus ou moins vifs un acte, une opinion. — 5. Donner un ordre pour l'exécution d'une chose. — 6. Enjoindre de ne pas faire une chose. — 7. Se livrer, soit au propre soit au figuré, à des allées et venues pour trouver une chose. — 8. Tomber sur un objet ou rencontrer un individu que l'on cherche. — 9. Marcher dans le but de se distraire ou de se récréer d'un travail sédentaire. — 10. Redouter l'accomplissement d'une chose. — 11. Achever un acte, un travail quelconque. — 12. Ramener un malade à la santé par des soins et des médicaments.

Même exercice **120**.

Qu'est-ce que :

1. Bâtir ?	5. Pâlir ?	9. Partir ?
2. Démolir ?	6. Assainir ?	10. Mentir ?
3. Entrer ?	7. Aplanir ?	11. Teindre ?
4. Sortir ?	8. Salir ?	12. Croître ?

Même exercice **121**.

Qu'est-ce que :

1. Nuire ?	5. Coudre ?	9. Instruire ?
2. Fuir ?	6. Choir ?	10. Interdire ?
3. Moudre ?	7. Absoudre ?	11. Répondre ?
4. Vivre ?	8. Acquérir ?	12. Tordre ?

Même exercice **122**.

Qu'est-ce que :

1. Boire ?	5. Mutiler *?*	9. Perdre *?*
2. Taire ?	6. Dessécher *?*	10. S'asseoir ?
3. Discourir ?	7. Envahir ?	11. Lire ?
4. Inventer ?	8. Entasser *?*	12. Neiger *?*

Sujet à développer **123**.

LE PORTRAIT (*Narration*).

Il y a plusieurs siècles que mourut, dans une grande ville, un riche négociant laissant un fils unique, alors en voyage, et que personne ne connaissait. — Quelques temps après arrivèrent trois jeunes gens, dont chacun se prétendai*t* l'héritier du défunt. Le juge fit apporter le buste de celui-ci, disant que celui des jeunes gens qui atteindrait d'une flèche une marque qu'il traça sur la poitrine du buste, obtiendrait l'héritage. Le premier lança son trait et ......; le second en approcha davantage. Mais le troisième, au moment de tirer .... Puis il s'écria qu'il ne saurait tirer là. Dites auquel des trois le juge accorda l'héritage, et pourquoi. (Vous emploierez le style direct.)

Exercice de définitions **124**.

Quelle est l'action exprimée par un infinitif et à laquelle convient chacune des définitions suivantes. *Ecrivez :* Mettre chaque chose à la place, au rang qu'elle doit occuper, c'est *ranger*.

1. Mettre chaque chose à la place, au *rang* qu'elle doit occuper...

2. Réduire une substance en poudre à l'aide d'une *râpe*...

Corrigé 120.

1. Construire un édifice. — 2. Détruire un édifice. — 3. Pénétrer quelque part. — 4. S'en aller d'un endroit. — 5. Devenir blanc de visage. — 6. Rendre sain, c'est-à-dire salubre. — 7. Rendre plan, uni. — 8. Rendre sale, repoussant. — 9. Quitter l'endroit où l'on se trouve. — 10. Parler autrement qu'on ne pense dans l'intention de tromper. — 11. Mettre une étoffe en couleur. — 12. Pousser, se développer.

Corrigé 121.

1. Faire du tort, causer un dommage. — 2. Se sauver d'un endroit. — . Réduire en poudre au moyen d'une machine appelée moulin. — 4. Posséder a vie, jouir de l'existence. — 5. Assembler des pièces d'étoffe au moyen d'un fil que l'on manœuvre avec une aiguille. — 6. Tomber. — 7. Déclarer quelqu'un innocent ou lui remettre ses péchés. — 8. Se faire céder moyennant finance la propriété d'un bien meuble ou immeuble. — 9. Rendre quelqu'un savant, d'ignorant qu'il était. — 10. Défendre quelque chose à quelqu'un. — 11. Répliquer, repartir, donner les renseignements que l'on demande. — 12. Tourner un corps flexible en sens contraire en le tenant par ses deux extrémités.

Corrigé 122.

1. Avaler un liquide. — 2. Garder le silence sur une chose. — 3. Parler longtemps et abondamment sur un même sujet. — 4. Imaginer quelque chose de nouveau, d'ingénieux. — 5. Enlever une ou plusieurs parties d'un tout de manière à le détériorer. — 6. Priver un corps de l'humidité qu'il contient. — 7. Faire irruption. — 8. Mettre en tas, en monceaux. — 9. Être privé contre son gré d'une chose que l'on possédait. — 10. Se mettre sur un siége. — 11. Parcourir des yeux un écrit ou un imprimé en articulant ou non les paroles qu'il contient. — 12. Il neige quand il tombe de l'eau solidifiée appelée neige.

Corrigé 123.

Il y a plusieurs siècles déjà qu'un riche négociant vint s'établir dans une grande ville ; il y mourut peu après, laissant pour héritier un fils unique qui était alors en voyage, et que personne dans la ville n'avait jamais vu. A quelque temps de là, trois jeunes gens se présentèrent presque simultanément. Chacun d'eux déclara être le fils du défunt, et demanda à être mis en possession de sa fortune. Le juge, après avoir longtemps essayé de découvrir la vérité, imagina enfin un stratagème pour sortir d'embarras. Les trois prétendants sont appelés en sa présence : « Voici, leur dit-il, le buste du défunt. Considérez cette marque que j'ai faite sur la poitrine. Celui de vous qui en approchera le plus près, avec une flèche lancée de l'endroit que vous voyez indiqué là-bas, sera celui que je reconnaîtrai comme le véritable fils du défunt et comme l'héritier de tous ses biens. » Un des jeunes gens se présente : il décoche sa flèche, qui passe par-dessus la tête du buste. Un second prétendant lui succède. Celui-ci, soit qu'il se sente plus maître de son émotion, soit qu'il possède une plus grande habileté à manier l'arc, frappe le marbre en pleine poitrine, mais sans toutefois toucher à la marque faite par le juge. Il ne reste plus qu'au troisième à tenter l'aventure. Déjà il a placé la flèche sur son arc, et les spectateurs croient qu'il va la décocher. Mais quelle n'est pas leur surprise lorsqu'ils voient le jeune homme jeter son arc à terre en fondant en larmes! « Non, s'écrie-t-il d'une voix entrecoupée de sanglots, je ne saurais tirer là. Il me semble que ce serait commettre un parricide. — Bien, mon ami, lui dit le juge : la nature, la voix du sang, se sont fait entendre à votre conscience. Votre trouble, votre douleur, témoignent assez que vous êtes réellement le fils du défunt : je vous adjuge son héritage. »

Corrigé 124.

1. Ranger. — 2. Râper. — 3. Rapetisser. — 4. Faire une méchanceté. —

3. Rendre un objet plus *petit* qu'il n'est...
4. *Faire* une *méchante* action...
5. Faire périr un animal en l'empêchant de respirer.
6. Sortir d'un vaisseau dans lequel on a navigué...
7. Plonger un objet dans l'eau...
8. Rendre liquide une matière qui est solide...
9. Rendre solide une matière qui est liquide...
10. Aller de côté et d'autre à l'aventure...
11. Aller sur mer dans un vaisseau...

Même exercice 125.

1. Oter à un enfant l'usage du lait pour lui donner une nourriture plus fortifiante...
2. Pratiquer la vaccination sur un enfant...
3. Insérer une branche d'arbre dans le tronc d'un autre arbre pour qu'elle repousse...
4. Répandre du fumier sur une terre...
5. Abattre un bois pour le convertir en terre labourable...
6. Chanter un air entre ses dents...
7. Saisir un objet avec les dents et les y implanter...
8. Reconnaître où sont les quatre points cardinaux par rapport au lieu où l'on se trouve...
9. Mesurer la surface d'un terrain...
10. Enlever la suie dans l'intérieur d'une cheminée...
11. Mettre ses vêtements...
12. Quitter ses vêtements...
13. Remuer la terre avec une pioche...
14. Mettre sa signature au bas d'un écrit...

Sujet à développer 126.

LE BISSAC (*Narration*).

Melchior allait à la campagne portant sur son dos un bissac bien rempli des deux côtés. En route, il fut rejoint par Casimir, et pendant tout le chemin il ne cessa de parler des défauts d'autrui, sans dire le moindre mot des siens. A la fin, Casimir impatienté lui dit : Il paraît que tu a mis dans la poche de devant de ton bissac tous les défauts ...... Quant aux tiens, tu les a laissés dans .... Retourne le bissac, de la sorte tu pourras .....

5. Étouffer. — 6. Débarquer. — 7. Immerger. — 8. Liquéfier. — 9. Solidifier. — 10. Errer. — 11. Naviguer.

Corrigé 125.

1. Le sevrer. — 2. Le vacciner. — 3. Le greffer. — 4. La fumer. — 5. Le défricher. — 6. Fredonner. — 7. Le mordre. — 8. S'orienter. — 9. L'arpenter. — 10. La ramoner. — 11. S'habiller. — 12. Se déshabiller. — 13. Piocher. — 14. Signer.

Corrigé 126.

Melchior se rendait à la campagne. portant sur l'épaule un bissac bien rempli des deux côtés. En route il fut rejoint par son ami Casimir, et la conversation s'engagea aussitôt entre les deux piétons. « Or çà, fit Melchior, que pensez-vous du fermier Paul, qui est toujours en partie de plaisir et qui laisse aller toutes les affaires de la ferme à vau-l'eau? Je suis sûr que vous ne l'approuvez pas plus que ne le font tous les gens sensés et raisonnables du village. Et quant au vieux ladre de père Martin, que vous en semble? En voilà un avare ! Pour qui thésaurise-t-il, puisqu'il n'a ni enfants ni proches parents? Que ne secourt-il les malheureux ? Pourquoi ne fait-il pas travailler les ouvriers sans ouvrage? Il y a encore le grand Jacques, qui demeure près de l'église, et qui, assure-t-on, est un fidèle ami de la treille. Il visite plus souvent son tonneau que ses instruments de labourage. Ce n'est pas ainsi que l'on acquiert de l'aisance. » Melchior allait continuer sur ce ton, lorsque Casimir, impatienté, s'écrie : « Il paraît que tu as mis dans la poche de devant de ton bissac tous les défauts de tes amis et connaissances, et que tu peux les apercevoir comme si tu avais le don de lire dans les cœurs. Vrai! l'ami, tu n'es pas charitable, et je te trouve la langue bien venimeuse. Cependant, toi qui constates si bien les imperfections d'autrui, tu n'as sans doute pas la prétention d'être exempt de tout travers. Tes défauts, ne les aurais-tu pas laissés dans la poche de derrière? C'est sans doute à cette circonstance que tu dois de les avoir si complétement oubliés. Retourne le bissac, ils seront à ta portée, et alors tu pourras à ton aise en faire l'examen. »

SUPPLÉMENT AU VERBE.

Exercice 127.

Règle 353. — Mettez un complément direct convenable après les verbes actifs suivants. *Ecrivez :* Raccommoder *du linge.*

Raccommoder ...	Il préparerait ...	Tu écouteras ...
Ecrire ...	Elle nettoie ...	Nous avions fini ...
J'ai planté ...	Nous vendrons ...	Vous recevrez ...
Nous inviterons ...	Qu'ils labourent ...	Il émondera ...
Honorez ...	Vous ouvrirez...	Nous parcourrons...

Exercice 128.

Mettez les verbes au présent de l'indicatif en les faisant précéder d'un sujet convenable, soit singulier, soit pluriel. *Ecrivez :* Le maçon bâtit une maison.

... *bâtir* une maison.	... *paver* une route.
... *tailler* la vigne.	... *prendre* la mesure.
... *labourer* un champ.	... *sonner* les cloches.
... *conduire* une voiture.	... *extraire* des pierres.
... *jouer* du violon.	... *dresser* procès-verbal.
... *donner* la bénédiction.	... *jetter* le filet.
... *tuer* un bœuf.	... *émonder* un arbre.
... *arroser* des plantes.	... *monter* en ballon.

Exercice 129.

Règles 352-362. — Copiez la liste suivante et distinguez les verbes actifs, les verbes passifs, les verbes pronominaux.

Laver le linge.	Se promener.
S'irriter.	Récolter le maïs.
Etre apostrophé.	Etre prévenu.
S'amender.	S'apitoyer.
Manger des confitures.	Conduire une barque.
Etre blâmé.	S'aventurer.
Etre entamé.	Etre débouté.
Allumer du feu.	Se vanter.
S'instruire.	Fendre du bois.

Exercice 130.

Règles 354 et 366. — Mettez *quelqu'un* ou *quelque chose* après les verbes actifs, ne mettez rien après les verbes neutres, et indiquez la nature de chaque verbe. *Ecrivez:* *Tressaillir,* verbe neutre.

Tressaillir.	Discourir.	Luire.
Apaiser.	Cultiver.	Apercevoir.
Apparaître.	Choir.	Accomplir.

SUPPLÉMENT AU VERBE.

Corrigé 127.

Raccommoder *du linge.*
Ecrire *une lettre.*
J'ai planté *des choux.*
Nous inviterons *mon ami.*
Honorez *vos parents.*
Il préparerait *le dîner.*
Elle nettoie *l'école.*
Nous vendrons *notre grain.*

Qu'ils labourent *le champ.*
Vous ouvrirez *les fenêtres.*
Tu écouteras *le maître.*
Nous avions fini *nos devoirs.*
Vous recevrez *des récompenses.*
Il émondera *les arbres.*
Nous parcourrons *la campagne.*

Corrigé 128.

Le maçon bâtit une maison.
Le vigneron taille la vigne.
Le cultivateur laboure un champ.
Le charretier conduit une voiture.
Le musicien joue du violon.
Le prêtre donne la bénédiction.
Le boucher tue un bœuf.
Le jardinier arrose des plantes.

Le paveur pave une route.
Le tailleur prend la mesure.
Le bedeau sonne les cloches.
Le carrier extrait des pierres.
Le garde champêtre dresse procès-verbal.
Le pêcheur jette le filet.
Le pépiniériste émonde un arbre.
L'aéronaute monte en ballon.

Corrigé 129.

Laver (*v. a.*) le linge.
S'irriter (*v. pr.*).
Etre apostrophé (*v. p.*).
S'amender (*v. pr.*).
Manger (*v. a.*) des confitures.
Etre blâmé (*v. p.*).
Etre entamé (*v. p.*).
Allumer (*v. a.*) du feu.
S'instruire (*v. pr.*).

Se promener (*v. pr.*).
Récolter (*v. a.*) le maïs.
Etre prévenu (*v. p.*).
S'apitoyer (*v. pr.*).
Conduire (*v. a.*) une barque.
S'aventurer (*v. pr.*).
Etre débouté (*v. p.*).
Se vanter (*v. pr.*).
Fendre (*v. a.*) du bois.

Corrigé 130.

Tressaillir (*v. n.*).
Apaiser *quelqu'un* (*v. a.*).
Apparaître (*v. n.*).
Discourir (*v. n.*).
Cultiver *quelque chose* (*v. a.*).

Choir (*v. n.*).
Luire (*v. n.*).
Apercevoir *quelqu'un* (*v. a.*).
Accomplir *quelque chose* (*v. a.*).
Nuire (*v. n.*).

Nuire.	Herser.	Arracher.
Creuser.	Raconter.	Vivre.
Démolir.	Douter.	Favoriser.
Régner.	Tromper.	Cacher.
Embellir.	Résister.	Prévenir.

Exercice 130.

Règles 354 et 366. — Mettez un complément direct convenable après les verbes actifs et un complément indirect après les verbes neutres, et indiquez la nature de chaque verbe. *Ecrivez :* Arriver *au but*, verbe neutre.

Arriver ...	Croître ...	Abattre ...
Protéger ...	Mourir ...	Peindre ...
Disparaître ...	Entourer ...	Agir ...
Aligner ...	Abandonner ...	Naître ...
Voyager ...	Moucher ...	Plier ...
Parcourir ...	Rire ...	Tomber ...
Réparer ...	Boire ...	Trotter ...
Sommeiller ...	Languir ...	Considérer ...

Exercice 131.

Règle 359. — Remplacez l'actif par le passif. *Ecrivez :* La pomme de terre *fut introduite* en France par Parmentier.

Parmentier * *introduisit* en France la pomme de terre. — Gutenberg* *découvrit* l'imprimerie au quinzième siècle. — Les pêcheurs *harponnent* * la baleine. — La poule *couve* les œufs. — Les vautours *dévorent* les cadavres. — Le vent *balaiera* la neige.—Les jardiniers *sèmeront* des carottes.— Le bûcheron *abattra* les arbres. — Dieu *punira* les méchants. — La cuisinière *épluchait* les légumes. — Le sauvage *aura bâti* une cabane.—Le pilote *dirigerait* le vaisseau. — L'artillerie *bombardait* la ville. — Les perdrix *mangent* les œufs de fourmis. — La mer nous *fournit* le sel. — Les vendangeurs *détachent* les grappes de raisin. — Les faneurs *retourneront* les andains *. — Le sculpteur *avait dégrossi* le bloc de marbre. — Le maréchal *ferrera* les chevaux. — Le soleil *éclaire* la cime des monts. — La lune *éclipse* le soleil.

Exercice 125.

Règle 359. — Remplacez le passif par l'actif.

Le blé *est battu* par le cultivateur. — Le beurre *est confectionné* par la fermière. — La route *est parcourue* par les piétons. — Les noix *seront gaulées* par le propriétaire. — Les fruits *étaient cueillis* par le jardinier. — Le potager *avait été bêché* par les ouvriers. — Une partie de l'intérieur de l'Afrique *fut découverte* par Livingstone*. — La prairie

Creuser *quelque chose* (*v. a.*). Tromper *quelqu'un* (*v. a.*).
Démolir *quelque chose* (*v. a.*). Résister (*v. n.*).
Régner (*v. n.*). Arracher *quelque chose* (*v. a.*).
Embellir *quelque chose* (*v. a.*). Vivre (*v. n.*).
Herser *quelque chose* (*v. a.*). Favoriser *quelqu'un* (*v. a.*).
Raconter *quelque chose* (*v. a.*). Cacher *quelqu'un* (*v. a.*).
Douter (*v. n.*). Prévenir *quelqu'un* (*v. a.*).

Corrigé 130.

Arriver *au but* (*v. n.*). Moucher *la chandelle* (*v. a.*).
Protéger *l'enfance* (*v. a.*). Rire *aux éclats* (*v. n.*).
Disparaître *à l'horizon* (*v. n.*). Boire *du vin* (*v. a.*).
Aligner *des jalons* (*v. a.*). Languir *dans la mollesse* (*v. n.*).
Voyager *en ballon* (*v. n.*). Abattre *un arbre* (*v. a.*).
Parcourir *le monde* (*v. a.*). Peindre *un paysage* (*v. a.*).
Réparer *la maison* (*v. a.*). Agir *en héros* (*v. n.*).
Sommeiller *le soir* (*v. n.*). Naître *dans une étable* (*v. n.*).
Croître *en sagesse* (*v. n.*). Plier *une baguette* (*v. a.*).
Mourir *en chrétien* (*v. n.*). Tomber *du ciel* (*v. n.*).
Entourer *un champ* (*v. a.*). Trotter *à travers la plaine* (*v. n.*).
Abandonner *son poste* (*v. a.*). Considérer *la lune* (*v. a.*).

Corrigé 131.

La pomme de terre *fut introduite* en France par Parmentier*. — L'imprimerie *fut découverte* au xve siècle par Gutenberg*.—La baleine *est harponnée** par les pêcheurs. — Les œufs *sont couvés* par la poule. — Les cadavres *sont dévorés* par les vautours. — La neige *sera balayée* par le vent. — Des carottes *seront semées* par les jardiniers. — Les arbres *seront abattus* par le bûcheron.—Les méchants *seront punis* par Dieu. — Les légumes *étaient épluchés par* la cuisinière. — Une cabane *aura été bâtie* par le sauvage. — Le vaisseau *serait dirigé* par le pilote. — La ville *était bombardée* par l'artillerie.—Les œufs de fourmi *sont mangés* par les perdrix. — Le sel nous *est fourni* par la mer.—Les grappes de raisin *sont détachées* par les vendangeurs.—Les andains* *seront retournés* par les faneurs.—Le bloc de marbre *avait été dégrossi* par le sculpteur.—Les chevaux *seront ferrés* par le maréchal. — La cime des monts *est éclairée* par le soleil. — Le soleil *est éclipsé* par la lune.

Corrigé 132.

Le cultivateur *bat* le blé. — La fermière *confectionne* le beurre.—Les piétons *parcourent* la route.—Le propriétaire *gaulera* les noix. — Le jardinier *cueillait* les fruits. — Les ouvriers *avaient béché* le potager.—Livingstone* *découvrit*

est arrosée par des rigoles. — Les arbres de la forêt *sont agités* par le vent. — Ces arbres *seront équarris* par les scieurs de long. — La girouette *sera placée* sur le toit par les couvreurs. — Les poissons *seraient attrapés* par les pêcheurs. — Les moutons *auraient* déjà *été tondus* par les bergers. — La maison *fut incendiée* par la foudre. — Le sable *aura été charrié* par les flots. — Chez plusieurs peuples sauvages, les morts *étaient inhumés* dans des cavernes. — Les pommes de terre *sont converties* en fécule par les féculiers. — Les blés *sont moulus* par le meunier. — Ces plantations *ont été dévastées* par un ouragan. — Les salades *sont liées* par le jardinier. — Au onzième siècle, l'Angleterre *fut conquise* par les Normands *. — Les tonneaux *furent inventés* par les Gaulois.

AUXILIAIRES DES VERBES NEUTRES.

Exercice I33.

Règles 368-370. — Mettez au passé indéfini les verbes entre parenthèses.

Les œufs que l'on avait donnés à couver à cette poule (*éclore*) depuis plusieurs jours.

La rivière qui avait débordé (*rentrer*) dans son lit il y a déjà quelque temps.

La neige qui couvrait les campagnes (*disparaître*) presque subitement.

On a dressé des procès-verbaux contre ceux qui (*contrevenir*) à ce règlement de police.

Les hirondelles (*revenir*) à la première apparition du printemps.

Les jours d'une foule d'êtres humains (*passer*) comme une ombre.

Le nombre de ceux qui (*décéder*) après avoir atteint leur centième année n'est pas très-considérable.

La maladie (*empirer*) tout à coup, et il est à craindre que le malade n'en relève pas.

Quand les frimas (*succéder*) à la belle saison, chacun reste confiné chez soi.

Sion * voit dispersées les pierres de son temple, et les fêtes du Dieu d'Israël (*cesser*).

Le lièvre, voyant la tortue près d'arriver au but, (*partir*) comme un trait.

Votre ami (*vieillir*) beaucoup depuis quatre ou cinq ans.

une partie de l'intérieur de l'Afrique. — Des rigoles *arrosent* la prairie. — Le vent *agite* les arbres de la forêt. — Les scieurs de long *équarriront* ces arbres. — Les couvreurs *placeront* la girouette sur le toit. — Les pêcheurs *attraperaient* les poissons. — Les bergers *auraient* déjà *tondu* les moutons. — La foudre *incendia* la maison. — Les flots *auront charrié* le sable. — Chez plusieurs peuples sauvages, on *inhumait* les morts dans des cavernes. — Les féculiers *convertissent* en fécule les pommes de terre. — Le meunier *moud* les blés. — Un ouragan *a dévasté* ces plantations. — Le jardinier *lie* les salades. — Les Normands* *conquirent* l'Angleterre au xie siècle. — Les Gaulois *inventèrent* les tonneaux.

AUXILIAIRES DES VERBES NEUTRES.

Corrigé 133.

Les œufs que l'on avait donnés à couver à cette poule *sont éclos* depuis plusieurs jours.

La rivière qui avait débordé *a rentré* dans son lit il y a déjà quelque temps.

La neige qui couvrait les campagnes *a disparu* presque subitement.

On a dressé des procès-verbaux contre ceux qui *ont contrevenu* à ce règlement de police.

Les hirondelles *sont revenues* à la première apparition du printemps.

Les jours d'une foule d'êtres humains *ont passé* comme une ombre.

Le nombre de ceux qui *sont décédés* après avoir atteint leur centième année n'est pas très-considérable.

La maladie *a empiré* tout à coup, et il est à craindre que le malade n'en relève pas.

Quand les frimas *ont succédé* à la belle saison, chacun reste confiné chez soi.

Sion* voit dispersées les pierres de son temple, et les fêtes du Dieu d'Israël *ont cessé*.

Le lièvre, voyant la tortue près d'arriver au but, *est parti* comme un trait.

Votre ami *est vieilli* beaucoup depuis quatre ou cinq ans.

VERBES IRRÉGULIERS.

Exercice général 127.

Pages 113 à 130. — Mettez les verbes au temps indiqué.

1. On (*acquérir*, ind. pr.) tous les jours de l'expérience.

Il faut que j' (*aller*, pr. du subj.) labourer mon champ.

Nos voisins nous (*assaillir*, imp. de l'ind.) de demandes importunes.

Si nous (*faire*, imp. de l'ind.) bien, nous (*asseoir*, cond. présent) la maison que nous devons construire sur un terrain solide et résistant.

S'il arrivait que la Loire * (*atteindre*, imp. du subj.) la limite des hautes eaux, on aurait des inondations désastreuses.

Les bestiaux (*s'ébattre*, fut.) dans les pâturages.

Le dimanche des Rameaux, tous les fidèles emportent de l'église du buis (*bénir*, part. pas.).

Faut-il que nous (*boire*, prés. du subj.) le calice jusqu'à la lie !

L'eau (*bouillir*, ind. pr.) toujours à cent degrés sur le bord de la mer; elle (*bouillir*, fut.) à une température moins haute à mesure qu'on s'élèvera au-dessus du niveau de la mer.

2. Nous (*bouillir*, imp. de l'ind.) d'impatience de revoir notre patrie.

Tirez la bobinette, la chevillette (*choir*, fut.)

Ils (*clore*, fut.) bien vite les débats.

Si vous injuriez votre adversaire, tout le monde en (*conclure*, fut.) que vous avez tort.

(*Se connaître*, impér., 2e pers. du sing.) toi-même : telle était la maxime favorite de Socrate *.

Nous (*reconquérir*, fut.) l'influence que nous avons perdue.

Nous (*contraindre*, pas. déf.) les ennemis à reculer.

Si vous vous (*contredire*, ind. prés.) dans ce que vous (*dire*, ind. prés.), vous vous attirerez les huées de toute l'assistance.

L'horizon se (*couvrir*, imp. de l'ind.) de sombres nuages.

Nous (*craindre*, imp. de l'ind.) autrefois les ravages de la variole; nous les (*craindre*, ind. pr.) moins depuis la découverte de la vaccine.

Si tu veux être sauvé, il est nécessaire que tu (*croire*, prés. du subj.).

VERBES IRRÉGULIERS.

Corrigé 127.

1. On *acquiert* tous les jours de l'expérience.

Il faut que j'*aille* labourer mon champ.

Nos voisins nous *assaillaient* de demandes importunes.

Si nous *faisions* bien, nous *asseyerions* la maison que nous devons construire sur un terrain solide et résistant.

S'il arrivait que la Loire* *atteignît* la limite des hautes eaux, on aurait des inondations désastreuses.

Les bestiaux *s'ébattront* dans les pâturages.

Le dimanche des Rameaux, tous les fidèles emportent de l'église du buis *bénit*.

Faut-il que nous *buvions* le calice jusqu'à la lie!

L'eau *bout* toujours à cent degrés sur le bord de la mer; elle *bouillira* à une température moins haute à mesure qu'on s'élèvera au-dessus du niveau de la mer.

2. Nous *bouillions* d'impatience de revoir notre patrie.

Tirez la bobinette, la chevillette *cherra*.

Ils *cloront* bien vite les débats.

Si vous injuriez votre adversaire, tout le monde en *conclura* que vous avez tort.

Connais-toi toi-même : telle était la maxime favorite de Socrate *.

Nous *reconquerrons* l'influence que nous avons perdue.

Nous *contraignîmes* les ennemis à reculer.

Si vous vous *contredisez* dans ce que vous *dites*, vous vous attirerez les huées de toute l'assistance.

L'horizon se *couvrait* de sombres nuages.

Nous *craignions* autrefois les ravages de la variole; nous les *craignons* moins depuis la découverte de la vaccine.

Si tu veux être sauvé, il est nécessaire que tu *croies*.

3. L'aune (*croître*, ind. prés.) dans les endroits marécageux.

(*Savoir*, impér., 2ᵉ per. du sing.) que tu ne (*recueillir*, fut.) jamais que ce que tu auras semé.

Bientôt nous (*découvrir*, pas. déf.) les montagnes de Crète*, que nous avions encore assez de peine à distinguer des nuées du ciel et des flots de la mer.

Vous n'avez pas témoigné à vos supérieurs tout le respect que vous (*devoir*, pas. du cond.).

Nous ne vous (*croire*, pas. déf.) pas quand vous nous (*dire*, pas. déf.) que l'on (*voir*, pl.-que-parf. de l'ind.) un chou plus gros qu'une maison.

Pour que nous (*dissoudre*, prés. du subj.) cette résine*, il (*falloir*, fut.) que nous (*employer*, prés. du subj.) l'alcool *.

Si tu ne (*dormir*, ind. prés.) pas, on t'administrera un soporifique *.

Il importe que nous (*écrire*, prés. du subj.) toujours lisiblement et correctement.

Malheur à ceux qui (*enfreindre*, fut. ant.) nos ordres !

Plusieurs nations européennes (*envoyer*, fut.) des vaisseaux dans les mers arctiques *.

Nous (*faillir*, pas. déf.) être engloutis par les vagues.

4. Comme on demandait au vieil Horace * ce qu'il (*vouloir*, passé du cond.) que (*faire*, imp. du subj.) son dernier fils contre les trois Curiaces, il répondit : « Qu'il (*mourir*, imp. du subj.).

Nous (*feindre*, imp. de l'ind.) de ne pas entendre les injures qu'on nous adressait.

La peinture (*fleurir*, imp. de l'ind.) en Flandre * du temps de Henri IV et de Louis XIII.

Il faut que nous (*fuir*, subj. prés.) ceux qui (*vouloir*, ind. prés.) nous entraîner au mal.

Le général fut trouvé (*gésir*, part. prés.) au milieu d'un monceau de cadavres.

Si tu (*haïr*, ind. prés.) ton prochain, tu (*enfreindre*, ind. prés.) la loi de Dieu.

O mon Dieu! puisque vous nous (*interdire*, ind. prés.) la vengeance, nous ne nous vengerons point.

Nous (*rejoindre*, pas. déf.) ceux de nos compagnons qui nous avaient précédés.

Ne (*maudire*, impér., 2ᵉ pers. du pl.) pas celui qui vous reprend.

Si tu (*mentir*, ind. prés.) une fois, on ne te (*croire*, fut.) plus jamais.

(*Moudre*, ind. prés.) -tu ce café avec soin?

3. L'aune *croît* dans les endroits marécageux.

Sache que tu ne *recueilleras* jamais que ce que tu auras semé.

Bientôt nous *découvrîmes* les montagnes de Crète*, que nous avions encore assez de peine à distinguer des nuées du ciel et des flots de la mer.

Vous n'avez pas témoigné à vos supérieurs tout le respect que vous *auriez dû.*

Nous ne vous *crûmes* pas quand vous nous *dîtes* que l'on *avait vu* un chou plus gros qu'une maison.

Pour que nous *dissolvions* cette résine*, il *faudra* que nous *employions* l'alcool*.

Si tu ne *dors* pas, on t'administrera un soporifique*.

Il importe que nous *écrivions* toujours lisiblement et correctement.

Malheur à ceux qui *auront enfreint* nos ordres!

Plusieurs nations européennes *enverront* des vaisseaux dans les mers arctiques*.

Nous *faillîmes* être engloutis par les vagues.

4. Comme on demandait au vieil Horace* ce qu'il *aurait voulu* que *fît* son dernier fils contre les trois Curiaces, il répondit : « Qu'il *mourût.* »

Nous *feignions* de ne pas entendre les injures qu'on nous adressait.

La peinture *florissait* en Flandre* du temps de Henri IV et de Louis XIII.

Il faut que nous *fuyions* ceux qui *veulent* nous entraîner au mal.

Le général fut trouvé *gisant* au milieu d'un monceau de cadavres.

Si tu *hais* ton prochain, tu *enfreins* la loi de Dieu.

O mon Dieu! puisque vous nous *interdisez* la vengeance, nous ne nous vengerons point.

Nous *rejoignîmes* ceux de nos compagnons qui nous avaient précédés.

Ne *maudissez* pas celui qui vous reprend.

Si tu *mens* une fois, on ne te *croira* plus jamais.

Mouds-tu ce café avec soin?

5. Le sort de cet infortuné (*émouvoir*, ind. pr.) les cœurs les plus endurcis.

Galilée* (*naître*, pas. déf.) à Pise* en 1564, le jour de la mort de Michel-Ange*.

Il y aurait à craindre que la gelée ne (*nuire*, imp. du subj.) beaucoup aux vignes.

Le lion se (*repaître*, ind. prés.) de proie vivante.

Il ne (*falloir*, passé du cond.) qu'il (*pleuvoir*, imp. du subj.) cette semaine.

Isaac ayant demandé à Abraham où était la victime : Dieu y (*pourvoir*, fut.), mon fils, répondit celui-ci.

Vous (*entreprendre*, ind. prés.) de défricher cette lande ?

L'écolier (*faire*, pas. déf.) son devoir le mieux qu'il (*pouvoir*, pas. déf.).

Il ne (*convenir*, ind. prés.) pas que tu te (*prévaloir*, prés. du subj.) de tes avantages naturels.

Les nuages se (*résoudre*, ind. prés.) en pluie.

Je serai très-satisfait quand je (*savoir*, fut.) mon métier.

Je me (*ressentir*, ind. prés.) de la chute que je (*faire*, pas. indéf., § 486).

J'ai mon Dieu que je (*servir*, ind. prés.).

Nous (*sortir*, pas. déf.) de Rome par la porte du Peuple.

Nous (*suivre*, pas. déf.) le bord de la rivière.

Je (*vouloir*, imp. de l'ind.) qu'il se (*taire*, imp. du subj.).

6. Il (*falloir*, ind. prés.) que vous (*traire*, prés. du subj.) les vaches.

Si tu ne (*vaincre*, ind. prés.) pas tes passions, tu seras malheureux.

Pensez-vous que la cannelle* de Chine (*valoir*, prés. du subj.) celle de Ceylan* ?

Quand nous (*venir*, pas. déf.) dans ce pays, nous fûmes bien accueillis par les habitants.

Je me (*vêtir*, ind. prés.) toujours chaudement en hiver.

Les deux premiers fils de Henri II* ne (*vivre*, pas. déf.) pas longtemps.

Quand c'était l'été, nous (*voir*, imp. de l'ind.) le soleil se lever dans la direction de cette montagne ; maintenant nous le (*voir*, ind. prés.) se lever derrière ce village.

Que tu le (*vouloir*, prés. du subj.) ou non, nous exécuterons notre projet.

Il (*falloir*, cond. prés.) que vous (*prendre*, imp. du subj.) soin de vos bestiaux.

La mer Caspienne* était plus (*étendre*, part. pas.) autrefois qu'aujourd'hui.

Je vous (*commettre*, fut.) à la garde de ma maison.

5. Le sort de cet infortuné *émeut* les cœurs les plus endurcis.

Galilée* *naquit* à Pise* en 1564, le jour de la mort de Michel-Ange*.

Il y aurait à craindre que la gelée ne *nuisît* beaucoup aux vignes.

Le lion se *repaît* de proie vivante.

Il n'*aurait* pas *fallu* qu'il *plût* cette semaine.

Isaac ayant demandé à Abraham où était la victime : « Dieu y *pourvoira*, mon fils, » répondit celui-ci.

Vous *entreprenez* de défricher cette lande?

L'écolier *fit* son devoir le mieux qu'il *put*.

Il ne *convient* pas que tu te *prévales* de tes avantages naturels.

Les nuages se *résolvent* en pluie.

Je serai très-satisfait quand je *saurai* mon métier.

Je me *ressens* de la chute que j'*ai faite* (§ 486).

J'ai mon Dieu que je *sers*.

Nous *sortîmes* de Rome par la porte du Peuple.

Nous *suivîmes* le bord de la rivière.

Je *voulais* qu'il se *tût*.

6. Il *faut* que vous *trayiez* les vaches.

Si tu ne *vaincs* pas tes passions, tu seras malheureux.

Pensez-vous que la cannelle * de Chine *vaille* celle de Ceylan*?

Quand nous *vînmes* dans ce pays, nous *fûmes* bien accueillis par les habitants.

Je me *vêts* toujours chaudement en hiver.

Les deux premiers fils de Henri II * ne *vécurent* pas longtemps.

Quand c'était l'été, nous *voyions* le soleil se lever dans la direction de cette montagne; maintenant nous le *voyons* se lever derrière ce village.

Que tu le *veuilles* ou non, nous exécuterons notre projet.

Il *faudrait* que vous *prissiez* soin de vos bestiaux.

La mer Caspienne* était plus *étendue* autrefois qu'aujourd'hui.

Je vous *commettrai* à la garde de ma maison.

Exercice Lexicologique 135.

Qu'est-ce que : un canonnier. — Une *pièce* d'artillerie.
— Un bison. — Un débiteur.— Un billet. — Une créance.
— le *solde* d'un compte. — Un andain?

Que signifient les expressions suivantes : *Enclouer* un
canon. — *harponner* une baleine ?

Que savez-vous sur : Parmentier. — Gutenberg. — Le
docteur Livingstone. — Les Normands. — Socrate. — Le
vieil *Horace*. — Galilée. — Michel-Ange. — Henri II ?

Que savez-vous sur : Sion. — La Loire. — La Crète. —
Les mers *arctiques*.—La Flandre. — Pise. — l'île de *Ceylan.*
— la mer Caspienne?

Qu'est-ce que : la résine. — l'alcool. — un soporifique.
— la cannelle ?

STYLE ET COMPOSITION.

Sujet à reproduire 136.

LE RENARD PUNI DE SA CURIOSITÉ (*Fable*).

Lisez attentivement le morceau suivant, fermez le livre, et reproduisez-le comme vous l'entendrez.

Un renard des *montagnes* d'Aragon, ayant vieilli dans la
finesse, *voulut* donner ses derniers jours à la curiosité. Il
prit le dessein d'aller voir en Castille * le fameux Escurial,
qui est le *palais* des rois d'Espagne, bâti par Philippe II.
En arrivant, il fut surpris, car il était peu accoutumé à
la magnificence : jusqu'alors, *il n'avait vu* que son terrier
et le poulailler d'un fermier voisin, où il était d'ordinaire
assez mal reçu. *Il voit* là des *colonnes* de marbre, ici des
portes d'or, des *bas-reliefs* * de *diamant**. Il entra dans plusieurs chambres *dont* les tapisseries étaient *admirables :*
on * y *voyait* des chasses, des combats, des fables où les dieux
se jouaient parmi les hommes; enfin l'histoire de *don* *Quichotte*, où *Sancho* *, monté sur son *grison* *, allait gouverner
l'île que le duc lui *avait confiée*. Puis *il aperçut* des cages
où l'on *avait renfermé* des lions et des léopards. Pendant
que le renard regardait *ces merveilles*, deux chiens du palais *l'étranglèrent. Il se trouva mal* de sa curiosité.

Fénelon *.

Exercice de grammaire 137.

**Répondez aux questions d'analyse, de grammaire et d'invention sur le mor-
ceau précédent.**

1. Quelle est la fonction grammaticale de *montagnes?* —
2. Quel est le sujet de *voulut ?* — 3. Quel est le complé-

DICTÉE. — LE MONDE D'APRÈS HOMÈRE.

Sur le bouclier d'Achille, décrit dans l *Iliade*, la terre est figurée comme un disque, environné de tous les côtés par le fleuve Océan. Le rond de la terre était, selon Homère*, couvert d'une voûte solide, d'un firmament sous lequel les astres du jour et de la nuit roulaient sur des chars portés par les nuages; le matin, le soleil sortait de l'Océan oriental; le soir, il s'y précipitait vers l'occident; un vaisseau d'or, ouvrage mystérieux de Vulcain, le ramenait rapidement par le nord vers l'orient. Au-dessous de la terre, Homère place, non pas les demeures des morts, mais une voûte nommée le *Tartare*, et qui correspondait à celle du firmament. Là vivaient les Titans, ennemis des dieux; ni le souffle des vents ni les rayons du jour ne pénétraient dans ce monde souterrain. Des écrivains, postérieurs à Homère d'un siècle, ont même déterminé la hauteur du firmament et la profondeur du *Tartare*. Une enclume, disaient-ils, serait neuf jours à tomber des cieux à la terre, et autant pour descendre de la terre au fond du *Tartare*.

MALTE-BRUN.

DICTÉE. — L'ÉVÊQUE DE VERDUN.

Désiré, évêque de Verdun, voyant les habitants pauvres et dénués de tout, s'affligeait sur eux; mais comme il n'avait pas de quoi les soulager, il envoya un message au roi Théodebert, dont il connaissait envers tous la compassion et la miséricorde, et lui fit dire : « La renommée de ta bonté est répandue par toute la terre, et ta bienfaisance est telle que tu donnes même à ceux qui ne te demandent pas. Si tu as quelque argent, j'implore ta charité, et te prie de vouloir bien nous le prêter, afin que nous puissions secourir nos concitoyens; les commerçants de notre cité répondront, ainsi que cela se fait ailleurs, et nous te rendrons ton argent avec légitime intérêt. » Alors Théodebert, ému de compassion, lui envoya sept mille pièces d'or. L'évêque, les ayant prises, les partagea à ses concitoyens. Les commerçants devinrent riches par ce moyen et le sont encore aujourd'hui; et, lorsque l'évêque rapporta l'argent qu'il avait emprunté, le roi lui répondit : « Je n'en ai pas besoin; il me suffit que par tes soins et par mes largesses les pauvres qu'accablait la misère aient été soulagés; » et par cet abandon, il enrichit les citoyens de Verdun.

GRÉGOIRE DE TOURS, traduction de M. GUIZOT.

137. 1. *Montagnes*, forme avec la préposition *de*, renfermée dans *des*, le complément de *renard*. — 2. C'est *renard*. — 3. C'est

ment direct de *voulut?* — 4. Quelle est la fonction de *palais?* — 5. Quels sont les deux compléments directs de *il n'avait vu?* — 6. De quels noms *terrier* et *poulailler* sont-ils dérivés? — 7. Quels sont les trois compléments directs de *il voit?* — 8. Qu'est-ce qu'une *colonne?* — 9. Qu'est-ce qu'un *bas-relief*?* — 10. Qu'est-ce qu'un *diamant*?* — 11. Quelle est la fonction de *dont?* — 12. Analysez *admirables.* — 13. Quelle est l'origine de *on*?*

Même exercice 138.

14. Quels sont les quatre compléments de *voyait?* — 15. Que signifie *don** et dans quel pays emploie-t-on ce mot? — 16. Qu'est-ce que *don Quichotte*?* — 17. Qu'est-ce que *Sancho*?* — 18. Qu'est-ce qu'un *grison?* — 19. Quel est le complément direct de *avait confiée?* — 20. Expliquez l'accord du participe *confiée* (1). — 21. Quel est le sujet de *avait confiée?* — 22. Quel est le complément indirect de *avait confiée?* — 23. Quel est le complément direct de *il aperçut?* — 24. Quels sont les deux compléments directs de *avait renfermé?* — 25. Pourquoi a-t-on écrit *ces merveilles* et non *ses merveilles?* — 26. Analysez *l'étranglèrent.* — 27. Que signifient ces mots : *il se trouva mal?*

Sujet à développer 139.

LE PAYSAN, LE CHÊNE ET LE COIN (*Fable*).

Vous représenterez un gros chêne abattu et couché sur le sol, et un paysan cherchant à le fendre à l'aide d'un coin. Il fait tout le jour des efforts désespérés qui ont pour conséquence... Mais le chêne ne se fend pas. C'est que le paysan voulait enfoncer le coin par le gros bout. Tirez de là une conclusion relative au travail improductif.

Sujet à reproduire 140.

L'OURS ET SON FILS.

Copiez attentivement le morceau suivant, fermez le livre et reproduisez le récit comme vous l'entendrez.

Une *ourse** avait un *petit ours* qui venait de *naître.* Il était *horriblement* laid. On ne *reconnaissait* en lui *aucune** figure d'animal : c'était une *masse* informe et hideuse. L'ourse, *toute* honteuse *d'avoir* un tel fils, va trouver sa voisine la *corneille, qui faisait* grand bruit par son caquet sous un arbre. « *Que* ferai-je, lui dit-*elle*, ma bonne commère, de ce petit *monstre*?* j'ai envie *de l'étrangler.* Gardez-vous-en bien, dit *la causeuse; j'ai vu* d'autres our-

(1) *Gram.*, § 489.

donner. — 4. *Palais* est l'attribut de *qui*. — 5. *Terrier* et *poulailler*. — 6. *Terrier* dérive de *terre*, et *poulailler* de *poule*. — 7. *Colonnes, portes, bas-reliefs*. — 8. Une sorte de pilier qui supporte une corniche ou un plafond. — 9. Une sculpture dont les personnages engagés dans la pierre sont légèrement relevés en bosse. — 10. Une pierre précieuse formée de charbon pur et cristallisé. — 11. *Dont* forme avec la préposition *de*, qu'il renferme implicitement, le compl. de *tapisseries*. — 12. *Admirables*, adj. qual. fém. pl. attribut de *tapisseries*. — 13. *On* est une ancienne forme du mot *homme*.

Corrigé 138.

14. *Chasses, combats, fables, l'histoire*. — 15. *Don* signifie *seigneur, maître*, et s'emploie en Espagne dans les mêmes cas que *monsieur* en France. — 16. Le héros du célèbre roman dans lequel Cervantès fait la critique de la chevalerie espagnole. — 17. L'écuyer de don Quichotte, qui le suivait toujours, monté sur un âne. — 18. *Grison* est synonyme de *âne*. — 19. *Que* représentant *île*. — 20. *Confiée*, part. pas. conjugué avec *avoir*, s'accorde avec le compl. dir. *que*, qui le précède, et qui représente *île*. — 21. *Le duc*. — 22. *Lui* pour *à lui*, représentant *Sancho*. — 23. *Cages*. — 24. *Lions* et *léopards*. — 25. On a écrit *ces merveilles*, parce que l'auteur est censé montrer les merveilles dont il vient de parler. — 26. *L'* pour *le*, pr. pers., 3e pers. du masc. sing., compl. dir. de *étranglèrent; étranglèrent*, 3e pers. du plur., temps pas. déf. mode ind., v. tr. voix active, 1re conj. — 27. Cela veut dire : *sa curiosité lui fut fatale.*

Corrigé 139.

Un chêne majestueux, l'honneur des forêts, gisait abattu sur le sol. Un paysan se mit en devoir de le fendre. Dès l'aube il est à la besogne. Armé d'une masse pesante, il frappe à coups redoublés sur les coins; point de cesse, point de relâche. Il déploie toute la vigueur de son bras, toute l'énergie et toute l'agilité dont il est capable. Quoiqu'il ait déjà constaté que ses efforts demeurent à peu près infructueux, il n'en persévère pas moins dans son entreprise; il en oublie même le boire et le manger, tant il a hâte de mener à bonne fin son projet. Cependant le soleil est près d'achever sa course, et la surface extérieure de l'arbre n'est même pas entamée. Le paysan, baigné de sueur, harassé, s'arrête à la fin en proie au plus profond désespoir. Un passant qui s'est aperçu du fâcheux état et de la douleur du pauvre homme, jette un regard sur son ouvrage et, à sa grande surprise, il constate que toute la journée le paysan a essayé d'enfoncer les coins par le gros bout!

Ne voyons-nous pas ici l'image du travail improductif? Il ne suffit pas d'avoir de la bonne volonté et de la persévérance; il faut encore qu'un rayon d'intelligence vienne éclairer le travailleur, sans quoi tous ses efforts seront dépensés en pure perte.

ses dans le même embarras que vous. Allez, léchez douce-ment *votre* fils; il sera bientôt joli, mignon et propre à vous faire honneur. » La mère crut facilement ce qu'on lui *disait* en faveur de son fils. Elle eut la patience de le lécher long-temps. Enfin, il commença à devenir moins difforme, et elle alla remercier la corneille en ces termes : « *Si vous n'eussiez modéré mon impatience,* j'aurais cruellement dé-chiré mon fils, qui fait *maintenant* * tout le plaisir de ma vie. »

Oh! que l'impatience empêche de biens et cause de maux!   FÉNELON *.

Exercice de grammaire 141.

Répondez aux questions d'analyse, de grammaire et d'invention sur le morceau précédent.

1. Qu'est-ce qu'une *ourse* * ? — 2. Comment appelle-t-on souvent un *petit ours* ? — 3. Quel est le radical du verbe *naître* ? — 4. Analysez *horriblement.* — 5. Comment for-me-t-on les adverbes de manière ? — 6. Quel est le sens de *re* dans *reconnaître* ? — 7. Quel est le sens de *aucun* *, *aucune* ? — 8. Quelle est la fonction grammaticale de *masse* ? — 9. Expliquez l'orthographe de *toute* dans *toute honteuse.* — 10. Quelle est la fonction de *avoir* ? — 11. Ana-lysez : *la corneille.* — 12. Qu'est-ce qu'une *corneille* ?

Même exercice 142.

13. Analysez *qui.* — 14. Combien *faisait* a-t-il de com-pléments ? — 15. Quelle est la nature de chacun d'eux ? — 16. Analysez *que.* — 17. Pourquoi les sujets *je* et *elle* sont-ils placés après les verbes *ferai* et *dit* ? — 18. Dans quels cas met-on le sujet après le verbe ? — 19. Qu'est-ce qu'un *monstre* * ? — 20. Analysez : *de l'étrangler* (1). — 21. Pourquoi le sujet *la causeuse* est-il après le verbe *dit* (2) ? — 22. Quel est le complément direct de *j'ai vu* ? — 23. Pour-quoi *votre* n'a-t-il pas d'accent circonflexe ? — 24. Indiquez le sujet et les différents compléments de *disait.* — 25. Quelle est la nature de cette proposition : *si vous n'eussiez modéré mon impatience* (3) ? — 26. Quelle est l'origine de *mainte-nant* * ?

Sujet à développer 143.

LE SERPENT (*Narration*).

Vous supposerez que l'incident s'est passé dans votre famille, et vous en ferez part à votre oncle par une lettre.

Une mère était assise devant une table, entourée de ses

(1) *Grammaire,* § 465. — (2) *Grammaire,* § 409. — (3) *Grammaire,* § 446.

Corrigé 141.

1. La femelle de l'*ours*. — 2. Un ourson. — 3. C'est *nait* ou plutôt *naiss*, qu'on trouve dans le part. prés. *naissant*.
4. *Horriblement*, adv. de manière, modifie *laid*. — 5. On forme les adverbes de manière en ajoutant *ment* au fém. sing. des adj. — *Re* est un préfixe qui signifie une seconde fois, de nouveau. — 7. *Aucun*, *aucune*, signifie *quelqu'un*, *quelqu'une*; il signifie *pas un*, *pas une*, quand il accompagne une négation. ce qui est ici le cas. — 8. *Masse* est l'attribut de *c'*. — 9. *Toute*, quoique adv., se met au fém. devant l'adj. *honteuse*, qui commence par un *h* aspiré (*Gram.*, p. 56). — 10. *Avoir* forme avec *d'* le complément de l'adj. *honteuse*. — 11. *Corneille*, subst. f. sing., mis en apposition avec *voisine*. — 12. Un oiseau très-semblable au corbeau.

Corrigé 142.

13. *Qui*, pr. relatif, 3e pers. du fém. sing., ayant pour antécédent *corneille*, suj. de *faisait*. — 14. *Faisait* a trois compléments. — 15. Le premier, *bruit*, compl. dir.; le 2e, *par son caquet*, compl. ind.; le 3e, *sous un arbre*, compl. circonst. de lieu. — 16. *Que*, pr. inter. masc. sing., compl. dir. de *ferai*. — 17. *Je* est placé après *ferai*, parce qu'il y a interrogation; *elle* est placé après *dit*, parce qu'on rapporte les paroles de quelqu'un. — 18. 1o Quand on interroge; 2o quand on rapporte les paroles de quelqu'un; 3o après un verbe au subj. non précédé de *que*; 4o après certains adv. (*Gram.*, *p.* 137). — 19. Un animal qui n'est pas conformé comme ceux de son espèce. — 20. *De*, prép; *l'*, pr. pers., 3e pers., masc. sing., compl. dir. de *étrangler*; *étrangler*, temps prés., mod. inf., v. tr , voix act. 1e conj., forme avec *de* le compl. de *envie*. — 21. Parce qu'on rapporte les paroles de quelqu'un (*Gram.*, *p.* 137). — 22. *D'autres ourses*. — 23. Parce qu'il est ici adj. pos. — 24. Le sujet de *disait* est *on*, son compl. direct *que*, son compl. ind. *lui*, son comp. circ. *en faveur*. — 25. C'est une prop. subordonnée, parce qu'elle commence par la conj. *si* (*Gram.* p. 155). — 26. *Maintenant* est le part. pr. de *maintenir*, mis pour *tenir la main*.

Corrigé 143.

Mon cher oncle, j'ai une terrible aventure à vous raconter. Nous étions tous assis, ma mère et nous, autour de la table dans la salle à manger, lorsque le jardinier nous

enfants. Tout à coup le jardinier apporte une corbeille de belles fleurs que les enfants se prennent à admirer; mais voilà que du milieu de la corbeille un serpent de l'espèce la plus dangereuse dresse la tête. Peignez l'effroi des enfants qui veulent s'enfuir. Le jardinier rappelé tue le serpent. Faites des réflexions sur la courageuse intervention du jardinier et sur le danger auquel la mère et les enfants ont échappé.

Sujet à reproduire 144.

LE LOUP ET LE JEUNE MOUTON.

Lisez le sujet suivant avec attention, fermez le livre et reproduisez le récit comme vous l'entendrez.

Des *moutons* étaient en *sûreté** dans leur *parc;* les *chiens dormaient*, et le berger, à l'ombre d'un grand ormeau, *jouait* de la *flûte* avec d'autres bergers voisins. Un loup *affamé vint*, par les fentes de l'enceinte, *reconnaître* l'état du *troupeau*. Un jeune mouton *sans expérience*, et qui *n'avait* jamais rien *vu, entra* en conversation avec lui : « Que *venez-vous* chercher ici? dit-il au *glouton**. — *L'herbe* tendre et fleurie, lui répondit *le loup*. Vous savez que rien n'est *plus doux* que de paître dans une verte prairie *émaillée** de fleurs, pour apaiser sa *faim*, et d'aller *éteindre* sa soif dans un clair ruisseau : j'ai *trouvé* ici l'un et l'autre. Que faut-il davantage? J'aime la *philosophie** qui enseigne à se contenter de peu. — Est-il donc vrai, *repartit* le jeune mouton, que vous *ne mangez point* la *chair* des animaux, et qu'un peu d'herbe vous *suffit?* Si cela est, *vivons* comme frères, et *paissons* ensemble. » Aussitôt le mouton sort du parc dans la prairie, où le sobre philosophe le *mit* en pièces et l'avala.

Défiez-vous des belles paroles des *gens* qui se vantent d'être vertueux; *jugez-en* par leurs actions, et non par leurs discours.   FÉNELON*.

Exercice de grammaire 145.

Répondez aux questions d'analyse, de grammaire et d'invention sur le morceau précédent.

1. Dans quel sens *moutons* est-il employé? — 2. Qu'est-ce qu'un nom employé dans un sens partitif? — 3. Pourquoi *sûreté* a-t-il un accent circonflexe? — 4. Qu'est-ce qu'un *parc?* — 5. Citez un verbe qui dérive de *parc*. — 6. Quelle est la fonction de *chiens?*—7. Analysez *dormaient*. — 8. Quel est le sujet de *jouait?* — 9. Qu'est-ce qu'une *flûte?* — 10. Que signifie *affamé?* — 11. Analysez *vint*. —

apporta une magnifique corbeille de fleurs. La rose s'y mariait à l'œillet, au jasmin, aux plantes les plus odoriférantes; les dahlias y étalaient leurs multiples corolles aux pétales imbriqués. Bref, c'était un délicieux spectacle que celui de cet amas de fleurs. Mes frères, mes sœurs et moi ne pouvions retenir des cris d'admiration. Mais voilà que tout à coup du sein des fleurs se dresse en sifflant un hideux reptile, un serpent de l'espèce la plus dangereuse. Jugez de notre effroi; c'est à peine si nous pouvons fuir, car le sang se glace dans nos veines. Cependant, rassemblant tout notre courage, nous nous dirigeons vers la porte; les plus jeunes d'entre nous poussent des cris d'effroi qui se font entendre jusqu'à la demeure du jardinier. Celui-ci accourt. On lui explique ce qui vient d'arriver. Il se dirige droit vers la corbeille, sa serpette à la main. D'un seul coup il fait de la terrible vipère deux tronçons dont on n'ose approcher parce qu'on les voit encore palpitant et sautillant sur la table. Alors le jardinier, s'armant des pincettes, écrase la tête du reptile. Nous exprimons à ce brave homme nos sentiments de reconnaissance. Ma mère se joint à nous pour lui adresser de chaleureux remercîments, puis elle ajoute : « Que ceci vous serve de leçon, mes enfants, et vous fasse souvenir que dans la vie le plus grand péril nous menace quelquefois au milieu des plaisirs. »

Voilà, mon cher oncle, ce que je tenais à vous faire savoir immédiatement. Quoique je n'attende pas de vous des compliments sur ma bravoure, veuillez nous écrire le plus tôt possible.

Corrigé 145.

1. *Moutons* est employé dans un sens partitif. — 2. Un nom est employé dans un sens partitif quand il ne désigne qu'une partie des individus compris dans le genre qu'il représente. — 3. *Sûreté*, autrefois *seureté* : on met l'accent circonflexe pour remplacer l'*e* supprimé. — 4. Un *parc* est un terrain entouré de claies où l'on enferme les moutons. — 5. De *parc* dérive *parquer*. — 6. *Chiens* est sujet de *dormaient*. — 7. *Dormaient*, 3e pers. du plur., temps imp., mode ind., v. int. 2e conj. — 8. *Jouait* a pour sujet *le berger*. — 9. *Flûte*, instrument à vent composé d'un cylindre percé de trous. — 10. *Affamé*, qui a une grande faim. — 11. *Vint*, 3e pers. du sing., temps pas. déf., mode ind., v. intr., 2e conj.

12. Pourquoi écrit-on *reconnaître* avec un accent circon-flexe ? — 13. De quel nom dérive *troupeau ?* — 14. Que signifie *sans expérience ?* — 15. Quel est le sujet et quel est le complément direct de *n'avait vu ?* — 16. Quel est le sujet de *entra ?* — 17. Pourquoi dans *venez-vous* le sujet est-il après le verbe ? — 18. Qu'est-ce qu'un *glouton* ?

Même exercice 146.

19. Quel est le rôle de *l'herbe ?* — 20. Analysez *le loup.* — 21. Qu'est-ce que *plus doux ?* — 22. Que signifie *émaillée* ? — 23. Quels sont les homonymes de *faim ?* — 24. Par quel verbe pourrait-on remplacer *éteindre ?* — 25. Quel est le substantif qui dérive de *trouver ?* — 26. Qu'est-ce que la *philosophie* ? — 27. Que signifie *repartir ?* — 28. Quel est le complément direct de *mangez ? —* 29. Qu'est-ce que *ne... point* (1) ? — 30. Quels sont les homonymes de *chair ?* — 31. Quel est le sujet de *suffit ?* — 32. Quel est son complément indirect. — 33. Analysez *vivons* et *paissons.* — 34. Quel est le complément direct de *mit ?* — 35. Quelle est la règle d'accord des adjectifs avec *gens* (2) ? — 36. Analysez *ju-gez-en.*

Sujet à développer 147.

LE CHAT ET LE CHIEN (*Fable*).

Vous direz que deux enfants discutaient sur les qualités et les vices respectifs du chat et du chien. Le premier, Paul, avait des oiseaux, et le chat en avait dérobé plu-sieurs. Aussi représente-t-il le chat comme un monstre. Il dépeint sa fausseté, s'étend sur ses autres défauts ; il fait au contraire l'éloge du chien et cite en terminant le petit chien de Tobie. Le second enfant, Louis, avait une collec-tion d'oiseaux empaillés, que rongeaient les souris : aussi défend-il le chat. — Il dit que cet animal tient du lion, dont il a ... ; qu'il est propre, caressant, tandis que le chien est ... Il conclut que le chat est le plus utile des animaux domestiques. Expliquez pourquoi chacun des enfants a parlé de la sorte, et pesez ce que peut être un jugement dicté par l'intérêt. (Vous emploierez la forme dialoguée.)

Sujet à reproduire 148.

LE LIÈVRE QUI FAIT LE BRAVE (*Fable*).

Lisez attentivement le récit suivant et rendez-en compte de mémoire et comme vous l'entendrez.

Un *lièvre* qui était *honteux* d'être *poltron,* cherchait quel-

(1) *Gram.,* § 536. — (2) *Gram.,* § 82.

— 12. *Reconnaître*, pour *reconnaistre*, prend un accent circonflexe pour remplacer l's supprimé. — 13. *Troupeau* dérive de *troupe*. — 14. *Sans expérience* signifie : qui n'a pas assez vécu pour être devenu circonspect et habile. — 15. *N'avait vu* a pour sujet *qui*, représentant *mouton*, et pour compl. dir. *rien*. — 16. *Entra* a pour suj. *un jeune mouton*. — 17. Parce qu'il y a interrogation. — 18. *Un glouton* est un individu qui mange avidement.

Corrigé 146.

19. *L'herbe* est compl. dir. de *chercher*, s.-entendu. — 20. *Le loup*, n. c. m. s. sujet de *répondit*. — 21. *Plus doux*, adj. qual. au comparatif de supériorité, attr. de *rien*. — 22. Abondamment couverte. — 23. Faim, fin, feint. — 24. Par *étancher*. — 25. *Trouvaille*. — 26. La philosophie est la science qui s'occupe de l'âme humaine, de Dieu, et des rapports de l'âme à Dieu. — 27. *Repartir* signifie *répliquer*. — 28. La chair. — 29. *Ne point* est une locution composée de l'adv. *ne* et du substantif *point*. — 30. Chair, chaire, cher, chère. — 31. *Un peu d'herbe.* — 32. *Vous.* — 33. *Vivons*, 1ʳᵉ pers. du plur. temps prés. mode imp., v. intr., 4ᵉ conj.; *paissons*, 1ʳᵉ pers. du plur. temps pr. mode impér., v. intr., 4ᵉ conj. — 34. Le compl. dir. de *mit* est *le*, représentant *mouton*. — 35. Les adj. qui précèdent *gens* se mettent au fém., et ceux qui le suivent au masc. (*Gram.*, p. 20). — 36. *Jugez*, 2ᵉ pers. du plur. temps pr. mode impér., v. tr. voix act., 1ʳᵉ conj.; *en*, pr. pers. 3ᵉ pers. du m. sing., compl. ind. de *jugez*.

Corrigé 147.

Il fallait voir Paul et Louis, deux jeunes garçons de treize à quatorze ans, le visage enluminé, et discutant avec tant d'ardeur qu'on eût cru qu'ils allaient en venir aux coups. « Oui, s'écriait Paul, je te le déclare net, le chat est un véritable monstre. J'avais dans cette belle cage une demi-douzaine d'oiseaux, et le chat m'en a dérobé plusieurs. Qu'avait-il besoin de commettre ce larcin, puisqu'on a soin de lui assurer une bonne nourriture? Mais il semble qu'il ne veuille reconnaître que par des méfaits les attentions qu'on a pour lui. Quand nous sommes là, il fait, comme on dit, patte de velours, il vous flatte, vous caresse. Mais à peine avons-nous le dos tourné qu'il exécute sur-le-champ les scélératesses qu'il a antérieurement méditées. Non content de nous jouer tous ces vilains tours, il a pour nous la plus complète indifférence. C'est à l'habitation qu'il tient et non aux habitants. Quel contraste avec le chien! Celui-ci se montre franc, fidèle, aimant, caressant. Il n'oublie jamais son maître, il le reconnaîtrait aussitôt après des années d'absence : témoin le chien de Tobie. — Je te trouve, répliqua Louis, bien injuste à l'égard du chat ; car d'abord tu as passé sous silence tous les services qu'il nous rend. Ainsi, moi qui te parle, j'avais une collection d'oiseaux empaillés que rongeaient affreusement les souris. Eh bien, mon chat y a mis bon ordre, et maintenant ma collection est, grâce à lui, à l'abri des atteintes du peuple souriquois. Non-seulement le chat nous est utile, mais encore sa vue seule nous récrée. Il est caressant, propre au point de craindre de mouiller sa fourrure. Le chien, au contraire, est à mi-chemin du loup et du renard; il exhale une odeur repoussante, il se nourrit des mets les plus immondes. S'il garde la maison, il nous occasionne mille désagréments en s'attaquant à toutes les personnes qu'il rencontre; en un mot, le chien est le plus désagréable des animaux domestiques, tandis que le chat en est le plus utile. »

Quel sentiment a inspiré les plaidoyers de Paul et de Louis? Un seul : l'égoïsme. Paul déteste le chat, qui dévore ses oiseaux; Louis admire cet animal, qui préserve sa collection des ravages des souris.

La plupart des hommes n'agissent pas autrement : ils exaltent toute action qui leur profite, ils honnissent ce qui leur nuit. Quelle valeur dès lors un jugement dicté par l'intérêt peut-il avoir? Ce ne sont pas les bonnes raisons qui le déterminent, mais les raisons spécieuses de l'égoïsme et de l'amour-propre.

que occasion *de s'aguerrir*. Il allait quelquefois par un trou
d'une *haie* dans les choux du jardin d'un paysan, pour s'ac-
coutumer au bruit du village. Souvent même il passait
assez près de quelques *mâtins**, qui se contentaient d'*aboyer*
après lui. Au retour de ces grandes expéditions, *il se
croyait plus redoutable* qu'Alcide*, après tous *ses* travaux.
On dit même qu'il ne rentrait dans son *gîte** qu'avec des
feuilles de *laurier*, et *faisait l'ovation**. Il vantait ses
*prouesses** à ses compères les lièvres voisins. Il représen-
tait les dangers qu'il avait *courus*, les alarmes qu'il avait
données aux ennemis, les ruses de guerre qu'il avait *faites*
en expérimenté capitaine, et surtout son intrépidité *héroïque*. Chaque matin il *remerciait* Mars* et Bellone* de lui
avoir donné des talents et un courage pour *dompter* toutes
les nations à longues oreilles. (A suivre.)

FÉNELON*.

Exercice de grammaire 149.

Répondez aux questions d'analyse, de grammaire et d'invention sur le morceau
précédent.

1. Qu'est-ce qu'un *lièvre ?* — 2. De quel nom dérive l'adjectif *honteux ?* — 3. Quelle est la nature de la lettre *h* dans
honteux ? — 4. Qu'est-ce qu'un *poltron ?* — 5. Quel est le
sujet de *cherchait ?* — 6. Analysez *de s'aguerrir* (1). — 7. Quels
sont les homonymes de *haie ?* — 8. Qu'est-ce qu'un
mâtin ?* — 9. De quel nom dérive *aboyer ?* — 10. Analysez
il se croyait. — 11. Qu'est-ce que *plus redoutable ?* —
12. Quelle différence y a-t-il entre *ses* et *ces ?* — 13. Qu'est-
ce qu'un *gîte* ?* — 14. Pourquoi y a-t-il un accent circonflexe
dans *gîte ?*

Même exercice 150.

Répondez aux questions d'analyse, de grammaire et d'invention sur le morceau
précédent.

15. De quoi le *laurier* est-il le symbole et qu'est-ce qu'un
symbole ?* — 16. Que signifie *faire l'ovation* ?* — 17. Qu'est-
ce qu'une *prouesse* ?* — 18. Comment appelle-t-on celui qui
fait des *prouesses ?* — 19. Expliquez l'accord des participes
courus, données, faites (2) ? — 20. De quel nom *héroïque* dérive-
t-il ? — 21. Comment nomme-t-on les deux points qui sont
sur l'*i* d'*héroïque ?* — 22. Quels sont les deux compléments
directs de *il remerciait ?* — 23. Quel est le complément indirect de *avoir donné ?* — 24. Quels sont les deux compléments directs de *avoir donné ?* — 25. Pourquoi *dompter*

(1) *Gram.*, § 465. — (2) *Gram.*, § 486.

Corrigé 149.

1. *Lièvre*, mammifère rongeur à longues oreilles, ayant le train de derrière plus développé que celui de devant, très-timide. — 2. *Honteux* dérive du substantif *honte*, ancien part. fém. du verbe *honnir*. — 3. *H* est aspiré dans *honteux*. — 4. Individu sans courage. — 5. *Un lièvre.* — 6. *De* s'aguerrir, *de*, prép. ; s'aguerrir, temps pr. mode inf., v. tr., voix pronominale, 2ᵉ conj., forme avec *de* le compl. de *occasion*. — 7. *Haie,* ais, je *hais*, tu *es*, que j'*aie*. — 8. Un gros chien de garde. — 9. *Aboyer* dérive de *aboi*. — 10. *Il* se croyait; *il*, pr. pers., 3ᵉ pers. du m. sing., suj. de *se croyait* ; se croyait, 3ᵉ pers. du sing., temps imparf., mode ind., v. tr., voix pron., 4ᵉ conj. — 11. *Plus redoutable*, adj. qual., au compar. de supériorité, qualifie *se*.—12. *Ses*, marque la possession; *ces* sert à montrer les objets. — 13. L'endroit où le lièvre repose, son habitation. — 14. *Gîte,* autrefois *giste* ; prend un accent circonflexe, à cause de l'*s* supprimé.

Corrigé 150.

15. Le laurier est le symbole de la victoire; *un symbole* est le signe sensible d'une idée abstraite ou morale. — 16. *Faire l'ovation* signifie *triompher*; le petit triomphe, à Rome, s'appelait *ovation*, parce qu'on y immolait une brebis. — *Prouesse*, fait d'armes extraordinaire et glorieux. — 18. Celui qui fait des *prouesses* est un *preux*. — 19. *Courus*, part. pas. avec *avoir*, s'accorde avec le compl. dir. *qu'* qui le précède, et qui représente *danger* ; *données*, part. pass. avec *avoir*, s'accorde avec le compl. dir. *qu'* qui le précède et qui représente *alarmes* ; *faites*, part. pass. avec *avoir*, s'accorde avec le compl. *qu'* qui le précède, et qui représente *ruses*. — 20. *Héroïque* dérive de *héros*. — 21. Ces deux points forment ce que l'on appelle un *tréma*. — 22. Les deux compl. dir. de *remerciait* sont *Mars* et *Bellone*. — 23. *Lui* est le compl. ind. de *avoir donné*. — 24. Les deux compl. dir. de *avoir donné* sont *des talents* et *un courage*. — 25. *Dompter* s'écrit avec un *m* devant le *p*. —

s'écrit-il avec un *m* et non avec un *n* (1) ? — 26. Pourquoi *dompter* est-il à l'infinitif (2) ? — 27. Qu'entend-on par *les nations à longues oreilles?*

Exercice 151.

LE LIÈVRE QUI FAIT LE BRAVE (*suite*).

Jean Lapin, *discourant* un jour avec lui, lui dit d'un ton moqueur : « *Mon ami*, je *te voudrais* voir avec cette belle fierté au milieu d'une *meute** de *chiens courants**. Hercule* fuirait bien vite, et ferait une laide contenance. — Moi ! répondit notre *preux** *chevalier**, je ne reculerais pas quand toute la *gent** chienne viendrait *m'attaquer.* » A peine eut-il parlé, qu'il entendit un petit *tournebroche** d'un fermier voisin, qui *glapissait** dans les buissons : il a la fièvre, *ses yeux* se troublent, comme *ceux* de Pâris* quand il vit Ménélas* qui venait ardemment contre lui. Il se précipite d'un *rocher escarpé* dans un ruisseau. Jean lapin, lui voyant faire le *saut*, s'écria de son *terrier* : « Le voilà, ce *foudre** de guerre ! Le voilà, cet Hercule* qui doit *purger la terre* de tous les monstres dont elle est pleine ! »

FÉNELON*

Exercice de grammaire 152.

Répondez aux questions d'analyse, de grammaire et d'invention sur le morceau précédent.

1. Qu'est-ce que *discourir?* — 2. Analysez *mon ami* (3). — 3. Quelle est la fonction de *te?* — 4. Analysez *voudrais.* — 5. Qu'est-ce qu'une *meute**? — 6. Qu'est-ce que des *chiens courants**? — 7. Que signifie *preux**? — 8. Qu'était-ce qu'un *chevalier**? — 9. Que signifie *gent**? — 10. Analysez *m'attaquer.*—11. Qu'est-ce qu'un petit *tournebroche**?—12. Qu'est-ce que *glapir**? — 13. Pourquoi dans *ses yeux* écrit-on *ses* et non *ces?* — 14. Analysez *ceux.* — 15. Qu'est-ce qu'un *rocher escarpé?* — 16. Comment reconnaissez-vous qu'il faut un *t* à la fin de *saut?* — 17. Quels sont les homonymes de *saut?* — 18. Qu'est-ce qu'un *terrier?* — 19. Qu'est-ce qu'un *foudre** *de guerre?* — 20. Que signifie *purger la terre?*

Sujet à développer 153.

LE PAPILLON ET LE CHOU (*Fable*).

Vous raconterez qu'un papillon voltigeait de fleurs en fleurs. Un chou qui l'avait nourri avant sa métamorphose,

---

(1) *Gram.*, § 65. — (2) *Gram.*, § 482. — (3) *Gram.*, § 84.

26. *Dompter* est à l'inf. parce qu'il est précédé de la prép. *pour*. — 27. Les lièvres et les lapins.

Corrigé 152.

1. C'est parler longuement sur un sujet donné. — 2. *Mon ami*; *mon*, adj. poss. masc. sing. détermine *ami*; *ami*, nom c. m. sing., subst. mis en apostrophe. — 3. *Te* est le compl. dir. de *voir*. — 4. *Voudrais*, 1re pers. du sing., temps prés., mode cond., verbe tr., voix act., 3e conj. — 5. Une troupe de chiens dressés pour la chasse. — 6. Ce sont des chiens qui courent après le gibier sans chercher à le tenir en arrêt. —7. *Preux* signifie *vaillant*. — 8. C'était le guerrier noble qui s'était consacré à la défense de la religion, de la veuve et de l'orphelin. — 9. *Gens* signifie *nation*. — 10. *M'attaquer*; *m'* pour *me*, pr. pers., 1re pers. du m. s., compl. dir. de *attaquer*; *attaquer*, temps prés., mode inf., v. tr., voix act., 1re conj., forme avec la prép. *pour* sous-entend. le comp. ind. de *viendrait*. — 11. Un petit chien dressé à tourner la broche ou une machine remplissant le même but. — 12. C'est crier comme le font les petits chiens et les petits renards. — 13. On écrit *ses* par un *s*, parce que ce mot marque ici la possession. — 14. *Ceux*, pr. dém. m. pl., suj. de *se troublent*, s.-entendu. — 15. Un rocher escarpé est celui dont la pente est très-roide. — 16. Il faut un *t* à la fin de *saut* parce qu'il y en a un dans le verbe dérivé *sauter*. — 17. Saut, sot, sceau, seau. — 18. C'est un trou creusé dans la terre et où se logent certains animaux. — 19. C'est un guerrier qui frappe ses ennemis comme le ferait la foudre. — 20. *Purger la terre* signifie la *débarrasser*.

Corrigé 153.

Dans un beau jardin, un papillon aux ailes nuancées d'azur et d'or voltigeait de fleur en fleur, s'introduisant çà et là dans quelque corolle pour aspirer avec sa trompe le nectar qu'elle contenait. En se livrant à ses évolutions, il vint tout près du chou dans le sein duquel, humble chenille, il avait autrefois trouvé le vivre et le couvert. « Que je suis aise de te revoir ! s'écria le chou au cœur toujours tendre; viens te reposer quelques instants sur mes feuilles, nous causerons un peu de ce temps où nous vivions insé-

l'invite à se poser sur lui. Le papillon refuse avec dédain, il préfère les fleurs à la race informe des choux. Celui-ci lui répond : « Tu n'étais pas si fier, quand, modeste chenille, tu rongeais mes feuilles. » — Vous en tirerez la moralité convenable.

SYNTAXE DE L'AUXILIAIRE ÊTRE.

ACCORD DE L'ATTRIBUT AVEC UN PRONOM.

Exercice 154.

UNE FILLEULE A SA MARRAINE.

Règles 397-399. — Faites accorder, d'après la règle, l'attribut avec le sujet.

Que j'ai été *(ravi)*, ma chère marraine, de recevoir de vos nouvelles! Je me croyais *(oublié)* de vous. Vous n'ignorez pas combien je suis *(léger)*, *(étourdi)*, *(distrait)*. Eh bien! l'inquiétude que me causait votre silence m'avait rendue *(mélancolique)* et plus *(sérieux)* que je n'avais jamais été. J'étais *(effrayé)* rien qu'à la pensée que j'avais peut-être perdu votre affection; mais maintenant me voilà *(gai)*, *(enjoué)*, *(folâtre)* comme auparavant. Mon bonheur sera complet quand bientôt vous serez auprès de moi, comme vous me l'annoncez. Je crois que votre présence me rendra *(fou)* de joie. Mais pourtant je ne perdrai pas la tête au point de ne pas vous témoigner mon attachement par tous les moyens qui seront en mon pouvoir. Je vous serai *(soumis)* comme à ma mère. Je serai *(attentif)* à ne rien faire qui puisse vous contrarier. J'irai au devant de vos désirs. Je serai *(matinal)* pour vous accompagner dans ces promenades que vous aimez tant. Je ne vous quitterai pas plus que votre ombre; je ne vous importunerai pas de mon babil accoutumé; bref, je serai tellement *(changé)* que vous ne me reconnaîtrez plus. C'est vous qui aurez opéré ce miracle et qui aurez fait de moi la plus *(tendre)* et la plus *(dévoué)* des filleules.

Même exercice 155.

QUELQUES HABITANTS DE GARANCIÈRES AU PRÉFET.

Monsieur le Préfet, nous *(soussigné)*, *(habitant)* de la commune de Garancières, avons l'honneur de vous exposer que nous n'avons à notre disposition qu'une eau croupie et malsaine, et qui ne peut nous être d'aucune utilité. Nous

parables, et où nous avions si souvent des entretiens pleins de charmes. — Est-ce bien à moi, répliqua le papillon, que vous osez adresser votre invitation, à moi le fils des airs, que les plus belles fleurs se disputent à l'envi, et qui n'ai entre celles-ci que l'embarras du choix ? Vraiment, ne serait-ce pas déroger que d'accepter l'hospitalité d'un humble chou ? — Tu n'étais pas si fier autrefois, répondit le légume, justement courroucé, lorsque, modeste chenille, tu t'estimais si heureuse du repas frugal mais substantiel que je t'offrais plusieurs fois chaque jour. Va, malgré tes dehors trompeurs, tu n'es qu'une de ces âmes viles, qu'un de ces parvenus qui, voulant se cacher à eux-mêmes ainsi qu'aux autres leur modeste origine, méconnaissent leurs anciens bienfaiteurs et rougissent de ceux qui les ont assistés. »

Corrigé 154.

Que j'ai été *ravie*, ma chère marraine, de recevoir de vos nouvelles! Je me croyais *oubliée* de vous. Vous n'ignorez pas combien je suis *légère, étourdie, distraite*. Eh bien, l'inquiétude que me causait votre silence m'avait rendue *mélancolique* et plus *sérieuse* que je n'avais jamais été. J'étais *effrayée* rien qu'à la pensée que j'avais peut-être perdu votre affection; mais maintenant me voilà *gaie, enjouée, folâtre* comme auparavant. Mon bonheur sera complet quand bientôt vous serez auprès de moi, comme vous me l'annoncez. Je crois que votre présence me rendra *folle* de joie. Mais pourtant je ne perdrai pas la tête au point de ne pas vous témoigner mon attachement par tous les moyens qui seront en mon pouvoir. Je vous serai *soumise* comme à ma mère. Je serai *attentive* à ne rien faire qui puisse vous contrarier. J'irai au-devant de vos désirs. Je serai *matinale* pour vous accompagner dans ces promenades que vous aimez tant. Je ne vous quitterai pas plus que votre ombre; je ne vous importunerai pas de mon babil accoutumé; bref, je serai tellement *changée* que vous ne me reconnaîtrez plus. C'est vous qui aurez opéré ce miracle et qui aurez fait de moi la plus *tendre* et la plus *dévouée* des filleules.

Corrigé 155.

Monsieur le Préfet, nous *soussignés, habitants* de la commune de Garancières, avons l'honneur de vous exposer que nous n'avons à notre disposition qu'une eau croupie et malsaine, et qui ne peut nous être d'aucune utilité. Nous serions (*malade*), si nous en faisions habituellement usage. Aussi sommes-nous (*obligé*) d'aller faire notre provision d'eau à une source qui se trouve à une certaine distance du village. Nous sommes (*contraint*) d'y conduire parfois nos bestiaux quand nous avons été (*empêché*) par nos occupations d'y aller remplir nos tonneaux. Il en résulte pour nous une perte de temps que nous serions (*ravi*) d'éviter. Nous vous serions très- (*reconnaissant*), Monsieur le Préfet, si vous vouliez bien intervenir pour faire cesser un tel état de choses. Nous sommes (*prêt*) à faire tous les sacrifices personnels que vous exigerez. Nous sommes (*résolu*) à nous cotiser entre nous pour alléger la dépense qui pourrait incomber à la commune. Nous nous adressons à vous avec confiance, (*persuadé*) que ce n'est pas en vain que l'on a recours à votre autorité chaque fois qu'il s'agit d'améliorer la santé publique. Nous sommes donc (*plein*) d'espoir d'obtenir l'autorisation d'exécuter les travaux nécessaires pour amener l'eau chez nous, et nous avons l'honneur d'être, Monsieur le Préfet, vos très- (*humble*) et très- (*obéissant*) (*serviteur*).

Exercice général 156.

Sommaire. — Accord de l'attribut avec *nous* pour *je*, *vous* pour *tu* (règles 400 à 402). — Accord de l'attribut avec *on* sujet (règles 403 et 404). — *C'est, ce sont* (règles 405 et 406).

Faites accorder, d'après les règles, l'attribut avec le sujet, et dites en peu de mots pour quelles raisons vous adoptez telle ou telle orthographe.

1. La sensible Ruth * disait à sa belle-mère : Jamais vous ne serez (*abandonné*) par moi; je demeurerai partout où vous demeurerez; je veux mourir à l'endroit où vous aurez été (*enseveli*).

Quand on est (*ami*), on se pardonne l'un à l'autre bien des imperfections; quand on est (*ennemi*), on trouve le moyen de convertir en défauts les qualités mêmes dont on est (*doué*).

Nous, juge d'instruction, nous étant (*transporté*) dans la commune du Plessis, y avons trouvé le corps d'un homme assassiné.

Lorsqu'on se trouve (*séparé*) après avoir longtemps vécu sous le même toit, on est (*ravi*) de se revoir.

Nous nous sommes (*efforcé*), dit un historien, de raconter avec la plus scrupuleuse exactitude les faits dont nous avions entrepris le récit.

Sachez, mademoiselle, que quand on est (*fatigué*) de jouer à la poupée, on est (*enchanté*) de se livrer à l'étude ou à la couture.

serions *malades*, si nous en faisions habituellement usage. Aussi sommes-nous *obligés* d'aller faire notre provision d'eau à une source qui se trouve à une certaine distance du village. Nous sommes *contraints* d'y conduire parfois nos bestiaux, quand nous avons été *empêchés* par nos occupations d'y aller remplir nos tonneaux. Il en résulte pour nous une perte de temps que nous serions *ravis* d'éviter. Nous vous serions très-*reconnaissants*, Monsieur le Préfet, si vous vouliez bien intervenir pour faire cesser un tel état de choses. Nous sommes *prêts* à faire tous les sacrifices personnels que vous exigerez. Nous sommes *résolus* à nous cotiser entre nous pour alléger la dépense qui pourrait incomber à la commune. Nous nous adressons à vous avec confiance, *persuadés* que ce n'est pas en vain que l'on a recours à votre autorité chaque fois qu'il s'agit d'améliorer la santé publique. Nous sommes donc *pleins* d'espoir d'obtenir l'autorisation d'exécuter les travaux nécessaires pour amener l'eau chez nous, et nous avons l'honneur d'être, Monsieur le Préfet, vos très-*humbles* et très-*obéissants* serviteurs.

Corrigé 156.

1. La sensible Ruth* disait à sa belle-mère : « Jamais vous ne serez *abandonnée* par moi; je demeurerai partout où vous demeurerez; je veux mourir à l'endroit où vous aurez été *ensevelie*. »

Quand on est *amis*, on se pardonne l'un à l'autre bien des imperfections; quand on est *ennemis*, on trouve le moyen de convertir en défauts les qualités mêmes dont on est *doués*.

Nous, juge d'instruction, nous étant *transporté* dans la commune du Plessis, y avons trouvé le corps d'un homme assassiné.

Lorsqu'on se trouve *séparés* après avoir longtemps vécu sous le même toit, on est *ravis* de se revoir.

Nous nous sommes *efforcé*, dit un historien, de raconter avec la plus scrupuleuse exactitude les faits dont nous avions entrepris le récit.

Sachez, mademoiselle, que, quand on est *fatiguée* de jouer à la poupée, on est *enchantée* de se livrer à l'étude ou à la couture.

2. La lionne ayant perdu son faon*, poussait des cris déchirants. L'ourse lui dit : Si tant de mères qui ont perdu leurs petits se sont tues, que n'êtes-vous vous-même (*demeuré*) (*silencieux*)?

Dès qu'on est (*convenu*) ensemble des conditions d'un marché, on ne doit plus se dédire, lors même qu'après réflexion on se croirait (*lésé*) l'un et l'autre.

Nous (*soussigné*), avoyer* du canton de Berne*, avons (*arrêté*) et arrêtons ce qui suit.

On est tout (*étonné*) de trouver (*facile*) des choses qu'on avait d'abord trouvées très-(*difficile*).

Nous, roi de France et de Navarre, à tous ceux qu'il appartiendra, salut. Notre bien-aimé le sieur Guéroult nous ayant exposé qu'il désirerait faire imprimer un ouvrage de sa composition, si nous étions (*disposé*) à lui accorder nos lettres de privilége pour ce nécessaires, nous sommes (*décidé*) à lui accorder la permission qu'il sollicite.

Une fois qu'on est (*marié*), on est (*tenu*) de s'aider mutuellement.

Ma chère fille, il faut que vous soyez (*respectueux*) envers vos parents, et (*plein*) de déférence à l'égard de ceux qui ont autorité sur vous.

Lorsqu'on a été (*camarade*) d'école, on est (*content*) de se rendre plus tard tous les services que l'on peut.

3. Si vous oubliez, monsieur, d'exécuter mes ordres, vous serez (*rappelé*) au devoir par qui de droit.

Quand on est (*collègue*), on est moralement (*placé*) dans la nécessité d'éviter tout froissement entre soi.

Lorsqu'on est (*sœur*), il faut toujours être (*uni*), quoi qu'il puisse arriver.

Est-on (*compatriote*), on se serre la main avec délices, si l'on vient à se rencontrer sur la terre étrangère.

Ce (*être*) vous et moi qui sommes arrivés les premiers au but.

Ce (*être*) nos ennemis qui souvent, par leurs critiques acerbes, nous aident à nous corriger de nos défauts.

Ce (*être*) les Cimbres* et les Teutons* qui, les premiers, ont envahi la Gaule.

Ce (*être*) le bouleau, le hêtre et le charme qui sont les espèces d'arbres les plus propres à former des taillis dans les terrains sableux.

Ce (*être*) le sable et la cendre qui, chauffés ensemble, nous donnent le verre.

Ce (*être*) les furets qui sont les ennemis les plus acharnés des lapins.

2. La lionne, ayant perdu son faon*, poussait des cris déchirants. L'ourse lui dit : « Si tant de mères qui ont perdu leurs petits se sont tues, que n'êtes-vous vous-même *demeurée silencieuse?* »

Dès qu'on est *convenus* ensemble des conditions d'un marché, on ne doit plus se dédire, lors même qu'après réflexion on se croirait *lésés* l'un et l'autre.

Nous *soussigné,* avoyer* du canton de Berne *, avons *arrêté* et arrêtons ce qui suit.

On est tout *étonné* de trouver *faciles* des choses qu'on avait d'abord trouvées très-*difficiles.*

Nous, roi de France et de Navarre, à tous ceux qu'il appartiendra, salut. Notre bien-aimé le sieur Guéroult nous ayant exposé qu'il désirerait faire imprimer un ouvrage de sa composition, si nous étions *disposé* à lui accorder nos lettres de privilége pour ce nécessaires, nous sommes *décidé* à lui accorder la permission qu'il sollicite.

Une fois qu'on est *mariés,* on est *tenus* de s'aider mutuellement.

Ma chère fille, il faut que vous soyez *respectueuse* envers vos parents, et *pleine* de déférence à l'égard de ceux qui ont autorité sur vous.

Lorsqu'on a été *camarades* d'école, on est *contents* de se rendre plus tard tous les services que l'on peut.

3. Si vous oubliez, monsieur, d'exécuter mes ordres, vous serez *rappelé* au devoir par qui de droit.

Quand on est *collègues,* on est moralement *placés* dans la nécessité d'éviter tout froissement entre soi.

Lorsqu'on est *sœurs,* il faut toujours être *unies,* quoi qu'il puisse arriver.

Est-on *compatriotes,* on se serre la main avec délices, si l'on vient à se rencontrer sur la terre étrangère.

C'est vous et moi qui sommes arrivés les premiers au but.

Ce *sont* nos ennemis qui souvent, par leurs critiques acerbes, nous aident à nous corriger de nos défauts.

Ce *sont* les Cimbres* et les Teutons* qui, les premiers, ont envahi la Gaule.

C'est le bouleau, le hêtre et le charme qui sont les espèces d'arbres les plus propres à former des taillis dans les terrains sableux.

C'est le sable et la cendre qui, chauffés ensemble, nous donnent le verre.

Ce *sont* les furets qui sont les ennemis les plus acharnés des lapins.

Ce (*être*) les poules et les dindons qui constituent la population la plus importante de notre basse-cour ; ce (*être*) eux qui rapportent le plus.

Ce (*être*) Ampère*, Arago* et Œrstedt* qui nous mirent sur la voie de la découverte des télégraphes électriques.

Ce (*être*) lui et moi qui aperçûmes les premiers l'ennemi.

Ce (*être*) nous qui avons entrepris de creuser ici un puits artésien.

Exercice 157.

C'EST... QUE.

Règle 407. — Remplacez l'expression simple par une expression d'insistance, à l'aide de *c'est... que...* Les mots sur lesquels on insistera sont en italique.

La pomme de terre est originaire *des montagnes du Pérou* *.

Les marins se guident sur mer *au moyen de la boussole.*

On fabrique *le* papier *avec de vieux chiffons.*

L'introduction des moulins à vent en Europe date *des croisades* *.

Nous devons *aux frères Montgolfier* l'invention des ballons.

Les Hollandais se chauffent *avec la tourbe*, que leur pays renferme en abondance.

Les auteurs anciens attribuent *aux Gaulois* l'invention des tonneaux.

Les échalotes nous viennent *des environs de la ville d'Ascalon*, en Palestine.

Le Rhône* prend sa source *en Suisse, dans les glaciers de la Furca.*

La résine s'extrait principalement *du pin maritime.*

STYLE, COMPOSITION

ET ORTHOGRAPHE USUELLE.

Exercice d'orthographe usuelle 158.

LES MÉTAUX.

Copiez les morceaux suivants, faites une liste des mots soulignés que vous rangerez sous le titre de : *Mots relatifs aux métaux.*

Les *métaux* qui ne se rouillent jamais au contact de *l'air* et de *l'humidité* ont reçu le nom de *métaux précieux.* Ce sont : *l'or*, *l'argent* et le *platiine.* L'or et *l'argent existent* dans *la terre à l'état natif*, c'est-à-dire tout à fait *purs.* On les trouve

Ce *sont* les poules et les dindons qui constituent la population la plus importante de notre basse-cour; ce *sont* eux qui rapportent le plus.

C'est Ampère*, Arago* et Œrstedt* qui nous mirent sur la voie de la découverte des télégraphes électriques.

C'est lui et moi qui aperçûmes les premiers l'ennemi.

C'est nous qui avons entrepris de creuser ici un puits artésien.

Corrigé 157.

C'est des montagnes du Pérou *que* la pomme de terre est originaire.

C'est au moyen de la boussole *que* les marins se guident sur mer.

C'est avec de vieux chiffons *que* l'on fabrique le papier.

C'est des croisades* *que* date l'introduction des moulins à vent.

C'est aux frères Montgolfier *que* nous devons l'invention des ballons.

C'est avec la tourbe que leur pays renferme *que* les Hollandais se chauffent.

C'est aux Gaulois *que* les auteurs anciens attribuent l'invention des tonneaux.

C'est des environs de la ville d'Ascalon, en Palestine, *que* nous viennent les échalotes.

C'est en Suisse, dans les glaciers de la Furca, *que* le Rhône* prend sa source.

C'est du pin maritime *que* la résine s'extrait principalement.

DICTÉE.

LE GOURMAND.

Cliton n'a jamais eu en toute sa vie que deux affaires, qui sont de dîner le matin et de souper le soir; il ne semble né que pour la digestion; il n'a de même qu'un entretien : il dit les entrées qui ont été servies au dernier repas où il s'est trouvé; il dit combien il y a eu de potages, et quels potages; il place ensuite le rôt et les entremets; il se souvient exactement de quels plats on a relevé le premier service; il n'oublie pas les hors-d'œuvre, le fruit et les assiettes; il nomme tous les vins et toutes les liqueurs dont il a bu; il possède le langage des cuisines autant qu'il peut s'étendre, et il me fait envie de manger à une bonne table où il ne soit point; il a surtout un palais sûr, qui ne prend point le change, et il ne s'est jamais vu exposé à l'horrible

en *paillettes* ou en *masses* appelées *pépites*. Plusieurs *rivières* de *France* roulent dans leurs *sables* des *paillettes* d'or, entre autres l'*Ariége** et le *Doubs**. Il y avait autrefois des *mines d'or* dans les *Pyrénées* * et dans les *Cévennes* *; mais elles sont épuisées à présent.

Après les *métaux précieux* viennent les *métaux usuels*, tels que le *fer*, le *cuivre*, le *plomb*, l'*étain*, le *zinc*, le *mercure* ou *vif-argent*, l'*aluminium*. L'*alliage* de *cuivre* et de *zinc* se nomme *laiton* ou *cuivre jaune*; l'*alliage* de *cuivre* et d'*étain* est le *bronze* ou *airain*. Les anciens *peuples* ont connu le *bronze* avant le *fer*. Quand le *fer* est combiné avec un peu de *charbon*, il constitue soit la *fonte* soit l'*acier*.

Les *métaux usuels* ne se trouvent pas purs dans le sein de la terre; ils y sont combinés avec d'autres corps. Chacune de ces combinaisons est un *minerai*. Le *minerai* remplit d'ordinaire des *fentes* situées au milieu des *roches granitiques*, et qui ont reçu la dénomination de *filons*. De plus, le *minerai* est enveloppé d'une matière *pierreuse* qui en est la *gangue*.

On appelle *métallurgie** l'art d'extraire d'un *minerai* le *métal* qu'il contient. Cet *art* n'existe à un haut *degré* de *perfectionnement* que chez les peuples *civilisés*. Le *minerai* du *fer* est peut-être celui qu'il est le plus difficile de décomposer pour en extraire le *fer*. On se sert dans ce but d'immenses *appareils* en *brique* appelés *hauts fourneaux*, dans lesquels le *minerai* est soumis à l'action du *charbon* et d'une *chaleur intense* * . La *métallurgie** du *cuivre*, du *plomb*, de l'*étain* et du *zinc* n'est pas à beaucoup près aussi laborieuse que celle du *fer*.

Exercice de grammaire et d'orthographe 159.

Répondez aux questions suivantes :

1. Quel est le singulier de *métaux?* — 2. Pourquoi *exis tent* est-il au pluriel? — 3. Pourquoi les mots *France, Ariége, Doubs, Pyrénées, Cévennes* commencent-ils par une majuscule? — 4. Quels sont les homonymes du mot *air?* — 5. Comment sait-on qu'il faut un *b* à la fin de *plomb?* — 6. Citez les dérivés de *étain*. — 7. Citez les dérivés de *cuivre*. — 8. Quel est le son du deuxième *u* dans *aluminium;* citez d'autres mots dans lesquels *u* a le même son? — 9. Citez les dérivés de *bronze*. — 10. De quel verbe est dérivé le mot *fonte?* — 11. D'où dérive *minerai?* — 12. D'où vient l'adjectif *granitique?* — 13. Quel est le masculin de *pierreuse?* — 14. D'où vient le mot *métallurgie* *? — 15. Quels sont les homonymes de *art?* — 16. Citez les dérivés de *art*.

inconvénient de manger d'un mauvais ragoût, ou de boire d'un vin médiocre. C'est un personnage illustre dans son genre, et qui a porté le talent de se bien nourrir jusques où il pouvait aller : on ne reverra plus un homme qui mange tant et qui mange si bien ; aussi est-il l'arbitre des bons morceaux, et il n'est guère permis d'avoir du goût pour ce qu'il désapprouve. Mais il n'est plus ; il s'est fait du moins porter à table jusqu'au dernier soupir : il donnait à manger le jour qu'il est mort. Quelque part où il soit, il mange ; et s'il revient au monde, c'est pour manger.

La Bruyère, Caractères.

Corrigé 158.

Métal. — Or. — Argent. — Platine. — Etat natif. — Pur. — Paillette. — Masse. — Pépite. — Mine. — Métal précieux. — Métal usuel. — Fer. — Cuivre. — Plomb. — Etain. — Zinc. — Mercure ou vif-argent. — Aluminium. — Alliage. — Laiton. — Bronze. — Airain. — Fonte. — Acier. — Minerai. — Filon. — Gangue. — Métallurgie. — Haut-fourneau *.

Corrigé 159.

1. *Métal.* — 2. Parce qu'il a pour sujets deux substantifs au singulier. — 3. Parce que ce sont des noms propres. — 4. Air, aire, ère, hère, haire, *erre*. — Par le dérivé *plomber*. — 6. Etamer, étamage, étameur, tain, stannifère, l'acide stannique. — 7. Cuivre, cuivreux, cuivrage, cuprifère. — 8. Ce deuxième *u* a le son d'un *o*, comme dans : potassium, sodium, magnésium, calcium, silicium, aquarium, pensum, etc. — 9. Bronzer, bronzeur. — 10. *Fonte* est l'ancien participe passé féminin du verbe *fondre* [1]. — 11. De *miner* *; *minerai* est une forme vulgaire de *minéral*. — 12. De *granit*, qui dérive lui-même de *grain*. — 13. Pierreux. — 14. Du grec *metall-ourgia*, travail du métal. — 15. Art, are, arrhes, hart. — 16. Artiste, artistique, artifice. — 17. De *civil*. —

---

1. *Deuxième année de Grammaire* (maître), pages 12** et 175*.

— 17. D'où vient le verbe *civiliser ?* — 18. Expliquez le pluriel *hauts fourneaux*.

Exercice de rédaction 160.

Répondez par écrit aux questions suivantes à l'aide du morceau sur les métaux.

1. Qu'appelle-t-on métaux précieux ? — 2. Quels sont-ils ? — 3. Où trouve-t-on l'or et l'argent ? — 4. Citez les principaux métaux usuels. — 5. Comment appelle-t-on l'alliage du cuivre et du zinc? — 6. Comment appelle-t-on l'alliage du cuivre et de l'étain? — 7. Quand le fer prend-il le nom de fonte ou d'acier? — 8. Dans quel état trouve-t-on les métaux usuels? — 9. Qu'est-ce que la gangue? — 10. Qu'appelle-t-on métallurgie ? — 11. Citez un minerai difficile à décomposer. — 12. De quels appareils se sert-on pour décomposer le minerai de fer? — 13. A quelle action le soumet-on dans les hauts fourneaux?

Sujet à développer 161.

UN JEUNE HOMME A SON AMI (*Lettre*).

Un jeune homme expose à son ami que sa vieille mère vient de faire une longue maladie; il a fait de grandes dépenses. Il prie son ami de lui prêter un peu d'argent, dont il a besoin pour....; il lui témoigne d'avance sa reconnaissance, et dit qu'il n'oubliera jamais que...

Exercice d'orthographe usuelle 162.

LES PARTIES DU CORPS.

Copiez le morceau suivant et faites une liste des mots en italique, que vous rangerez sous le titre de : *Mots relatifs aux parties du corps.*

Le *corps* de l'*homme* et celui des *animaux* qui lui ressemblent le plus se *composent* de la *tête*, du *tronc* et des *membres*.

La *tête* est formée du *crâne* et de la *face*. Le *crâne* est une *boîte osseuse* contenant le *cerveau*. A la face *appartiennent* les *yeux*, le *nez*, percé de deux *trous* appelés *narines;* les *lèvres*, qui forment l'ouverture de la *bouche*, dans laquelle se trouvent les *dents* et la *langue*. La face va du *front* au *menton*. La *tête* porte de chaque côté une *oreille*. Elle se rattache au *tronc* au moyen du *cou*.

Une cloison semblable à la *voûte* d'une *cave* partage l'intérieur du *tronc* en deux cavités. La cavité supérieure est la *poitrine*, dans laquelle *sont logés* les *poumons* et le *cœur*. La cavité inférieure est le *ventre* ou *abdomen*. Il con-

18. *Haut-fourneau* étant un substantif composé d'un adjectif et d'un nom, ces deux éléments prennent l'un et l'autre la marque du pluriel.

Corrigé 160.

1. Ceux qui ne se rouillent pas au contact de l'air et de l'humidité. — 2. L'or, l'argent, le platine. — 3. Dans les sables formés par la décomposition des granits les plus modernes. — 4. Le fer, le cuivre, le plomb, l'étain, le zinc, le mercure ou vif-argent, l'aluminium. — 5. Laiton ou cuivre jaune. — 6. Bronze ou airain. — 7. Quand il est combiné avec un peu de charbon. — 8. A l'état de minerai. — 9. C'est la matière pierreuse qui enveloppe le minerai. — 10. C'est l'art d'extraire d'un minerai le métal qu'il renferme. — 11. Le minerai de fer. — 12. De hauts-fourneaux. — 13. A l'action du charbon et d'une chaleur intense.

Corrigé 161.

Mon cher ami,

Pardonne-moi d'être resté si longtemps sans t'écrire : de graves et bien légitimes préoccupations m'en ont empêché. Ma vieille mère vient de faire une longue, une terrible maladie qui ne me laissait pas un seul instant de disponible. Il fallait qu'aussitôt les devoirs de ma charge remplis, je donnasse tous mes soins au soulagement de ma chère malade. Grâce à Dieu, elle est maintenant hors de danger, et elle commence même à entrer en convalescence. C'est pour moi un grand bonheur, auquel il se mêle toutefois un peu d'inquiétude. Cette maladie nous a occasionné des frais énormes : ma bourse est épuisée. Comment paierai-je les visites du médecin ainsi que les médicaments? comment procurerai-je à ma bonne mère les aliments délicats, les vins généreux qui sont indispensables pour hâter sa convalescence? Voilà ce qui me tourmente. Aussi, connaissant ton bon cœur, je viens te demander si tu ne pourrais pas me prêter un peu d'argent; cela me tirerait de peine : je m'estimerais le plus heureux des hommes, n'étant plus affligé par cette pensée que ma mère pourrait avoir une rechute, faute des soins que réclame sa situation. Viens-moi donc en aide, si tu le peux. Crois que je n'oublierai jamais que tu auras contribué à sauver ma mère, et que je t'en serai à jamais reconnaissant.

Ton ami dévoué.

tient entre autres choses l'*estomac*, le *foie*, les *intestins* ou *boyaux*, les **reins**.

Les *membres supérieurs* se nomment *bras*. L'homme a deux *bras*. Dans chaque *bras* il y a lieu de remarquer : l'*épaule*, le *bras* proprement dit, le *coude*, l'*avant-bras*, le *poignet* et la *main*. Celle-ci se termine par cinq *doigts : le pouce*, l'*index*, le *médius*, l'*annulaire** et l'*auriculaire*.

Les *membres inférieurs* sont les *jambes*, au nombre de deux. Chaque *jambe* se compose de la *cuisse*, du *genou*, de la *jambe* proprement dite, du *cou-de-pied* et du *pied*. Les espèces de *doigts* qui terminent le *pied* se nomment les *orteils*. Le derrière du pied est le *talon*. Les deux *chevilles* sont des saillies *latérales* situées au niveau du *cou-de-pied*.

Exercice de grammaire et d'orthographe 163.

Répondez aux questions suivantes :

1. Comment reconnaît-on que *corps* s'écrit avec un *p ?* — 2. Citez les homonymes de *corps*. — 3. Pourquoi *se composent* est-il au pluriel ? — 4. Citez un dérivé de *face*. — 5. D'où *osseuse* est-il dérivé ? — 6. Pourquoi *appartiennent* est-il au pluriel ? — 7. Citez les dérivés de *nez*. — 8. Expliquez le pluriel *trous*. — 9. Citez les dérivés de *bouche*. — 10. Citez les dérivés de *dent* et de *langue*. — 11. Comment reconnaissez-vous que *front* se termine par un *t ?* — 12. Quel est le diminutif de *menton ?* — 13. Pourquoi *tronc* se termine-t-il par un *c ?* — 14. Quelle est l'autre forme de *cou** et quelle en est la signification ?

Même exercice 164.

15. Expliquez l'orthographe de *sont logés*. — 16. Citez les dérivés de *poumon*. — 17. Citez les dérivés de *cœur*. — 18. Citez un dérivé d'*abdomen*. — 19. Comment reconnaissez-vous que *estomac* se termine par un *c ?* — 20. Citez les homonymes de *foie*. — 21. Expliquez le pluriel *boyaux*. — 22. Citez un dérivé de *coude*. — 23. Ecrivez le pluriel de *avant-bras* et expliquez-le. — 24. De quel mot *poignet* est-il un diminutif ? — 25. Citez les dérivés de *doigt*. — 26. D'où vient *annulaire** ? — 27. Citez les dérivés de *genou*. — 28. Ecrivez le pluriel de *cou-de-pied* et expliquez ce pluriel. — 29. Comment reconnaissez-vous que *pied* se termine par un *d ?* — 30. Quel est le dérivé de *talon ?* — 31. Quel est le masculin singulier de *latérales ?*

Sujet à développer 165.

UNE ORPHELINE A SA TANTE (*Lettre*).

Une orpheline que sa tante a mise en pension, étant sur

162. Le corps. — La tête. — Le tronc. — Les membres. —
Le crâne. — La face. — Le cerveau. — Les yeux. — Le nez. —
Les narines. — Les lèvres. — La bouche. — Les dents. — La
langue. — Le front. — Le menton. — L'oreille. — Le cou. — La
poitrine. — Les poumons. — Le cœur. — Le ventre ou abdomen.
— L'estomac. — Le foie. — Les intestins ou boyaux. — Les reins.
— Les membres supérieurs. — L'épaule. — Le bras proprement
dit. — Le coude. — L'avant-bras. — Le poignet. — La main. —
Les doigts. — Le pouce. — L'index. — Le médium. — L'annulaire.
— L'auriculaire. — Les membres inférieurs. — La cuisse. — Le
genou. — La jambe proprement dite. — Le cou-de-pied. — Le
pied. — Les orteils. — Le talon. — Les chevilles.

163. 1. Au moyen du dérivé *corporel*. — 2. Corps, cor, cor.
— 3. Parce qu'il a pour sujet : 1º le *corps* de l'homme ; 2º *celui* des
animaux. — 4. Facial. — 5. De *os*. — 6. Parce qu'il a trois sujets,
dont deux pluriels, *les yeux* et *les lèvres*, et un singulier, *le nez*. —
7. Naseau, nasal, nasiller, nasillard, nasilleur. — 8. *Trou* prend
un *s* au pluriel comme tous les noms en *ou*, à l'exception de sept,
qui prennent *x*. — 9. Bouchée, boucher, bouchon, emboucher
aboucher, déboucher, buccal. — 10. *Dent* : de ntal, denté, dentaire
denteler, denticule, dentier, dentiste, dentition, dentifrice, den,
ture ; *langue* : languette, langage, lingual, linguiste, linguistique.
— 11. Au moyen du dérivé *frontal*. — 12. *Mentonnet*. — 13. A cause
du dérivé *troncature*. — 14. C'est *col*, qui désigne une pièce d'ha-
billement couvrant le *cou*.

164. 15. Le part. *logés*, qui est accompagné de l'aux. *être*, s'accorde avec les deux sujets du verbe : *les poumons* et *le cœur*. —
16. De *poumon*, autrefois *poulmon*, viennent : pulmonaire, pulmonie, pulmonique, s'époumoner. — 17. Courage, curée (poitrine,
entrailles), écœurer, cordial, cordialité, accorder, concorde, dis-
corde. — 18. Abdominal. — 19. Au moyen du dérivé *stomacal*. —
20. Foie, foi, fois. — 21. *Boyaux*, comme tous les noms en *au*,
prend un *x* au pluriel. — 22. Coudée. — 23. On écrit des *avant-
bras*, *avant*, prép., étant toujours invariable, et le subst. *bras*
s'écrivant au pluriel comme au sing. (*Gram.*, p. 14). — 24. De
poing. — 25. Doigtier, doigter. — 26. De *anneau*, autrefois *annel*.
— 27. Genouillère, s'agenouiller. — 28. Pluriel, des *cous-de-pied* :
quand un nom composé est formé de deux subst. unis par une
prép., le premier seul prend la marque du pluriel (*Gram.*, p. 14).
— 29. Au moyen des dérivés *piédouche, piédestal*. — 30. Talonner.
— 31. Latéral.

165. Ma chère tante, à la mort de mes parents, non-seulement vous avez eu la bonté de m'accueillir, mais encore vous
m'avez fait donner dans la pension où je suis une excellente édu-

9.

le point d'avoir terminé son éducation, prie sa tante de mettre le comble à ses bontés en la plaçant en apprentissage. Elle dit qu'afin de diminuer les dépenses que sa tante sera obligée de faire, elle s'efforcera de ..... ; elle comprend tous les avantages qu'elle peut retirer d'un travail assidu, et elle ne se conduira pas comme les enfants qui .....

Exercice d'orthographe usuelle 166.

LES ÉTOFFES.

Copiez le morceau suivant et faites une liste des mots en italique, que vous rangerez sous le titre de : *Mots relalifs aux étoffes.*

Les *étoffes* sont faites avec les *poils* des *animaux* ou avec les *fibres* de certains *végétaux*. Le *poil* des moutons s'appelle *laine*. C'est avec la *laine* que l'on fabrique le *drap*, qui sert pour les *habits*. C'est encore avec la laine que l'on confectionne les *matelas*. La *flanelle*, le *mérinos*, le *cachemire*, le *molleton*, sont des étoffes de *laine*.

La *soie* est le produit de l'industrie d'un insecte connu sous le nom de *ver à soie*. La *soie* sert à fabriquer le *taffetas*, le *satin*, le *damas*, le *velours*, et quelques autres étoffes.

Avec les *fils* que l'on extrait du *chanvre*, on compose la *toile*, dont sont faits les *draps de lit*, les *chemises*, les *nappes*, les *serviettes*, les *mouchoirs*. Les *fils* que l'on retire du *lin* sont réservés pour la fabrication de la *toile* la plus fine, de la *batiste* et de la *dentelle*.

Le *coton* est une plante qui ressemble à la mauve. La graine est entourée de fils avec lesquels on confectionne le *calicot*, la *percale*, la *mousseline*, les *bas*, les *bonnets*, les *taies d'oreiller*. Les *mèches* de lampe et de chandelle sont en *coton*.

Exercice de grammaire et d'orthographe 167.

Répondez aux questions suivantes.

1. Expliquez les pluriels *animaux* et *végétaux*. — 2. Quel est l'homonyme de *poil* ? — 3. Citez les dérivés de *laine*. — 4. Pourquoi *drap* s'écrit-il avec un *p* ? — 5. Quels sont les dérivés de *matelas* ? — 6. Citez des noms terminés comme *mérinos*. — 7. Citez un dérivé de *soie*. — 8. Ecrivez le pluriel de *ver à soie* et expliquez-le. — 9. Citez les homonymes de *ver*. — 10. Citez les dérivés de *satin*. — 11. Pourquoi écrit-on *damas* avec un *s* final ? — 12. Ecrivez le pluriel de *velours* et expliquez-le. — 13. Citez l'homonyme de *fil*. — 14. Quel est le genre de *chanvre* ? — 15. Pourquoi écrit-on *lit* avec un *t* final ? — 16. De quel

cation. Je vous devrai le plus précieux des biens, celui que l'on est assuré de ne jamais perdre, l'instruction et l'éducation. Aujourd'hui que je suis sur le point d'avoir terminé mes études, je viens vous prier, ma chère tante, de mettre le comble à vos bienfaits en me plaçant en apprentissage. Afin de rendre aussi minimes que possible les dépenses que vous serez obligée de faire dans cette circonstance, je m'appliquerai de toutes mes forces à me rendre habile dans le moindre temps possible, et je ne perdrai pas une minute. Je ferais volontiers le sacrifice de toutes mes récréations pour arriver plus vite au moment où je serai en état de gagner ma vie. Quoique vous ne jouissiez pas d'une grande aisance, vous n'avez cependant pas hésité à me tenir lieu de mère et à prendre sur vos faibles ressources pour m'élever. Veuillez croire que je ne perdrai jamais de vue cette action généreuse, et que je ne ferai pas comme ces enfants qui, mis en pension ou en apprentissage, gaspillent le temps sans scrupule et sans remords. Je serai aiguillonnée par cette pensée que plus tôt mon apprentissage sera terminé, et plus tôt je vous épargnerai des sacrifices qui ne coûtent pas à votre bon cœur, mais qui n'en sont pas moins très-lourds et très-réels.

Agréez, ma chère tante, les témoignages de reconnaissance de votre nièce toute dévouée.

Corrigé 166.

Etoffe. — Poil. — Fibre. — Laine. — Drap. — Habit. — Matelas. — Flanelle. — Mérinos. — Cachemire. — Molleton. — Soie. — Taffetas. — Satin. — Damas. — Velours. — Toile. — Drap de lit. — Chemise. — Nappe. — Serviette. — Mouchoir. — Batiste· — Dentelle. — Calicot. — Percale. — Mousseline. — Bas. — Bonnet. — Taie d'oreiller.

Corrigé 167.

1. Ces deux mots sont le pluriel de *animal* et *végétal*, les noms en *al* formant leur pluriel en *aux*. — 2. Poêle. — 3. Laineux, lainage, lainer, lainerie. — 4. A cause des dérivés *drapier, draperie*, etc. — 5. Matelasser, matelassier. — 6. Albinos, tétanos, rhinocéros, pathos. — 7. Soyeux. — 8. Pl. *vers-à-soie* : ce nom composé étant formé de deux subst. unis par une prép., le premier subst. seul prend la marque du pluriel (*Gram.*, p. 14). — 9. Vers, verre, vert. — 10. Satiner, satineur, satinage, satinade. — 11. A cause du nom latin *Damasus*, de la ville de *Damas*; de *Damas* vient *damasser*. — 12. *Velours* s'écrit au pluriel comme au singulier, parce que les noms en *s, x, z* s'écrivent au plur. comme au sing. — 13. Une *file*. — 14. *Chanvre* est du masc. — 15. A cause

verbe vient *mouchoir* ? — 17. Citez les dérivés de *lin*. — 18. D'où vient *dentelle* ? — 19. Quels sont les dérivés de *coton* ? — 20. Citez trois substantifs terminés comme *calicot* ? — 21. Citez trois substantifs terminés comme *taie*.

Exercice de rédaction 168.

Répondez à l'aide du morceau qui précède aux questions suivantes.

1. Avec quoi sont faites les étoffes ? — 2. Comment s'appelle le poil des moutons ? — 3. Que fabrique-t-on avec la laine ? — 4. Qu'est-ce que la soie ? — 5. Que fabrique-t-on avec la soie ? — 6. Que fabrique-t-on avec les fils que l'on extrait du chanvre ? — 7. A quelle fabrication sont réservés les fils que l'on extrait du lin ? — 8. Qu'est-ce que le coton ? — 9. Quelles étoffes fabrique-t-on avec le coton ?

Sujet à développer 169.

GRANDEUR D'AME D'UN PAYSAN (*Narration*).

Pendant la campagne d'Allemagne, en 1760, un officier anglais demanda à un paysan de lui indiquer un champ où il pourrait faire paître les chevaux de sa troupe. Le paysan se rendit dans la campagne, suivi de l'officier. On arriva à un champ de blé, où le militaire voulut faire arrêter les chevaux. Le paysan engagea l'officier à aller un peu plus loin. L'officier répliqua qu'il avait ici ce qu'il lui fallait. Mais le paysan insista, et conduisit l'Anglais à un champ d'avoine. Il dit alors que ce champ était à lui, tandis que l'autre ne lui appartenait pas.

Terminez par une appréciation de la conduite du paysan. (Dans ce récit, vous mettrez les verbes au présent, et vous emploierez le dialogue direct.)

Exercice d'orthographe usuelle 170.

LES MEUBLES ET LES USTENSILES DE MÉNAGE.

Copiez le morceau suivant et faites une liste des mots en italique, que vous rangerez sous le titre de : *Mots relatifs aux meubles et aux ustensiles de ménage.*

On est étonné de la grande quantité des *meubles* * et des *ustensiles* dont on se sert *journellement* * dans un *ménage*. Parmi les meubles proprement dits on range : les *chaises*, les *fauteuils*, les *canapés*, les *buffets*, les *armoires*, les *pendules* *, les *horloges*, les *lampes*, les *chandeliers*, les *chenets* *, la *pelle à feu*, les *pincettes*, la *bassinoire*.

A la *batterie* de cuisine appartiennent les *casseroles*, les

du dérivé *literie*. — 16. Du verbe *moucher*. — 17. *Linaire* (plante), *linge* et les dérivés de ce dernier. — 18. De *dent*. — Cotonnier, cotonneux, cotonnade, cotonner. — 20. Haricot, abricot, écot. — 21. Saie, plaie, chênaie.

Corrigé 168.

1. Avec de la laine, de la soie, du lin, du chanvre, du coton. — 2. Laine. — 3. Le drap, les matelas, la flanelle, le mérinos, le cachemire, le molleton. — 4. C'est la salive solidifiée et en forme de fil d'une sorte de papillon dont la larve se nomme ver à soie. — 5. Le taffetas, le satin, le damas, le velours, etc. — 6. La toile. — 7. A la fabrication de la toile fine, de la batiste et de la dentelle. — 8. Les fils qui enveloppent le fruit d'une sorte de mauve appelée *cotonnier*. — 9. Le calicot, la percale, la mousseline, les bas, les bonnets, les taies d'oreiller.

Corrigé 169.

On est en 1760, au milieu de cette guerre de Sept ans qui dévasta et ensanglanta l'Allemagne; un officier anglais vient trouver un paysan et lui ordonne d'avoir à le conduire dans un champ où il pourra faire paître les chevaux de sa troupe. Le paysan ne réplique point et se rend avec l'officier dans la campagne. Après avoir cheminé quelque temps, on arrive à un beau champ de blé. «Voilà précisément mon affaire, s'écrie l'officier; il n'est pas besoin de chercher davantage, nos chevaux trouveront ici un aliment aussi sain qu'abondant. — Je vous conjure, dit alors le paysan, de ne pas vous arrêter à cette idée; veuillez me suivre quelques minutes encore, et je vous promets que vous ne me saurez pas mauvais gré de mon insistance.» L'officier anglais y consent, on se remet en marche. Bientôt apparaît un champ d'avoine. « Vous pouvez, fait le paysan, amener ici vos chevaux. — Mais pourquoi donc, dit l'officier, ne m'avez-vous pas laissé prendre le champ de blé? — Parce qu'il ne m'appartenait pas, tandis que celui-ci est à moi, » réplique le bon campagnard.

Quel désintéressement! quelle grandeur et quelle noblesse d'âme chez cet homme simple, qui aime mieux subir un dommage que de porter préjudice, même involontairement, à l'un de ses voisins!

poêles, le *gril,* les *fourneaux**, les *seaux,* l'*écumoire,* la *broche,* la *râpe.* Puis viennent les différentes pièces composant la *vaisselle** : les *assiettes* en terre ou en *porcelaine,* les *plats,* les *soupières* avec leur *couvercle,* les *couteaux,* les *cuillers,* les *fourchettes,* l'*huilier,* les *salières,* les *carafes,* les *verres,* les *gobelets* ou les *timbales.* On pourrait encore allonger de beaucoup cette liste des meubles et ustensiles de ménage,

Exercice de grammaire et d'orthographe 171.

Répondez aux questions suivantes :

1. Quelle différence de sens entre *meuble** et mobile? — 2. D'où dérive *journellement**? — 3. Que signifient *pendule** substantif féminin et *pendule* substantif masculin? — 4. D'où dérive *chandelier?* — 5. D'où *chenet** est-il formé? — 6. De quel nom *pincettes* est-il dérivé?—7. Quel est l'homonyme de *poêle?* — 8. Comment reconnaissez-vous qu'il faut un *l* à la fin de *gril?* — 9. De quel nom *fourneau* est-il dérivé? —10. Citez les homonymes de *seau* — 11. De quel nom *vaisselle** est-il dérivé? — 12. Quelles sont les deux manières d'écrire *cuiller*?* — 13. D'où *fourchette* est-il dérivé? — 14. Citez les homonymes de *verre.*

Sujet à développer 172.

ARGENT BIEN PLACÉ (*Narration*).

Vous direz qu'un menuisier, quoique gagnant beaucoup, vivait modestement et très-économiquement. Un voisin lui demanda ce qu'il faisait du reste de son argent. Le menuisier répondit qu'il employait une partie de son gain à payer ses dettes, et qu'il plaçait l'autre à intérêts*. Le voisin paraissant étonné, le menuisier lui expliqua qu'il payait ses dettes en prenant soin de ses parents qui, dans son enfance ... ; qu'il plaçait son argent à intérêts en faisant donner une bonne éducation à ses enfants, qui plus tard ... Il ne doutait pas qu'ils n'agissent un jour envers lui comme il agissait envers son père et sa mère; car ... (Vous emploierez le dialogue direct.)

Exercice d'orthographe usuelle 173.

INSTRUMENTS DE JARDINAGE.

Copiez le morceau suivant, et faites une liste des mots en italique que vous rangerez sous le titre de : *Mots relatifs au jardinage.*

Pour la culture des jardins, l'homme a inventé une foule d'outils qui abrègent ses travaux et diminuent ses fatigues.

170. Meuble. — Ustensiles. — Chaise. — Fauteuil. — Canapé. — Buffet. — Armoire. — Pendule. — Horloge. — Lampe. — Chandelier. — Chenet. — Pelle à feu. — Pincettes. — Bassinoire. — Batterie de cuisine. — Casserole. — Poêle. — Gril. — Fourneaux. — Seau. — Écumoire. — Broche. — Râpe. — Vaisselle. — Assiette. — Porcelaine. — Plat. — Soupière. — Couvercle. — Couteaux. — Cuiller. — Fourchette. — Huilier. — Salière. — Carafe. — Verre. — Gobelet. — Timbale.

171. 1. *Meuble* signifie : qu'on peut déplacer; *mobile*, qui est en mouvement. — 2. De *jour* anc. *journ*. — 3. *Pendule*, fém., désigne une sorte d'horloge; *pendule*, masc., désigne le balancier d'une horloge. — 4. De *chandelle*. — 5. De *chiennet*, petit chien. — 6. De *pince*. — 7. *Poil*. — 8. A l'inspection du dérivé *griller*. — 9. De *four*, anc. *fourn*. — 10. Saut. sceau, sot, Sceaux. — 11. De *vaisseau*, diminutif de *vase*. — 12. Cuiller et cuillère. — 13. De *fourche*. — 14. Ver, vert, vers, verre.

172. Un ouvrier qui avait une excellente clientèle, et qui, par suite, gagnait beaucoup, n'en vivait pas moins modestement et bien économiquement. Un de ses voisins lui en témoigna un jour sa surprise. « Je ne comprends pas, lui dit-il, que, dans la situation aisée où vous êtes, vous ne viviez pas plus largement, et ne vous permettiez pas ces plaisirs innocents qui font le charme de la vie. Que pouvez-vous donc faire de votre argent? Vous thésaurisez sans doute? — Je fais de mon argent deux parts, répondit le menuisier : l'une sert à payer mes dettes; quant à l'autre, je la place à intérêt. — Mais, s'écria le voisin, tout le monde sait bien que vous n'avez pas de dettes, et je ne m'imaginerais jamais que vous fussiez homme à placer la totalité de votre argent à intérêt. — Veuillez m'entendre jusqu'au bout, voisin. Dans mon enfance, j'ai contracté une dette, dette sacrée, envers les auteurs de mes jours, qui m'ont nourri, qui m'ont fait instruire, qui m'ont mis en apprentissage. Maintenant qu'ils sont vieux et dans l'impossibilité de travailler, je leur rembourse cette dette en subvenant à tous leurs besoins, et c'est de grand cœur que je m'acquitte de ce devoir filial. Quant à l'argent que je vous disais avoir placé à intérêt, c'est celui que je dépense pour l'éducation de mes enfants. J'y consacre toutes mes économies. Je ne néglige rien pour qu'ils soient un jour des hommes honnêtes et instruits. Sans doute, en agissant de la sorte, je n'amasse rien pour mes vieux jours, mais néanmoins je suis sans inquiétude sur mon sort à venir : mes enfants, bien élevés comme ils le sont, se comporteront avec moi de la même manière que je fais envers mon père et ma mère; car ils connaîtront trop bien leurs devoirs, et auront l'esprit trop élevé pour ne pas être fiers de me traiter comme si j'étais leur enfant. »

Les *jardiniers* ont un véritable *arsenal* de *béches*, de *pioches*, de *hoyaux*. On voit chez eux la *brouette*, le *râteau*, la *fourche*, les *arrosoirs* munis de leur *pomme*, les *serpettes*, les *sécateurs* * qui servent à tailler les *arbres*, les *croissants* *, les *cisailles*. Ils alignent leurs *plantes* en tendant un *cordeau*, ils les repiquent à l'aide d'un *plantoir*. Ils font venir certains végétaux dans des couches recouvertes de *châssis* ou de *cloches* en verre. Il y a d'autres *plantes* qui exigent une température plus élevée que celle de nos *climats* : ils les installent dans des *serres* chauffées par des calorifères ou par de simples poêles.

Exercice de grammaire et d'orthographe 174.

Répondez aux questions suivantes :

1. Quel est le singulier de *travaux* ? — 2. Pourquoi a-t-on écrit *ses travaux, ses fatigues*, et non *ces travaux, ces fatigues?* — 3. De quel nom est dérivé *jardinier?* — 4. Queis verbes sont formés avec *béche* et *pioche?* — 5. Quels verbes sont formés de *brouette*, de *râteau*, d'*arrosoir?* — 6. Quel est le diminutif de *fourche?* — 7. Citez des mots de la même famille que *sécateur* *. — 8. De quel mot *serpette* est-il un diminutif? — 9. Quelle est l'origine de *croissant* *? — 10. D'où vient *cordeau?* — 11. De quel substantif féminin provient *châssis?* — 12. Quels sont les homonymes de *serre?* — 13. Que signifie la terminaison *fère* * dans *calorifère?* — 14. Citez trois mots finissant par *fère*.

SYNTAXE DU VERBE.

INVERSION DU SUJET.

Exercice 175.

Règles 408 à 440. — Mettez le sujet après le verbe en changeant au besoin la place des mots en italique.

Merlin * *dit quelque part :* Tel pense tromper autrui qui souvent se trompe soi-même.

La femme de Socrate *, après l'avoir accablé d'injures, ayant fini par lui jeter un seau d'eau sur la tête, *le philosophe dit froidement à ses amis :* N'avais-je pas bien prévu qu'après le tonnerre viendrait la pluie?

Un roi de Lacédémone *, près de livrer bataille, voulut

Corrigé 173.

Bêche. — Pioche. — Hoyau. — Brouette. — Râteau. — Fourche. — Arrosoir. — Serpette. — Sécateur. — Croissant. — Cisaille. — Cordeau. — Plantoir. — Châssis. — Cloche. — Serre.

Corrigé 174.

1. Travail. — 2. Parce que l'on parle des *travaux*, des *fatigues* de l'homme, et qu'on veut indiquer la possession. — 3. De *jardin*. — 4. Bêcher, piocher. — 5. Brouetter, râteler, arroser. — 6. Fourchette. — 7. Sécable, sécante, section, dissection. — 8. De *serpe*. — 9. *Croissant* est le part. pr. du verbe *croître*. — 10. De *corde*. — 11. De *châsse*, coffre où sont renfermées des reliques. — 12. Il *sert*, il *serre*. — 13. *Fère* signifie *qui porte*. — 14. Aurifère, mammifère, ombellifère.

SYNTAXE DU VERBE.

INVERSION DU SUJET.

Corrigé 175.

Tel pense tromper autrui qui souvent se trompe soi-même, *dit quelque part Merlin**.

La femme de Socrate*, après l'avoir accablé d'injures, ayant fini par lui jeter un seau d'eau sur la tête : N'avais-je pas bien prévu qu'après le tonnerre viendrait la pluie? *dit froidement le philosophe à ses amis*.

Un roi de Lacédémone*, près de livrer bataille, voulut

sauver du danger un vieillard de quatre-vingts ans et le renvoyer à Sparte *. *Le vieillard s'écria :* Prince, vous me renvoyez bien loin chercher un lit pour mourir.

Henri IV étant arrivé à Amiens *, fatigué d'une grande traite *, un orateur qui vint le haranguer commença par les titres de très-grand, très-bon, très-clément, très-magnanime. *Le roi dit :* Ajoutez aussi : Et très-las.

Tel *un jeune lis croît* sur le bord d'une onde pure à l'abri de l'aquilon.

Que de peines *nous nous éviterions,* si nous écoutions plus souvent la voix de la raison !

En vain *nous voudrions* ajouter à notre taille la hauteur d'une coudée, nous n'y réussirions jamais.

Exercice général 176.

Sommaire. — Accord du verbe avec son sujet (règle 411). — Deux sujets unis par *et* (règle 412). — Deux sujets unis par *ou* (règles 413 à 415). — Deux sujets unis par *ni* (règles 416 à 418). — Nom collectif sujet (règles 419 à 421). — Accord du verbe avec *qui* sujet (règle 422). — Inversion du complément (règles 423 à 425). — Complément commun à deux verbes (règles 426 et 427). — Verbe qui a plusieurs compléments (règle 428). — Place des compléments (règles 429 à 431).

Appliquez la règle et expliquez-la en peu de mots.

Ecrivez : La belette et la fouine *sont* des animaux éminemment carnassiers (deux sujets unis par *et*).

1. La belette et la fouine (*être,* ind. prés.) des animaux éminemment carnassiers *.

La bière ou l'hydromel (*composer,* imp. de l'ind.) autrefois la boisson des peuples germains et slaves.

Ma mère et moi (*aller,* pas. indéf.) en Italie l'été dernier.

L'orme ou le hêtre (*constituer* ind. prés.) un excellent bois de chauffage.

Ton camarade et toi (*devoir,* pas. du cond.) écouter les sages conseils que l'on vous donnait.

L'or ainsi que l'argent (*pouvoir,* ind. prés.) rester (*enfoui*) dans la terre sans s'altérer.

Voulant se désaltérer, le renard et le bouc (*descendre,* pas. déf.) dans un puits.

L'enfer comme le ciel (*prouver,* ind. prés.) un Dieu juste et bon.

J'ai ouï dire à (*feu*) ma mère que ma tante et moi (*naître,* pas. déf.) la même année.

La chimie, de même que la physique (*prêter,* ind. prés.) à l'homme un puissant secours.

La mer promet monts et merveilles : fiez-vous-y ; les vents et les voleurs (*venir,* fut.).

sauver du danger un vieillard de quatre-vingts ans et le renvoyer à Sparte* : Prince, vous me renvoyez bien loin chercher un lit pour mourir, *s'écria le vieillard.*

Henri IV étant arrivé à Amiens*, fatigué d'une grande traite*, un orateur qui vint le haranguer commença par les titres de très-grand, très-bon, très-clément, très-magnanime. — Ajoutez aussi : Et très-las, *dit le roi.*

Tel *croît un jeune lis*, sur le bord d'une onde pure, à l'abri de l'aquilon.

Que de peines *nous éviterions-nous*, si nous écoutions plus souvent la voix de la raison !

En vain *voudrions-nous* ajouter à notre taille la hauteur d'une coudée, nous n'y réussirions jamais.

Corrigé 176.

1. La belette et la fouine *sont* des animaux éminemment carnassiers*.

La bière ou l'hydromel *composait* autrefois la boisson des peuples germains et slaves.

Ma mère et moi, *nous sommes allés* en Italie l'été dernier.

L'orme ou le hêtre *constitue* un excellent bois de chauffage.

Ton camarade et toi *auriez dû* écouter les sages conseils que l'on vous donnait.

L'or, ainsi que l'argent, *peut* rester *enfoui* dans la terre sans s'altérer.

Voulant se désaltérer, le renard et le bouc *descendirent* dans un puits.

L'enfer, comme le ciel, *prouve* un Dieu juste et bon.

J'ai ouï dire à *feu* ma mère que ma tante et moi *naquîmes* la même année.

La chimie, de même que la physique, *prête* à l'homme un puissant secours.

La mer promet monts et merveilles : fiez-vous-y ; les vents et les voleurs *viendront*.

2. L'eau de pluie comme l'eau distillée (*pouvoir*, ind. prés.) être (*employé*) dans la photographie.

Ton frère et toi (*faire*, fut.) bien de travailler beaucoup pour rattraper le temps perdu.

Le sauvage comme l'enfant (*s'irriter*, ind. prés.) et (*s'apaiser*, ind. prés.) soudain sans motifs apparents.

Le cheval et le bœuf (*rendre*, ind. prés.) à l'homme de si grands services, que nous ne concevons plus comment celui-ci pourrait se passer de ces deux animaux.

La guerre ou la peste (*faire*, ind. prés.) moins de mal aux hommes que l'intempérance

Toi et moi (*devoir*, cond. prés.) essayer d'apprendre la musique.

Le tambour ou le clairon (*conduire*, ind. prés.) les guerriers au combat.

Lui et toi (*lutter*, ind. prés.) depuis longtemps de générosité.

La luzerne ou le trèfle (*causer*, ind. prés.) parfois la météorisation des animaux domestiques.

Ni l'or ni l'argent ne (*pouvoir*, cond. prés.) remplacer complétement le fer.

3. La multitude des poissons (*avoir*, ind. prés., au sing.) le squelette osseux; quelques-uns seulement ont le squelette cartilagineux.

Une immense quantité d'insectes coléoptères (*posséder*, ind. prés., au plur.) des ailes propres au vol sous leurs élytres *; très-*peu* en (*être*, ind. prés.) (*privé*).

Ni l'un ni l'autre de ces deux auteurs n' (*obtenir*, fut.) (1) à l'Académie * le fauteuil devenu vacant.

Une foule de sauriens ou lézards gigantesques (*vivre*, imparf. de l'ind., au plur.) à l'époque dite jurassique.

Ni l'un ni l'autre de ces deux élèves n' (*avoir*, fut.) (1) le premier prix de mathématiques.

La plupart des noms terminés par *al* (*changer*, ind. prés.) *al* en *aux* au pluriel.

L'un ou l'autre de mes jeunes frères (*avoir*, fut.) une bourse au collége de notre ville.

La troupe des hirondelles (*revenir*, ind. prés., au sing.) au commencement du printemps dans nos climats tempérés et les (*quitter*, ind. pr.) à l'entrée de l'automne.

Nous nous sommes débarrassés d'une multitude de vers blancs qui (*pulluler*, imp. de l'ind., au plur.) dans ce champ.

(1) Quand le sens de la phrase indique clairement qu'un seul des deux sujets joints par *ni* peut faire l'action exprimée par le verbe, celui-ci reste au singulier.

2. L'eau de pluie, comme l'eau distillée, *peut* être *employée* dans la photographie.

Ton frère et toi *ferez* bien de travailler beaucoup pour rattraper le temps perdu.

Le sauvage, comme l'enfant, *s'irrite* et *s'apaise* soudain sans motifs apparents.

Le cheval et le bœuf *rendent* à l'homme de si grands services, que nous ne concevons plus comment celui-ci pourrait se passer de ces deux animaux.

La guerre ou la peste *fait* moins de mal aux hommes que l'intempérance.

Toi et moi *devrions* essayer d'apprendre la musique.

Le tambour ou le clairon *conduit* les guerriers au combat.

Lui et toi *luttez* depuis longtemps de générosité.

La luzerne ou le trèfle *cause* parfois la météorisation des animaux domestiques.

Ni l'or ni l'argent ne *pourraient* remplacer complétement le fer.

3. La multitude des poissons *a* le squelette osseux ; quelques-uns seulement ont le squelette cartilagineux.

Une immense quantité d'insectes coléoptères *possèdent* des ailes propres au vol sous leurs élytres* ; très-*peu* en sont *privés*.

Ni l'un ni l'autre de ces deux auteurs *n'obtiendra* à l'Académie* le fauteuil devenu vacant.

Une foule de sauriens ou lézards gigantesques *vivaient* à l'époque dite jurassique.

Ni l'un ni l'autre de ces deux élèves *n'aura* le premier prix de mathématiques.

La plupart des noms terminés par *al* changent *al* en *aux* au pluriel.

L'un ou l'autre de mes jeunes frères *aura* une bourse au collége de notre ville.

La troupe des hirondelles *revient* au commencement du printemps dans nos climats tempérés, et les* *quittte* à l'entrée de l'automne.

Nous nous sommes débarrassés d'une multitude de vers blancs qui *pullulaient* dans ce champ.

4. Ni le vent ni la pluie n'(*endommager*, pas. indéf.) les arbres de notre verger.

Ni le chanvre ni le blé ne (*s'accommoder*, ind. prés.) d'une terre légère; ni l'un ni l'autre ne (*savoir*, ind. prés.) se passer d'une abondante fumure.

Ni la chauve-souris ni l'araignée ne (*passer*, ind. prés.) pour des animaux élégants.

L'armée des ennemis (*regagner*, pas. déf., au sing.) précipitamment la frontière; *beaucoup* (*périr*, pas. déf.) pendant la retraite.

Ni la pesanteur de l'air ni la boussole* n' (*être connu*, imp. de l'ind.) des anciens; l'une et l'autre (*être*, ind. prés.) des découvertes des modernes.

La compagnie des sapeurs-pompiers (*s'exercer*, fut. au sing.) à la manœuvre des pompes.

Ni l'Etna* ni le Vésuve* n' (*faire*, pas. indéf.) éruption cette année.

Une bande de castors* (*s'établir*, pl.-que-parf. de l'ind., au sing.) sur le lac Champlain, au Canada*.

Ni ton cousin ni mon frère ne (*être nommé*, fut.) (1) maire de la ville que nous habitons.

5. La foule des courtisans (*empêcher*, ind. pr., au sing.) la vérité de parvenir jusqu'aux oreilles des rois.

L'ambitieux *chérit et aspire après les honneurs*.

Saint Jean envoya au Sauveur deux de ses disciples qui lui adressèrent cette question : « Est-ce vous qui (*devoir*) venir, ou devons-nous en attendre un autre? »

La colère *ravale et nuit à celui* qui y est enclin.

C'est moi, disait Petit-Jean, qui (*avoir*) la charge de fournir la maison de chandelle et de foin.

Notre-Seigneur Jésus-Christ nous ordonne *d'aimer et de pardonner à nos ennemis*.

Moi, qui ne (*être*) qu'un ver de terre, comment puis-je me laisser aller aux fumées de l'orgueil et de l'ambition?

Les ennemis *ont approché et sont entrés dans la ville.*

C'est nous qui (*avoir*) les premiers aperçu l'incendie.

Les oiseaux n'ont pas *su éviter et sont tombés dans le piége.*

Hercule* mourant disait à Philoctète : « C'est toi qui (*recevoir*, fut.) mon âme prête à s'envoler; c'est toi qui (*recueillir*, fut.) mes cendres. »

Nul ne peut avoir la prétention *de captiver et de plaire à tous les hommes.*

Les hommes les plus avides de louanges sont souvent ceux qui en (*mériter*) le moins.

4. Ni le vent ni la pluie *n'ont endommagé* les arbres de notre verger.

Ni le chanvre ni le blé ne *s'accommodent* d'une terre légère; ni l'un ni l'autre ne *savent* se passer d'une abondante fumure.

Ni la chauve-souris ni l'araignée ne *passent* pour des animaux élégants.

L'armée des ennemis *regagna* précipitamment la frontière; *beaucoup périrent* pendant la retraite.

Ni la pesanteur de l'air ni la boussole *n'étaient connues* des anciens; l'une et l'autre *sont* des découvertes des modernes.

La compagnie des sapeurs-pompiers *s'exercera* à la manœuvre des pompes.

Ni l'Etna˙ ni le Vésuve˙ *n'ont fait* éruption cette année.

Une bande de castors *s'était établie* sur le lac Champlain, au Canada˙.

Ni ton cousin ni mon frère ne *sera nommé* maire de la ville que nous habitons.

5. La foule des courtisans *empêche* la vérité de parvenir jusqu'aux oreilles des rois.

L'ambitieux *chérit les honneurs et y aspire.*

Saint Jean envoya au Sauveur deux de ses disciples qui lui adressèrent cette question : « Est-ce vous qui *devez* venir, ou devons-nous en attendre un autre? »

La colère *nuit à celui* qui y est enclin *et le ravale.*

C'est moi, disait Petit-Jean, qui *ai* la charge de fournir la maison de chandelle et de foin.

Notre-Seigneur Jésus-Christ nous ordonne *d'aimer nos ennemis et de leur pardonner.*

Moi, qui ne *suis* qu'un ver de terre, comment puis-je me laisser aller aux fumées de l'orgueil et de l'ambition?

Les ennemis *ont approché de la ville et y sont entrés.*

C'est nous qui *avons* les premiers aperçu l'incendie.

Les oiseaux n'ont pas *su éviter le piége et y sont tombés.*

Hercule˙ mourant disait à Philoctète : « C'est toi qui *recevras* mon âme prête à s'envoler; c'est toi qui *recueilleras* mes cendres. »

Nul ne peut avoir la prétention *de captiver tous les hommes et de leur plaire.*

Les hommes les plus avides de louanges sont souvent ceux qui en *méritent* le moins.

6. Arrière le serviteur *qui trompe et ment à son maître.*

Ce ne sera jamais nous qui (*insulter*, fut.) aux malheureux.

Le soleil *éclaire et luit pour tous les hommes.*

C'est mon frère et moi qui (*diriger*) la maison et qui (*surveiller*) les ouvriers en l'absence de notre père.

Le méchant *redoute et est effrayé des ténèbres.*

Vous qui (*voir*) la paille qui est dans l'œil de votre frère, comment n'apercevez-vous pas la poutre qui est dans le vôtre?

Il faut *courir sus et attaquer l'ennemi.*

Tous les peuples croient *l'âme immortelle et qu'ils seront récompensés ou punis dans une autre vie.*

Les Lapons * tirent — tous leurs moyens de subsistance et de locomotion — du renne.

Il importe d'apprendre *bien son métier, et qu'on s'y rende aussi habile qu'on le peut.*

Un volcan lance — des gaz, de la vapeur d'eau et des matières minérales en fusion — de son cratère.

Les anciens se figuraient *la terre plate comme un disque, et qu'elle était entourée par le fleuve Océan*.

7. Les Egyptiens doivent — l'étonnante fertilité de leur sol — au Nil *.

Christophe Colomb *, dans sa navigation vers l'ouest, pensait *atteindre les Indes, et qu'il aborderait sur une côte de l'Asie.*

Les enfants des îles Baléares * étaient obligés d'abattre — leur déjeuner placé au sommet des arbres — avec une fronde.

Les Lacédémoniens habituaient leurs enfants *à la tempérance et à coucher sur la terre nue.*

Les Samnites * avaient réussi à enfermer — deux armées romaines, commandées chacune par un consul — dans un défilé *.

Les Peaux-Rouges * de l'Amérique du Nord ne s'occupent *que de la chasse et de la pêche* dans les nombreux lacs disséminés dans les contrées qu'ils habitent.

Les abeilles recueillent — les matériaux dont elles composeront leur miel et leur cire — au sein des fleurs.

Avant la conquête d'Alger *, la population des Etats barbaresques * ne pensait *qu'à la piraterie et à faire le commerce des esclaves.*

Les anciens poëtes nous représentent les Danaïdes * sans cesse occupées à remplir — des tonneaux sans fond — avec de l'eau.

6. Arrière le serviteur *qui ment à son maître et le trompe!*

Ce ne sera jamais nous qui *insulterons* aux malheureux.

Le soleil *luit pour tous les hommes et les éclaire.*

C'est mon frère et moi qui *dirigeons* la maison et qui *surveillons* les ouvriers en l'absence de notre père.

Le méchant *est effrayé des ténèbres et les redoute.*

Vous qui *voyez* la paille qui est dans l'œil de votre frère, comment n'apercevez-vous pas la poutre qui est dans le vôtre?

Il faut *courir sus à l'ennemi et l'attaquer.*

Tous les peuples croient *que l'âme est immortelle et qu'ils seront récompensés ou punis dans une autre vie.*

Les Lapons* tirent *du renne* tous leurs moyens de subsistance et de locomotion.

Il importe *qu'on apprenne bien son métier, et qu'on s'y rende aussi habile qu'on le peut.*

Un volcan lance *de son cratère* des gaz, de la vapeur d'eau et des matières minérales en fusion.

Les anciens se figuraient *que la terre était plate comme un disque, et qu'elle était entourée par le fleuve Océan*.*

7. Les Egyptiens doivent *au Nil* * l'étonnante fertilité de leur sol.

Christophe Colomb*, dans sa navigation vers l'ouest, pensait *atteindre les Indes, et aborder sur une côte de l'Asie.*

Les enfants des îles Baléares* étaient obligés d'abattre *avec une fronde* leur déjeuner placé au sommet des arbres.

Les Lacédémoniens habituaient leurs enfants *à pratiquer la tempérance et à coucher sur la terre nue.*

Les Samnites* avaient réussi à enfermer *dans un défilé* * deux armées romaines, commandées chacune par un consul.

Les Peaux-Rouges* de l'Amérique du Nord ne s'occupent *qu'à chasser et à pêcher* dans les nombreux lacs disséminés dans les contrées qu'ils habitent.

Les abeilles recueillent — *au sein des fleurs* — les matériaux dont elles composeront leur miel et leur cire.

Avant la conquête d'Alger*, la population des Etats Barbaresques* ne pensait *qu'à faire la piraterie et le commerce des esclaves.*

Les anciens poëtes nous représentent les Danaïdes sans cesse occupées à remplir *avec de l'eau* des tonneaux sans fond.

8. Laissant aux femmes le soin de la culture des terres, les anciens Gaulois ne songeaient qu'*à la guerre, à la chasse et à organiser des expéditions lointaines.*

On ramène facilement à soi — ceux dont on s'était aliéné le cœur — par des bienfaits.

César * médita de bonne heure *l'asservissement de ses concitoyens et d'exercer à Rome le pouvoir absolu.*

Que de voyageurs ont succombé — accablés de faim et de soif — dans les déserts!

Léonard de Vinci * excellait *dans la peinture et à pénétrer* les secrets de la nature.

Les Chinois * ont cru se préserver à jamais — des incursions des Tartares, leurs incommodes voisins — par une muraille.

Exercice 177.

L'ÉCUREUIL.

Mettez au pluriel les mots en italique.

L'écureuil, vu l'innocence de *ses* mœurs, *mériterait* qu'on *l'épargnât. Il* se *nourrit* ordinairement de fruits, d'amandes, de noisettes, de faînes et de glands. *Il approche* des oiseaux par *sa* légèreté; *il demeure* sur la cîme des arbres, *parçourt* les forêts en sautant de l'un à l'autre, y *fait son nid, cueille* les graines, *boit* la rosée, et ne *descend* à terre que quand les arbres sont agités par la violence des vents. *Il* ne *séjourne* jamais, ni dans les champs ni dans les lieux découverts, ni dans les pays de plaine; *il n'approche* jamais des habitations; *il* ne *reste* point dans les taillis, mais sur les vieux arbres des plus belles futaies. *Il craint* l'eau plus encore que la terre. Pour la passer, *il* se *sert,* dit-on, d'une écorce pour vaisseau et de *sa* queue pour voile et pour gouvernail. *Il* ne *s'engourdit* pas comme *le loir* pendant l'hiver. Pour peu que l'on touche au pied de l'arbre sur lequel *il repose, il sort* de *sa* petite bauge *, fuit* sur un autre arbre, ou *se couche* à l'abri d'une branche.

Même exercice 178 (*Suite*).

Il ramasse des noisettes pendant l'été, en *remplit* les troncs, les fentes d'un vieux arbre, et *a recours* en hiver à *sa* provision. *Il* les *cherche* aussi sous la neige, qu'*il détourne* en grattant. *Il possède* une voix éclatante, et plus perçante encore que celle de la fouine; *il a* de plus un murmure à bouche fermée, un petit grognement de mécontentement qu'*il fait* entendre toutes les fois qu'on *l'irrite. Il est* trop *léger* pour marcher; *il va* ordinairement par petits sauts, et quelquefois par bonds; *il a* les ongles si pointus

8. Laissant aux femmes le soin de la culture des terres, les anciens Gaulois ne songeaient qu'*à guerroyer, à chasser et à organiser des expéditions lointaines.*

On ramène facilement à soi *par des bienfaits* ceux dont on s'était aliéné le cœur.

César* médita de bonne heure *d'asservir ses concitoyens et d'exercer à Rome le pouvoir absolu.*

Que de voyageurs ont succombé *dans les déserts*, accablés de faim et de soif!

Léonard de Vinci* excellait *à peindre* et *à pénétrer* les secrets de la nature.

Les Chinois* ont cru se préserver à jamais, *par une muraille,* des incursions des Tartares, leurs incommodes voisins.

Corrigé 177.

Les écureuils, vu l'innocence de *leurs* mœurs, *mériteraient* qu'on *les épargnât. Ils* se *nourrissent* ordinairement de fruits, d'amandes, de noisettes, de faînes et de glands. *Ils approchent* des oiseaux par *leur* légèreté; *ils demeurent* sur la cime des arbres, *parcourent* les forêts en sautant de l'un à l'autre, y *font leurs nids, cueillent* les graines, *boivent* la rosée, et ne *descendent* à terre que quand les arbres sont agités par la violence des vents. *Ils* ne *séjournent* jamais ni dans les champs, ni dans les lieux découverts, ni dans les pays de plaine; *ils n'approchent* jamais des habitations; *ils* ne *restent* point dans les taillis, mais sur les vieux arbres des plus belles futaies. *Ils craignent* l'eau plus encore que la terre. Pour la passer, *ils* se *servent*, dit-on, d'une écorce pour vaisseau et de *leur* queue pour voile et pour gouvernail. *Ils* ne *s'engourdissent* pas comme *les loirs* pendant l'hiver. Pour peu que l'on touche au pied de l'arbre sur lequel *ils reposent, ils sortent* de *leur* petite bauge*, *fuient* sur un autre arbre, ou *se cachent* à l'abri d'une branche.

Corrigé 178 (*Suite*).

Ils ramassent des noisettes pendant l'été, en *remplissent* les troncs, les fentes d'un vieil arbre, et *ont recours* en hiver à *leur* provision. *Ils* les *cherchent* aussi sous la neige, qu'*ils détournent* en grattant. *Ils possèdent* une voix éclatante, et plus perçante encore que celle de la fouine; *ils ont* de plus un murmure à bouche fermée, une petit grognement de mécontentement qu'*ils font* entendre toutes les fois qu'on *les* irrite. *Ils sont* trop *légers* pour marcher; *ils vont* ordinairement par petits sauts, et quelquefois par bonds; *ils ont* les ongles si pointus et les mouvements si et les mouvements si prompts, qu'*il grimpe* en un instant sur un hêtre, dont l'écorce est fort lisse.

Même exercice 179 (*Suite*).

Il semble craindre l'ardeur du soleil ; *il demeure* pendant le jour à l'abri dans *son* domicile, dont *il sort* le soir pour s'exercer, jouer, courir et manger. Ce domicile est propre, chaud, impénétrable à la pluie. *Il l'établit* sur l'enfourchure d'un arbre : *il commence* par transporter des buchettes qu'*il méle*, qu'*il entrelace* avec de la mousse ; *il la serre* ensuite, la *foule*, et *donne* assez de capacité et de solidité à *son* ouvrage pour y être à l'aise et en sûreté avec *ses* petits. Il n'y a qu'une étroite ouverture vers le bout. Au-dessus de cette ouverture est une espèce de couvert en cône, qui met le tout à l'abri, et fait que la pluie s'écoule par les côtés, et ne pénètre pas.

Exercice 180.

LA GYMNASTIQUE.

Mettez les verbes au temps indiqué.

L'éducation (*comprendre*, part. pr.) tout ce qui (*être*, ind. pr.) propre à développer les forces et à donner au corps de la grâce et de la souplesse dans les mouvements, les exercices gymnastiques (*devoir*, ind. pr.) y coopérer *, puisqu'ils (*atteindre*, ind. pr.) merveilleusement ce but. Dans l'antiquité *, on était si convaincu de leur nécessité qu'aux yeux du plus grand nombre ils (*paraître*, plus-que-parfait de l'ind.) constituer la partie la plus essentielle de l'éducation de la jeunesse. Les États qui (*fleurir*, imp. de l'ind.) le plus (*établir*, pl.-q.-p. de l'ind.) des jeux publics où le corps s'(*assouplir*, imp. de l'ind.) et s'(*habituer*, imp. de l'ind.) aux privations et aux fatigues. Ce (*être*, pas. déf.) par ces exercices que les Lacédémoniens * (*acquérir*, pas. déf.) cette vigueur et cette agilité qui les (*rendre*, imp. de l'ind.) la terreur de leurs voisins. Ce (*être*, pas. déf.) à ces mêmes exercices qu'ils (*devoir*, pas. déf.) tant de fois la victoire.

Même exercice 181.

Les Grecs *, les Romains *, les Gaulois * (*contraindre*, imp. de l'ind.) les enfants, dans les écoles publiques, à consacrer plusieurs heures à des exercices violents et souvent périlleux. Aussi (*voir*, imp. de l'ind.) -on rarement parmi eux des enfants pâles, frêles *, délicats, contrefaits * ou maladifs, si communs de nos jours. C'étaient généralement des hommes grands, robustes, infatigables, au corps plein de grâce et de souplesse. Ils (*perdre*, pas. ind.) tous

prompts. qu'*ils grimpent* en un instant sur un hêtre, dont l'écorce est fort lisse.

Corrigé 179 (*Suite*).

Ils semblent craindre l'ardeur du soleil ; *ils demeurent* pendant le jour à l'abri dans *leur* domicile, dont *ils sortent* le soir pour s'exercer, jouer, courir et manger. Ce domicile est propre, chaud, impénétrable à la pluie. *Ils l'établissent* sur l'enfourchure d'un arbre : *ils commencent* par transporter des bûchettes qu'*ils mêlent*, qu'*ils entrelacent* avec de la mousse ; *ils* la *serrent* ensuite, la *foulent* et *donnent* assez de capacité et de solidité à *leur* ouvrage pour y être à l'aise et en sûreté avec *leurs* petits. Il n'y a qu'une étroite ouverture vers le haut. Au-dessus de cette ouverture est une espèce de couvert en cône, qui met le tout à l'abri, et fait que la pluie s'écoule par les côtés, et ne pénètre pas.

Corrigé 180.

L'éducation *comprenant* tout ce qui *est* propre à développer les forces et à donner au corps de la grâce et de la souplesse dans les mouvements, les exercices gymnastiques *doivent* y coopérer *, puisqu'ils *atteignent* merveilleusement ce but. Dans l'antiquité *, on était si convaincu de leur nécessité, qu'aux yeux du plus grand nombre, ils *avaient paru* constituer la partie la plus essentielle de l'éducation de la jeunesse. Les Etats qui *florissaient* le plus avaient *établi* des jeux publics où le corps *s'assouplissait* et *s'habituait* aux privations et aux fatigues. Ce *fut* par ces exercices que les Lacédémoniens* *acquirent* cette vigueur et cette agilité qui les *rendaient* la terreur de leurs voisins. Ce *fut* à ces mêmes exercices qu'ils *durent* tant de fois la victoire.

Corrigé 181.

Les Grecs*, les Romains*, les Gaulois* *contraignaient* les enfants, dans les écoles publiques, à consacrer plusieurs heures à des exercices violents et souvent périlleux. Aussi *voyait*-on rarement parmi eux des enfants pâles, frêles*, délicats, contrefaits* ou maladifs, si communs de nos jours. C'étaient généralement des hommes grands, robustes, infatigables, au corps plein de grâce et de souplesse. Ils *ont* ces avantages à mesure qu'ils (*proscrire*, pas. ind.) ces exercices corporels. Et aujourd'hui, d'où (*venir*, ind. pr.) la différence, pour la force du corps, entre les enfants des villes et ceux des campagnes ? Evidemment de la même cause. Aujourd'hui on a si bien (*comprendre*, part. pas.) comment la gymnastique (*agir*, ind. pr.) sur le moral, que l'on vient d'introduire dans les colléges les exercices gymnastiques. (*Espérer*, impér., 1re pers. du pl.) que cet exemple (*être suivi*, futur) par les autres établissements d'instruction et que bientôt toute école primaire (*vouloir*, fut.) avoir son gymnase *.

Exercice lexicologique 182.

Répondez aux questions suivantes à l'aide du lexique.

Que savez-vous sur : la Castille, — le canton de Berne, — le Rhône, — l'Ariége, — le Doubs, — les Pyrénées, — les Cévennes, — Sparte, — Lacédémone, — Amiens, — l'Etna, — le Vésuve, — le Canada, — l'Océan, — le Nil, — les îles Baléares, — Alger, — les États barbaresques?

Que savez-vous sur : Fénelon, — Alcide, — Mars, — Bellone, — Hercule, — Pâris, — Ménélas, — Ruth, — les Cimbres, — les Teutons, — les Croisades, — Ampère, — Arago, — Œrstedt, — Socrate, — l'Académie, — les Lapons, — Christophe Colomb, — les Samnites, — les Peaux-Rouges, — les Danaïdes, — César, — Léonard de Vinci, — les Chinois, les Lacédémoniens, — les Grecs, — les Romains, — les Gaulois?

Qu'est-ce que : un faon, — un avoyer, — une chaleur *intense*, — placer de l'argent à *intérêts*, — une longue *traite*, — un animal *carnassier*, — les *élytres* d'un insecte, — une boussole, — un *consul* romain?

Que signifie le verbe : *coopérer?*

Que signifient les adjectifs : frêle, — contrefait?

STYLE ET COMPOSITION

ET ORTHOGRAPHE USUELLE.

Exercice d'orthographe usuelle 183.

MÉTAUX USUELS.

Copiez le morceau suivant et faites une liste des mots en italique que vous rangerez sous le titre de : *Mots relatifs aux métaux usuels*.

La découverte des *métaux usuels* a changé les conditions de l'existence de l'homme sur la terre. Supposez que nous

perdu tous ces avantages à mesure qu'ils *ont proscrit* ces exercices corporels. Et aujourd'hui, d'où *vient* la différence, pour la force du corps, entre les enfants des villes et ceux des campagnes? Evidemment de la même cause. Aujourd'hui on a si bien *compris* comment la gymnastique *agit* sur le moral, que l'on vient d'introduire dans les colléges les exercices gymnastiques, *Espérons* que cet exemple *sera suivi* par les autres établissements d'instruction, et que bientôt toute école primaire *voudra* avoir son gymnase*.

DICTÉE.

L'AUMÔNE.

Combien de pauvres sont oubliés! Combien demeurent sans secours et sans assistance! Oubli d'autant plus déplorable qu'il est souvent volontaire, et par conséquent criminel. Je m'explique : combien de malheureux réduits aux dernières rigueurs de la pauvreté, et que l'on ne soulage pas parce qu'on ne les connaît pas, et qu'on ne veut pas les connaître! Si l'on savait l'extrémité de leurs besoins, on aurait pour eux, malgré soi, sinon de la charité, du moins de l'humanité. A la vue de leur misère, on rougirait de ses excès, on aurait honte de ses délicatesses, on se reprocherait ses folles dépenses, et l'on s'en ferait avec raison des crimes. Mais parce qu'on ignore ce qu'ils souffrent, parce qu'on ne veut pas s'en instruire, parce qu'on craint d'en entendre parler, parce qu'on les éloigne de sa présence, on croit en être quitte en les oubliant; et, quelque extrêmes que soient leurs maux, on y devient insensible.

Combien de véritables pauvres que l'on rebute comme s'ils ne l'étaient pas, sans qu'on se donne et qu'on veuille se donner la peine de discerner s'ils le sont en effet! Combien de pauvres dont les gémissements sont trop faibles pour venir jusqu'à nous, et dont on ne veut pas s'approcher pour se mettre en devoir de les écouter! Combien de pauvres abandonnés! Combien de désolés dans les prisons! Combien de languissants dans les hôpitaux! Combien de honteux dans les familles particulières! Parmi ceux qu'on connaît pour pauvres, et dont on ne peut ni ignorer, ni même oublier le douloureux état, combien sont négligés! S'il n'y avait point de jugement dernier, voilà ce qu'on pourrait appeler le scandale de la Providence.

BOURDALOUE (Sermons).

ne sachions pas nous procurer de *fer*. Voyez combien d'objets et d'ustensiles nous manqueraient. Nous n'aurions ni *clefs*, ni *serrures*, ni *verrous*, ni *aiguilles*, ni *vases* * en *fer-blanc*, ni vases en *fonte*, ni *ustensiles* en *tôle* *, ni *pièces* en *acier*, telles que *couteaux, ciseaux, poignards, épées* *, *sabres*, ni une foule d'autres objets dont il semble que nous ne saurions plus nous passer.

Le *cuivre* nous est presque aussi utile que le *fer*. Quand il est pur, on l'appelle *cuivre rouge*, à cause de sa couleur. Il sert surtout à faire les *casseroles* et les *chaudières*, qui doivent être *étamées*, c'est-à-dire recouvertes d'une couche d'*étain* * à l'intérieur. Le *cuivre* allié au *zinc* constitue le *cuivre jaune* ou *laiton*, avec lequel on confectionne des *lampes*, des *boutons* de *porte*, des *compas*, des *équerres d'arpenteur*, des *instruments de physique*, des *casques* et mille autres objets. Du cuivre uni à l'*étain* résulte le *bronze*. Beaucoup d'*objets d'ornement*, tels que *statues, coupes, candélabres* *, sont en *bronze*. Le métal des *cloches* et des *sonnettes*, celui des *canons* *, n'est que du *bronze*. Le *bronze* a été connu bien avant le *fer*. Aussi toutes les *armes* des anciens étaient-elles en *bronze*.

Avec l'*étain* on fait des *mesures de capacité*, des *plats*, des *assiettes*, des *cuillers*, des *fourchettes*. Un certain nombre d'objets, entre autres les *encriers*, sont en *plomb*. Avec le *zinc* on couvre les *toits*, on fait des *seaux*, des *baquets*. Tout le monde connaît les emplois de l'*or* et de l'*argent*. Ils servent à fabriquer de la *monnaie*, de la *vaisselle*, dite *vaisselle plate*, et des *couverts*. L'*or* et l'*argent* doivent à leur *inaltérabilité* la grande valeur qu'ils possèdent.

Exercice de grammaire et d'orthographe 184.

Répondez aux questions suivantes :

1. Quelles sont les deux manières d'écrire *clef* ? — 2. Comment forme-t-on le pluriel de *verrou* ? — 3. Quels sont les mots en *ou* qui forment leur pluriel autrement que *verrou* ? — 4. Quel est le diminutif de *vase* * (1) ? — 5. De quel verbe vient le substantif *fonte* ? — 6. Pourquoi *tôle* * prend-il un accent circonflexe ? — 7. Citez des noms dérivés de *couteau*. — 8. Comment reconnaissez-vous que *poignard* se termine par un *d* ? — 9. De quoi le premier accent aigu de *épée* * tient-il la place ? — 10. Quel verbe dérive de *cuivre* ? — 11. Quel verbe dérive de *étain* * ? — 12. Que représente l'accent aigu de l'*é* de *étain* * ? — 13. Comment reconnaissez-vous que *compas* se termine par un *s* ? —

(1) Voyez p. 48.

Corrigé 183.

Fer. — Clé. — Serrure. — Verrou. — Aiguilles. — Fer-blanc. — Fonte. — Tôle. — Acier. — Couteau. — Ciseaux. — Poignard. — Epée. — Sabre. — Cuivre. — Casserole. — Chaudière. — Porte. — Etamé. — Etain. — Zinc. — Laiton. — Lampe. — Bouton de porte. — Compas. — Equerre d'arpenteur. — Instrument de physique. — Casque. — Bronze. — Statue. — Coupe. — Candélabre. — Cloche. — Sonnette. — Canon. — Arme. — Mesure de capacité. — Plat. — Assiette. — Cuiller. — Fourchette. — Encrier. — Plomb. — Seau. — Toit. — Baquet. — Or. — Argent. — Monnaie. — Vaisselle plate. — Couvert.

Corrigé 184.

1. *Clef* et *clé*. — 2. En ajoutant un *s* au sing. — 3. Bijou, caillou, chou, genou, hibou, joujou, pou. — 4. Vaisseau. — 5. Fonte, subst. participial formé de l'anc. part. fém. de *fondre* (1). — 6. A cause de son anc. forme *taule*, du latin *tabula*, table. — 7. De *couteau*, autrefois *coutel*, viennent : coutelier, coutellerie, coutelas. — 8. A l'inspection du verbe *poignarder*. — 9. D'un anc. *s* supprimé (*espée*). — 10. *Cuivrer*. — 11. *Etamer*. — 12. Un anc. *s* supprimé (*estain*). — 15. A l'inspection du verbe dérivé *compasser*. — 14. De *arpent*, anc. mesure. — 15. Bronzeur, bronzer; statuette, statuaire. — 16. *Chandelle*, en picard *candelle*, et *abre* pour *arbre*; *candélabre* signifie litt. *arbre de la chandelle*. — 17. Arme à feu de gros calibre; tube d'une arme à feu quelconque; morceau de soufre cylindrique; partie de la jambe du cheval allant du genou au boulet; mesure pour les liquides égale à un seizième de litre; règle ou décret

(1) Deuxième année de Grammaire, Maître, pp. 12** et 175*.

14. D'où vient le mot *arpenteur?* — 15. Citez des dérivés de *bronze*, de *statue*. — 16. Quels sont les deux éléments du mot composé *candélabre*° ? — 17. Quelles sont les différentes significations du mot *canon*° ? — 18. Comment reconnaissez-vous que *plomb* se termine par un *b* ? — 19. Quels sont les différents dérivés de *plomb?* — 20. D'où dérive *encrier*.? — 21. Citez trois autres noms formés d'autres substantifs de la même manière que *encrier* est formé de *encre*. — 22. Quel est le contraire de *inaltérabilité?* — 23. Quel est le sens de *in* dans *inaltérabilité* (1)?

Sujet à développer 185.

LETTRE D'UN FILS A SES PARENTS.

Un jeune homme absent de chez ses parents leur écrit qu'il vient de faire une maladie grave. Il leur décrit ses souffrances; il dit qu'il est entré en convalescence et énumère les soins et les ménagements qu'il est obligé de prendre.

Exercice d'orthographe usuelle 186.

LES MALADIES.

Copiez et faites la liste des mots en italique que vous rangerez sous le titre de : *Mots relatifs aux maladies.*

Les hommes sont exposés à une *foule de maladies*, les unes *chroniques*°, les autres *aiguës*°. La *poitrine* est le *siége*° d'un grand nombre de ces *affections*, de la *phthisie*°, de la *pneumonie*, de la *pleurésie*, du *catarrhe*, de l'*hypertrophie* du *cœur*, sans compter la *rupture* d'un *anévrisme*°, laquelle détermine une *mort immédiate*.

L'*estomac* peut être affecté d'une *gastrite*°, d'une *dyspepsie*, d'un *cancer*. Une *lésion* de certaines *glandes* de l'*intestin* cause la *fièvre typhoïde*. Des *inflammations* plus ou moins intenses des mêmes *organes* amènent soit la *dyssenterie*, soit la *diarrhée*.

Que de *personnes* n'a-t-on pas vues succomber à la suite d'une *hémorrhagie*° ! Combien d'autres n'ont-elles pas été enlevées par un *érysipèle*° ! Que d'*individus* se plaignent de *rhumatismes*, de *céphalalgies* ! Que de victimes font les *hydropisies*° ! Quand le *choléra-morbus* s'abat sur une *contrée*, ne doit-on pas le considérer comme l'un des plus grands *fléaux* qui puissent atteindre l'humanité ?

Malgré les règlements de police, un certain nombre de personnes sont moissonnées chaque année par l'*hydrophobie*°. Si les *scrofules* exercent encore de grands ravages, du

____

(1) Voyez p. 19, VII.

d'un concile; prières que l'on dit à la messe entre la *Préface* et le *Pater.* 18. A l'inspection du verbe dérivé *plomber.* — 19. Plomber, plombeur, plomberie, plombier, plombage, plombagine, aplomb. — 20. De *encre.* — 21. Sucrier, poivrier, fraisier. — 22. Altérabilité. — 23. *In* a un sens négatif et équivaut à *non.*

Corrigé 185.

Mes chers parents, vous ne serez plus surpris de mon long silence, quand vous saurez que je viens de faire une maladie grave, qui m'a mis dans l'impossibilité absolue de vous donner de mes nouvelles. J'ai eu une fièvre articulaire. Vous dépeindre les souffrances que j'ai endurées me serait chose très-difficile. Toujours est-il que c'étaient d'atroces douleurs qui ne me laissaient un instant de répit ni le jour ni la nuit. Toute mon existence n'était qu'un cri continu, ce qui devait être bien pénible pour ceux qui m'entouraient et me donnaient leurs soins. Si par malheur on venait à me toucher, même le plus doucement du monde, oh! alors, la souffrance devenait telle que j'en venais à souhaiter de mourir. Mais pourquoi est-ce que je vous rappelle tous ces souvenirs, que je voudrais chasser de ma mémoire comme on chasse un mauvais rêve? Apprenez donc que je suis entré en convalescence, et que je commence à me réconcilier un peu avec la vie. Il est vrai que je dois encore prendre bien des soins, bien des ménagements, et que je ne suis pas ingambe comme auparavant; mais déjà je puis faire quelques tours dans ma chambre, et à condition que j'observe strictement le régime que le médecin m'a imposé, à condition que je ne commette pas d'imprudence, que je ne m'expose pas au froid, etc., j'ai tout lieu de compter sur un entier et prompt rétablissement.

Croyez, mes chers parents, au dévouement inaltérable de votre fils.

Corrigé 186.

Maladie chronique. — Maladie aiguë. — Affection. — Phthisie. — Pneumonie. — Pleurésie. — Catarrhe. — Hypertrophie du cœur. — Anévrisme. — Gastrite. — Dyspepsie. — Cancer. — Fièvre typhoïde. — Inflammation. — Dyssenterie. — Diarrhée. — Hémorrhagie. — Erysipèle. — Rhumatisme. — Céphalalgie. — Hydropisie. — Choléra-morbus. — Hydrophobie. — Scrofule. — Scorbut. — Hygiène. — Maladie endémique. — Maladie épidémique.

moins le *scorbut* ne règne-t-il plus qu'exceptionnellement ; car, grâce aux *progrès* de l'*hygiène*, les *maladies endémiques* et *épidémiques* ne sévissent plus autant qu'autrefois. Ajoutons que les causes des maladies étant beaucoup mieux connues, on a beaucoup plus de moyens de s'en préserver. Aussi la *durée* de la *vie moyenne* est-elle notablement augmentée depuis le commencement de ce siècle.

Exercice de grammaire et d'orthographe 187.

1. De quel adjectif vient le mot *maladie?* — 2. Citez deux mots ayant la même racine que *chronique*. — 3. Quel substantif est formé de l'adjectif *aigu* ? — 4. Avec quelle sorte d'accent écrit-on *siége* ? — 5. Donnez une règle à ce sujet. — 6. Quel est le synonyme de *affection?* — 7. Quels sont les adjectifs dérivant respectivement de *phthisie, pneumonie, pleurésie, catarrhe?* — 8. De quel verbe vient *rupture?* — 9. Quel est le sens de la syllabe *im* qui est au commencement de *immédiat* ? — 10. De quel préfixe *im* est-il une modification? — 11. Comment reconnaissez-vous qu'il y a un *c* à la fin de *estomac?* — 12. De quel verbe vient *lésion?* — 13. Citez deux adjectifs dérivés de *fièvre* (latin *febris*). — 14. Quel est le substantif formé de *interne?* — 15. De quel genre est *érysipèle* ? — 16. Comment forme-t-on le pluriel de *fléau?* — 17. Citez plusieurs noms qui finissent par *tée*. — 18. Quel est le verbe qui dérive de *police?* — 19. Que veut dire *hydro* ? — 20. Citez trois mots commençant par *hydro*. — 21. Citez deux dérivés de *progrès?* — 22. Quel est l'adjectif qui dérive de *siècle* (latin *sæculum*).

Sujet à développer 188.

LES HABITANTS D'UNE COMMUNE AU GARDE GÉNÉRAL DE LA FORÊT VOISINE.

Les habitants d'une commune sollicitent l'autorisation d'aller couper des fougères, des genêts et des bruyères dans la forêt. Chacune de ces plantes leur sera très-utile pour.... Ils s'engagent à payer à l'Etat... Ils auront bien soin de ne pas....; car ils savent que les propriétés de l'Etat doivent être aussi scrupuleusement respectées que.....

Exercice d'orthographe usuelle 189.

LES REMÈDES.

Copiez le morceau suivant et faites la liste des mots en italique que vous rangerez sous le titre de : *Mots relatifs aux remèdes.*

Rien de plus utile pour tout le monde que de posséder

Corrigé 187.

1. De *malade*. — 2. Chronologie, chronomètre. — 3. Acuïté. — 4. Avec un accent aigu. — 5. Tous les mots en *ége* prennent un accent aigu, et non un accent grave. — 6. Maladie. — 7. Phthisique, pneumonique, pleurétique, catarrhal et catarrheux. — 8. De *rompre*. — 9. *Im* a le sens négatif, et signifie *non*. — 10. Du préfixe *in*. — 11. A l'inspection de l'adj. dérivé *stomacal*. — 12. De *léser*. — 13. Fiévreux, fébrile. — 14. Internat. — 15. Masculin. — 16. En ajoutant un *x*. — 17. Dictée, portée, assiettée. — 18. Policer. — 19. *Hydro* veut dire *eau*. — 20. Hydrofuge, hydrogène, hydromel. — 21. Progresser, progressif. — 22. Séculaire.

Corrigé 188.

Monsieur le garde général,

Les soussignés, habitants de la commune de Rouvraie, viennent vous prier de vouloir bien leur accorder l'autorisation d'aller couper dans la forêt des fougères, des genêts et des bruyères. Ils ont l'honneur de vous faire observer que, leur territoire sablonneux offrant très-peu de ressources à l'agriculture, ils ne sauraient se passer des plantes ci-dessus énumérées. Les fougères leur fournissent la seule litière qu'ils puissent employer; ils se servent des genêts et des bruyères pour chauffer le four et confectionner des balais. Quoique cette fabrication des balais ne procure que de minimes bénéfices, ceux-ci ne sont pas à dédaigner dans un pays aussi pauvre que le nôtre. Il est bien entendu que nous nous engageons à payer à l'État la redevance habituelle pour le droit qui nous sera octroyé. Nous veillerons avec le plus grand soin à ce que ceux d'entre nous, hommes, femmes ou enfants, qui se rendront dans la forêt pour couper les plantes dont il s'agit, n'y commettent aucun dégât. Nous savons que les propriétés de l'État, lui rapportant un certain revenu, allégent d'autant la charge de l'impôt, et que ce serait travailler à notre détriment que de ne pas les respecter. Aussi la forêt sera-t-elle pour nous aussi sacrée que l'est une propriété particulière.

Dans l'espérance d'une réponse favorable, nous avons l'honneur d'être, monsieur le garde général, vos tout dévoués serviteurs.

quelques notions élémentaires sur les *médicaments*. En premier lieu, il faut savoir que les médicaments pour l'*usage interne* sont ceux qui doivent être avalés, tandis que les *médicaments* pour l'*usage externe* sont ceux qui doivent être appliqués sur la peau, à l'*extérieur*. Les *fioles* ou autres *vases** contenant ces derniers portent toujours une *étiquette* de couleur orange.

Les principales *espèces* de *médicaments externes* sont les *vésicatoires**, les *emplâtres*, les *liniments**, les *lotions**, les *onguents*, les *pommades**, les *cérats**, les *ventouses**, les *fomentations**, les *fumigations**, les *bains*, les *frictions*, les *cataplasmes*, les *sinapismes**, les *collyres*, les *gargarismes**.

Les *médicaments internes* s'administrent sous forme de *tisanes*, d'*infusions**, de *décoctions*, de *mucilages*, d'*émulsions*, de *potions**, de *loochs*, d'*eaux distillées*, d'*alcoolats*, de *teintures*, d'*extraits**, de *sirops*, d'*électuaires*, de *pilules*, de *vins médicinaux*.

Il importe aussi de ne pas ignorer les *propriétés* de l'*ipécacuanha*, du *semen-contra*, de l'*opium* ou de son composé le *laudanum*, de la *rhubarbe*, de l'*eau de Sedlitz*, du *camphre*, de l'*arsenic*, de la *couperose*, de la *poix de Bourgogne*, des *cantharides*, du *vin* et du *sirop antiscorbutiques*, du *houblon*, de l'*émétique*, de l'*huile de ricin*, de l'*aloès*, de la *manne*, du *quinquina*, de la *digitale*, du *sel de nitre*, du *chiendent*, de la *mauve*, de la *guimauve*, de l'*hysope*, de l'*alun**, de la *staphisaigre*, de l'*éther*, du *chloroforme*.

Quand on a une idée de l'*énergie* ou de l'*innocuité* d'un *médicament*, on se trouve moins exposé aux *accidents*, et on apporte la plus grande *circonspection* dans l'emploi des *substances toxiques* ou *vénéneuses*.

Exercice de grammaire et d'orthographe 190.

Répondez aux questions suivantes :

1. Quel verbe dérive de *médicament?* — 2. Quel est l'adjectif synonyme de *interne?* — 3. Quel verbe dérive de *étiquette?* — 4. Pourquoi les *vésicatoires** sont-ils appelés ainsi? — 5. Citez trois mots ayant la même racine que *vésicatoire**. — 6. Quel est le genre de *emplâtre**? — 7. Ce genre a-t-il toujours été le même? — 8. Quel substantif français a-t-on formé par la suppression du préfixe de *emplâtre?* — 9. Que signifie littéralement *lotion**? — 10. Quel verbe dérive de *lotion?* — 11. Quel est le verbe qui a la même racine que *onguent**? — 12. Quelle est la racine de *pommade**? — 13. Quel est le substantif d'où *cérat** est dérivé? — 14. De quel substantif vient *ventouse**? — 15. De quel verbe a-t-on formé *fomentation** et quelles sont les différentes signi-

Corrigé 189.

Médicament pour l'usage interne. — Médicament pour l'usage externe. — Toile. — Vésicatoire. — Emplâtre. — Liniment. — Lotion. — Onguent. — Pommade. — Cérat. — Ventouse. — Fomentation. — Fumigation. — Bain. — Friction.—Cataplasme.— Sinapisme. — Collyre. — Gargarisme. — Tisane. — Infusion. — Décoction. — Mucilage. — Emulsion.—Potion. — Looch.— Eau distillée. — Alcoolat. — Teinture.— Extrait. — Sirop. — Electuaire. — Pilule. — Vin médicinal. — Ipécacuanha. — Semen - contra. — Opium. — Laudanum. — Rhubarbe. — Eau de Sedlitz. — Coupure. — Arsenic. — Couperose. — Poix de Bourgogne. — Cantharide. — Vin et sirop antiscorbutiques. — Houblon.—Emétique.— Huile de ricin.— Aloès.— Manne. — Quinquina. — Digitale. — Sel de nitre. — Chiendent. — Mauve. — Guimauve.— Hysope. — Alun. — Staphisaigre.— Ether. — Chloroforme. — Substance toxique ou vénéneuse.

Corrigé 190.

1. Médicamenter. — 2. Intérieur. — 3. Etiqueter. — 4. Les *vésicatoires* sont appelés ainsi, parce qu'ils produisent sur la peau des ampoules ou *vésicules.* — 5. Vésicant, vésicule, vésiculaire. —6. Masculin. —7. *Emplâtre* était autrefois des deux genres. —8. Plâtre. —9. Lavage. —10. Lotionner. — 11. Oindre. — 12. Pomme. — 13. Cire.—14. De vent. — 15. *Fomenter*, qui signifie: faire des fomentations,

fications de ce verbe? — 16. De quel substantif est formé *fumigation*? — 17.* Quel est le verbe qui dérive de *bain?* — 18. Quel est le verbe ayant la même racine que *sinapisme*?*

Même exercice 191.

19. Quel est le verbe ayant la même racine que *gargarisme*?* — 20. Comment est formé *infusion*?* — 21. Citez deux mots ayant la même racine que *potion*.* — 22. D'où *alcoolat* est-il dérivé?—23. De quel verbe vient *teinture?*— 24. Quelle est l'origine de *extrait*?* — 25. D'où dérive l'adjectif *médicinal?* — 26. De quel adjectif est formé *propriété?* — 27. Quel verbe a-t-on formé de *camphre?* — 28. Quel verbe a-t-on formé de *poix?* — 29. Que veut dire *antiscorbutique*?* —30. Quelle est la signification du préfixe *anti?* — 31. Citez le substantif dérivé de *houblon.* — 32. Quelle est la composition du mot *chiendent?* — 33. Quel est le verbe qui dérive de *alun*?* — 34. Quel est l'adjectif formé de *éther?* — 35. Quel est l'adjectif dérivant de *énergie?* — 36. De quel adjectif *circonspection* est-il formé? — 37. D'où dérive l'adjectif *vénéneux?*

Sujet à développer 192.

UN ÉLÈVE A SON INSTITUTEUR.

Un élève qu'on a été forcé de renvoyer de la classe à cause de sa turbulence prie l'instituteur de le laisser rentrer. Il voit bien qu'il a tort de... ; il s'en repent amèrement et promet qu'à l'avenir.....

Exercice d'orthographe usuelle 193.

LES MACHINES.

Copiez le morceau suivant et faites la liste des mots en italique, que vous rangerez sous le titre de : *Mots relatifs aux machines.*

La *mécanique* multiplie les *forces* de l'homme dans des *proportions* presque *illimitées* au moyen des *machines.* Il y a les *machines simples* et les *machines composées*, qui ne sont qu'un *assemblage* des premières.

Les *machines simples* sont : le *levier*, *barre* qui peut *tourner** autour d'un *point d'appui;* la *poulie* avec sa *chape* qui entre dans la *composition* des *moufles*;* le *plan incliné;* le *treuil**, composé d'un *cylindre* dont les *extrémités*, appelées *tourillons**, peuvent tourner dans leurs *collets*;* le *cabestan-treuil*, dont le cylindre est vertical; la *grue**, la *vis*, dans laquelle il faut distinguer le *filet* et l'*écrou.*

exciter. — **16.** De *fumée*. — **17.** Baigner. — **18.** Sinapiser.

Corrigé 191.

19. Gargariser, — **20.** Du préfixe *in*, *dans*, et de *fusion*, action de verser. — **21.** Potable, poison. — **22.** De *alcool*, esprit-de-vin. — **23.** De *teindre*. — **24.** Subst. participial formé du part. masc. de *extraire*. — **25.** De *médecine*, autrefois *médicine*. — **26.** De *propre*. — **27.** Camphrer. — **28.** Poisser. — **29.** Contre le scorbut. — **30.** *Anti* signifie contre, opposé à. — **31.** Houblonnière. — **32.** Dent-de-chien (à cause du goût que les chiens malades ont pour cette plante). — **33.** Aluner. — **34.** Ethéré. — **35.** Energique. — **36.** De *circonspect*. — **37.** De *venin*.

Corrigé 192.

Cher maître,

Je suis au désespoir de vous avoir réduit, par ma turbulence et ma désobéissance continuelles, à la nécessité de me renvoyer de la classe. Ce renvoi a vivement affligé mes parents et m'a exposé au mépris de tout le monde, et particulièrement de mes camarades. Je vous prie en grâce de vouloir bien me recevoir de nouveau à l'école. Je déplore mes fautes et mes négligences; je me repens amèrement d'avoir si mal employé les heures d'étude et de m'être montré inattentif à vos excellentes leçons. Je prends la ferme résolution de me corriger et de me comporter à l'avenir comme les élèves les plus méritants. Si je manque à cet engagement, renvoyez-moi définitivement; mais aujourd'hui accueillez la demande d'un enfant bien humilié et bien contrit de sa conduite passée.

J'ai l'honneur d'être, cher maître, votre élève affectueux.

Viennent ensuite les *machines* plus ou moins *complexes* : le *cric*, qui sert à déplacer des *corps* d'un *poids* considérable ; la *chèvre*, destinée à élever de *lourds fardeaux* ; les différentes *balances*, entre autres la *romaine**, le *peson*, la *bascule**; les *manivelles*, le *mouton* ou *sonnette** à *tiraude**, la *sonnette à déclic**; les *martinets*, gigantesques marteaux avec lesquels on travaille le fer dans les usines. Le *martinet* se compose essentiellement d'un *arbre horizontal*, dit *arbre de couche*, qui fait tourner une *roue*, dont le *contour* est armé de *bras* appelés *cames*. C'est encore à l'aide de *cames* que les *pilons* sont soulevés dans les machines appelées *bocards*.

Signalons encore les *laminoirs**, les *filières**, les *presses d'imprimerie*, la *presse hydraulique*, la *râpe*, la *scie*, les *moulins à eau*, les *moulins à vent*, les *moulins à vapeur*, les *machines à vapeur fixes* ou *pompes à feu*, les *locomotives**, les machines qui servent à élever l'eau, telles que la *pompe ordinaire*, la *noria*, le *chapelet**, la *vis d'Archimède*, les *roues hydrauliques**, dont les principales sont les *roues en dessus*, auxquelles sont fixés des *pots* ou *augets* puisant l'eau dans un *réservoir*, et les *roues en dessous*, munies de *palettes* ou *d'aubes*. La plupart des machines un peu importantes tournent d'un *mouvement uniforme* au moyen d'*appareils* nommés *volants* ou *régulateurs*.

Exercice de grammaire et d'orthographe 194.

Répondez par écrit aux questions suivantes :

1. De quel adjectif vient le mot *force* et quel est le verbe formé de ce mot? — 2. Quels sont les deux éléments qui entrent dans *illimité*(1)? — 3. Quel est le substantif qui dérive de *machine**? — 4. Quel est l'homonyme de *barre*? — 5. De quel substantif vient *tourner**? — 6. Citez des mots dérivés de *point* (latin, *punctum*). — 7. Quel est le verbe dérivé de *appui*? — 8. Quel est l'homonyme de *chape*? — 9. De quel mot *tourillon** est-il dérivé et quelle est la valeur de la finale de *tourillon*? — 10. Que veut dire littéralement *collet**? — 11. Comment reconnaissez-vous que *vis* se termine par un *s*? — 12. Quel est l'homonyme de *vis*? — 13. Que signifie littéralement *filet*(2)? — 14. Quel est le verbe dérivé de *écrou* et que signifie-t-il? — 15. Quel est le substantif dérivé de *complexe*? — 16. Quelle est la prononciation de *cric*?

(1) Voyez p. 19, VII.
(2) Voyez p. 18 *suffixes diminutifs*.

Corrigé 193

Mécanique. — Machine simple. — Machine composée. — Levier. — Point d'appui. — Poulie. — Chape. — Moufle. — Plan incliné. — Treuil. — Tourillon. — Collet. — Grue. — Vis. — Filet. — Ecrou. — Cric. — Poids. — Chèvre. — Balance. — Romaine. — Peson. — Bascule. — Manivelle. — Mouton. — Sonnette à tiraude. — Sonnette à déclic. — Martinet. — Arbre de couche. — Roue. — Bras. — Came. — Pilon. — Bocards. — Laminoir. — Filière. — Presse d'imprimerie. — Presse hydraulique. — Râpe. — Scie. — Moulin à eau. — Moulin à vent. — Moulin à vapeur. — Machine à vapeur. — Pompe à feu. — Locomotive. — Pompe. — Noria. — Chapelet. — Roue hydraulique. — Roue en dessus. — Pot. — Auget. — Réservoir. — Roue en dessous. — Palette. — Aube. — Mouvement uniforme. — Appareil. — Volant. — Régulateur.

Corrigé 194.

1. *Force* vient de *fort*, et forme le verbe *forcer*. — 2. *Il* pour *in* négatif, et *limité*. — 3. Machination. — 4. *Bard*, sorte de civière; *bar*, poisson de mer. — 5. De *tour*, autrefois *tourn*. — 6. Pointer, appointer, désappointé, pointure, pointiller, ponctuer, ponctuel, ponction. — 7. Appuyer. — 8. Chappe. — 9. De *tour*, et la finale *illon* est un diminutif. — 10. Petit col. — 11. A l'inspection du verbe dérivé *visser*. — 12. Vice. — 13. Petit fil. — 14. *Ecrouer*, inscrire sur le registre de la geôle, emprisonner. — 15. Complexité. — 16. *Cri*; on ne prononce pas le *c* final.

Même exercice 195.

17. Quel est l'homonyme de *cric* ? — 18. Comment reconnaissez-vous que *corps* s'écrit avec un *p* ? — 19. Que *lourd* se termine par un *d* ? — 20. Quelles sont les deux significations de *romaine** ? — 21. Quel est le verbe formé de *bascule* ? — 22. De quels verbes viennent *sonnette** et *tiraude** ? — 23. De quels éléments est formé *déclic** ? — 24. De quel substantif l'adjectif *horizontal* est-il formé ? — 25. De quel verbe vient *pilon* ? — 26. De quels substantifs dérivent *laminoir** et *filière** ? — 27. Quel est l'homonyme de *scie* ? — 28. De quel verbe dérive *moulin** et quel est le radical de ce verbe ? — 29. Pourquoi *pompe* s'écrit-il avec un *m* devant le second *p* ? — 30. Quels sont les deux éléments de *locomotive** ? — 31. Citez un mot dans lequel entre le premier de ces éléments et un autre mot dans lequel entre le second. — 32. De quel substantif *chapelet** est-il dérivé et quels sont les deux sens de *chapelet* ? — 33. Quels sont les homonymes de *pot* ? — 34. De quel substantif *auget* est-il le diminutif ?

Sujet à développer 196.

UN COMMERÇANT A SA MÈRE (*Lettre*).

Un commerçant établi à la ville écrit à sa vieille mère, veuve et infirme, pour la décider à venir demeurer chez lui. Elle conservera toutes ses habitudes. Il aura soin que....; il lui procurera des distractions; elle pourra .... En outre, elle sera à même de lui rendre quelques services, car .... Elle peut compter que tout le monde chez lui .....

Exercice d'orthographe usuelle 197.

LES PIERRES PRÉCIEUSES.

Copiez le morceau suivant et faites la liste des mots en italique, que vous rangerez sous le nom de : *Mots relatifs aux pierres précieuses.*

On appelle *pierres précieuses** les *minéraux* que la *joaillerie** fait entrer dans la composition des *parures*. La plus estimée de ces pierres est le *diamant*, bien qu'il ne soit que du *charbon** pur. Le *diamant* ne peut être taillé qu'au moyen de sa propre *poussière*, que l'on nomme *égrisée*, et on lui donne soit la forme de *brillant*, soit celle de *rose**. L'*alumine** *cristallisée* et colorée en rouge porte le nom de *rubis*; quand elle est colorée en bleu, c'est un *saphir*. Les autres pierres *bleues* sont le *béryl* ou *aigue-marine* et le *lapis-lazuli*. Le *grenat** est d'un rouge semblable à celui de la *grenade*; la *topaze* est jaune; l'*émeraude* est *verte* ainsi que le *chrysoprase*. L'*améthyste* est violette; l'*opale* a un *fond*

Corrigé 195.

17. *Cri,* action de *crier.* — **18.** A l'inspection de l'adj. dérivé *corporel.* — **19.** A l'inspection du fém. *lourde.* — **20.** Balance et laitue. — **21.** Basculer. — **22.** De *sonner* et de *tirer.* — **23.** De *dé* et de *clic* (action de *cliquer* ou de *claquer*). — **24.** De *horizon.* — **25.** De *piler.* — **26.** De *lame* et de *fil.* — **27.** Si. — **28.** De *moudre,* radical *moul.* — **29.** On met toujours un *m* devant *m, p, b.* — **30.** *Loco,* lieu, et *motive,* du verbe *mouvoir.* — **31.** Locomotion, motiver. — **32.** De *chapel* ou *chapeau,* couronne de roses, grains enfilés servant à prier, machine hydraulique. — **35.** Peau, Pau, Pô. — De *auge.*

Corrigé 196.

Ma bonne mère,

Je viens vous faire une proposition que je serais heureux de vous voir agréer. Vous vivez seule à la campagne, et votre âge ne vous permet plus d'exécuter la plupart des travaux domestiques. Venez donc demeurer chez moi. Quoiqu'à la ville, vous pourrez conserver toutes vos habitudes; je prendrai les mesures nécessaires pour que vous ne manquiez de rien, pour que vous ayez une bonne chambre bien chaude, que vous fassiez vos repas aux heures accoutumées, et que vous ayez les mets qui vous plaisent. Je ferai tout mon possible pour vous procurer les distractions compatibles avec votre caractère sérieux et paisible. Vous pourrez aller prendre l'air sur les promenades pendant les beaux jours, et l'hiver, quelques personnes venant de temps en temps passer la soirée avec moi, vous ne vous ennuierez pas comme dans la solitude où vous êtes maintenant confinée. D'ailleurs, il est une dernière raison qui doit vous décider : c'est que vous serez à même de me rendre des services. Vous pourrez surveiller les employés et les domestiques, et répondre aux personnes qui s'adresseraient chez moi pendant mon absence. Comme j'ai habitué tous mes gens à rester dans leur rôle et à ne pas se mêler de ce qui ne les regarde pas; comme d'ailleurs j'exige avant tout qu'ils se montrent polis et prévenants envers tout le monde, vous pouvez compter que les personnes de ma maison auront pour vous tous les égards imaginables. Ne m'affligez pas par un refus, et dites-moi quand vous pourrez venir vous installer ici.

Votre fils respectueux.

Corrigé 197.

Pierre précieuse. — Minéral. — Joaillerie. — Parure. — Diamant. — Egrisée. — Brillant. — Rose. — Rubis. — Saphir. — Béryl ou aigue-marine. — Lapis-lazuli. — Gre-

laiteux ; la *turquoise* est d'un bleu pâle et sans *transparence*. L'*hyacinthe** et la *tourmaline* ont une couleur très-foncée, tirant sur le *noir*.

Les *agates* sont des espèces de *cailloux* diversement colorés, mais non *transparents*. L'*agate-onyx* sert à faire des *camées* ; l'*agate-calcédoine* est d'un blanc de lait, tandis que la *cornaline* est rouge et la *sardoine* fauve.

Le *jaspe* est aussi un *caillou opaque*, mais très-dur et susceptible d'un beau poli. La *nacre* est une *substance* dure, *lisse*, blanche, avec des *reflets irisés** et brillants ; elle *tapisse* l'intérieur de certaines coquilles. Les *perles*, avec lesquelles on confectionne des *bracelets** et des *colliers*, sont produites à l'intérieur des *coquilles* de certaines *huîtres** malades. Le *corail* est une substance *calcaire* d'un beau rouge que produit un animal marin. On en fait des *croix*, des *colliers* et d'autres *bijoux*. Il est très-commun sur les *côtes* de la Méditerranée*.

Exercice de grammaire et d'orthographe 198.

Répondez par écrit aux questions suivantes :

1. Quel est le masculin de l'adjectif *précieuse** et donnez-en l'étymologie ? — 2. Citez un mot ayant la même racine que *minéral*. — 3. Quel est le substantif d'où dérive *joaillerie** ? — 4. De quel verbe *parure* est-il dérivé ? — 5. Quelle est la seconde forme du substantif *charbon** ? — 6. Quel est le verbe dérivé de *charbon?* — 7. D'où le mot *alumine** est-il dérivé ? — 8. D'où vient *cristallisé?* — 9. Quelle est la prononciation de *rubis?* — 10. Quelle est la racine de *grenat**? — 11. Comment reconnaissez-vous que *fond* se termine par un *d?* — 12. D'où l'adjectif *laiteux* dérive-t-il ? — 13. Quelle est la seconde forme d'*hyacinthe** et quel est le sens de cette seconde forme? — 14. Quel est le verbe dérivé de *lisse?* — 15. Quel est l'homonyme de *lisse* et quelles sont les significations de cet homonyme? — 16. Quel est le verbe dérivé de *reflet?* — 17. De quel substantif vient *irisé**? — 18. De quel substantif vient *tapisser?* — 19. Quelle est la racine de *bracelet** ? — 20. De quel substantif *collier* est-il dérivé? — 21. Pourquoi y a-t-il un accent circonflexe dans *huître**? — 22. Quels sont les noms qui forment leur pluriel comme *bijou?*—23. Comment forme-t-on le pluriel des autres noms en *ou?*— 24. Pourquoi y a-t-il un accent circonflexe dans *côte?* — 25. Que signifie Méditerranée*?

Sujet à développer 199.

L'OEUF DE CHRISTOPHE COLOMB (*Narration*).

Vers la fin d'un dîner où assistait Colomb*, l'un des con-

nat. — Topaze. — Emeraude. — Chrysoprase. — Améthyste. — Opale. — Turquoise. — Hyacinthe. — Tourmaline. — Agate. — Onyx. — Camée, agate. — Calcédoine. — Cornaline. — Sardoine. — Nacre. — Perle. — Bracelet. — Collier. — Corail. — Croix. — Bijou.

Corrigé 198.

1. *Précieux*, venant de *prix*. — 2. Minerai. — 3. Joyau, joaillier, joaillerie. — 4. De *parer*. — 5. Carbone. — 6. Charbonner. — 7. De *alun*. — 8. De *cristal*. — 9. On ne fait pas sentir l'*s* final. — 10. Graine. — 11. A l'inspection du verbe dérivé *fonder*. — 12. De *lait*. — 13. *Jacinthe*, nom d'une plante de la famille des lis. — 14. Lisser. — 15. *Lice*, lieu préparé pour les courses, les tournois, les combats d'athlètes; chienne de chasse qui vient d'avoir des petits. — 16. Refléter. — 17. De *iris*, arc-en-ciel (dans la mythologie, *Iris* était le nom de la messagère des dieux, qui, déployant son écharpe, produisait l'arc-en-ciel). — 13. De *tapis*. — 19. Bras, qui avait autrefois une seconde forme, *brac* (en latin *brachium*). — 20. De *col*, seconde forme de *cou*. — 21. A cause de l'anc. forme *huistre*. — 22. Caillou, chou, genou, hibou, joujou, pou. — 23. En ajoutant un *s*. — 24. A cause de l'anc. forme *coste*. — 25. Au milieu des terres.

Corrigé 199.

A la fin d'un dîner auquel assistait Christophe Colomb, la présence du grand homme porta naturellement les convives à s'entretenir de la découverte du Nouveau-Monde. Tout à coup l'un d'eux émit l'opinion que l'idée de l'existence de l'Amérique avait dû s'offrir tout naturellement à l'esprit du navigateur, et qu'il n'avait eu aucun effort à faire pour s'élever à cette conception. Colomb ne prêtait qu'une oreille distraite aux propos de ses compagnons. Son imagination était ailleurs. Cependant les paroles que l'on venait de prononcer vinrent l'arracher à ses rêves, et il s'écria tout à coup : « Quelqu'un de ceux qui sont ici se charge-

vives prétendit que la pensée de découvrir l'Amérique n'avait pas dû coûter d'efforts au navigateur. Celui-ci demanda alors si quelqu'un de la compagnie se chargerait de faire tenir un œuf sur le petit bout. Montrez plusieurs des convives essayant d'y parvenir. Personne n'en venant à bout, Colomb fait tenir l'œuf en le cassant. Tous de se récrier, disant que ce n'était qu'un stratagème. Réponse de Colomb, dans laquelle il est fait allusion à l'idée de trouver un nouveau-monde.

SYNTAXE DES PROPOSITIONS.

UNION DES PROPOSITIONS INDÉPENDANTES.

Exercice 200.

Règle 445. — Remplacez les points par une conjonction de coordination qui convienne au sens de la phrase.

Le chasseur ajuste le gibier ..... fait feu.

La fourmi, regrettant d'avoir trop longtemps parlé avec la mouche, lui dit : Adieu, je perds mon temps ; laissez-moi travailler ; ..... mon grenier ..... mon armoire ne se remplit à babiller.

Il faudra couvrir cette maison en tuiles ..... en ardoises.

Thémistocle*, voyant Eurybiade* le menacer de son bâton, lui dit sans s'émouvoir : Frappe ..... écoute.

Il ne se faut jamais moquer des misérables ; ..... qui peut s'assurer d'être toujours heureux ?

Tout arbre a des racines ; ..... tout cerisier est un arbre : ..... tout cerisier a des racines.

S'il y a un Dieu il faut l'aimer ; ..... il y a un Dieu : ..... il faut l'aimer.

Ce qui est simple ne peut périr par la dissolution des parties ; ..... notre âme est simple : ..... notre âme ne peut périr.

Je pense, ... j'existe.

UNION DES PROPOSITIONS SUBORDONNÉES A LA PRINCIPALE.

Exercice 201.

Règle 446. — Copiez les phrases suivantes en indiquant après chaque proposition si elle est principale ou subordonnée et quel est le mode de liaison.

*Dès qu'*un incendie éclate, — on sonne la cloche d'alarme.

rait-il bien de faire tenir un œuf sur le petit bout? » La proposition paraît originale. Un premier convive essaie de résoudre ce problème; mais il n'y réussit guère, et chacune de ses tentatives infructueuses est accueillie par les rires moqueurs de l'assemblée. Un second, puis un troisième lui succèdent sans être plus heureux. A la fin tous les assistants commencent à se regarder avec surprise, et leur curiosité est portée au comble. Tous essaient de faire tenir l'œuf; mais ils ne sont pas plus heureux que leurs devanciers. Alors on demande à Colomb de montrer comment on doit s'y prendre. Que fait ce dernier? Il place l'œuf verticalement, le petit bout en bas; il en frappe la table d'un coup sec, et le fait ainsi tenir en le cassant. Ce fut chose plaisante à voir alors que la stupéfaction des convives : ils restèrent d'abord muets d'étonnement; mais bientôt tous s'écrièrent que ce n'était là qu'un stratagème, et que la véritable solution était encore à indiquer. « Stratagème, soit, répliqua Colomb; il n'en était pas moins très-facile d'y songer, et cependant lequel d'entre vous s'en serait avisé? Croyez, mes amis, qu'il n'en a pas été autrement au sujet de la découverte du Nouveau-Monde. Puisqu'on n'ignorait pas la sphéricité de la terre, l'idée devait naturellement se présenter qu'on en pourrait faire le tour de l'est à l'ouest, et revenir au point de départ, après avoir visité des contrées encore inconnues. Cependant, avant moi, personne n'y avait songé. »

Corrigé 200.

Le chasseur ajuste le gibier *et* fait feu.

La fourmi, regrettant d'avoir trop longtemps parlé avec la mouche, lui dit : Adieu, je perds mon temps; laissez-moi travailler; *ni* mon grenier *ni* mon armoire ne se remplit à babiller.

Il faudra couvrir cette maison en tuiles *ou* en ardoises.

Thémistocle*, voyant Eurybiade* le menacer de son bâton, lui dit sans s'émouvoir : Frappe, *mais* écoute.

Il ne se faut jamais moquer des misérables; *car* qui peut s'assurer d'être toujours heureux?

Tout arbre a des racines; *or*, tout cerisier est un arbre : *donc* tout cerisier a des racines.

S'il y a un Dieu, il faut l'aimer; *or* il y a un Dieu : *donc* il faut l'aimer.

Ce qui est simple ne peut périr par la dissolution des parties; *or* notre âme est simple : *donc* notre âme ne peut périr.

Je pense, *donc* j'existe.

Corrigé 201.

*Dès qu'*un incendie éclate (subordonnée), — on sonne la cloche d'alarme (principale).

Nous nous aiderons mutuellement, — *afin que* la charge de nos maux soit plus légère.

La vigne *que* nous avons plantée — rapporte déjà des fruits.

Celui — *qui* rougit de la condition de ses parents — n'a pas un bon cœur.

Quoiqu'il soit très-fatigué, — il travaille toujours.

Si le loup attaque notre troupeau, — nous le tuerons.

Nous achèverons notre moisson — *quand* nous pourrons.

Nous visitâmes la maison — *où* naquit Corneille.

On nous pardonnera nos offenses — *comme* nous pardonnons à ceux *qui* nous ont offensés.

Le blé commence à germer quelques jours — *après qu'il* a été déposé dans la terre.

Les fourmis sortent de leur fourmilière — *lorsque* le soleil luit.

Je ne connais point l'homme — *dont* vous me parlez.

Aussitôt que la neige couvre la terre, — la chasse n'est plus permise.

La pêche est défendue — *pendant que* les poissons déposent leurs œufs dans les rivières.

Lorsque le coucou commence à chanter, — le printemps est proche.

Exercice 202.

On donne la proposition principale; complétez la phrase au moyen d'une proposition subordonnée que vous imaginerez.

Écrivez : Travaillons pendant notre jeunesse, *afin que nous puissions nous reposer dans la vieillesse.*

Travaillons pendant notre jeunesse, *afin que* ...

Un cultivateur recueillera une abondante moisson *toutes les fois que* ...

L'avare ne se croit jamais assez riche, même *lorsque* ...

Nous ne nous ennuyons jamais *quand* ...

Écoutons attentivement les personnes instruites, *pour que* ...

Nous priions Dieu pour le succès de nos armes, *pendant que* ...

L'arbre produit des fleurs *avant que* ...

On commence la moisson *aussitôt que* ...

On visite souvent les étoffes de laine renfermées dans les armoires, *de crainte que* ...

Les apprentis doivent travailler sans relâche *jusqu'à ce que* ...

Tu honoreras ton père et ta mère, *afin que* ...

Il faut s'habituer à l'ordre, *parce que* ...

Ne perdons pas une minute de notre temps, *attendu que* ...

Nous nous aiderons mutuellement (principale), — *afin que* la charge de nos maux soit plus légère (subord.).

La vigne — *que* nous avons plantée (subord.) — rapporte déjà des fruits (principale).

Celui — *qui* rougit de la condition de ses parents (subord.) — n'a pas un bon cœur (princ.).

Quoiqu'il soit très-fatigué (subord.), — il travaille toujours (principale).

Si le loup attaque notre troupeau (subord.), — nous le tuerons (princ.).

Nous achèverons notre moisson (princ.) — *quand* nous pourrons (subord.).

Nous visitâmes la maison (princ.) — *où* naquit Corneille (subord.).

On nous pardonnera nos offenses (princ.) — *comme* nous pardonnons à ceux — *qui* nous ont offensés (subord.).

Le blé commence à germer quelques jours (subord.), — *après qu'*il a été déposé dans la terre (subord.).

Les fourmis sortent de leur fourmilière (princ.) — *lorsque* le soleil luit (subord.).

Je ne connais point l'homme (princ.) — *dont* vous me parlez (subord.).

Aussitôt que la neige couvre la terre (subord.), — la chasse n'est plus permise (princ.).

La pêche est défendue (princ.) — *pendant que* les poissons déposent leurs œufs dans les rivières (subord.).

Lorsque le coucou commence à chanter (subord.), — le printemps est proche (princ.).

202. Travaillons pendant notre jeunesse, *afin que nous puissions nous reposer dans notre vieillesse.*

Un cultivateur recueillera une abondante moisson *toutes les fois qu'il fumera et cultivera bien ses terres.*

L'avare ne se croit jamais assez riche, même *lorsqu'il a le superflu.*

Nous ne nous ennuyons jamais *quand nous travaillons.*

Ecoutons attentivement les personnes instruites, *pour que nous devenions comme elles.*

Nous priions Dieu pour le succès de nos armes, *pendant que l'on combattait.*

L'arbre produit des fleurs *avant qu'il donne des fruits.*

On commence la moisson *aussitôt que le blé est mûr.*

On visite souvent les étoffes de laine renfermées dans les armoires, *de crainte que les vers ne les rongent.*

Les apprentis doivent travailler sans relâche *jusqu'à ce qu'ils sachent leur métier.*

Tu honoreras ton père et ta mère, *afin que tu vives longtemps*

Même exercice 203.

Les enfants doivent répondre avec politesse *lorsque* .....
Il faut s'abstenir de détruire la plupart des oiseaux qui peuplent nos campagnes, *puisque* ...
On ne peut plumer un oiseau vivant *sans que* ...
Souvent on ne vient pas à bout de ce que l'on entreprend, *quoique* ...
On est bien sûr que la terre est ronde, *attendu que* ...
Pendant des siècles, les hommes se servirent de moulins à bras pour moudre le blé, *jusqu'à ce qu'enfin* ...
Nous aurions du mal à revenir aux anciens modes d'éclairage, *maintenant que* ...
Un vieil adage* dit qu'il faut battre le fer *tandis que* ....
Quand on fait une découverte, il faut se hâter de la publier et d'en profiter, *de peur que* ...
L'homme souffre plus ou moins pendant tout le cours de sa vie ; il commence à ressentir la douleur *aussitôt que*.....
Nous devons toujours dire la vérité, *alors même que*..

Même exercice 204.

Vous serez toujours poli avec tout le monde, *quand bien même* ...
Tu secourras les pauvres, *afin que* ...
On se débarrasse au printemps des œufs de chenilles qui sont sur les arbres, *de peur que* ...
Il faut que l'homme sache obéir, *si* ...
Tous les hommes regardent comme le plus bel endroit du monde le pays *où* ...
Les petits poulets se mettent à courir *dès que* ...
Nous devons un souvenir de reconnaissance à Jeanne Darc*, *par qui* ...
J'ai répondu à la lettre *que* ...
Vous avez vu hier l'ami *dont* ...
Le fermier a commencé par labourer le champ dans *lequel* ...
La betterave est une racine avec *laquelle* ...
Le lait est un liquide *duquel* ...

Exercice 205.

On donne les propositions subordonnées : complétez la phrase au moyen d'une proposition principale que vous imaginerez.

Si l'on n'emploie pas les grandes fortunes à de bons usages, ...
Si tu veux moissonner, ...
Lorsque l'on a contracté l'habitude de l'oisiveté, ...

Il faut s'habituer à l'ordre, *parce qu'il économise le temps*.

Ne perdons pas une minute de notre temps, *attendu que la vie est courte*.

203. Les enfants doivent répondre avec politesse *lorsqu'on les interroge*.

Il faut s'abstenir de détruire la plupart des oiseaux qui peuplent nos campagnes, *puisqu'ils nous délivrent des insectes*.

On ne peut plumer un oiseau vivant *sans qu'il crie*.

Souvent on ne vient pas à bout de ce que l'on entreprend, *quoique l'on y mette beaucoup d'activité*.

On est bien sûr que la terre est ronde, *attendu que des navigateurs en ont fait le tour*.

Pendant des siècles, les hommes se servirent de moulins à bras pour moudre le blé, *jusqu'à ce qu'enfin ils inventèrent les moulins à eau*.

Nous aurions du mal à revenir aux anciens modes d'éclairage, *maintenant que nous possédons le gaz*.

Un vieil adage dit qu'il faut battre le fer *tandis qu'il est chaud*.

Quand on fait une découverte, il faut se hâter de la publier et d'en profiter, *de peur qu'un autre ne la dérobe*.

L'homme souffre plus ou moins pendant tout le cours de sa vie ; il commence à ressentir la douleur *aussitôt qu'il est né*.

Nous devons toujours dire la vérité, *alors même qu'elle nous serait préjudiciable*.

204. Vous serez toujours poli avec tout le monde, *quand bien même on ne le serait pas avec vous*.

Tu secourras les pauvres, *afin que Dieu te récompense*.

On se débarrasse au printemps des œufs de chenilles qui sont sur les arbres, *de peur que celles-ci ne pullulent*.

Il faut que l'homme sache obéir, *s'il veut savoir commander*.

Tous les hommes regardent comme le plus bel endroit du monde le pays *où ils sont nés*.

Les petits poulets se mettent à courir *dès qu'ils sont sortis de l'œuf*.

Nous devons un souvenir de reconnaissance à Jeanne Darc*, *par qui la France fut délivrée des Anglais*.

J'ai répondu à la lettre *que l'on m'a écrite*.

Vous avez vu hier l'ami *dont je vous ai parlé*.

Le fermier a commencé par labourer le champ dans *lequel il sèmera du blé*.

La betterave est une racine avec *laquelle on fait du sucre*.

Le lait est un liquide *duquel on extrait le beurre et le fromage*.

Puisque toute la vie se réduit à un petit nombre d'années, ...

Puisque vous ne pouvez pas faire tout ce que vous voulez, ...

Aussitôt que l'enfant peut rendre quelques services à ses parents, ...

Quand on a bien rempli son devoir, ...

ORDRE LOGIQUE, INVERSION.

De l'ordre logique dans la proposition. — On dit que les parties d'une proposition sont rangées dans l'*ordre logique, grammatical ou direct,* quand elles se présentent dans l'ordre suivant :

1° Le sujet et ses dépendances ;

2° Le verbe ;

3° L'attribut ou le complément direct ;

4° Les compléments indirects avec leurs dépendances.

Ex. : Les années d'abondance — sont — favorables à la multiplication des insectes.

La taupe — creuse — ses galeries — dans la terre.

2° On dit qu'il y a *inversion* toutes les fois que l'ordre logique n'est pas observé. L'inversion est fréquente en poésie.

Ex. : Du Christ — avec ardeur — Jeanne — baisait l'image.

Exercice 206.

Rétablissez partout l'ordre logique.

De vol, de brigandage on nous déclare auteurs !

Pour un âne enlevé, deux voleurs se battaient.

La main des Parques * blêmes de vos jours et des miens se joue également.

Mortellement atteint d'une flèche empennée*, un oiseau déplorait sa triste destinée.

Sur la branche d'un arbre était en sentinelle un vieux coq adroit et matois.

Ôtez-nous de ces biens l'influence importune.

Dans un chemin montant, sablonneux, malaisé, et de tous côtés au soleil exposé, six forts chevaux tiraient un coche.

Le porc à s'engraisser coûtera peu de son.

Du palais d'un jeune lapin, dame belette un beau matin s'empara.

Un sot, par une puce, eut l'épaule mordue.

Avec grand bruit et grand fracas, un torrent tombait des montagnes.

Dans le sein ténébreux de ce bois écarté, contemplez ces débris d'une abbaye antique.

Voyez du dieu des champs les rustiques demeures.

Corrigé 205.

Si l'on n'emploie pas les grandes fortunes à de bons usages, *il vaut mieux ne pas les posséder.*

Si tu veux moissonner, *tu commenceras par semer.*

Lorsque l'on a contracté l'habitude de l'oisiveté, *on trouve le travail pénible.*

Puisque toute la vie se réduit à un petit nombre d'années, *nous devons bien l'employer.*

Puisque vous ne pouvez pas faire tout ce que vous voulez, *faites tout ce que vous pouvez.*

Aussitôt que l'enfant peut rendre quelques services à ses parents, *il doit s'empresser de le faire.*

Quand on a bien rempli son devoir, *on est content de soi.*

Corrigé 206.

On déclare nous auteurs de vol, de brigandage.

Deux voleurs se battaient pour un âne enlevé.

La main des Parques blêmes se joue également de vos jours et des miens.

Un oiseau, mortellement atteint d'une flèche empennée*, déplorait sa triste destinée.

Un vieux coq adroit et matois était en sentinelle sur la branche d'un arbre.

Otez-nous l'affluence importune de ces biens.

Six forts chevaux tiraient un coche dans un chemin montant, sablonneux, malaisé, et exposé au soleil de tous les côtés.

Le porc coûtera peu de son à s'engraisser.

Dame belette s'empara du palais d'un jeune lapin un beau matin.

Un sot eut l'épaule mordue par une puce.

Un torrent tombait des montagnes avec grand bruit et grand fracas.

Contemplez ces débris d'une abbaye antique dans le sein ténébreux de ce bois écarté.

Voyez les rustiques demeures du dieu des champs.

De l'ordre logique dans la phrase. — On dit que les parties d'une phrase sont rangées dans l'ordre logique, quand elles se présentent de la manière suivante :

1° La proposition principale;

2° Les propositions subordonnées dans l'ordre de leur dépendance.

Exemple : Vous me ferez plaisir, — si vous me rendez ce livre — *après que* vous l'aurez lu.

Souvent il y a *inversion* dans la proposition et dans la phrase.

Il n'est peut-être pas inutile d'ajouter que l'écrivain est maître de se soumettre à l'ordre logique ou de s'y soustraire; pourvu que sa phrase soit correcte et exempte d'affectation, pourvu que sa pensée se dégage claire et naturelle, il reste libre de choisir la construction qui lui semble la plus propre à traduire ses idées ou ses sentiments.

Exercice 207.

Rétablissez l'ordre logique.

Autrefois Progné* l'hirondelle de sa demeure s'écarta, et loin des villes s'emporta dans un bois où chantait la pauvre Philomèle*.

Un astrologue*, un jour, se laissa choir au fond d'un puits. On lui dit : Pauvre bête, tandis qu'à peine à tes pieds tu peux voir, penses-tu lire au-dessus de ta tête ?

Un jour sur ses longs pieds allait, je ne sais où, le héron au long bec emmanché d'un long cou.

Ces riches, que du siècle adore l'imprudence, passent comme fumée avec leur abondance.

Au milieu de l'orage où m'exposait le sort, un ange par la main m'a conduit dans le port.

Si je l'ai mérité, menez-moi au martyre.

Dans Florence* jadis vivait un médecin, savant hableur, dit-on, et célèbre assassin.

Je ne sais, du moment que je vous ai connu, si sur votre sujet j'eus l'esprit prévenu, mais j'admire partout vos vers et votre prose. — Si vous vouliez de vous nous montrer quelque chose, à notre tour aussi nous pourrions admirer.

Quelquefois, aux appâts d'un hameçon perfide, j'amorce en badinant le poisson trop avide, ou d'un plomb qui suit l'œil et part avec l'éclair, je vais faire la guerre aux habitants de l'air.

EMPLOI DE L'INDICATIF ET DU SUBJONCTIF.

Exercice 208.

Règles 448, 454-458. — Mettez au présent de l'indicatif ou du subjonctif les verbes entre parenthèses et donnez la raison de l'emploi de chaque mode.

Je me mettrai en route demain, *à moins* qu'il ne (*pleuvoir*).

Corrigé 207.

Progné*, l'hirondelle, s'écarta autrefois de sa demeure et s'emporta loin des villes, dans un bois où la **pauvre Philomèle*** chantait.

Un astrologue se laissa choir un jour au fond d'un puits. On dit à lui : Pauvre bête, tandis que tu peux voir à peine à tes pieds, tu penses lire au-dessus de ta tête?

Le héron au long bec emmanché d'un long cou, allait un jour, sur ses longs pieds, je ne sais où.

Ces riches, que l'imprudence du siècle adore, passent comme fumée avec leur abondance.

Un ange m'a conduit par la main dans le port, au milieu de l'orage où le sort m'exposait.

Menez-moi au martyre, si je l'ai mérité.

Un médecin, savant hableur, on dit, et célèbre assassin, vivait jadis dans Florence.

Je ne sais si j'eus l'esprit prévenu sur votre sujet du moment que je vous ai connu, mais j'admire partout vos vers et votre prose. Si vous vouliez nous montrer quelque chose de vous, nous pourrions admirer à notre tour aussi.

J'amorce quelquefois en badinant le poisson trop avide aux appâts d'un hameçon perfide, ou je vais faire la guerre aux habitants de l'air, d'un plomb qui suit l'œil et part avec l'éclair.

EMPLOI DE L'INDICATIF ET DU SUBJONCTIF.

Corrigé 208.

Je me mettrai en route demain, *à moins* qu'il ne *pleuve.*

Tout habile *qu'est* le renard, il se laisse quelquefois prendre au piége *. .

Pensez-vous que nous *réussissions* à traverser ce fleuve à la nage?

Je souhaite ardemment que vous *réussissiez* dans votre projet.

Aussitôt que les fleurs de la luzerne *commencent* à s'épanouir, elle est bonne à faucher.

Je ne crois pas que beaucoup de vaisseaux marchands *fassent* le tour de l'Afrique, *maintenant que* le canal de Suez* *établit* une communication plus directe avec les Indes*.

Les peuples sémitiques* sont à peu près *les seuls qui écrivent* de droite à gauche.

Tout avantageuse *qu'est* la culture des artichauts, il y a beaucoup de maraîchers* qui n'osent l'entreprendre.

Tout délicats *que sont* les dindons, on les élève aisément si l'on a soin de les mettre à l'abri de l'humidité.

Il semble qu'il *n'est* pas impossible de faire communiquer l'océan Atlantique* avec le Pacifique*, au moyen d'un canal traversant l'isthme de Panama* (§ 457).

Il est juste que nous *rendions* à Dieu ce qui appartient à Dieu.

Corrigé 209.

Le salut de la patrie *exige* que vous vous *consacriez* à sa défense.

On prend plaisir à faire une chose, *pour peu* qu'on y *réussisse.*

Il faudra que vous *visitiez* de temps en temps votre blé, si vous ne voulez pas que les charançons s'y mettent.

Tout intelligents *que sont* les enfants, ils ne peuvent pas faire de grands progrès s'ils ne sont pas laborieux.

Il semble que le ciel, qui se fond tout en eau, *veuille* inonder ces lieux d'un déluge nouveau.

Êtes-vous d'avis que nous *élevions* notre maison d'un étage?

L'homme est *le seul* être qui *a* des remords lorsqu'il a fait le mal (§ 457).

La loi divine *défend* que nous *fassions* à autrui ce que nous ne voudrions pas qu'on nous fît à nous-mêmes.

Tout ingénieuse *qu'est* la machine à vapeur, *il n'est pas douteux* qu'elle *puisse* être encore perfectionnée.

On ne se figure pas aisément qu'on *doit* un jour payer son tribut à la mort (§ 457)

Tout habile *que* (*être*) le renard, il se laisse quelquefois prendre au piége.

Pensez-vous que nous (*réussir*) à traverser ce fleuve à la nage ?

Je souhaite ardemment que vous (*réussir*) dans votre projet.

Aussitôt que les fleurs de la luzerne (*commencer*) à s'épanouir, elle est bonne à faucher.

Je ne crois pas que beaucoup de vaisseaux marchands (*faire*) le tour de l'Afrique, *maintenant que* (gouverne l'indicatif) le canal de Suez* (*établir*) un communication plus directe avec les Indes*.

Les peuples sémitiques* sont à peu près *les seuls qui* (*écrire*) de droite à gauche.

Tout avantageuse *qu'* (*être*) la culture des artichauts, il y a beaucoup de maraîchers* qui n'osent l'entreprendre.

Tout délicats *que* (*être*) les dindons, on les élève aisément si l'on a soin de les mettre à l'abri de l'humidité.

Il semble qu'il ne (*être*) pas impossible de faire communiquer l'océan Atlantique* avec le Pacifique*, au moyen d'un canal traversant l'isthme de Panama* (§ 457).

Il est juste que nous (*rendre*) à Dieu ce qui appartient à Dieu.

Même exercice 209.

Le salut de la patrie *exige* que vous vous (*consacrer*) à sa défense.

On prend plaisir à faire une chose, *pour peu* qu'on y (*réussir*).

Il faudra que vous (*visiter*) de temps en temps votre blé, si vous ne voulez pas que les charançons s'y mettent.

Tout intelligent *que* (*être*) les enfants, ils ne peuvent pas faire de grands progrès s'ils ne sont pas laborieux.

Il semble que le ciel, qui se fond tout en eau, (*vouloir*) inonder ces lieux d'un déluge nouveau.

Êtes-vous d'avis que nous (*élever*) notre maison d'un étage ?

L'homme est *le seul* être qui (*avoir*) des remords lorsqu'il a fait le mal (§ 457).

La loi divine *défend* que nous (*faire*) à autrui ce que nous ne voudrions pas qu'on nous fît à nous-mêmes.

Tout ingénieuse *qu'* (*être*) la machine à vapeur, *il n'est pas douteux* qu'elle (*pouvoir*) être encore perfectionnée.

On ne se figure pas aisément qu'on (*devoir*) un jour payer son tribut à la mort (§ 457).

Le renard, *autant qu'il (pouvoir)*, creuse son terrier à proximité de quelque ferme.

Quelque incroyable *que* cela *(paraître)*, on peut congeler * l'eau au milieu du feu le plus ardent.

EMPLOI DES TEMPS DE L'INDICATIF.

Exercice 210.

Règles 449, 450. — Mettez au présent ou à l'imparfait, suivant les règles, les verbes entre parenthèses.

Les Pythagoriciens affirmaient déjà que la terre *(tourner)* autour du soleil. (Chose vraie.)

Franklin * a établi par des expériences décisives que la foudre qui *(gronder)* dans les airs *(être)* de même nature que l'électricité. (Chose vraie.)

Le Danois Rœmer * a fait voir que la lumière nous *(venir)* du soleil en sept minutes et demie. (Chose vraie.)

Galien, célèbre médecin du deuxième siècle de notre ère, soupçonnait déjà que le sang *(circuler)* dans les veines et dans les artères. (Chose vraie.)

, Newton *, sans savoir que le diamant n' *(être)* que du charbon (chose vraie), affirmait déjà que ce corps *(être)* combustible. (Chose vraie.)

Anaxagore, philosophe grec qui vivait dans le cinquième siècle avant Jésus-Christ, avait reconnu qu'il *(exister)* un principe intelligent présidant au gouvernement du monde. (Chose vraie.)

Le philosophe grec Thalès de Milet n'ignorait pas que les éclipses de soleil *(provenir)* de l'interposition de la lune entre la terre et l'astre du jour. (Chose vraie.)

Exercice 211.

REMARQUE. — Le *passé indéfini*, pouvant s'employer pour exprimer indistinctement tous les instants de la durée, est d'un usage infiniment plus fréquent que le passé défini.

Règles 451 et 452. —Mettez au passé défini ou au passé indéfini les verbes entre parenthèses.

Les hommes *(ne pas perdre)*, dans le siècle où nous sommes, la faculté d'invention : ils *(découvrir)* les chemins de fer, la navigation à vapeur, la télégraphie électrique, la photographie.

L'an 711 de notre ère, les Arabes *(conquérir)* l'Espagne sur les Wisigoths, qui la possédaient depuis trois *(cent)* ans.

Nous *(défricher)* cette année plusieurs prairies artificielles *.

Le renard, *autant qu'il peut*, creuse son terrier à proximité de quelque ferme.

Quelque incroyable *que* cela *paraisse*, on peut congeler* l'eau au milieu du feu le plus ardent.

Corrigé 20.

Les Pythagoriciens affirmaient déjà que la terre *tourne* autour du soleil. (Chose vraie.)

Franklin* a établi par des expériences décisives que la foudre qui *gronde* dans les airs *est* de même nature que l'électricité. (Chose vraie.)

Le Danois Rœmer* a fait voir que la lumière nous *vient* du soleil en sept minutes et demie. (Chose vraie.)

Galien, célèbre médecin du deuxième siècle de notre ère, soupçonnait déjà que le sang *circule* dans les veines et dans les artères. (Chose vraie.)

Newton*, sans savoir que le diamant n'*est* que du charbon (chose vraie), affirmait déjà que ce corps *est* combustible. (Chose vraie.)

Anaxagore, philosophe grec qui vivait dans le cinquième siècle avant Jésus-Christ, avait reconnu qu'il *existe* un principe intelligent présidant au gouvernement du monde. (Chose vraie.)

Le philosophe grec Thalès de Milet n'ignorait pas que les éclipses de soleil *proviennent* de l'interposition de la lune entre la terre et l'astre du jour. (Chose vraie.)

Corrigé 211.

Les hommes *n'ont pas perdu*, dans le siècle où nous sommes, la faculté d'invention : ils *ont découvert* les chemins de fer, la navigation à vapeur, la télégraphie électrique, la photographie.

L'an 711 de notre ère, les Arabes *conquirent* l'Espagne sur les Wisigoths, qui la possédaient depuis trois *cents* ans.

Nous *avons défriché* cette année plusieurs prairies artificielles*.

Les Chinois *ont devancé* tous les autres peuples connus dans les sciences et dans les arts.

Les Suisses *secouèrent*, en 1308, la domination des archiducs d'Autriche.

Il y *a eu* dans ce siècle plusieurs éclipses de soleil à Paris.

Quelque temps après la mort de César*, apparut une comète* que les Romains superstitieux *s'imaginèrent* être l'âme du dictateur.

On *a commencé* de notre temps à faire usage de la viande de cheval.

Il *est tombé* cette année une grande abondance de neige.

La pluie *a commencé* avec la lune actuelle; mais ce n'est pas une raison pour croire qu'elle durera autant que celle-ci.

Corrigé 212.

L'onde *approche, se brise*, et *vomit* à nos yeux, parmi des flots d'écume, un monstre furieux.

Le roi d'Angleterre Edouard*, irrité de la longue résistance des Calaisiens, *jette* un regard courroucé sur Eustache* de Saint-Pierre et ses compagnons, *grince* des dents et *ordonne* de faire venir le coupe-tête.

Diogène* *prend* un coq, le *plume* tout vivant, *court le* jeter au milieu de l'auditoire de Platon*, et *s'écrie* : Voilà l'homme de Platon.

César* *passe* le Rubicon, *harangue* ses troupes, et les *entraîne* contre Rome*; la terreur se *répand* dans cette ville : hommes, femmes, enfants, *s'enfuient* vers le camp de Pompée*.

Le vent *souffle*, les nuages *s'amoncellent*, les éclairs *brillent*, la foudre *éclate*, les cataractes *s'ouvrent*, la pluie *tombe* par torrents.

A la voix de Pierre l'Ermite*, les croisés se mirent en marche vers Jérusalem*; le plus grand nombre *allait* à pied; quelques cavaliers *paraissaient* au milieu de la foule; plusieurs *voyageaient* montés sur des chars traînés par des bœufs ferrés; d'autres *côtoyaient* la mer, *descendaient* les fleuves dans des barques.

Les Chinois (*devancer*) tous les autres peuples connus dans les sciences et dans les arts.

Les Suisses (*secouer*) en 1308 la domination des archiducs d'Autriche.

Il y (*avoir*) dans ce siècle plusieurs éclipses de soleil à Paris.

Quelque temps après la mort de César *, apparut une comète* que les Romains superstitieux (*s'imaginer*) être l'âme du dictateur.

On (*commencer*) de notre temps à faire usage de la viande de cheval.

Il (*tomber*) cette année une grande abondance de neige.

La pluie (*commencer*) avec la lune actuelle ; mais ce n'est pas une raison pour croire qu'elle durera autant que celle-ci.

Exercice 212.

REMARQUE. — Quoique l'on emploie souvent le présent au lieu du passé dans les narrations, il ne faudrait pas faire de cet emploi une règle constante. *Dans un discours de longue haleine*, il vaut mieux se servir tantôt du présent et tantôt du passé, en ménageant habilement les transitions de l'un à l'autre. Ce changement introduit une variété qui délasse le lecteur. Rien de plus monotone que de mettre tous les verbes, soit au présent, soit au passé.

Règle 453. — Dans chaque phrase, mettez au même temps tous les verbes de la même importance.

L'onde *approche*, (*se briser*), et (*vomir*) à nos yeux, parmi des flots d'écume, un monstre furieux.

Le roi d'Angleterre Edouard *, irrité de la longue résistance des Calaisiens, *jette* un regard courroucé sur Eustache* de Saint-Pierre et ses compagnons, (*grincer*) des dents et (*ordonner*) de faire venir le coupe-tête.

Diogène * *prend* un coq, le *plume* tout vivant, (*courir*) le jeter au milieu de l'auditoire de Platon * et (*s'écrier*) : Voilà l'homme de Platon.

César* *passe* le Rubicon, (*haranguer*) ses troupes, et les (*entraîner*) contre Rome* ; la terreur se (*répandre*) dans cette ville : hommes, femmes, enfants, (*s'enfuir*) vers le camp de Pompée*.

Le vent *souffle*, les nuages (*s'amonceler*), les éclairs (*briller*), la foudre (*éclater*), les cataractes (*s'ouvrir*), la pluie (*tomber*) par torrents.

A la voix de Pierre l'Ermite*, les croisés se mirent en marche vers Jérusalem* ; le plus grand nombre *allait* à pied ; quelques cavaliers (*paraître*) au milieu de la foule ; plusieurs (*voyager*), montés sur des chars traînés par des bœufs ferrés ; d'autres (*côtoyer*) la mer, (*descendre*) les fleuves dans des barques.

Bayard blessé, voyant approcher l'ennemi, *ranime* sa voix mourante, (*ordonner*) d'aller à la charge, (*se faire*) placer au pied d'un arbre, (*baiser*), à défaut de croix, la poignée de son épée et (*se confesser*) à son écuyer, n'ayant point de prêtre.

Exercice lexicologique 213.

Répondez aux questions suivantes à l'aide du lexique.

Que savez-vous sur Alcibiade, — Corneille, — les Parques, — Progné, — Philomèle, — Franklin, — Rœmer, — Newton, — César, — Eustache de Saint-Pierre, — Diogène, — Platon, — Pompée, — Pierre l'Ermite?

Qu'est-ce que : un adage, — un astrologue, — un maraîcher?

Qu'est-ce que : une flèche *empennée*, — une prairie *artificielle*?

Que savez-vous sur : Florence, — le canal de Suez, — les Indes, — les peuples sémitiques, — l'océan *Atlantique*, — l'océan *Pacifique*, — l'isthme de *Panama*, — Rome, — Jérusalem, — Bayard?

Que signifie le verbe *congeler*?

EMPLOI DES TEMPS DU SUBJONCTIF.

Exercice 214.

Règle 459. — Mettez les verbes entre parenthèses au temps convenable du subjonctif.

1. Les anciens ont connu le sucre; mais *il est plus que douteux* qu'ils (*savoir*) le raffiner (action passée), comme le font les modernes.

Il *convient* que vous (*allier*) la modestie au talent, si vous voulez que vos semblables vous pardonnent la supériorité que vous avez sur eux.

Je ne crois pas que les Grecs (*naviguer*) assez loin dans l'océan Atlantique (action passée) pour toucher aux rivages de l'Amérique.

Pensez-vous que les hommes (*réussir*) un jour à diriger les aérostats?

Doutez-vous que cet homme, à force de travail et d'économie, ne (*pouvoir*) réparer bientôt la brèche faite à sa fortune?

Il n'est pas bien sûr qu'à une époque reculée les Egyptiens (*exécuter*), comme on le prétend, un voyage autour de l'Afrique. (Action passée.)

Il faut que vous (*semer*) le plâtre sur les luzernières par un temps à la fois chaud et un peu humide.

Bayard blessé, voyant approcher l'ennemi, *ranime* sa voix mourante, *ordonne* d'aller à la charge, *se fait* placer au pied d'un arbre, *baise*, à défaut de croix, la poignée de son épée, et *se confesse* à son écuyer, n'ayant point de prêtre.

Corrigé 214.

1. Les anciens ont connu le sucre; mais *il est plus que douteux* qu'ils *aient su* le raffiner (action passée), comme le font les modernes.

Il convient que vous *alliiez* la modestie au talent, si vous voulez que vos semblables vous pardonnent la supériorité que vous avez sur eux.

Je ne crois pas que les Grecs *aient navigué* assez loin dans l'océan Atlantique (action passée) pour toucher aux rivages de l'Amérique.

Pensez-vous que les hommes *réussissent* un jour à diriger les aérostats?

Doutez-vous que cet homme, à force de travail et d'économie, ne *puisse* réparer bientôt la brèche faite à sa fortune?

Il n'est pas bien sûr qu'à une époque reculée, les Egyptiens *aient exécuté*, comme on le prétend, un voyage autour de l'Afrique. (Action passée.)

Il faut que vous *semiez* le plâtre sur les luzernières par un temps à la fois chaud et un peu humide.

2. *Il est à craindre* que les vents du dernier équinoxe* ne (*occasionner*) plus d'un naufrage.

Un quidam rencontrant le meunier et son fils, précédés de leur âne qui marchait en se prélassant, ne put s'empêcher de s'écrier : *Est-ce* la mode que baudet (*aller*) à l'aise et meunier s'(*incommoder*)?

Il fallait que les Mexicains* (*parvenir*), avant la découverte de l'Amérique, à un certain degré de civilisation (action passée) pour avoir pu acquérir les connaissances astronomiques qu'ils possédaient.

Il ignorait que vous (*étudier*) l'anglais (action présente) avant de partir pour l'Amérique.

Il ne faudrait pas que vous (*sortir*) nu-tête en plein soleil.

Il importerait que l'on (*prendre*) à la campagne les plus grandes précautions pour empêcher la propagation des maladies contagieuses* des bestiaux.

Lycurgue* *avait prescrit* que les Lacédémoniens* ne (*faire*) usage à l'avenir que de monnaies de fer.

Pour peu qu'une abeille vous (*piquer*), il *faudrait* vous frotter la plaie avec du persil.

3. *Jusqu'à ce que* Galilée* (*inventer*) la lunette astronomique (action passée et antérieure), les savants ne *soupçonnaient* ni l'existence des montagnes de la lune, ni celle des taches du soleil.

Je ne m'ennuierais jamais à la campagne, *pourvu que* j'(*avoir*) de bons livres à ma disposition.

Quoi que (*faire*) Annibal, pour engager ses soldats à franchir les Alpes, il ne les *avait pu* guérir de leur terreur exagérée.

Il s'en fallut de bien peu qu'Alexandre, roi de Macédoine, ne se (*noyer*) en se baignant dans le Cydnus; *il s'en fallut* moins encore qu'il ne (*mourir*) des suites de cet accident.

Avant que le moyen âge* (*faire*) usage de la poudre à canon (action passée et antérieure), le moyen de destruction le plus terrible *était* le feu grégeois, que l'ingénieur Callinicus fit connaître à Constantinople*.

S'il arrivait que l'on (*détruire*) toutes les forêts qui sont encore en Europe, il est probable que le climat de cette partie du monde en éprouverait quelques changements.

Pythagore *exigeait* que ceux qui aspiraient à devenir ses disciples (*garder*) le silence pendant cinq ou six années avant d'être admis dans son institut.

S'il était vrai que Mahomet* (*dicter*) ses lois sous l'inspiration du ciel (action passée), elles ne renfermeraient pas

2. *Il est à craindre* que les vents du dernier équinoxe *
n'*aient occasionné* plus d'un naufrage.

Un quidam, rencontrant le meunier et son fils précédés
de leur âne qui marchait en se prélassant, ne put s'empêcher de s'écrier : *Est-ce* la mode que baudet *aille* à l'aise et
meunier *s'incommode ?*

Il fallait que les Mexicains *fussent parvenus,* avant la
découverte de l'Amérique, à un certain degré de civilisation (action passée) pour avoir pu acquérir les connaissances
astronomiques qu'ils possédaient.

Il ignorait que vous *étudiiez* l'anglais (action présente)
avant de partir pour l'Amérique.

Il né faudrait pas que vous *sortissiez* nu-tête en plein soleil.

Il importerait que l'on *prît* à la campagne les plus grandes
précautions pour empêcher la propagation des maladies
contagieuses * des bestiaux.

Lycurgue * *avait prescrit* que les Lacédémoniens * ne *fissent*
usage à l'avenir que de monnaies de fer.

Pour peu qu'une abeille vous *piquât*, il *faudrait* vous
frotter la plaie avec du persil.

3. *Jusqu'à ce que* Galilée *eût inventé* la lunette astronomique (action passée antérieure), les savants ne *soupçonnaient* ni l'existence des montagnes de la lune, ni celle des
taches du soleil.

Je ne m'ennuierais jamais à la campagne, *pourvu que*
j'eusse de bons livres à ma disposition.

Quoi qu'eût fait Annibal * pour engager ses soldats à franchir les Alpes, il ne les *avait pu* guérir de leur terreur
exagérée.

Il s'en fallut de bien peu qu'Alexandre, roi de Macédoine, ne se *noyât* en se baignant dans le Cydnus; *il*
s'en fallut moins encore qu'il ne *mourût* des suites de cet
accident.

Avant que le moyen âge *eût fait* usage de la poudre à canon (action passée et antérieure), le moyen de destruction
le plus terrible *était* le feu grégeois, que l'ingénieur Callinicus fit connaître à Constantinople *.

S'il arrivait que l'on *détruisît* toutes les forêts qui sont
encore en Europe, il est probable que le climat de cette
partie du monde en éprouverait quelques changements.

Pythagore *exigeait* que ceux qui aspiraient à devenir ses
disciples *gardassent* le silence pendant cinq ou six années,
avant d'être admis dans son institut.

S'il était vrai que Mahomet * *eût dicté* ses lois sous l'inspiration du ciel (action passée), elles ne renfermeraient pas

tant de prescriptions contraires à la saine morale et au bon sens.

4. *Il serait nécessaire* que les cultivateurs (*posséder*) quelques notions de chimie et d'histoire naturelle.

Au moment de la découverte de l'imprimerie, *on avait craint* qu'il n'y (*avoir*) moins d'ouvriers occupés à la confection des livres (action passée); mais c'est le contraire qui est arrivé, et le nombre de ceux qu'emploient les travaux de la librairie surpasse considérablement celui des copistes d'autrefois.

Charlemagne* avait conçu de sinistres présages de l'apparition des Normands; il avait dès l'abord appréhendé qu'ils ne (*former*) depuis longtemps le projet de s'établir sur quelque point de son vaste empire.

Il faudrait que les enfants se (*pénétrer*) bien de cette pensée : que nous ne les corrigeons pas dans le but de leur faire de la peine, mais uniquement pour les rendre meilleurs.

Si nous avions prévu que la gelée (*pouvoir*) atteindre nos plantes (action passée), nous les *aurions rentrées* avant que le froid (*reprendre*) avec une nouvelle intensité.

5. Le poëte Ovide* *souhaitait* dans son exil qu'on ne lui (*apprendre*) pas les belles-lettres (action passée); cependant pouvait-il douter qu'elles étaient (1) pour lui une grande consolation dans ses malheurs?

S'il *se présentait* quelqu'un qui nous (*offrir*) de nous rendre riches à condition que nous (*commettre*) une mauvaise action, il faudrait que nous (*refuser*) sur-le-champ son offre.

Blanche* de Castille disait à son fils saint Louis : Si *j'apprenais* que vous vous (*rendre*) coupable d'un seul péché mortel, j'en serais plus affligée que d'apprendre votre mort.

Henri IV* *désirait* que chaque paysan (*pouvoir*) mettre le dimanche une poule au pot.

Il *serait* à désirer que tous ceux qui sont accoutumés à voir de près la vie du cultivateur (*savoir*) que le travail le plus naturel à l'homme, le plus fortifiant pour l'âme et pour le corps, est celui qui s'accomplit en plein champ.

Pour arriver à faire mieux que les autres, il *faudrait* que vous (*commencer*) par faire aussi bien qu'eux.

François Ier* *ordonna* que l'on (*tenir*) dans toutes les églises un registre exact des naissances et des décès; si le hasard avait voulu qu'un autre roi (*avoir*) la même idée avant lui, que de procès n'eussent pas été évités!

(1) *Étaient* et non *fussent*, l'indicatif et non le subjonctif, parce qu'il s'agit d'un fait *positif*.

tant de prescriptions contraires à la saine morale et au bon sens.

4. *Il serait nécessaire* que les cultivateurs *possédassent* quelques notions de chimie et d'histoire naturelle.

Au moment de la découverte de l'imprimerie, *on avait craint* qu'il n'y *eût* moins d'ouvriers occupés à la confection des livres (action passée); mais c'est le contraire qui est arrivé, et le nombre de ceux qu'emploient les travaux de la librairie surpasse considérablement celui des copistes d'autrefois.

Charlemagne * avait conçu de sinistres présages de l'apparition des Normands; il avait dès l'abord appréhendé qu'ils n'*eussent formé* depuis longtemps le projet de s'établir sur quelque point de son vaste empire.

Il faudrait que les enfants se *pénétrassent* bien de cette pensée : que nous ne les corrigeons pas dans le but de leur faire de la peine, mais uniquement pour les rendre meilleurs.

Si nous avions prévu que la gelée *eût pu* atteindre nos plantes (action passée), nous les *aurions rentrées* avant que le froid *eût repris* avec une nouvelle intensité.

5. Le poëte Ovide * *souhaitait* dans son exil qu'on ne lui *eût* pas *appris* les belles-lettres (action passée); cependant pouvait-il douter qu'elles étaient pour lui une grande consolation dans ses malheurs?

S'il *se présentait* quelqu'un qui nous *offrît* de nous rendre riches à condition que nous *commissions* une mauvaise action, il faudrait que nous *refusassions* sur-le-champ son offre.

Blanche * de Castille disait à son fils saint Louis : Si *j'apprenais* que vous vous *fussiez rendu* coupable d'un seul péché mortel, j'en serais plus affligée que d'apprendre votre mort.

Henri IV * *désirait* que chaque paysan *pût* mettre le dimanche une poule au pot.

Il *serait* à désirer que tous ceux qui sont accoutumés à voir de près la vie du cultivateur, *sussent* que le travail le plus naturel à l'homme, le plus fortifiant pour l'âme et pour le corps, est celui qui s'accomplit en plein champ.

Pour arriver à faire mieux que les autres, il *faudrait* que vous *commençassiez* par faire aussi bien qu'eux.

François Ier * *ordonna* que l'on *tînt* dans toutes les églises un registre exact des naissances et des décès; si le hasard avait voulu qu'un autre roi *eût eu* la même idée avant lui, que de procès n'eussent pas été évités!

QUE REMPLAÇANT D'AUTRES CONJONCTIONS.

Exercice 215.

Règles 461, 462. — Indiquez de quelle conjonction *que* tient la place, et mettez le mode convenable.

Notre-Seigneur Jésus-Christ dit à ses disciples : Quand il y aura des signes dans le soleil, dans la lune et dans les étoiles, et *que* les nations (*sécher*) de frayeur à cause du bruit de la mer et des flots, alors les voûtes des cieux seront ébranlées et le Fils de l'homme viendra sur les nuées avec un grand pouvoir et une grande majesté.

Comme on parlait à Agésilas, roi de Sparte *, d'un homme qui imitait parfaitement le rossignol, et *qu'*on lui (*proposer*) de venir l'entendre : J'ai entendu le rossignol, répondit-il simplement.

Si vous pénétriez dans un souterrain et *que* vous (*voir*) votre lumière s'éteindre tout à coup, il ne faudrait pas faire un pas de plus, car ce pas pourrait vous donner la mort.

Avant que les Gaulois fussent venus s'établir en Gaule et *qu'*ils (*soumettre*), en même temps que les îles Britanniques *, toute la région comprise entre le Rhin et l'Océan (action passée, § 460), ils avaient longtemps séjourné en Asie dans le voisinage du grand plateau central.

Si une eau n'est pas bien aérée, si elle ne (*prend*) pas une belle couleur violette au contact du curaçao, et *qu'*elle ne (*pouvoir*) servir ni pour le savonnage, ni pour la cuisson des légumes, elle n'est point potable, et elle ne saurait être employée pour aucun usage domestique *.

Exercice 216.

Indiquez de quelle conjonction *que* tient la place et mettez le mode convenable.

Voyez le figuier et tous les autres arbres : quand le froid vient à cesser, *qu'*ils (*commencer*) à bourgeonner et *que* leurs feuilles se (*développer*), vous jugez *que* l'été est proche.

Comme Bajazet *, vainqueur à Nicopolis, faisait la revue des prisonniers et *qu'*il (*examiner*) curieusement ses captifs, il fut tellement frappé de la physionomie menaçante de Jean sans Peur *, *qu'*il ordonna que celui-ci fût renvoyé dans son pays, pensant *qu'*il ferait un jour beaucoup de mal à ses compatriotes.

Si vous labourez bien votre champ, *que* vous le (*fumer*) convenablement et *que* vous (*l'ensemencer*) dans de bonnes

Corrigé 215.

Notre-Seigneur Jésus-Christ dit à ses disciples : Quand il y aura des signes dans le soleil, dans la lune et dans les étoiles, et *que* (pour *quand*) les nations *sécheront* de frayeur à cause du bruit de la mer et des flots, alors les voûtes des cieux seront ébranlées, et le Fils de l'homme viendra sur les nuées avec un grand pouvoir et une grande majesté.

Comme on parlait à Agésilas, roi de Sparte *, d'un homme qui imitait parfaitement le rossignol, et *qu'* (pour *comme*) on lui *proposait* de venir l'entendre : J'ai entendu le rossignol, répondit-il simplement.

Si vous pénétriez dans un souterrain et *que* (pour *si*) vous *vissiez* votre lumière s'éteindre tout à coup, il ne faudrait pas faire un pas de plus, car ce pas pourrait vous donner la mort.

Avant que les Gaulois fussent venus s'établir en Gaule et *qu'* (pour *avant que*) ils *eussent soumis*, en même temps que les îles Britanniques *, toute la région comprise entre le Rhin et l'Océan (action passée, § 460), ils avaient long-temps séjourné en Asie dans le voisinage du grand plateau central.

Si une eau n'est pas bien aérée, si elle ne *prend* pas une belle couleur violette au contact du curaçao, et *qu'* (pour *si*) elle ne *puisse* servir ni pour le savonnage, ni pour la cuisson des légumes, elle n'est point potable, et elle ne saurait être employée pour aucun usage domestique*.

Corrigé 216.

Voyez le figuier et tous les autres arbres : quand le froid vient à cesser, *qu'* (pour *quand*) ils *commencent* à bourgeonner et *que* (pour *quand*) leurs feuilles se *développent*, vous jugez que l'été est proche.

Comme Bajazet *, vainqueur à Nicopolis, faisait la revue des prisonniers et *qu'* (pour *comme*) il *examinait* curieusement ses captifs, il fut tellement frappé de la physionomie menaçante de Jean sans Peur * qu'il ordonna que celui-ci fût renvoyé dans son pays, pensant qu'il ferait un jour beaucoup de mal à ses compatriotes.

Si vous labourez bien votre champ, *que* (pour *si*) vous le *fumiez* convenablement et *que* (pour *si*), vous *l'ensemenciez*

conditions, il y a chance *que* vous fassiez une excellénte récolte.

Que de siècles se sont écoulés avant que les hommes eussent découvert les métaux, *qu*'ils les (*convertir*) en outils, et *qu*'ils (*pouvoir*) s'en servir pour tailler les pierres, labourer les champs, fabriquer des monnaies.

Pendant que les Espagnols subjuguaient le Nouveau-Monde *, *qu*'ils en (*exploiter*) les mines d'or et d'argent, *qu*'ils (*asservir*) les indigènes * par les moyens les plus tyranniques et les plus odieux, ils délaissaient leur agriculture et leur industrie nationales.

Après que les Romains eurent promené leurs aigles * victorieuses dans toutes les parties de l'univers alors connues, *qu*'ils (*forcer*) tous les peuples à travailler pour eux et *que* Rome (*s'enrichir*) des dépouilles de toutes les nations, ils se laissèrent aller à une vie molle et efféminée qui les rendit en peu de temps inférieurs aux Barbares eux-mêmes.

Puisque la science élève l'esprit, *qu*'elle (*centupler* *) nos forces, *qu*'elle nous (*soumettre*) la nature, *qu*'elle nous (*procurer*) l'aisance et le bien-être, appliquons-nous à l'acquérir, et ne négligeons aucun des moyens que nous avons de nous instruire.

Si nous travaillons à nous corriger de nos défauts, et *que* nous (*veiller*) sans cesse sur nous-mêmes, nous deviendrons hommes de bien.

EMPLOI DE L'INFINITIF.

Exercice **217**.

Règle 464. — Indiquez à quel mot l'infinitif se rapporte.

Dieu nous a créés pour le *connaître*, l'*aimer*, le *servir*, et par ce moyen *mériter* la vie éternelle.

Il nous faut *rendre* à César ce qui appartient à César, et à Dieu ce qui appartient à Dieu.

On ne doit pas se *moquer* des malheureux; car qui peut se *flatter d'être* toujours heureux?

Nous avons vu la foudre *tomber* sur cet édifice et l'*incendier*.

Il faut *se contenter* de sa condition; aux conseils de l'orgueil et de l'ambition nous devons *fermer* les oreilles.

Toi donc, qui que tu sois, ô père de famille, *t'attendre* aux yeux d'autrui quand tu dors, c'est erreur; couche-toi le dernier et vois *fermer* ta porte.

En entrant dans l'église, j'entendis à la voûte un certain

dans de bonnes conditions, il y a chance *que* vous fassiez une excellente récolte.

Que de siècles se sont écoulés avant que les hommes eussent découvert les métaux, *qu'* (pour *avant que*) ils les *eussent convertis* en outils, et *qu'* (pour *avant que*) ils *eussent pu* s'en servir pour tailler les pierres, labourer les champs, fabriquer des monnaies.

Pendant que les Espagnols subjuguaient le Nouveau-Monde *, *qu'* (pour *pendant que*) ils en *exploitaient* les mines d'or et d'argent, *qu'* (pour *pendant que*) ils *asservissaient* les indigènes * par les moyens les plus tyranniques et les plus odieux, ils délaissaient leur agriculture et leur industrie nationales.

Après que les Romains eurent promené leurs aigles * victorieuses dans toutes les parties de l'univers alors connues, *qu'* (pour *après que*) ils *eurent forcé* tous les peuples à travailler pour eux, *que* (pour *après que*) Rome *se fut enrichie* des dépouilles de toutes les nations, ils se laissèrent aller à une vie molle et efféminée qui les rendit en peu de temps inférieurs aux Barbares eux-mêmes.

Puisque la science élève l'esprit, *qu'* (pour *puisque*) elle *centuple* nos forces, *qu'* (pour *puisque*) elle nous *soumet* la nature, *qu'* (pour *puisque*) elle nous *procure* l'aisance et le bien-être, appliquons-nous à l'acquérir, et ne négligeons aucun des moyens que nous avons de nous instruire.

Si nous travaillons à nous corriger de nos défauts et *que* (pour *si*) nous *veillions* sans cesse sur nous-mêmes, nous deviendrons hommes de bien.

EMPLOI DE L'INFINITIF.

217. Dieu *nous* (1) a créés pour le *connaître*, l'*aimer*, le *servir*, et par ce moyen *mériter* la vie éternelle.

Il *nous* faut *rendre* à César ce qui appartient à César, et à Dieu ce qui appartient à Dieu.

On ne doit pas se *moquer* des malheureux; car *qui* peut se *flatter d'être* toujours heureux?

Nous avons vu *la foudre tomber* sur cet édifice et l'*incendier*.

Il faut *se contenter* (2) de sa condition; aux conseils de l'orgueil et de l'ambition *nous* devons *fermer* les oreilles.

Toi donc, qui que tu sois, ô père de famille, *t'attendre* aux yeux d'autrui quand tu dors, c'est erreur; couche-toi le dernier, et vois *fermer* ta porte.

En entrant dans l'église, j'entendis à la voûte un certain

(1) Le nom auquel se rapporte l'infinitif est en italique.
(2) Dans les expressions impersonnelles telles que *il faut se contenter*, le sujet est sous-entendu; c'est comme s'il y avait : *on* doit se contenter, il faut que *nous* nous contentions.

retentissement que je crus *ressembler* à des voix, et qui commença d'*ébranler* ma fermeté romaine.

Trois mois avant la mort de Le Nôtre *, le roi Louis XIV, qui aimait à le *voir* et à le *faire causer*, le mena dans ses jardins, et, à cause de son grand âge, le fit *mettre* dans une chaise que des porteurs roulaient à côté de la sienne, et Le Nôtre disait là : « Ah ! mon pauvre père, si tu vivais et que tu pusses *voir* un pauvre jardinier comme moi, ton fils, se *promener* en chaise à côté du plus grand roi du monde, rien ne manquerait à ma joie ! »

Pour *vivre* longtemps sur la terre, tu dois *honorer* ton père et ta mère.

Le lion étant mort, dit la fable, tous les animaux accoururent dans son antre pour *consoler* la lionne, sa veuve, qui faisait *retentir* de ses cris les montagnes et les forêts.

Peu de gens ont considéré combien de choses sont nécessaires pour *produire* et *préparer* ce seul objet de notre consommation, le pain.

Exercice 218.

Règle 465. — Indiquez le rôle de chaque infinitif. *Écrivez : Vouloir tromper* les autres est une infamie (*vouloir tromper*, sujet).

Vouloir tromper les autres est une infamie. — Je désire *partir*. — Tu t'apprêtes à *travailler*. — L'enfant cessa de *jouer*. — Je songe à *exécuter* ce que l'on m'a commandé. — Nous aurons du beau temps pour *voyager*. — Nous avons la permission de *sortir*. — Le poulet est bon à *tuer*. — Nous étions fatigués de *crier*. — Il faut *manger* pour *vivre*, et non *vivre* pour *manger*. — Il faut *avoir* la force de *résister* à ses passions. — Il emploie son temps à *dessiner*. — Nous sommes heureux de *respirer* le grand air. — La chèvre allait *paître* l'herbe nouvelle. — Je viens vous *prévenir* de mon départ. — Espérez-vous *réussir* ? — *Souffler* n'est pas *jouer*. — Nous irons *offrir* un bouquet à notre mère. — Il est temps de *cueillir* les fruits. — Les enfants sont obligés d'*obéir* à leurs parents.

Récapitulation sur l'emploi des modes 219.

LE NEVEU DE LA FRUITIÈRE.

Mettez au mode et au temps convenables chaque verbe entre parenthèses.

Le père Lazare, cuisinier à Versailles, avait un tout jeune fils qui faisait sa désolation. Il se plaignait amèrement qu'à l'âge de six ans, son héritier présomptif ne (*posséder*) pas encore le moindre talent d'agrément ; qu'il ne (*savoir*) ni tourner la broche, ni écumer le pot. Sa fu-

retentissement *que* je crus *ressembler* à des voix, et *qui* commença d'*ébranler* ma fermeté romaine.

Trois mois avant la mort de Le Nôtre *, *le roi Louis XIV*, qui aimait à le *voir* et à le *faire causer*, le mena dans ses jardins, et, à cause de son grand âge, le *fit mettre* dans une chaise que des porteurs roulaient à côté de la sienne, et Le Nôtre disait là : « Ah ! mon pauvre père, si tu vivais et que *tu* pusses *voir* un pauvre jardinier comme moi, ton fils, se *promener* en chaise à côté du plus grand roi du monde, rien ne manquerait à ma joie ! »

Pour *vivre* longtemps sur la terre, *tu* dois *honorer* ton père et ta mère.

Le lion étant mort, dit la fable, tous les *animaux* accoururent dans son antre pour *consoler* la lionne, sa veuve, *qui* faisait *retentir* de ses cris les montagnes et les forêts.

Peu de gens ont considéré combien de choses sont nécessaires pour *produire* (*on* sous-entendu) et *préparer* ce seul objet de notre consommation, le pain.

218. *Vouloir tromper* (sujet) les autres est une infamie. — Je désire *partir* (compl. dir.). — Tu t'apprêtes à *travailler* (compl. ind.). — L'enfant cessa de *jouer* (compl. ind.). — Je songe à *exécuter* (compl. ind.) ce que l'on m'a commandé. — Nous aurons du beau temps pour *voyager* (compl. circ.). — Nous avons la permission de *sortir* (compl. de *permission*).— Le poulet est bon à *tuer* (compl. de *bon*). — Nous étions fatigués de *crier* (compl. de *fatigués*).—Il faut *manger* (sujet réel de *il faut*) pour *vivre* (compl. circ. de *manger*), et non *vivre* (2ᵉ sujet réel de *il faut*) pour *manger* (compl. circ. de *vivre*). —Il faut *avoir* (sujet réel de *il faut*) la force de *résister* (compl. de *force*) à ses passions. — Il emploie son temps à *dessiner* (compl. ind. de *emploie*).—Nous sommes heureux de *respirer* (compl. de *heureux*) le grand air. — La chèvre allait (pour) *paître* (compl. ind. de *allait*) l'herbe nouvelle. — Je viens (pour) vous *prévenir* (compl. ind. de *viens*) de mon départ.— Espérez-vous *réussir ?* (compl. dir. de *espérez*.)—*Souffler* (sujet de *est*) n'est pas *jouer* (att. de *souffler*). — Nous irons (pour) *offrir* (compl. ind. de *nous*) un bouquet à notre mère. — Il est temps de *cueillir* (compl. de *temps*) les fruits. — Les enfants sont obligés d'*obéir* (compl. ind. de obligés) à leurs parents.

219. Le père Lazare, cuisinier à Versailles, avait un tout jeune fils qui faisait sa désolation. Il se plaignait amèrement qu'à l'âge de six ans, son héritier présomptif ne *possédât* pas encore le moindre talent d'agrément ; qu'il ne *sût* ni tourner la broche, ni écumer le pot. Sa fureur ne connut plus de bornes lorsqu'il (*apercevoir*) l'enfant s'escrimant, armé d'une brochette en guise de fleuret, contre le mur enfumé de la cuisine, sans souci d'une volaille qui attendait piteusement sur la table qu'on l'(*empaler*); par bonheur pour le pauvre petit, sa tante Marthe survint en ce moment critique. Elle idolâtrait son neveu, et il n'y avait rien dans le caractère et l'extérieur de cet enfant qui ne (*justifier*) cette affection extraordinaire. Elle proposa au farouche cuisinier de prendre chez elle l'enfant et de l'emmener à Montreuil, où elle habitait. A peine le père Lazare y eut-il consenti, qu'elle (*entraîner*) son neveu si vite que peu s'en (*falloir*) que les passants ne la (*prendre*) pour une bohémienne voleuse d'enfants.

Même exercice 220 (*Suite*).

Dès que le petit Lazare fut installé chez sa tante, celle-ci n'eut point de repos qu'elle ne lui (*apprendre*) elle même à lire, ce dont le père Lazare ne se (*aviser*) jamais. La lecture ne remplissait pas tout entière les journées de l'enfant. Pendant les heures de repos que Marthe lui accordait, il se livrait aux jeux les plus animés et les plus bruyants. Il fallait qu'il (*courir*) par toute la maison, qu'il (*chevaucher* *) à grand bruit devant la porte un bâton entre les jambes. S'il arrivait parfois que l'insouciante monture (*sembler*) prendre le mors aux dents, la bonne Marthe éprouvait des transes mortelles. Pour qu'elle se (*rassurer*) un peu, il était nécessaire qu'elle (*voir*) son petit protégé dompter, diriger, éperonner son manche à balai avec toute la dextérité et l'aplomb d'une vieille sorcière*.

Même exercice 221 (*Suite*).

Cet instinct belliqueux * ne fit qu'augmenter avec l'âge; si bien que quelques années ne s'écoulèrent pas sans que le jeune Lazare (*être nommé*), d'une voix unanime, général en chef par la moitié des bambins de Montreuil, qui disputaient alors, séparés en deux camps, la possession d'un nid de merles. Un tel poste ne pouvait lui être confié sans qu'il lui (*advenir*) force mésaventures, et plusieurs fois il se trouva dans la position la plus critique. Il n'était pas rare qu'il (*recevoir*) maints horions fort désagréables, qu'il (*rentrer*) au logis en piteux état et les habits tout déchirés. A cette vue, les héros de Montreuil pouffaient de rire aussi fort que le (*pouvoir*) faire les dieux d'Homère *, grands rieurs, comme chacun sait. Cependant, pourvu que le jeune guerrier (*remporter*) la victoire, pourvu qu'il (*assurer*) la suprématie à sa troupe, il se souciait assez peu des consé-

reur **ne connut plus** de bornes lorsqu'il *aperçut* l'enfant s'escrimant, armé d'une brochette en guise de fleuret, contre le mur enfumé de la cuisine, sans souci d'une volaille qui attendait piteusement sur la table qu'on *l'empalât;* par bonheur pour le pauvre petit, sa tante Marthe survint en ce moment critique. Elle idolâtrait son neveu ; et il n'y avait rien dans le caractère et l'extérieur de cet enfant qui ne *justifiât* cette affection extraordinaire. Elle proposa au farouche cuisinier de prendre chez elle l'enfant et de l'emmener à Montreuil, où elle habitait. A peine le père Lazare y eut-il consenti, qu'elle *entraîna* son neveu si vite que peu s'en *fallut* que les passants ne la *prissent* pour une bohémienne voleuse d'enfants.

Corrigé 220 (*Suite*).

Dès que le petit Lazare fut installé chez sa tante, celle-ci n'eut point de repos qu'elle ne lui *eût appris* elle-même à lire, ce dont le père Lazare ne se *fût* jamais *avisé.* La lecture ne remplissait pas tout entière les journées de l'enfant. Pendant les heures de repos que Marthe lui accordait, il se livrait aux jeux les plus animés et les plus bruyants. Il fallait qu'il *courût* par toute la maison, qu'il *chevauchât* à grand bruit devant la porte un bâton entre les jambes. S'il arrivait parfois que l'insouciante monture *semblât* prendre le mors aux dents, la bonne Marthe éprouvait des transes mortelles. Pour qu'elle se *rassurât* un peu, il était nécessaire qu'elle *vît* son petit protégé dompter, diriger, éperonner son manche à balai avec toute la dextérité et l'aplomb d'une vieille sorcière *.

Corrigé 221 (*Suite*).

Cet instinct belliqueux * ne fit qu'augmenter avec l'âge ; si bien que quelques années ne s'écoulèrent pas sans que le jeune Lazare *fût nommé,* d'une voix unanime, général en chef par la moitié des bambins de Montreuil, qui disputaient alors, séparés en deux camps, la possession d'un nid de merles. Un tel poste ne pouvait lui être confié sans qu'il lui *advînt* force mésaventures, et plusieurs fois il se trouva dans la position la plus critique. Il n'était pas rare qu'il *reçût* maints horions fort désagréables, qu'il *rentrât* au logis en piteux état et les habits tout déchirés. A cette vue, les héros de Montreuil pouffaient de rire aussi fort que *l'eussent pu* faire les dieux d'Homère *, grands rieurs, comme chacun sait. Cependant, pourvu que le jeune guerrier *remportât* la victoire, pourvu qu'il *assurât* la suprématie à sa troupe, il se souciait assez peu des conséquences. Dans l'enivrement du triomphe, le pauvre Lazare se croyait pour le moins alors écuyer de Louis XVI ou colonel. Une pareille ambition vous fait rire sans doute! C'eût été miracle, n'est-ce-pas, que le neveu de la fruitière (*pouvoir*) s'élever si haut? Oui, mais souvenez-vous que nous approchons de 1789, époque féconde en grands événements.

Même exercice 222 (*Suite*).

Lazare n'eut point de repos qu'il ne s'(*engager*) dans les gardes françaises, malgré les larmes de sa tante. Puis le siècle marcha, et la fortune de bien des sergents aussi. De grade en grade il devint... devinez quoi. Général; non plus général pour rire et en casque de papier, mais général pour de bon. Il eût fallu que vous (*voir*) alors, avec son chapeau empanaché et son habit brodé d'or, Lazare Hoche*, général d'une grande armée française. Hâtons-nous de dire à sa louange que ses victoires, bien qu'elles (*être*) sérieuses cette fois et que l'univers entier (*retentir*) de son nom, le laissèrent aussi modeste et aussi bon que ses victoires enfantines à Montreuil. Aussi, lorsque un jour de revue il passait au galop devant le front de son armée, il y avait encore, à une fenêtre près de là, une bonne vieille femme qui couvait des yeux le beau général. Comme le cœur battait à Marthe! Comme elle craignait que le cheval de Hoche ne (*prendre*) sérieusement le mors aux dents, et que son fils adoptif ne (*tomber*). Quant au cuisinier grondeur, il était là aussi et ne pouvait assez s'émerveiller qu'il (*donner*) un héros à la patrie. « On ne saurait croire, s'écriait-il, combien j'ai eu de peine à élever cet enfant-là! Pour en avoir une idée, il faudrait qu'on se (*figurer*) qu'à six ans il ne savait pas écumer le pot! »

Exercice lexicologique 223.

Répondez aux questions suivantes à l'aide du lexique.

Qu'est-ce que : *raffiner* le sucre, — une maladie *contagieuse*, — le moyen âge, — un indigène, — les *aigles* des Romains, — un instinct *belliqueux?*

Que savez-vous sur : les Egyptiens, — les Mexicains, — Lycurgue, — les Lacédémoniens, — Galilée, — Annibal, — Mahomet, — Charlemagne, — Ovide, — Blanche de Castille, — Henri IV, — François Ier, — Bajazet, — Jean sans Peur, — Le Nôtre, — Homère, — Hoche?

Que savez-vous sur : Constantinople, — Sparte, — les îles Britanniques, — le Nouveau-Monde?

Que signifient les verbes centupler, — chevaucher?

quences. Dans l'enivrement du triomphe, le pauvre Lazare
se croyait pour le moins alors écuyer de Louis XVI ou
colonel. Une pareille ambition vous fait rire sans doute!
C'eût été miracle, n'est-ce pas, que le neveu de la fruitière *pût* s'élever si haut? Oui, mais souvenez-vous que
nous approchons de 1780, époque féconde **en** grands événements.

Corrigé 222 (*Suite*).

Lazare n'eut point de repos **qu'il ne** *s'engageât* dans les
gardes françaises, malgré les **larmes de** sa tante. Puis le
siècle marcha, et la fortune de bien des sergents aussi.
De grade en grade, il devint... devinez quoi. Général; non
plus général pour rire et en casque de papier, mais général pour de bon. Il eût fallu que vous *vissiez* alors, avec
son chapeau empanaché et son habit brodé d'or, Lazare
Hoche*, général d'une grande armée française. Hâtons-
nous de dire à sa louange que ses victoires, bien qu'elles
fussent sérieuses cette fois et que l'univers entier *retentît*
de son nom, le laissèrent aussi modeste et aussi bon que
ses victoires enfantines à Montreuil. Aussi, lorsqu'un jour
de revue il passait au galop devant le front de son armée,
il y avait encore, à une fenêtre près de là, une bonne
vieille femme qui couvait des yeux le beau général. Comme
le cœur battait à Marthe! Comme elle craignait que le
cheval de Hoche ne *prît* sérieusement le mors aux dents,
et que son fils adoptif ne *tombât*. Quant au cuisinier grondeur, il était là aussi, et ne pouvait assez s'émerveiller
qu'il *eût donné* un héros à la patrie. « On ne saurait
croire, s'écriait-il, combien j'ai eu de peine à élever cet
enfant-là? Pour en avoir une idée, il faudrait qu'on se
figurât qu'à six ans il ne savait pas écumer le pot! »

STYLE ET COMPOSITION.

Sujet à reproduire 224.

LA GUENON, LE SINGE ET LA NOIX.

Lisez attentivement la fable suivante, et reproduisez-en la substance de mémoire et comme vous l'entendrez.

Une jeune *guenon* * cueillit
Une noix dans sa *coque verte*;
Elle y porte la dent, fait la *grimace*… « Ah! certe,
Dit-elle, *ma mère mentit*
Quand elle m'assura que les noix étaient bonnes.
Puis, croyez aux discours de ces vieilles personnes
Qui trompent la jeunesse! Au diable soit le fruit! »
Elle jette la noix. Un singe la ramasse,
Vite entre deux cailloux la casse,
L'épluche, la mange, et lui dit :
« Votre mère eut raison, *ma mie* *,
Les noix ont fort bon goût; mais il faut les ouvrir.
Souvenez-vous que, *dans la vie*,
Sans un peu de travail on n'a point de plaisir. »

(FLORIAN *.)

Exercice de réflexion et de rédaction 225.

Répondez par écrit aux questions suivantes :

1. Qu'est-ce qu'une *guenon* * ? — 2. Comment appelle-t-on encore la *coque verte* de la noix ? — 3. Pourquoi la guenon fait-elle la *grimace* ? — 4. La guenon devait-elle dire *ma mère mentit* ? — 5. Pourquoi ne devait-elle pas prononcer ces paroles ? — 6. Quelle est la pensée de la guenon quand elle s'écrie : *Puis, croyez aux discours de ces vieilles personnes qui trompent la jeunesse* ? — 7. Critiquez ces paroles. — 8. Que prouvent-elles de la part de la guenon ? — 9. Que signifie : *Au diable soit le fruit* ? — 10. Pourquoi le singe avait-il besoin d'*éplucher* la noix ? — 11. Que veut dire *ma mie* * ? — 12. Expliquez ce vers : *Les noix ont fort bon goût, mais il faut les ouvrir.* — 13. Donnez un exemple prouvant que : *Dans la vie, sans un peu de travail, on n'a point de plaisir.*

Sujet à développer 226.

LA BIENFAISANCE RÉCOMPENSÉE (*Allégorie*).

Le berger Amyntas, en sortant d'un bosquet sa cognée sur l'épaule, et s'aidant pour marcher d'un gros bâton,

DICTÉE.

COMMENT IL CONVIENT QUE LES ENFANTS PRIENT.

Petits enfants, c'est par tendresse que je vous parle ainsi; car je n'adresserais pas mon discours à ceux qui, dans le berceau, ne m'écouteraient pas encore : je parle donc à vous, ô enfants qui commencez à avoir de la connaissance. Dès qu'elle commence à poindre, vous connaissez votre véritable père, qui est Dieu; honorez-le dans vos parents, qui sont les images de son éternelle paternité; ayez sa crainte dans le cœur, et apprenez de bonne heure à vous laisser enseigner, corriger et conduire à sa sagesse. Dites-lui : « O Seigneur, de qui je tiens tout, je vous aimerai à jamais; je vous aimerai, ô Dieu qui êtes ma force. Allumez en moi cet amour; envoyez-moi du plus haut des cieux votre Saint-Esprit, ce Dieu qui ne fait qu'un cœur et qu'une âme de tous ceux que vous sanctifiez. »　Bossuet.

Corrigé 225.

1. La femelle d'un singe. — 2. Le *brou.* — 3. Parce qu'elle trouve le brou amer. — 4. Non. — 5. Parce qu'on ne doit jamais accuser ses parents. — 6. Elle insinue qu'il ne faut pas ajouter foi aux paroles des vieillards. — 7. Elles sont blâmables, parce qu'on ne doit jamais mal parler des personnes âgées. — 8. Un mauvais cœur et une mauvaise éducation. — 9. Cela veut dire que la guenon voudrait que le fruit fût bien loin d'elle et ne lui fût jamais tombé sous la patte. — 10. Parce qu'il y a dans ce fruit une partie qui n'est pas bonne à manger. — 11. Mon amie. — 12. Il signifie que l'on ne peut se procurer aucune jouissance sans travail ni sans peine. — 13. Le singe a le plaisir de manger la noix, parce qu'il s'est donné la peine de l'éplucher; de même l'homme se voit, sur ses vieux jours, à l'abri du besoin, s'il a su travailler pendant qu'il le pouvait et faire des épargnes.

Corrigé 226.

Le berger Amyntas, appuyé sur un solide bâton d'aubépine et sa cognée sur l'épaule, aperçut, au débouché

12.

aperçut un jeune chêne dont un ruisseau avait mis à nu les racines, de sorte que cet arbre ... Quel dommage! s'écria le berger, et aussitôt il se mit à bâtir une digue pour ... et à recouvrir de terre les racines du chêne. En-suite il crut entendre une voix qui lui demanda ce qu'il voulait pour sa récompense, car on savait qu'il était pauvre et qu'il n'avait en tout que cinq brebis. Le bon Amyntas s'écria que son voisin Palémon était malade depuis la mois-son; il demande qu'on le guérisse. Ce souhait fut exaucé; de plus, Amyntas vit les bénédictions du ciel descendre sur son troupeau, sur ses moissons, sur ses arbres; il de-vint riche, car Dieu ...

Sujet à reproduire 227.

LE GRILLON (*Fable*).

Lisez attentivement la fable suivante, et reproduisez-en la substance comme vous l'entendrez.

Un pauvre petit *grillon*,
Caché dans l'herbe fleurie,
Regardait un papillon
Voltigeant dans la *prairie*.
L'*insecte* * *ailé* brillait des plus vives couleurs;
L'*azur*, le *pourpre* et l'*or* éclataient sur ses ailes;
Jeune, beau, *petit-maître* *, il court de fleurs en fleurs,
Prenant et quittant les plus belles.
« Ah! disait le grillon, *que son sort et le mien*
Sont différents! Dame nature
Pour lui fit tout, et pour moi rien.
Je n'ai point de talent, encôr moins de figure,
Nul ne prend garde à moi, l'on m'ignore ici-bas :
Autant vaudrait n'exister pas. »
Comme il parlait, dans la prairie
Arrive une troupe d'enfants :
Aussitôt les voilà courants (1)
Après ce papillon dont ils ont tous envie.
Chapeaux, mouchoirs, bonnets, servent à l'attraper :
L'insecte vainement cherche à leur échapper,
Il devient bientôt leur conquête.
L'un le saisit par l'aile, un autre par le corps;
Un troisième survient, et le prend par la tête :
Il ne fallait pas tant d'efforts
Pour déchirer la pauvre bête.

(1) Aujourd'hui on écrirait *courant* invariable.

d'un bosquet, un jeune chêne au port déjà élancé, dont un ruisseau, grossi par l'orage de la veille, avait mis à nu les racines. Pour peu que l'eau continuât son œuvre destructrice, c'en était fait du pauvre végétal. « Quel dommage ! » s'écrie le berger, dont le cœur est si compatissant qu'il s'intéresse même au sort des créatures inanimées. Et aussitôt il se met en devoir de construire une digue pour arrêter le flot dévastateur. Non content de ce premier travail, il prend la peine de recouvrir de terre les racines du jeune chêne. A peine a-t-il achevé cette besogne protectrice, qu'il lui semble entendre une voix mystérieuse qui prononce ces paroles : « Ton action a été vue de celui qui ne laisse jamais un bienfait sans récompense. Il veut que tu reçoives le prix de cette bonne œuvre. Il connaît tes besoins ; il sait que jusqu'à présent tu n'as pas été gâté des dons de la fortune. Ton champ maigre ne produit qu'une moisson peu abondante ; ton petit verger ne te donne que peu de fruits, et ton faible troupeau, hélas ! ne compte que cinq brebis. Exprime donc un souhait ; quel qu'il soit, il sera exaucé aussitôt. » Sans même se donner le temps de la réflexion, le bon Amyntas s'écrie aussitôt : « Mon voisin Palémon est atteint depuis la moisson d'une grave maladie ; je désirerais qu'il recouvrât sur-le-champ la santé. — Ton souhait, reprit la voix, sera immédiatement accompli ; mais toi-même tu ne perdras pas le fruit de ton désintéressement. Les bénédictions du ciel vont descendre sur ton troupeau, sur tes moissons et sur tes arbres. » Cette prédiction ne tarda pas à se réaliser, et les hommes purent voir, par ce nouvel exemple, que Dieu sait nous rendre au centuple le bien que nous avons fait.

« Oh ! oh ! dit le grillon, je ne suis plus fâché ;
Il en coûte trop cher pour briller dans le monde.
Combien je vais aimer ma retraite profonde ! »
   Pour vivre heureux, vivons caché.

(FLORIAN *.)

Exercice de réflexion et de rédaction 228.

Répondez par écrit aux questions suivantes :

1. Dans quelle circonstance entend-on chanter le *grillon?*
— 2. Que signifie *voltiger?* — 3. Qu'est-ce qu'une *prairie?*
— 4. Qu'est-ce qu'un *insecte*?* — 5. Quel animal est ici désigné par ces mots : l'*insecte ailé?* — 6. Quelle est la couleur de l'*azur?* — 7. Quelle est la couleur du *pourpre?* —
8. Quelle différence y a-t-il entre le *pourpre* et la *pourpre?*
— 9. Quelle est la couleur de l'*or?* — 10. Qu'est-ce qu'un
petit-maître?* — 11. Pourquoi le grillon s'écriait-il : *Que
son sort et le mien sont différents?* — 12. Quel était le sentiment qui faisait parler ainsi le grillon? — 13. Que regret-
tait-il? — 14. Qu'est-ce qui attire les enfants vers le papillon? — 15. Quel fut le sort du papillon tombé entre les
mains des enfants? — 16. Qu'est-ce qui fit revenir le
grillon à des sentiments d'humilité? — 17. Développez le
sens de cette morale : *Pour vivre heureux, vivons caché.*

Sujet à développer 229.

LE CHÊNE ET LE TOURNESOL (*Fable*).

Un tournesol * étalait avec arrogance dans un jardin ses
soleils dorés. Il était planté près d'un jeune chêne qu'il
raillait continuellement. Faites-lui dire au chêne qu'il dépasse déjà ce dernier, quoique étant de l'année. Tandis que
le chêne, âgé de trois ou quatre ans, ... Le chêne répond
par un discours dans lequel il dit qu'il a des siècles à vivre,
au lieu que le tournesol ... Expliquez comment la prédiction du chêne s'accomplit dès l'automne, et concluezqu'une
élévation subite ...

Sujet à reproduire 230.

LE LION ET RE RAT (*Fable*).

Lisez attentivement la fable suivante, et reproduisez-la par écrit comme vous
l'entendrez.

Il faut, autant qu'on peut, obliger tout le monde :
On a souvent besoin d'un plus petit que soi.
De cette vérité deux fables feront foi,
   Tant la chose en preuves abonde.

Corrigé 228.

1. Le soir quand il fait chaud. — 2. Voler çà et là.—3. Un terrain produisant de l'herbe pour la nourriture des animaux. — 4. C'est un animal dont le corps est formé d'anneaux placés à la suite les uns des autres et qui n'a pas de squelette intérieur. — 5. C'est le grillon. — 6. Le bleu de ciel. — 7. Le rouge éclatant.—8. *Le pourpre* est la couleur, et *la pourpre* est l'étoffe colorée en rouge. — 9. Le jaune. — 10. Un individu qui affecte une élégance outrée. — 11. Parce que le grillon voit le papillon voltiger dans l'air, tandis que lui-même rampe sur la terre. — 12. Un sentiment d'envie. — 13. De n'avoir pas d'ailes pour pouvoir, comme le papillon, se transporter à de grandes distances. — 14. Ses belles couleurs. — 15. Il fut mis en pièces. — 16. Le sort affreux du papillon. —17. On est plus heureux dans une humble condition que quand on occupe une brillante position.

Corrigé 229.

Dans un de ces jardins rustiques qui sont le plus bel ornement des campagnes, et sur lesquels l'œil aime tant à se reposer de la monotone magnificence des villes, on avait planté sur les bords d'un ruisseau un pied de tournesol qui, grâce à la fertilité du terrain, avait déjà acquis une taille exceptionnelle, bien qu'il ne comptât que quelques mois d'existence. Aussi le tournesol se montrait-il très-fier de sa belle venue, et étalait-il avec arrogance ses immenses soleils d'or qui semblaient défier l'éclat de l'astre du jour. Dans son voisinage vivait un jeune chêne dont la lente croissance faisait continuellement l'objet des railleries de l'orgueilleux tournesol : « Eh ! mon pauvre ami, disait souvent ce dernier, ne secouerez-vous jamais votre paresse et ne prendrez-vous point un vigoureux élan vers la voûte céleste ? Que ne m'imitez-vous ? Voyez, je ne compte pas encore une année et je suis déjà un géant à côté de vous. Il y a trois ans, quatre ans peut-être, que vous êtes né sur le sol qui nous nourrit l'un et l'autre, et vous ne me venez pas encore à la cheville. Piquez-vous donc d'une noble émulation, et tâchez de m'égaler. Mais, hélas ! je crains bien que vous ne persistiez dans cette indolence innée qui semble être le propre de votre nature. » — « Merci pour votre compassion et pour vos souhaits, répliqua le chêne ; mais chacun doit obéir aux lois de son développement. Ayant des siècles à vivre, j'ai bien le temps de grandir. Je sais que, sans me hâter, j'abriterai un jour de mon ombre toutes les plantes de cet enclos. Vous, au contraire, vous êtes pressé de vivre, parce qu'un prompt trépas vous attend. La chute de la dernière feuille que fera tomber la fin de l'automne marquera l'heure de votre agonie. » Le tournesol inclina un peu sa tige en arrière, comme pour protester contre les paroles de son voisin ; mais elles n'en devaient pas moins s'accomplir fatalement. L'automne vint, et le tournesol présenta bientôt tous les symptômes avant-coureurs d'une fin prochaine. Les rayons dorés qui formaient les brillantes couleurs de ses vastes capitules disparurent l'un après l'autre. Ses graines, déjà revêtues d'une teinte noire, ne furent plus retenues dans leurs alvéoles, et allèrent joncher la terre. Ses feuilles se flétrirent et tombèrent. Sa tige, privée de séve, ne fut plus bientôt qu'un chaume inanimé et vermoulu. Un coup de vent l'étendit sur le sol.

Le présomptueux tournesol n'est-il pas, à votre avis, une image frappante de ces hommes qu'une faveur imméritée élève aux plus hautes positions, et qu'un caprice de la fortune replonge dans leur néant en moins de temps encore qu'elle ne les en avait tirés ?

> Entre les pattes d'un *lion*,
> Un *rat sortit* de terre assez *à l'étourdie*.
> Le *roi des animaux*, en cette occasion,
> *Montra ce qu'il était*, et lui donna la vie.
> Ce bienfait ne fut pas perdu.
> *Quelqu'un* aurait-il jamais cru
> *Qu'un lion d'un rat eût affaire ?*
> Cependant il advint qu'au sortir des *forêts*
> Ce lion fut pris dans des *rets*,
> *Dont* ses rugissements ne le purent défaire.
> *Sire* rat accourut, et fit tant par *ses* dents,
> Qu'une *maille* rongée emporta tout l'ouvrage.
> Patience et longueur de temps
> Font plus que force ni que rage.

(La Fontaine.)

Exercice de réflexion et de rédaction 231.

Répondez par écrit aux questions d'analyse, de grammaire et d'invention sur le morceau précédent.

1. Qu'est-ce qu'un *lion* ? — 2. Qu'est-ce qu'un *rat* ? — 3. Que signifie cette expression : *à l'étourdie* ?—4. Quelle est la nature du verbe *sortir* ? — 5. Quel est *le roi des animaux* ? — 6. Pourquoi le *lion* a-t-il reçu ce titre ? — 7. Quel est le sujet de *montra* ? — 8. Que donne-t-on à entendre en disant : *montra ce qu'il était* ? — 9. Analysez *quelqu'un*. — 10. Que signifie *qu'un lion d'un rat eût affaire* ? — 11. Quelle est la nature de *il advint* ? — 12. Pourquoi écrit-on *forêt* avec un accent circonflexe ? — 13. Citez un dérivé de *forêt*. — 14. Qu'est-ce qu'un *rets* ? — 15. Analysez *dont*. — 16. Quel est le synonyme de *sire* ? — 17. Pourquoi écrit-on *ses* par un *s* et non par un *c* initial ? — 18. Que signifie ici le mot *maille* ? — 19. Quel est l'autre sens de *maille* ? — 20. Que constituent les deux derniers vers ?

Sujet à développer 232.

LE MILAN ET L'ÉPERVIER (*Fable*).

Un lâche milan raillait la petite taille d'un épervier. Quelle est ton envergure comparée à la mienne ? J'égale en grosseur … Toi, tu n'es pas plus gros que … A combien d'oiseaux je suis redoutable (il raconte ses exploits). — Eh bien ! dit l'épervier, tu prendras ma défense lorsque je serai attaqué ; car voici un faucon qui … L'épervier résiste courageusement à son ennemi et sort vainqueur de la lutte ; quant au milan, il cherche son salut dans … Assimilez le milan au faux brave, et faites le portrait de celui-ci.

231. 1. Un fort animal carnassier du genre chat.—2. Un petit rongeur.—3. Etourdiment.—4. Un verbe neutre.—5. Le lion. — 6. À cause de sa force. — 7. Le roi des animaux. — 8. On donne à entendre que le lion était aussi généreux que fort. — 9. Quelqu'un, pr. indéf. m. s., suj. de *aurait cru*. — 10. Qu'un lion fût obligé d'avoir recours à l'assistance d'un rat. — 11. C'est un verbe impersonnel. — 12. A cause de l'anc. orthographe *forest*. — 13. Forestier. — 14. Une sorte de filet. — 15. *Dont*, pr. rel. m. pl., représentant *rets*, comp. de *rugissements*.—16. Seigneur.—17. Parce que l'on veut exprimer que le rat est le possesseur des dents. — 18. Un vide ayant les formes d'un losange et compris entre les fils d'un rets. — 19. *Maille* signifie aussi une petite monnaie, mais c'est un mot ayant une tout autre origine que le premier, car il est l'équivalent ou plutôt le *doublet*(1) de *médaille*.—20. Un proverbe.

232. Un brigand des airs, un milan, raillait impitoyablement un pauvre épervier. « Mon cher ami, lui disait-il, je te plains de tout mon cœur d'avoir été aussi peu favorisé de la nature. Elle s'est montrée bien marâtre envers toi. Que peuvent tes plus grands efforts comparés à mes moindres élans? En vain tu roidis tous tes muscles pour atteindre à une envergure plus considérable, elle n'égale pas le quart de la mienne. Ma taille n'est guère inférieure à celle du roi des airs, et toi tu n'es pas plus gros qu'une alouette. À combien d'oiseaux ne me suis-je pas rendu redoutable! Je n'ai qu'à paraître, la vaste région de l'air devient immédiatement un désert; tout fuit à mon approche, et la timide tourterelle, et l'armée innombrable des passereaux. Je répands la terreur parmi toute la nature ailée. Je disperse les plus nombreux bataillons; c'est que l'on connaît par une triste expérience la puissance de mes serres : c'est que chacun songe à un parent que j'ai immolé. Je suis l'oiseau exterminateur, un vrai foudre de guerre. — Eh bien, répliqua l'épervier, tout ce que tu me racontes de tes exploits, loin de me rendre jaloux, me comble de plaisir. Pour peu que je me trouve en danger, j'invoquerai ton puissant secours. J'invoquerai ton assistance, si par malheur je me vois exposé aux attaques d'un ennemi redoutable. Voici précisément un faucon qui plane au-dessus de nous, il a soif de notre sang; disputons-lui chèrement notre vie. » Ainsi dit l'épervier en se mettant sur la défensive. Le faucon est déjà près de lui : une lutte acharnée s'engage; l'épervier combat des griffes et du bec, il porte à son terrible adversaire les coups les mieux dirigés; bref, il sort vainqueur de cette lutte disproportionnée. Aussitôt après sa victoire, il se retourne : qu'aperçoit-il? le milan qui fuit à tire-d'aile; le rodomont de tout à l'heure a cherché son salut dans la fuite.

Milans et faux braves se ressemblent en plus d'un point. Le faux brave, vantard, fanfaron, ne parle que de pourfendre ses ennemis. Il n'en saurait trop avoir, certain qu'il est de leur faire mordre la poussière. Mais l'ombre d'un danger se présente-t-elle, adieu le héros !

(1) *Doublet*, nom donné à des mots qui, étant les mêmes au fond, ne diffèrent que par quelque particularité d'orthographe et de prononciation, mais auxquels l'usage a attribué des acceptions spéciales, par exemple : *attaquer* et *attacher*, *créance* et *croyance*, etc.

PARTICIPE PRÉSENT.

Exercice 233.

LES PARVENUS.

Règles 473-477. — Remplacez les mots en *italique* par le participe présent.

Ni les troubles, Zénobie, *qui agitent* votre empire,
la guerre que vous soutenez contre une nation puissan
qui aspire à vous subjuguer, ne diminuent rien de vot
magnificence. Vous avez préféré à toute autre contrée l
rives de l'Euphrate* pour y élever un superbe édifice; l'a
est sain et tempéré, la situation en est riante. Les dieu
de Lydie, *qui habitent* quelquefois la terre, n'y auraient p
choisir une plus belle demeure; la campagne autour e
couverte d'hommes *qui taillent* et *qui coupent, qui vont*
qui viennent, qui roulent et *qui charrient* le bois du Libâ
l'airain et le porphyre.

Les grues* et les machines *qui gémissent* dans l'air, for
espérer aux marchands *qui voyagent* vers l'Arabie de re
voir à leur retour dans leurs foyers ce palais achevé. Vou
n'y épargnez rien, grande reine. Voici les Phidias* et le
Zeuxis* de votre siècle *qui déploient* toute leur science su
vos plafonds et sur vos lambris; voici vos architectes qu
y *tracent* de vastes et délicieux jardins *qui* ne *paraisse*
pas faits de la main des hommes. Après que vous aure
épuisé les trésors *qui abondent* dans vos coffres et que vou
y aurez mis, Zénobie, la dernière main, quelqu'un de ce
pâtres *qui habitent* les sables voisins de Palmyre*, deven
riche par les péages de vos rivières, achètera un jour
deniers comptants cette royale maison, pour l'embellir e
la rendre plus digne de lui et de sa fortune.

Exercice 234.

Règles 473-477. — Faites accorder le mot en *ant* ou laissez-le invariabl
suivant qu'il est adjectif verbal ou participe.

L'Egypte* (*défigurant*) l'image de la Divinité, rendait au
trefois hommage à des dieux (*mugissant*).

Devant l'Etre éternel tous les peuples s'abaissent; toute
les nations en (*tremblant*) le confessent*.

Admirez les soins (*touchant*) que les oiseaux prodiguen
à leurs petits : tandis que les pères volent au loin (*cher
chant*) des vivres dans la campagne, les mères resten
immobiles sur leurs nids, (*hâtant*) le plus qu'elles peuven
la naissance des petits.

PARTICIPE PRÉSENT.
Corrigé 233.

Ni les troubles, Zénobie, *agitant* votre empire, ni la guerre que vous soutenez contre une nation puissante *aspirant* à vous subjuguer, ne diminuent rien de votre magnificence. Vous avez préféré à toute autre contrée les rives de l'Euphrate* pour y élever un superbe édifice; l'air est sain et tempéré, la situation en est riante. Les dieux de Lydie, *habitant* quelquefois la terre, n'y auraient pu choisir une plus belle demeure; la campagne autour est couverte d'hommes *taillant* et *coupant*, *allant* et *venant*, *roulant* et *charriant* le bois du Liban, l'airain et le porphyre.

Les grues* et les machines *gémissant* dans l'air, font espérer aux marchands *voyageant* vers l'Arabie de revoir à leur retour dans leurs foyers ce palais achevé. Vous n'y épargnez rien, grande reine. Voici les Phidias * et les Zeuxis* de votre siècle *déployant* toute leur science sur vos plafonds et sur vos lambris; voici vos architectes y *traçant* de vastes et délicieux jardins ne *paraissant* pas faits de la main des hommes. Après que vous aurez épuisé les trésors *abondant* dans vos coffres et que vous y aurez mis, Zénobie, la dernière main, quelqu'un de ces pâtres *habitant* les sables voisins de Palmyre*, devenu riche par les péages de vos rivières, achètera un jour à deniers comptants cette royale maison, pour l'embellir et la rendre plus digne de lui et de sa fortune..

Corrigé 234.

L'Égypte*, *défigurant* l'image de la Divinité, rendait autrefois hommage à des dieux *mugissants*.

Devant l'Être éternel tous les peuples s'abaissent; toutes les nations, en *tremblant*, le confessent*.

Admirez les soins *touchants* que les oiseaux prodiguent à leurs petits : tandis que les pères volent au loin, *cherchant* des vivres dans la campagne, les mères restent immobiles sur leurs nids, *hâtant* le plus qu'elles peuvent la naissance des petits.

Nous parcourûmes une vallée dont les (*riant*) coteaux étaient couverts de vignes et d'arbres fruitiers.

Que de merveilles les (*brillant*) travaux de la science ne nous ont-ils pas révélées depuis deux siècles !

Il n'est pas rare de voir des procès demeurer (*pendant**) des années entières et amener la ruine des deux parties.

Une fable nous représente la belette installée dans le palais d'un jeune lapin : lorsque celui-ci la prie de déloger, la dame au nez pointu répond qu'en tous lieux les gîtes appartiennent aux premiers (*occupant*).

Il ne faut pas confondre les instruments (*tranchant*) qui coupent et qui déchirent avec les instruments (*contondant*) qui broient et qui écrasent.

Les Danaïdes (*puisant*) sans cesse de l'eau et (*s'efforçant*) d'en remplir des vases percés, sont l'emblème des hommes (*consacrant*) toute leur vie à un travail inutile.

Les individus (*obligeant*) sont aimés de tout le monde ; on voit ceux qui les connaissent s'en (*allant*) partout publier leur éloge.

Il faut des mets (*fortifiant*) aux personnes (*relevant*) d'une longue maladie.

Nos estomacs ne s'(*accommodant*) pas aisément de chairs (*palpitant*) et (*saignant*), il nous a fallu des cuisiniers, des rôtisseurs et des charcutiers pour nous déguiser le goût et l'aspect des viandes (*composant*) notre nourriture.

Exercice 235.

Règle 478. — Remplacez les points par l'un des deux mots qui sont en tête de l'alinéa.

*Intriguant**, *intrigant*. — Les ... sont d'autant plus redoutables qu'ils jouent presque toujours le désintéressement à s'y méprendre. — Les courtisans, en ... sans relâche, parvinrent à faire sortir Turgot* du ministère.

Extravaguant, *extravagant*. — Une personne est atteinte de monomanie toutes les fois que ... dès qu'elle aborde un certain sujet, elle se montre raisonnable dans toute autre circonstance. — La raison humaine demeure confondue quand on songe que les systèmes philosophiques les plus ... n'ont jamais manqué d'adeptes*.

Suffoquant, *suffocant*. — Les vapeurs ... s'échappant de certaines parties du sol de l'Italie méridionale, ont porté les anciens à croire que ces lieux étaient l'entrée du Tartare*. — Quand on brûle une allumette à votre portée, il n'est pas rare que l'on vous voie ... sous l'influence du gaz qui se produit dans cette circonstance.

*Vaquant**, *vacant*. — La fermière ... tout le jour aux

Nous parcourûmes une vallée dont les *riants* coteaux étaient couverts de vignes et d'arbres fruitiers.

Que de merveilles les *brillants* travaux de la science ne nous ont-ils pas révélées depuis deux siècles !

Il n'est pas rare de voir des procès demeurer *pendants* des années entières et amener la ruine des deux parties.

Une fable nous représente la belette installée dans le palais d'un jeune lapin : lorsque celui-ci la prie de déloger, la dame au nez pointu répond qu'en tous lieux les gîtes appartiennent aux premiers *occupants*.

Il ne faut pas confondre les instruments *tranchants*, qui coupent et qui déchirent, avec les instruments *contondants*, qui broient et qui écrasent.

Les Danaïdes *, *puisant* sans cesse de l'eau et *s'efforçant* d'en remplir des vases percés, sont l'emblème des hommes *consacrant* toute leur vie à un travail inutile.

Les individus *obligeants* sont aimés de tout le monde ; on voit ceux qui les connaissent s'en *allant* partout publier leur éloge.

Il faut des mets *fortifiants* aux personnes *relevant* d'une longue maladie.

Nos estomacs ne s'*accommodant* pas aisément de chairs *palpitantes* et *saignantes*, il nous a fallu des cuisiniers, des rôtisseurs et des charcutiers, pour nous déguiser le goût et l'aspect des viandes *composant* notre nourriture.

Corrigé 235.

Intriguant *, *intrigant*. — Les *intrigants* sont d'autant plus redoutables qu'ils jouent presque toujours le désintéressement à s'y méprendre. — Les courtisans, en *intriguant* sans relâche, parvinrent à faire sortir Turgot * du ministère.

Extravaguant, extravagant. — Une personne est atteinte de monomanie toutes les fois que, *extravaguant* dès qu'elle aborde un certain sujet, elle se montre raisonnable dans toute autre circonstance. — La raison humaine demeure confondue quand on songe que les systèmes philosophiques les plus *extravagants* n'ont jamais manqué d'adeptes *.

Suffoquant, suffocant. — Les vapeurs *suffocantes*, s'échappant de certaines parties du sol de l'Italie méridionale, ont porté les anciens à croire que ces lieux étaient l'entrée du Tartare *. — Quand on brûle une allumette à votre portée, il n'est pas rare que l'on vous voie *suffoquant* sous l'influence du gaz qui se produit dans cette circonstance.

Vaquant *, *vacant*. — La fermière, *vaquant* tout le jour aux

mille occupations de la ferme, ne connaît pas l'ennui. —
Il n'est pas rare de voir plus de cent compétiteurs pour
un seul emploi ...

Affluant, *affluent*. — Le sang ... au cerveau, il peut en
résulter une congestion cérébrale. — Il est rare qu'un
petit fleuve côtier ait un ...

Expédiant, *expédient*. — Il existe beaucoup de maladies
que la médecine combat plutôt par des ... que par des
spécifiques. — Les Anglais ... les produits de leur industrie dans toutes les parties du monde, sont considérés
comme les facteurs du genre humain.

Précédant, *précédent*. — L'abaissement du baromètre ...
d'ordinaire un orage, on se sert de cet instrument pour
prévoir le temps à l'avance. — De fâcheux ... aggravent
beaucoup la situation d'un accusé.

Résidant, *résident*. — La France a des ... dans les principales places de commerce du globe. — Pascal fit faire
sur le Puy-de-Dôme d'intéressantes observations barométriques par son beau-frère Périer, ... à Clermont-Ferrand.

Exercice lexicologique 236.

Répondez aux questions suivantes à l'aide du lexique.

Que savez-vous sur : l'Euphrate, — Palmyre, — l'Égypte,
— le Tartare, — le Puy-de-Dôme, — Clermont-Ferrand ?

Qu'est-ce que : une grue, — un péage, — un spécifique,
— un baromètre ?

Que savez-vous sur : Phidias, — Zeuxis, — les Danaïdes,
— Pascal ?

STYLE ET COMPOSITION.

Sujet à reproduire 237.

L'AVARE AUX ENFERS (*Fable*).

Lisez attentivement le morceau suivant, et reproduisez-le de mémoire comme
vous l'entendrez.

Un *avare*, étant mort, *descend au noir rivage*.
Ne voulant pas payer l'impôt pour le *passage*,
Que fait notre *Harpagon* ? Il se *jette à la nage*,
Et traverse sans peur le *Styx* et l'*Achéron*
    A la barbe du vieux *Caron*.
Mais *Pluton*, pour punir cet *acte* d'avarice,
Ordonne qu'à l'instant on invente un supplice
    Horrible, inouï jusqu'alors.

mille occupations de la ferme, ne connaît pas l'ennui. — Il n'est pas rare de voir plus de cent compétiteurs pour un seul emploi *vacant*.

*Affluant**, *affluent*. — Le sang *affluant* au cerveau, il peut en résulter une congestion cérébrale. — Il est rare qu'un petit fleuve côtier ait un *affluent*.

*Expédiant**, *expédient*. — Il existe beaucoup de maladies que la médecine combat plutôt par des *expédients* que par des spécifiques*. — Les Anglais, *expédiant* les produits de leur industrie dans toutes les parties du monde, sont considérés comme les facteurs* du genre humain.

Précédant, *précédent*. — L'abaissement du baromètre *précédant* d'ordinaire un orage, on se sert de cet instrument pour prévoir le temps à l'avance. — De fâcheux *précédents* aggravent beaucoup la situation d'un accusé.

*Résidant**, *résident*. — La France a des *résidents* dans les principales places de commerce du globe. — Pascal* fit faire sur le Puy-de-Dôme* d'intéressantes observations barométriques par son beau-frère Périer*, *résidant* à Clermont-Ferrand*.

DICTÉE.

LES INFINIMENTS PETITS.

L'autre jour, que j'étais couché à l'ombre, je m'avisai de remarquer la variété des herbes et des animaux que je trouvai sous mes yeux. Je comptai, sans changer de place, plus de vingt sortes d'insectes dans un fort petit espace, et pour le moins autant de diverses plantes. Je pris un de ces insectes, dont je ne sais point le nom, et peut-être n'en a-t-il point; je le considérai attentivement, et je ne crains point de vous dire de lui ce que Jésus-Christ assure des lis champêtres : que Salomon dans toute sa gloire n'avait point de si magnifiques ornements. Après que j'eus admiré quelque temps cette petite créature si injustement méprisée, et même si indignement et si cruellement traitée par les autres animaux, à qui apparemment elle sert de pâture, je me mis à lire un livre que j'avais sur moi, et j'y trouvai une chose fort étonnante : c'est qu'il y a dans le monde un nombre infini d'insectes pour le moins un million de fois plus petits que celui que je venais de considérer, cinquante mille fois plus petits qu'un grain de sable.

MALEBRANCHE.

On saisit *le ooupable*, à *Minos** on le livre,
Et le juge d'enfer le condamne à revivre,
Afin qu'il aille voir, loin du *pays des morts*,
Comment ses héritiers dispersent ses trésors.

Exercice de réflexion et de rédaction 238.

Répondez par écrit aux questions suivantes :

1. Qu'est-ce qu'un *avare*? — 2. Que signifient ces mots : *descend au noir rivage**? — 3. A quoi est-il fait allusion dans le second vers? — 4. Qu'est-ce qu'un *Harpagon**? — 5. Dans quel but l'avare se jette-t-il à la nage? — 6. Qu'est-ce que le *Styx** et l'*Achéron**? — 7. Que signifie : *à la barbe du vieux Caron*? — 8. Qu'est-ce que le vieux *Caron**? — 9. Qu'est-ce que Pluton**? — 10. Quel est l'acte d'avarice que Pluton veut punir? — 11. Quel est, selon vous, le supplice le plus cruel qu'on puisse faire endurer à un avare? — 12. Qu'est-ce qu'un supplice *inouï** jusqu'alors? — 13. Qu'est-ce qu'un *coupable*? — 14. Qu'était-ce que *Minos**? — 15. Qu'est-ce que *le pays des morts*? — 16. Comment croyez-vous que les héritiers emploient ses trésors?

Sujet à développer 239.

LA GRENOUILLE ET LA SOURIS (*Fable*).

Une souris avait besoin de traverser un étang. Une grenouille lui proposa d'attacher leurs deux corps ensemble et de la conduire à la nage à l'autre rive; mais pendant le trajet elle plongea pour tâcher de noyer la souris. Comme celle-ci se débattait, un milan fondit sur elle et l'emporta avec la grenouille, qui reçut ainsi le châtiment de sa perfidie. Ne trahissons jamais ceux qui se confient à nous.

Sujet à reproduire 240.

LEÇON DE LOUIS XII A UN COURTISAN (*Narration*).

Lisez attentivement la poésie suivante, et reproduisez-la en prose comme vous l'entendrez.

Je vais, ami lecteur, d'un de nos meilleurs rois,
De *Louis** Douze, ici, vous conter une histoire:
De ce Père du peuple on *chérit la mémoire.*
Il sut qu'un *grand seigneur*, peut-être une *Excellence**,
De battre un *laboureur* avait eu l'insolence.
Il *mande** le coupable, et, *sans rien témoigner*,
Dans son *palais* un jour le retient à dîner.
Par un *ordre secret* que le *monarque* explique,
On sert à ce seigneur un *repas magnifique*,
Tout ce que de meilleur on peut imaginer,
Hors le pain, que le roi défend de lui donner.

Corrigé 238.

1. Un individu mettant tout son bonheur dans la possession des richesses, et surtout de l'or, qui en est le signe représentatif. — 2. Il signifie que son âme descend aux enfers. — 3. A l'obole que, suivant la mythologie, les morts étaient obligés de payer pour passer le Stÿx. — 4. Un homme excessivement avare, ainsi appelé du nom d'un personnage d'une comédie de Molière.—5. Pour ne pas débourser une obole.—6. Deux fleuves des enfers.—7. Cela signifie *en présence du vieux Caron et en le bravant*. — 8. Le nocher qui passait les morts dans sa barque. — 9. Le dieu des enfers. —10. Le refus de l'obole pour le passage du Styx. — 11. Celui qui consiste à lui montrer ses héritiers dissipant ses biens. — 12. Un supplice tellement extraordinaire qu'on n'en a jamais entendu parler (inouï, non ouï, non entendu). — 13. Quelqu'un qui a commis une faute (faute, autrefois coulpe, en latin *culpa*). — 14. L'un des trois juges des enfers. — 15. Les enfers. — 17. Les héritiers emploient les trésors de l'avare à mener une vie de dissipation et de débauche.

Corrigé 239.

Une souris avait le plus ardent désir de revoir encore une fois avant de mourir ses parents, qui étaient allés chercher fortune dans un nouveau monde, c'est-à-dire sur la rive opposée d'un étang. Mais comment traverser cette mer immense? Pour naviguer il faut de l'argent, beaucoup d'argent. Or, la souris était pauvre. Une grenouille, qui entendait ses doléances, l'accoste aussitôt : « Ne vous mettez point en peine, ma commère; il existe encore de bonnes âmes dans ce siècle pervers, et je m'estimerais heureuse de vous obliger. Attachons nos deux corps avec un brin de jonc, et je vous conduirai à la nage jusqu'à l'autre rive. Je ne réclame aucun salaire. Le plaisir d'avoir fait un peu de bien est la seule récompense que j'ambitionne. » La souris se laisse persuader : on est confiant et crédule lorsqu'on est mú par quelque grande passion. Voilà nos deux animaux sur la plaine liquide. Déjà le rivage vient de disparaître à leurs yeux. Soudain la grenouille plonge, tâchant d'entraîner sa victime au fond de l'eau. La pauvre souris, bien qu'elle ait contre elle l'élément où elle s'est si témérairement engagée, se débat de toutes ses forces et résiste quelque temps. Un milan, qui s'est aperçu de ce duel d'une nouvelle espèce, fond sur les combattantes. Il les emporte toutes deux : souris et grenouille deviennent sa proie. Il se promet, pour ses petits, un régal de chair et de poisson.

La perfide grenouille se convainquit, mais trop tard, que nous sommes infailliblement punis quand nous trompons ceux qui se sont confiés à notre bonne foi, et que la trahison retombe toujours sur son auteur.

Le roi passe et lui dit : « Vous a-t-on *fait grand'chère?*
— On m'a bien servi, sire, un superbe festin ;
Mais *je n'ai point dîné :* pour vivre, il faut du pain.
— Allez, répond Louis *avec un front sévère,*
Comprenez la leçon que j'ai voulu vous faire :
Puisqu'il vous faut, monsieur, du pain pour vous nourrir,
Songez à *bien traiter ceux qui le font venir.* »

Exercice de réflexion et de rédaction 241.

Répondez par écrit aux questions suivantes :

1. Pourquoi Louis XII a-t-il été surnommé *le Père du peuple?* — 2. Qu'est-ce que *chérir la mémoire* de quelqu'un? — 3. Qu'est-ce qu'un *grand seigneur?* — 4. Quels sont ceux à qui on donne le titre *d'excellence*? — 5. Qu'est-ce qu'un *laboureur?* — 6. Que signifie *mander* quelqu'un? — 7. Que signifie : *sans rien témoigner?* — 8. Qu'est-ce qu'un *palais?* — 9. Dans quelle intention Louis XII donna-t-il un *ordre secret?* — 10. Qu'est-ce qu'un monarque? — 11. En quoi consiste un *repas magnifique?* — 12. Que veut dire *hors le pain?* — 13. Que signifie : *faire grand'chère?* — 14. Pourquoi le grand seigneur dit-il au roi qu'il n'*avait point dîné?* — 15. Pourquoi dit-on chez nous que le pain est la *base* de la nourriture? — 16. Que signifie *avec un front sévère?* — 17. Quels sont ceux qui *font venir le pain?* — 18. Qu'est-ce que *bien traiter un laboureur?*

Sujet à développer 242.

L'ANE ET LE LOUP (*Fable*).

Vous direz qu'un vieil âne, malade, rencontra un loup affamé ; vous montrerez le pauvre âne saisi de terreur et tâchant d'exciter la compassion du loup en lui faisant voir qu'il s'est enfoncé une épine dans le pied. Réplique du loup, qui déclare ironiquement qu'il se ferait un scrupule de ne pas le délivrer de ses peines. Là-dessus la méchante bête met en pièces le vieil âne. Il ne faut jamais se fier aux méchants.

Sujet à copier 243.

CONSEILS DE TOBIE A SON FILS.

Lisez attentivement le morceau suivant et copiez-le.

Tobie, pensant que sa mort approchait, appela son fils : « Ecoute, mon fils, lui dit-il, les paroles du père le plus tendre, et qu'elles restent profondément gravées dans ta mémoire, afin que tu *règles sagement ta vie.*

Corrigé 241.

1. A cause de son amour pour le peuple et de sa bonne administration. — 2. C'est aimer à s'en souvenir après qu'il est mort. — 3. Un noble personnage, possesseur de vastes fiefs ou remplissant une charge importante à la cour. — 4. En France, on donne aujourd'hui officiellement le titre d'excellence au président de la République, aux ministres, aux maréchaux et aux ambassadeurs. — 5. Un homme qui cultive et laboure la terre. — 6. Le faire venir. — 7. Cela signifie : sans découvrir sa pensée. — 8. L'habitation somptueuse d'un grand. — 9. Dans l'intention de donner une leçon au grand seigneur. — 10. Un homme qui gouverne seul un État en qualité de roi ou d'empereur. — 11. En une grande abondance des mets les plus recherchés. — 12. Excepté le pain. — 13. Cela signifie : Vous a-t-on splendidement traité, vous a-t-on bien régalé? — 14. Parce qu'on ne lui avait pas servi de pain. — 15. — Parce que le pain est l'aliment principal et celui qui accompagne tous les autres. — 16. Avec un air irrité. — 17. Les cultivateurs. — 18. C'est user de toutes sortes de bons procédés à son égard.

Corrigé 242.

Un vieil âne pelé, cacochyme, luttant avec effort contre la pulmonie, se traînait péniblement dans une prairie où avaient déjà passé tant de troupeaux qu'il n'y trouvait même plus la faible quantité d'aliments nécessaires pour soutenir sa chétive existence. A tous les maux qu'il endurait déjà s'en joignait donc un plus terrible encore, l'horrible faim. Il semblait que toutes les puissances infernales se fussent conjurées pour accabler la pauvre bête, car elle venait de s'enfoncer une grosse épine dans le pied. Cependant le sort lui réservait un coup plus terrible encore. Voilà que soudain un loup se présente. Qu'on juge de la terreur de l'âne, qui ne peut fuir ni se défendre. Plutôt souffrir que mourir, telle est, dit-on, la devise des hommes. Ce fut aussi celle du quadrupède moribond. Instinctivement il cherche à exciter la compassion du scélérat. « Voyez, lui dit-il, le piteux état où je suis; pour comble d'infortune, une énorme épine s'est venue loger dans mon pied. N'ajoutez pas à la somme de mes maux. — Pauvre baudet! ricana ironiquement le loup, je suis trop bon prince pour ne pas me faire un scrupule de ne point te délivrer de tes peines. » Ce disant, la méchante bête se précipite sur le vieil âne et le met en pièces.

Quel enseignement devons-nous tirer de cette fable ? C'est que nous ne devons jamais nous fier aux méchants. Compter sur leur compassion et sur leur indulgence serait folie de notre part.

« Pense tous les jours à Dieu, et garde-toi de jamais l'*offenser* et de négliger ses *commandements*.

« *Aie compassion des pauvres*, afin que Dieu ait pitié de toi; autant que tu le pourras, *sois bienfaisant* et *libéral**. S'il te vient *de grandes richesses*, *donne* beaucoup; si tu as peu, donne peu, mais *de bon cœur*, parce que l'*aumône* sauve l'homme de la *mort éternelle*. Fuis l'*orgueil*, et ne souffre pas qu'il *se glisse* dans ton *cœur* ou dans tes *paroles*.

(A suivre.)

Exercice de réflexion et de rédaction 244.

Répondez par écrit aux questions suivantes :

1. Qu'est-ce que *régler sagement sa vie?* — 2. Comment peut-on *offenser Dieu?* — 3. Quels sont les principaux *commandements* de Dieu? — 4. Comment prouve-t-on que l'on *a compassion des pauvres?* — 5. Qu'est-ce que c'est que d'*être bienfaisant?* — 6. Qu'est-ce que c'est que d'*être libéral**? — 7. Comment peut-on acquérir *de grandes richesses?* — 8. Qu'est-ce que *donner de bon cœur?* — 9. Qu'est-ce que l'*aumône?* — 10. Qu'entend-on par la *mort éternelle?* — 11. Qu'est-ce que l'*orgueil?* — 12. A quoi s'aperçoit-on que l'orgueil *s'est glissé* dans le *cœur* d'un homme? — 13. A quoi s'aperçoit-on que l'orgueil s'est glissé dans les *paroles* d'un homme?

Sujet à copier 245.

CONSEILS DE TOBIE A SON FILS (*Suite*).

Lisez attentivement le morceau suivant et copiez-le.

« Ce que tu *ne voudrais pas que l'on te fît*, ne le fais point aux autres.

« Mon fils, si quelqu'un fait pour toi quelque ouvrage, paie lui sur-le-champ son *salaire**. Recherche toujours le *conseil* d'un homme sage : *ne fais point société* avec les méchants.

« Lorsque *j'aurai quitté cette vie, ensevelis* mon corps : *honore ta mère*, te ressouvenant des maux qu'elle a soufferts tandis qu'elle te portait dans son sein; et *lorsqu'elle aura vu son dernier jour*, dépose-la près de moi dans le même *tombeau*. »

Exercice de réflexion et de rédaction 246.

Répondez par écrit aux questions suivantes :

1. Quelles sont les choses que *vous ne voudriez pas qu'on vous fît?* — 2. Qu'appelle-t-on *salaire**? — 3. Comment nomme-t-on celui qui vit de son *salaire**? — 4. Qu'est-ce

Corrigé 244.

1. C'est la régler de façon à ce qu'elle soit le plus utile possible à soi-même et aux autres. — 2. En nourrissant des pensées, en proférant des paroles, en commettant des actions contraires à sa loi. — 3. Dieu commande qu'on l'adore, qu'on fasse du bien à son prochain, et qu'on se conforme à toutes les lois de la morale. — 4. En les secourant. — 5. C'est faire du bien aux autres toutes les fois qu'on le peut. — 6. C'est donner largement et de bon cœur, mais sans prodigalité. — 7. Par un travail incessant et la pratique de l'économie. — 8. C'est donner avec joie. — 9. L'aumône est un don fait au prochain pour subvenir à ses besoins, surtout à ses besoins matériels. — 10. Le supplice des pervers dans l'enfer. — 11. L'orgueil est un sentiment qui nous porte à nous exagérer à nous-mêmes notre valeur et à en être fiers. — 12. A son dédain pour ses semblables, dédain qui perce toujours, quelque effort que fasse l'orgueilleux pour le cacher. — 13. Quand il parle de lui-même d'une façon trop avantageuse, et des autres avec un certain esprit de dénigrement.

Corrigé 246.

1. Toutes celles qui nuiraient à ma réputation, à mon honneur ou à l'honneur de mes proches, et toutes celles qui m'occasionneraient une douleur physique. — 2. Le prix dont on paye un travail commandé. — 3. Un salarié.

qu'un *conseil ?* — 5. Qu'est-ce que *faire société* avec les mé-chants ? — 6. Que signifie : *lorsque j'aurai quitté cette vie ?* — 7. Quel est le moyen d'*honorer sa mère ?* — 8. Que signifie *lorsqu'elle aura vu son dernier jour ?* — 9. Qu'est-ce qu'*ense-velir un mort ?* — 10. Qu'est-ce qu'un *tombeau ?*

Sujet à développer 247.

LES GRILLONS (*Narration*).

Vous ferez de la narration suivante l'objet d'une lettre que vous écrirez à votre mère.

Un pauvre petit garçon de six à sept ans se présente chez une boulangère qui lui remet un pain de quatre livres. L'enfant ne paie pas et dit à la boulangère que sa maman, malade, viendra lui parler bientôt ; puis il demande si la bonne dame voudrait bien lui donner quelques-uns des cris-cris qu'il entend dans la maison. « Ces petites bêtes, dit-il, portent bonheur, je les remettrais à ma mère, qui ne pleurerait plus comme elle le fait toujours depuis la mort de mon père, parce qu'elle ne peut pas acquitter ses notes quoiqu'elle travaille beaucoup. » La boulangère émue fait remettre à l'enfant une demi-douzaine de grillons dans une petite boîte, tire une grande barre sur le compte de la pauvre veuve, et envoie même un garçon boulanger porter à cette dernière une petite somme d'argent. L'en-fant, de retour avec son pain et ses grillons, trouve sa mère presque joyeuse, et il croit que c'est l'arrivée de ces pe-tites bêtes qui a opéré ce miracle.

PARTICIPE PASSÉ.

Exercice général 248.

SOMMAIRE. — Participe passé d'un verbe actif (règles 489 et 490). — Participe passé d'un verbe passif (règle 491). — Participe passé d'un verbe neutre (rè-gles 492 et 493). — Participe passé d'un verbe pronominal (règle 494). — Par-ticipe passé d'un verbe impersonnel (règle 495). — Participe précédé de *en* (règles 496 à 498). — Participe passé suivi d'un infinitif (règles 499 et 500). — Infinitif sous-entendu (règles 501 et 502). — *Le* représentant une proposition (règle 503). — *Excepté, supposé, approuvé* (règles 504 et 505).

1. On raconte que des marchands phéniciens, qui avaient (*allumé*) un feu de fougères sur le sable qui couvrait le rivage de la Méditerranée, virent, à leur grande sur-prise, se former du verre, qui ne tarda pas à se soli-difier.

4. Une exhortation faite à quelqu'un pour qu'il agisse de telle ou telle manière. — 5. C'est les fréquenter.—6. Lorsque je serai mort. — 7. C'est de se montrer soumis, complaisant, respectueux envers elle, et de faire tous ses efforts pour lui venir en aide dans ses besoins. — 8. Lorsqu'elle sera morte.—9. C'est l'envelopper dans un linceul; quelquefois *ensevelir* signifie *enterrer*. — 10. Un lieu ordinairement souterrain où l'on dépose le corps d'un mort.

Corrigé 247.

Un charmant petit enfant aux yeux bleus, à la figure fine et intelligente, aux cheveux blonds et bouclés, très-pauvrement, mais très-proprement vêtu, se présente chez une boulangère qui, sans qu'il ait besoin de formuler aucune demande, lui remet un pain de quatre livres. L'enfant lui adresse un muet regard de reconnaissance, et, d'un air embarrassé, il balbutie ces mots : « Je n'ai pas d'argent, madame; ma mère, malade, viendra vous parler bientôt. » Puis, prenant un peu d'assurance : « Voudriez-vous bien, dit-il, me donner quelques-uns de ces cris-cris que j'entends souvent chanter dans votre maison? On m'a assuré que ces petites bêtes portent bonheur. Je les remettrais à ma mère. Peut-être alors ne pleurerait-elle plus comme elle le fait à présent toute la journée. Elle est ainsi depuis la mort de mon père, parce qu'elle voit bien qu'elle ne peut plus acquitter ses notes, quoiqu'elle travaille beaucoup. Oh! elle est bien diligente, je vous assure, et quand parfois je me réveille bien avant dans la nuit, je la vois qui coud auprès de moi. » En entendant ces tristes et naïves paroles, l'excellente boulangère se sent émue jusqu'aux larmes. Elle appelle un garçon boulanger, et lui demande d'aller chercher une demi-douzaine de grillons; elle les enferme dans une petite boîte, dans laquelle elle a soin de pratiquer quelques petits trous, et les remet à l'enfant. Cela fait, elle tire une grande barre sur le compte de la pauvre veuve, se disant à elle-même que cette action lui portera bonheur. Non contente de ce premier bienfait, elle envoie un de ses gens porter à la malheureuse femme une petite somme d'argent. L'enfant se retire avec son pain et ses grillons; il court aussi vite que le lui permettent ses petites jambes. Il monte à la hâte l'escalier de la mansarde; il entre. Contrairement à ce qui avait lieu d'ordinaire, il trouve sa mère presque joyeuse. Dans sa crédulité ingénue, il s'imagine que c'est l'arrivée des petites bêtes qui a rasséréné l'âme de sa mère. Il s'applaudit de son idée qui, croit-il, a opéré ce miracle.

Corrigé 248.

1. On raconte que des marchands phéniciens, qui avaient *allumé* un feu de fougères sur le sable qui couvrait le rivage de la Méditerranée, virent, à leur grande surprise, se former du verre, qui ne tarda pas à se solidifier.

D'habiles artistes ont (*photographié*) les plus belles ruines de l'antique Egypte* et de la Grèce*.

Tous les voyageurs qui ont (*parcouru*) la Sibérie* ont (*admiré*) les belles fleurs que ce pays voit éclore pendant son court été.

Que de personnes, après avoir (*visité*) l'Egypte*, sont (*revenu*) (*désenchanté*) d'y avoir (*vu*) tant de plaines tout à fait arides ou (*couvert*) seulement de la plus maigre végétation.

Les grands peintres ont (*laissé*), sur les murs de plusieurs couvents de l'Italie, des fresques* magnifiques.

Tous ceux qui ont (*visité*) les galeries du Louvre* y ont admiré les bas-reliefs* provenant de la frise* du Parthénon*.

Les gens de cœur n'ont jamais (*hésité*) à sacrifier leurs intérêts à leur devoir.

Les moustiques* n'ont pas (*cessé*) de nous incommoder depuis notre arrivée à Venise*.

Deux de nos amis ont (*déjeuné*) ce matin avec nous.

On assure que plus de trente mille personnes ont (*péri*) dans le tremblement de terre qui détruisit la plus grande partie de Lisbonne*, en 1755.

2. La belle musique du *Stabat*, de Rossini*, a (*plu*) à toutes les personnes qui l'ont (*entendu*).

Maintenant que les longs jours de l'été ont (*succédé*) aux courtes journées de l'hiver, je me couche dès que le soleil a (*disparu*) au-dessous de l'horizon.

Toutes les heures de la nuit que je n'ai pas (*dormi*) m'ont (*semblé*) extraordinairement longues.

Peu d'orateurs ont (*parlé*) de façon à être (*comparé*) à Démosthène*.

Louis XIV, sur les soixante-dix-sept années qu'il a (*vécu*), en avait régné soixante-douze.

Une légende des Grecs prétendait qu'un Crétois, nommé Epiménide, s'était (*établi*) dans une caverne, et qu'il y avait (*dormi*) cinquante-sept ans sans se réveiller une seule fois.

Les acacias que nous avons (*planté*) autour de notre maison, ont (*crû*) avec une rapidité extraordinaire.

Ma sœur a (*grandi*) beaucoup pendant sa fièvre typhoïde*.

Les moissonneurs, qui étaient (*venu*) pour faucher les blés dans la Beauce, sont déjà (*reparti*).

Louis III et Carloman ont (*succédé*) tous les deux ensemble à Louis le Bègue.

Le Dante* rapporte qu'Ugolin et ses enfants ont été (*enfermé*) par les habitants de Pise* dans une tour où ils on

D'habiles artistes ont *photographié* les plus belles ruines de l'antique Egypte * et de la Grèce *.

Tous les voyageurs qui ont *parcouru* la Sibérie* ont *admiré* les belles fleurs que ce pays voit éclore pendant son court été.

Que de personnes, après avoir *visité* l'Espagne, sont *revenues désenchantées* d'y avoir *vu* tant de plaines tout à fait arides ou *couvertes* seulement de la plus maigre végétation !

Les grands peintres ont *laissé* sur les murs de plusieurs couvents de l'Italie des fresques* magnifiques.

Tous ceux qui ont *visité* les galeries du Louvre* y ont admiré les bas-reliefs* provenant de la frise * du Parthénon *.

Les gens de cœur n'ont jamais *hésité* à sacrifier leurs intérêts à leur devoir.

Les moustiques* n'ont pas *cessé* de nous incommoder depuis notre arrivée à Venise*.

Deux de nos amis ont *déjeuné* ce matin avec nous.

On assure que plus de trente mille personnes ont *péri* dans le tremblement de terre qui détruisit la plus grande partie de Lisbonne *, en 1755.

2. La belle musique du *Stabat*, de Rossini, a *plu* à toutes les personnes qui l'ont *entendue*.

Maintenant que les longs jours de l'été ont *succédé* aux courtes journées de l'hiver, je me couche dès que le soleil a *disparu* au-dessous de l'horizon.

Toutes les heures de la nuit que je n'ai pas *dormi* m'ont *semblé* extraordinairement longues.

Peu d'orateurs ont *parlé* de façon à être *comparés* à Démosthène *.

Louis XIV, sur les soixante-dix-sept années qu'il a *vécu*, en avait régné soixante-douze.

Une légende des Grecs prétendait qu'un Crétois, nommé Épiménide, s'était *établi* dans une caverne, et qu'il y avait *dormi* cinquante-sept ans sans se réveiller une seule fois.

Les acacias que nous avons *plantés* autour de notre maison, ont *crû* avec une rapidité extraordinaire.

Ma sœur a *grandi* beaucoup pendant sa fièvre typhoïde *.

Les moissonneurs, qui étaient *venus* pour faucher les blés dans la Beauce, sont déjà *repartis*.

Louis III et Carloman ont *succédé* tous les deux ensemble à Louis le Bègue.

Le Dante * rapporte qu'Ugolin et ses enfants ont été *enfermés* par les habitants de Pise * dans une tour où ils ont (*péri*) de faim, après avoir (*essayé*) de se manger les uns les autres.

3. Les pluies (*survenu*) pendant la floraison de la vigne ont (*nui*) beaucoup aux pays vignobles.

La route que j'ai (*suivi*) à travers la vallée de l'Aisne* était si agréable, qu'elle m'a (*paru*) plus courte qu'elle ne l'est réellement.

Les Phéniciens* ont (*navigué*) dans l'océan Atlantique bien des siècles avant tous les autres peuples.

Les quelques minutes qu'a (*duré*) le combat entre les Horaces* et les Curiaces, auront (*paru*) des siècles aux spectateurs.

La comète* qui est (*apparu*) en 1680, et qui était très-brillante, semble exécuter sa révolution autour du soleil en 575 ans.

Malgré les craintes qu'ont (*inspiré*) les comètes* à beaucoup de personnes, il faut avouer que celles qui ont (*passé*) le plus près de la terre ne leur ont jamais (*nui*).

Les ambassadeurs chinois ont (*séjourné*) trois mois à Paris, puis ils sont (*reparti*) pour Pékin*.

Les compagnons de Magellan*, qui s'étaient (*embarqué*) au port de Palos, en Espagne, et qui, à partir de ce moment, s'étaient toujours (*dirigé*) vers l'ouest, revinrent dans leur patrie sans jamais changer de direction, et prouvèrent ainsi la rondeur de la terre.

4. Les anciens Grecs s'étaient (*figuré*), tout à fait à tort, que la terre était ronde et plate comme un disque, et qu'elle était (*environné*) de toutes parts par une mer qu'ils avaient (*appelé*) le fleuve Océan.

Les trois fils de Philippe le Bel : Louis X le Hutin, Philippe V le Long et Charles IV le Bel, se sont (*succédé*) sans interruption sur le trône de France. Trois fils de Henri II : François II, Charles IX et Henri III, se sont également (*succédé*) sans interruption dans le même pays. Trois petits-fils de Louis XV : Louis XVI, Louis XVIII et Charles X, se sont (*succédé*) également, mais non d'une manière continue.

Aussitôt après la découverte de l'Amérique, les Espagnols s'étaient (*attribué*) des droits exclusifs à la possession de ce continent.

Fernand Cortez dans la conquête du Mexique*, et François Pizarre dans celle du Pérou*, se sont (*conduit*) avec tant de cruauté et d'avidité, qu'ils se sont (*attiré*) la réprobation de la postérité.

péri de faim, après avoir *essayé* de se manger les uns les autres.

3. Les pluies *survenues* pendant la floraison de la vigne ont *nui* beaucoup aux vignobles.

La route que j'ai *suivie* à travers la vallée de l'Aisne* était si agréable, qu'elle m'a *paru* plus courte qu'elle ne l'est réellement.

Les Phéniciens* ont *navigué* dans l'océan Atlantique bien des siècles avant tous les autres peuples.

Les quelques minutes qu'a *duré* le combat entre les Horaces* et les Curiaces, auront *paru* des siècles aux spectateurs.

La comète qui est *apparue* en 1680, et qui était très-brillante, semble exécuter sa révolution autour du soleil en 575 ans.

Malgré les craintes qu'ont *inspirées* les comètes* à beaucoup de personnes, il faut avouer que celles qui ont *passé* le plus près de la terre ne leur ont jamais *nui*.

Les ambassadeurs chinois ont *séjourné* trois mois à Paris, puis ils sont *repartis* pour Pékin*.

Les compagnons de Magellan*, qui s'étaient *embarqués* au port de Palos, en Espagne, et qui, à partir de ce moment, s'étaient toujours *dirigés* vers l'ouest, revinrent dans leur patrie sans jamais changer de direction, et prouvèrent ainsi la rondeur de la terre.

4. Les anciens Grecs s'étaient *figuré*, tout à fait à tort que la terre était ronde et plate comme un disque, e qu'elle était *environnée* de toutes parts par une mer qu'ils avaient *appelée* le fleuve Océan.

Les trois fils de Philippe le Bel : Louis X le Hutin, Philippe V le Long et Charles IV le Bel, se sont *succédé* sans interruption sur le trône de France. Trois fils de Henri II : François II, Charles IX et Henri III, se sont également *succédé* sans interruption dans le même pays. Trois petits-fils de Louis XV : Louis XVI, Louis XVIII et Charles X, se sont *succédé* également, mais non d'une manière continue.

Aussitôt après la découverte de l'Amérique, les Espagnols s'étaient *attribué* des droits exclusifs à la possession de ce continent.

Fernand Cortez dans la conquête du Mexique*, et François Pizarre dans celle du Pérou*, se sont *conduits* avec tant de cruauté et d'avidité, qu'ils se sont *attiré* la réprobation de la postérité.

13.

5. Christine, reine de Suède, qui s'était (*plu*) à protéger les savants, s'était bientôt (*dégoûté*) du trône, avait (*abdiqué*) et s'était (*retiré*) à Rome, où elle avait (*fini*) ses jours en 1689.

Les hommes ne s'étaient jamais (*élevé*) dans les airs, quand l'invention des aérostats vint leur en procurer le moyen.

Une île flottante, qui s'était (*montré*) tout à coup en 1831 dans la Méditerranée, non loin de la Sicile*, et qui s'était (*enfoncé*) au bout d'un mois, commençait à remonter en 1851; on l'avait (*nommé*) l'île Julia.

La Belgique s'est (*séparé*) de la Hollande en 1830.

Les découvertes géographiques se sont (*multiplié*) pendant les trois derniers siècles; mais elles se sont un peu (*ralenti*) dans le nôtre.

Deux cent quarante-quatre ans se sont (*écoulé*) depuis la fondation de Rome jusqu'à la proclamation de la république romaine, l'an 509 avant Jésus-Christ.

Pendant les deux heures qu'il a (*tonné*) et qu'il a (*plu*), les bergers se sont bien (*gardé*) de se mettre à l'abri sous les grands arbres.

La peste qu'il y a (*eu*) en Europe, vers la fin du quatorzième siècle, a enlevé plus du tiers de la population.

6. Cette année il est (*tombé*) deux centimètres d'eau de plus que l'année dernière.

Quand il a (*fallu*) labourer la terre, il s'est trouvé qu'elle était trop (*détrempé*), et force a (*été*) d'attendre qu'elle fût un peu (*séché*).

Toutes les années qu'il a beaucoup (*neigé*) ont produit en général des récoltes abondantes, parce que l'eau provenant de la fonte des neiges a (*tué*) des myriades d'insectes.

Cette période a (*été*) féconde en phénomènes* astronomiques : il a (*apparu*) plusieurs comètes, et il y a (*eu*) des éclipses* remarquables de soleil et de lune.

Souvent il est (*tombé*) en France des aérolithes* d'un poids considérable. On peut voir dans nos musées quelques-unes de ces masses minérales que l'on a (*recueilli*) et (*analysé*) avec soin.

Il est inouï qu'il ne se soit pas (*glissé*) quelques fautes dans tous les livres que l'on a (*imprimé*) jusqu'à ce jour, quelques précautions que l'on ait (*pris*) afin d'obtenir une parfaite correction.

Au départ de Christophe Colomb*, il a été (*reconnu*) que toutes les terres qu'il aurait (*découvert*), il les gouvernerait en qualité de vice-roi.

5. Christine, reine de Suède, qui s'était *plu* à protéger les savants, s'était bientôt *dégoûtée* du trône, avait *abdiqué* et s'était *retirée* à Rome, où elle avait *fini* ses jours, en 1689.

Les hommes ne s'étaient jamais *élevés* dans les airs quand l'invention des aérostats vint leur en procurer le moyen.

Une île flottante, qui s'était *montrée* tout à coup en 1831 dans la Méditerranée, non loin de la Sicile*, et qui s'était *enfoncée* au bout d'un mois, commençait à remonter en 1851 ; on l'avait *nommée* l'île Julia.

La Belgique s'est *séparée* de la Hollande en 1830.

Les découvertes géographiques se sont *multipliées* pendant les trois derniers siècles ; mais elles se sont un peu *ralenties* dans le nôtre.

Deux cent quarante-quatre ans se sont *écoulés* depuis la fondation de Rome jusqu'à la proclamation de la république romaine, l'an 509 avant Jésus-Christ.

Pendant les deux heures qu'il a *tonné* et qu'il a *plu*, les bergers se sont bien *gardés* de se mettre à l'abri sous les grands arbres.

La peste qu'il y a *eu* en Europe, vers la fin du quatorzième siècle, a enlevé plus du tiers de la population.

6. Cette année, il est *tombé* deux centimètres d'eau de plus que l'année dernière.

Quand il a *fallu* labourer la terre, il s'est trouvé qu'elle était trop *détrempée*, et force a *été* d'attendre qu'elle fût un peu *séchée*.

Toutes les années qu'il a beaucoup *neigé* ont produit en général des récoltes abondantes, parce que l'eau provenant de la fonte des neiges a *tué* des myriades d'insectes.

Cette période a *été* féconde en phénomènes* astronomiques : il a *apparu* plusieurs comètes, et il y a *eu* des éclipses* remarquables de soleil et de lune.

Souvent il est *tombé* en France des aérolithes* d'un poids considérable. On peut voir dans nos musées quelques-unes de ces masses minérales que l'on a *recueillies* et *analysées* avec soin.

Il est inouï qu'il ne se soit pas *glissé* quelques fautes dans tous les livres que l'on a *imprimés* jusqu'à ce jour, quelques précautions que l'on ait *prises* afin d'obtenir une parfaite correction.

Au départ de Christophe Colomb*, il a été *reconnu* que toutes les terres qu'il aurait *découvertes*, il les gouvernerait en qualité de vice-roi.

7. La photographie, née d'hier, s'est (*perfectionné*) considérablement.

Que de dégâts nos vignes n'ont-elles pas (*éprouvé*) pendant les quinze à vingt minutes qu'il a (*grêlé*) avant-hier.

Il a nécessairement (*disparu*) de la surface de la terre une foule d'animaux qui l'ont autrefois (*habité*).

Plusieurs des éclairs qu'il a (*fait*) pendant ce terrible orage étaient en zigzag, indice certain de la chute du tonnerre.

Tout le monde sait que les Espagnols ont (*possédé*) l'Amérique ; mais tout le monde ne sait peut-être pas quelle prodigieuse quantité d'or et d'argent ils en ont (*rapporté*) pendant le seizième siècle.

Nous avons (*fait*) la chasse aux canards sauvages, et nous en avons (*tué*) plus de cent.

Mes parents ont (*acheté*) un appareil pour fabriquer de la glace : aussi en ont-ils (*consommé*) beaucoup pendant les grandes chaleurs qu'il a (*fait*) cet été.

Deux moines qui ont (*visité*) la Chine du temps de Justinien, en ont (*rapporté*) des œufs de vers à soie (*caché*) dans une canne de bambou.

Des plongeurs qui ont (*osé*) descendre au fond de la mer, à l'endroit où des galions avaient (*sombré*) autrefois, en ont (*ramené*) plusieurs lingots d'or.

8. Nos groseilles étant déjà mûres, nous en avons (*cueilli* plus de la moitié que nous avons (*converti*) en confitures.

Mes sœurs sont (*allé*) à Rome et elles en sont (*revenu*), le tout en moins de quinze jours.

Ayant (*trouvé*) ce bois (*émaillé*) de fleurs de narcisse, nous en avons (*cueilli*) assez pour en composer plusieurs bouquets.

On craint de voir les quinquinas manquer bientôt dans l'Amérique méridionale, tant on en a (*abattu*).

Il y a bien des années que l'on fouille les ruines de Pompéia, néanmoins on est loin d'en avoir (*exhumé*) toutes les curiosités qui s'y trouvent (*enfoui*).

Les savants qui ont (*accompagné*) l'expédition française en Egypte en ont (*rapporté*) des objets d'étude extrêmement précieux.

Quand on m'a (*offert*) des huîtres pour la première fois, je n'en ai pas (*mangé*), par suite de ce sot préjugé qui nous porte à repousser tous les aliments dont nous n'avons pas l'habitude.

Les chœurs que nous avons (*entendu*) chanter par l'Orphéon de Paris nous ont agréablement (*impressionné*).

7. La photographie, née d'hier, s'est *perfectionnée* con-sidérablement.

Que de dégâts nos vignes n'ont-elles pas *éprouvés* pen-dant les quinze à vingt minutes qu'il a *grêlé* avant-hier.

Il a nécessairement *disparu* de la surface de la terre une foule d'animaux qui l'ont autrefois *habitée*.

Plusieurs des éclairs qu'il a *fait* pendant ce terrible orage étaient en zigzag, indice certain de la chute du ton-nerre.

Tout le monde sait que les Espagnols ont *possédé* l'Amé-rique; mais tout le monde ne sait peut-être pas quelle prodigieuse quantité d'or et d'argent ils en ont *rapportée* pendant le xvie siècle.

Nous avons *fait* la chasse aux canards sauvages, et nous en avons *tué* plus de cent.

Mes parents ont acheté un appareil pour fabriquer de la glace : aussi en ont-ils *consommé* beaucoup pendant les grandes chaleurs qu'il a *fait* cet été.

Deux moines, qui ont *visité* la Chine du temps de Justi-nien, en ont *rapporté* des œufs de vers à soie *cachés* dans une canne de bambou.

Des plongeurs, qui ont *osé* descendre au fond de la mer à l'endroit où des galions avaient *sombré* autrefois, en ont *ramené* plusieurs lingots d'or.

8. Nos groseilles étant déjà mûres, nous en avons *cueilli* plus de la moitié, que nous avons *convertie* en confitures.

Mes sœurs sont *allées* à Rome et elles en sont *revenues*, le tout en moins de quinze jours.

Ayant *trouvé* ce bois *émaillé* de fleurs de narcisse, nous en avons *cueilli* assez pour en composer plusieurs bou-quets.

On craint de voir les quinquinas manquer bientôt dans l'Amérique méridionale, tant on en a *abattu*.

Il y a bien des années que l'on fouille les ruines de Pom-péia, néanmoins on est loin d'en avoir *exhumé* toutes les curiosités qui s'y trouvent *enfouies*.

Les savants qui ont *accompagné* l'expédition française en Egypte en ont *rapporté* des objets d'étude extrêmement précieux.

Quand on m'a *offert* des huîtres pour la première fois, je n'en ai pas *mangé*, par suite de ce sot préjugé qui nous porte à repousser tous les aliments dont nous n'avons pas l'habitude.

Les chœurs que nous avons *entendu* chanter par l'or-phéon de Paris nous ont agréablement *impressionnés*.

9. Les sirènes auraient (*fait*) tomber dans leurs piéges les compagnons d'Ulysse, si ceux-ci les avaient (*entendu*) chanter.

Les deux aérostats que j'ai (*vu*) s'élever dans les airs étaient (*parvenu*) à une hauteur considérable quand ils ont (*disparu*) à mes yeux.

Cette embarcation, plus de mille personnes l'ont (*vu*) sombrer du rivage sans pouvoir la secourir.

Les terres que les colons ont (*eu*) à défricher étaient d'excellente qualité.

Les renforts que le général avait (*envoyé*) chercher sont encore (*arrivé*) à temps.

Mes sœurs se sont (*plaint*) de ce que la ballade anglaise qu'on leur a (*donné*) à traduire était trop difficile.

Les écrevisses que nous avons (*fait*) accommoder par la cuisinière nous ont (*paru*) délicieuses.

Voici la maison abandonnée dont le commissaire de police a (*fait*) ouvrir la porte.

Les pauvres que vous n'avez pas (*voulu*) secourir, c'est nous qui les avons (*logé*) et (*nourri*) et qui, en outre, leur avons (*procuré*) du travail.

La lueur rougeâtre que l'on a (*vu*) apparaître au ciel pendant la soirée était (*occasionné*) par un vaste incendie.

10. Cet écolier a mieux (*récité*) sa leçon que nous ne l'aurions (*supposé*).

Un Spartiate se donna la mort parce qu'il se vit (*soupçonné*) de n'avoir pas fait, pour être présent à un combat, tous les efforts qu'il aurait (*pu*).

Pendant la guerre, nous avons prodigué aux blessés tous les secours que nous avons (*pu*).

Les Bretons veulent toujours les choses qu'ils ont une fois (*voulu*).

Les phénomènes dont est (*accompagné*) la fermentation des liqueurs sucrées, sont bien plus (*compliqué*) qu'on ne l'avait d'abord (*soupçonné*).

Il est douteux que nous ayons (*fait*), pour nous corriger de nos défauts, toutes les tentatives que nous aurions (*dû*).

Les dégâts que la grêle a (*fait*) dans les vignes, n'ont pas été aussi considérables qu'on se l'était d'abord (*figuré*).

N'oublions pas que nous viendrons bien souvent à bout des choses que nous aurons fortement (*voulu*).

Nous devons avoir pour nos supérieurs toute la déférence qui leur est (*dû*).

La nouvelle de cet événement est (*arrivé*) dans notre ville sans que nous l'ayons (*su*).

9. Les sirènes auraient *fait* tomber dans leurs piéges les compagnons d'Ulysse, si ceux-ci les avaient *entendues* chanter.

Les deux aérostats que j'ai *vus* s'élever dans les airs étaient *parvenus* à une hauteur considérable quand ils ont *disparu* à mes yeux.

Cette embarcation, plus de mille personnes l'ont *vue* sombrer du rivage sans pouvoir la secourir.

Les terres que les colons ont *eu* à défricher étaient d'excellente qualité.

Les renforts que le général avait *envoyé* chercher sont encore *arrivés* à temps.

Mes sœurs se sont *plaintes* de ce que la ballade anglaise qu'on leur a *donnée* à traduire était trop difficile.

Les écrevisses que nous avons *fait* accommoder par la cuisinière nous ont *paru* délicieuses.

Voici la maison abandonnée dont le commissaire de police a *fait* ouvrir la porte.

Les pauvres que vous n'avez pas *voulu* secourir, c'est nous qui les avons *logés* et *nourris*, et qui, en outre, leur avons *procuré* du travail.

La lueur rougeâtre que l'on a *vue* apparaître au ciel pendant la soirée était *occasionnée* par un vaste incendie.

10. Cet écolier a mieux *récité* sa leçon que nous ne l'aurions *supposé*.

Un Spartiate se donna la mort parce qu'il se vit *soupçonné* de n'avoir pas fait, pour être présent à un combat, tous les efforts qu'il aurait *pu*.

Pendant la guerre, nous avons prodigué aux blessés tous les secours que nous avons *pu*.

Les Bretons veulent toujours les choses qu'ils ont une fois *voulues*.

Les phénomènes dont est *accompagnée* la fermentation des liqueurs sucrées, sont bien plus *compliqués* qu'on ne l'avait d'abord *soupçonné*.

Il est douteux que nous ayons *fait*, pour nous corriger de nos défauts, toutes les tentatives que nous aurions *dû*.

Les dégâts que la grêle a *faits* dans les vignes, n'ont pas été aussi considérables qu'on se l'était d'abord *figuré*.

N'oublions pas que nous viendrons bien souvent à bout des choses que nous aurons fortement *voulues*.

Nous devons avoir pour nos supérieurs toute la déférence qui leur est *due*.

La nouvelle de cet événement est *arrivée* dans notre ville sans que nous l'ayons *su*.

11. (*Passé*) la Toussaint, le raisin qui pend encore aux treilles court grand risque d'être (*gelé*).

Les hommes ont aujourd'hui des moyens de locomotion plus rapides que ceux dont ils pouvaient disposer dans les temps (*passé*).

(*Excepté*) les adjectifs *nu*, *demi* et *feu*, tous les autres s'accordent toujours avec le nom ou le pronom qu'ils qualifient.

La langue basque (*excepté*), tous les idiomes qu'on parle en France ont une origine indo-européenne.

Veuillez faire remettre à leur adresse les deux lettres (*ci-inclus*).

(*Vu*) la grande quantité de blé qu'il y a eu cette année, le pain ne se vendra pas cher.

(*Supposé*) la lune habitée, qui nous dit qu'elle serait peuplée d'êtres vivants analogues à ceux qui existent sur la terre?

Il y a dans ce ballot dix kilogrammes de marchandises, non (*compris*) la tare.

PARTICIPE ENTRE DEUX QUE.

Le participe passé placé entre deux *que* est toujours invariable, parce qu'il a pour complément direct la proposition qui suit.

Ex. : Les questions que j'avais *présumé* que l'on vous adresserait.

J'avais *présumé* quoi? que l'on vous adresserait les questions.

Exercice 249.

Appliquez la règle.

La résolution que j'avais (*cru*) que vous prendriez, était celle qu'aurait (*conseillé*) tout homme prudent.

La botanique que j'avais (*souhaité*) que vous étudiassiez a été précisément la science que vous avez le plus (*négligé*).

J'ai appris avant vous l'anecdote que vous aviez (*cru*) longtemps que j'ignorais.

La vigne que j'avais (*pensé*) que la gelée épargnerait a été, au contraire, très-(*endommagé*).

La victoire que vous aviez (*annoncé*) que notre armée remporterait est maintenant un fait accompli.

Les avantages que vous aviez (*présumé*) que nous retirerions de l'exploitation de cette mine, ont été moindres que nous ne l'aurions (*cru*).

Les accusations que Christophe Colomb* avait (*prévu*) que l'on dirigerait contre lui, remplirent plus tard d'amertume le reste de sa vie.

Le temps m'a manqué pour l'excursion que j'avais (*compté*) que je ferais à la cataracte du Niagara*.

11. *Passé* la Toussaint, le raisin qui **pend** encore aux treilles court grand risque d'être *gelé*.

Les hommes ont aujourd'hui des moyens de locomotion plus rapides que ceux dont ils pouvaient disposer dans les temps *passés*.

Excepté les adjectifs *nu*, *demi* et *feu*, tous les autres s'accordent toujours avec le nom ou le pronom qu'ils qualifient.

La langue basque *exceptée*, tous les idiomes qu'on parle en France ont une origine indo-européenne.

Veuillez faire remettre à leur adresse les deux lettres *ci-incluses*.

Vu la grande quantité de blé qu'il y a *eu* cette année, le pain ne se vendra pas cher.

Supposé la lune habitée, qui nous dit qu'elle serait peuplée d'êtres vivants analogues à ceux qui existent sur la terre ?

Il y a dans ce ballot dix kilogrammes de marchandises, non *compris* la tare.

Corrigé 249.

La résolution que j'avais *cru* que vous prendriez, était celle qu'aurait *conseillée* tout homme prudent.

La botanique que j'avais *souhaité* que vous étudiassiez, a été précisément la science que vous avez le plus *négligée*.

J'ai appris avant vous l'anecdote que vous aviez *cru* longtemps que j'ignorais.

La vigne que j'avais *pensé* que la gelée épargnerait a été, au contraire, très-*endommagée*.

La victoire que vous aviez *annoncé* que notre armée remporterait, est maintenant un fait accompli.

Les avantages que vous aviez *présumé* que nous retirerions de l'exploitation de cette mine, ont été moindres que nous ne l'aurions *cru*.

Les accusations que Chistophe Colomb* avait *prévu* que l'on dirigerait contre lui, remplirent plus tard d'amertume le reste de sa vie.

Le temps m'a manqué pour l'excursion que j'avais *compté* que je ferais à la cataracte du Niagara*.

La personne que j'aurais (*désiré*) que mon frère consultât, lui eût donné d'excellents conseils.

As-tu (*obtenu*) enfin la place d'ingénieur* que tu avais (*demandé*) qu'on t'accordât ?

PARTICIPE PASSÉ PRÉCÉDÉ DE **LE PEU**.

505. — Le *peu* a deux significations : tantôt il signifie *le manque*, tantôt il signifie *une quantité petite mais suffisante*. Dans le premier cas, le participe est invariable ; dans le second cas, il s'accorde avec le *complément* de *le peu*.

EXEMPLE : *Le peu* de nourriture que cet homme a *pris* l'a considérablement affaibli (c'est parce qu'il en a pris *peu* qu'il s'est affaibli).

Le peu de nourriture que cet homme a *prise* a suffi pour lui redonner des forces (c'est parce qu'il en a pris *une quantité petite mais suffisante* qu'il a recouvré ses forces).

Exercice 250.

Appliquez la règle et indiquez le sens de *le peu*.

Le peu de pommes de terre que ce champ a (*rapporté*), ont (*suffi*) pour élever les porcs.

Le peu de larmes que cet enfant a (*versé*), montre qu'il n'a pas été très-sensible aux reproches qu'on lui a (*adressé*).

Le peu de résine que nous avons (*recueilli*) sur ces pins nous a encore (*rapporté*) une somme assez considérable.

Le peu de miel et de cire que nos abeilles ont (*butiné*) cet été nous a (*forcé*) à leur donner, pendant l'hiver, un supplément de nourriture.

Le peu de cornichons que le jardinier a (*récolté*) ont été (*vendu*) au marché un prix exorbitant.

Les enfants ont (*mangé*) le peu de confitures que nous avions (*conservé*).

La servante est (*allé*) porter au marché le peu d'asperges que nous avons (*coupé*) cette semaine.

Avec le peu de baguettes que le vannier a (*coupé*) dans son oseraie*, il a pu faire deux jolies corbeilles.

Vu le peu d'avoine que ce cultivateur a (*semé*), il n'en récoltera pas assez pour ses chevaux.

Il ne nous sera pas possible de faire de l'huile avec le peu d'olives que nos arbres ont (*produit*).

Le peu de légumes que notre jardin nous a (*donné*) ne sera pas suffisant pour notre consommation.

Le peu de farine que le meunier a (*vendu*) lui permettra de payer le loyer de son moulin.

Exercice Lexicologique 251.

Répondez aux questions suivantes à l'aide du Lexique.

Que savez-vous sur : l'Egypte   — la Grèce, — la Sibérie,

La personne que j'aurais *désiré* que mon frère consultât, lui eût donné d'excellents conseils.

As-tu *obtenu* enfin la place d'ingénieur* que tu avais *demandé* qu'on t'accordât?

Corrigé 250.

Le peu de pommes de terre que ce champ a *rapportées* ont *suffi* pour élever les porcs.

Le peu de larmes que cet enfant a *versé* montre qu'il n'a pas été très-sensible aux reproches qu'on lui a *adressés*.

Le peu de résine que nous avons *recueillie* sur ces pins, nous a encore *rapporté* une somme assez considérable.

Le peu de miel et de cire que nos abeilles ont *butiné* cet été nous a *forcés* à leur donner, pendant l'hiver, un supplément de nourriture.

Le peu de cornichons que le jardinier a *récoltés* ont été *vendus* au marché un prix exorbitant.

Les enfants ont *mangé* le peu de confitures que nous avions *conservées*.

La servante est *allée* porter au marché le peu d'asperges que nous avons *coupées* cette semaine.

Avec le peu de baguettes que le vannier a *coupées* dans son oseraie*, il a pu faire deux jolies corbeilles.

Vu le peu d'avoine que ce cultivateur a *semé*, il n'en récoltera pas assez pour ses chevaux.

Il ne nous sera pas possible de faire de l'huile avec le peu d'olives que nos arbres ont *produit*.

Le peu de légumes que notre jardin nous a *donné* ne sera pas suffisant pour notre consommation.

Le peu de farine que le meunier a *vendue* lui permettra de payer le loyer de son moulin.

— le Louvre, — le Parthénon, — Venise, — Lisbonne, — Pise, — le Mexique, — la Sicile, — le Niagara?

Qu'est-ce que : une fresque, — un bas-relief, — une frise, — un moustique, — la fièvre typhoïde, — une comète, — un aérolithe, — un colon, — un renfort, — une ballade, — un ingénieur?

Que savez-vous sur : Rossini, — Démosthène, — Le Dante, — Magellan?

STYLE ET COMPOSITION.

Sujets à développer 252.

ULYSSE CHEZ LE CYCLOPE POLYPHÈME (*Narration*).

D'après la mythologie*, les côtes de la Sicile* étaient habitées par des géants appelés cyclopes, n'ayant qu'un œil au milieu du front. L'un de ces cyclopes, Polyphème, enferma dans son antre Ulysse* et ses compagnons, jetés sur la côte par une tempête. Il les gardait là pêle-mêle avec ses troupeaux, dans l'intention de les dévorer successivement. Ulysse le fit tant boire en l'amusant par le récit du siége de Troie*, qu'il l'enivra, et lui creva l'œil avec un pieu rougi au feu. Hurlements du cyclope. Ses voisins accourent pour savoir le nom de celui qui l'a blessé. Il leur répond de l'intérieur de la grotte que c'est Personne ; car Ulysse lui avait dit qu'il s'appelait ainsi. Alors les cyclopes s'en retournent, croyant que leur compagnon a perdu l'esprit. Ulysse et ses compagnons sortent ensuite de la grotte en s'attachant sous les moutons, que Polyphème ne laisse passer qu'un à un entre ses jambes, après avoir ôté la pierre qui bouchait l'entrée de la caverne.

253.

LETTRE D'UN COLON ALGÉRIEN.

Un cultivateur alsacien qui vient d'obtenir une concession de terres en Algérie écrit à sa famille. Il lui donne des détails sur son installation, décrit sa propriété, dit les cultures qu'il va entreprendre, et manifeste l'espoir de réussir à force de travail. Regrets de la patrie perdue. Motifs de consolation.

254.

LE CHASSEUR ET SON CHIEN (*Allégorie*).

Un chasseur sur la piste d'un lièvre blessé excitait son

252. Les anciens Grecs, dotés de l'imagination la plus vive, croyaient à l'existence d'une foule d'êtres à la fois extraordinaires et monstrueux, dont ils racontaient les actions comme s'ils en avaient été les témoins. D'après ces traditions des temps primitifs, sur la côte de Sicile, habitaient les cyclopes, géants nés de Neptune et d'Amphitrite, qui n'avaient qu'un œil au milieu du front. Ils avaient pour retraites les nombreuses et vastes grottes qui bordent le rivage de la mer Tyrrhénienne. Tout le jour, ils faisaient paître leurs immenses troupeaux dans les belles prairies qui abondent en ces lieux, et le soir ils se retiraient dans leurs cavernes, où ils abritaient également leurs bestiaux. Si, par hasard, des étrangers abordaient sur la côte y étaient jetés par la tempête, malheur à eux! car les cyclopes étaient anthropophages. Ils savouraient avec délices la chair humaine; aucun breuvage ne leur semblait aussi délicieux que le sang des infortunés étrangers. Ce sort cruel faillit être le partage de l'industrieux Ulysse et de ses compagnons, jetés par la fureur des dieux sur cette terre inhospitalière.

Les guerriers grecs, cherchant un refuge pour la nuit, s'étaient, pendant l'absence du cyclope Polyphème, introduits dans son antre. Le géant tressaillit de joie quand il les aperçut à son retour. Il ferma aussitôt avec un gros rocher l'ouverture de sa grotte pour les empêcher de s'échapper, puis il immola deux d'entre eux qui devaient faire son repas du soir. Cependant, Ulysse cherchait le moyen de se tirer de l'antre. Tout en racontant à Polyphème les péripéties de la guerre de Troie, il lui fit boire tant de coups du vin qu'il avait apporté dans des outres, que le cyclope s'endormit bientôt sous l'influence des fumées alcooliques, et commença à ronfler bruyamment. Aussitôt, les captifs font rougir au feu un pieu aiguisé et l'enfoncent dans l'œil unique du monstre. Il se réveilla en poussant des hurlements épouvantables qui firent retentir tous les lieux d'alentour. Les cyclopes voisins arrivent en foule, et, à travers la porte, demandent à Polyphème qui donc l'a si gravement blessé pour qu'il pousse de tels cris : « *Personne,* » répond Polyphème; car Ulysse avait eu soin de dire qu'il s'appelait ainsi. Sur cette réponse, les cyclopes s'en retournent en déclarant que leur compagnon a perdu l'esprit. Cependant, le matin était venu; Polyphème devait conduire ses troupeaux au pâturage. Il se plaça à l'entrée de la grotte pour empêcher les Grecs de s'échapper, et fit passer ses moutons un à un entre ses jambes. Mais il avait compté sans l'habileté de l'ingénieux Ulysse. Ce héros et ses compagnons avaient imaginé de s'attacher sous le ventre des moutons, de sorte qu'ils passèrent impunément, avec ces animaux, entre les jambes du cyclope aveugle. Rendus à la liberté, les compagnons d'Ulysse se détachèrent des moutons et s'enfuirent vers le rivage. Le géant les poursuivit, lançant dans leur direction d'énormes quartiers de rocher; mais ils furent assez heureux pour échapper à ces dangereux projectiles.

253. Mes chers parents,

Me voici à peu près installé sur les terres que le gouvernement m'a concédées dans la province d'Alger. Ce n'a pas été sans beaucoup de peines et sans de grands travaux que je suis parvenu à ce résultat. Il m'a fallu d'abord construire mon habitation. J'ai été aidé dans tout ce qui concerne la bâtisse proprement dite; mais ensuite j'ai été obligé de faire moi-même tous les aménagements intérieurs. Comme les ouvriers sont très-rares en ce pays, je me suis vu dans la nécessité de suppléer à leur absence. J'ai remplacé de mon mieux le charpentier, le menuisier et le peintre. Ma propriété est située dans une vaste plaine, au pied des montagnes de la Kabylie; j'ai défriché le terrain avec la charrue et la paire de bœufs que l'on m'a donnée dès mon arrivée; j'ai planté de la vigne et des oliviers sauvages que je grefferai plus tard. La moitié de mon champ a été ensemencée en blé; je me propose de cultiver dans le reste des pommes de terre, du maïs, du fourrage, ainsi que des légumes pour mon usage. J'espère bien réussir à force de travail : ici, tous les hommes laborieux sont à peu près sûrs de se créer une modeste aisance. Ainsi donc je suis tranquille sur l'avenir; je m'estimerais heureux, si je pouvais l'être complétement loin du pays qui m'a vu naître. C'est pour moi un grand chagrin d'avoir quitté l'Alsace, en ce moment surtout, où elle souffre tant de douleurs physiques et morales; toutefois, je tâche de me résigner dans l'espérance de voir luire des jours meilleurs; je me dis que Dieu ne laissera pas toujours dans l'affliction une population sur laquelle sont venus fondre tant de maux immérités. Je vous conjure de penser souvent au pauvre exilé.

chien en criant : Attrape ! attrape ! Peignez la poursuite que le chien fait du lièvre, qu'il finit par atteindre. Le chasseur accourt et..; il met le lièvre dans sa gibecière. Cette scène avait eu plusieurs spectateurs. Un vieillard leur dit : l'Avare est comparable à ce chien, l'avarice lui crie....; mais voilà qu'à la fin arrive la Mort qui lui crie : *Lâche*, et le pauvre homme.....

255.

LES PLAISIRS DE L'HIVER (*Description*).

Vous direz que la neige est tombée avec abondance et que le froid est excessif. Les enfants du village se donnent rendez-vous à une mare où ils établissent une glissoire. Dites comment ils s'y prennent pour glisser. Pendant ce temps, d'autres, partagés en deux camps, se livrent un combat avec des boules de neige. Décrivez les péripéties de la lutte. Ajoutez quels sont les plaisirs qui attendent glisseurs et lutteurs à leur retour à la maison.

256.

PLUSIEURS FABRICANTS DE BRIQUES AU PRÉFET (*Lettre*).

Les propriétaires de plusieurs briqueteries établies dans une commune exposent au préfet que la matière première va leur manquer; que la cessation de leurs travaux occasionnerait un grand dommage aux ouvriers; que, l'Etat possédant une propriété contenant de la terre glaise, ils en demandent l'expropriation. Ils prient le préfet de saisir le conseil d'Etat de leur demande. Ils lui exposent les raisons d'utilité générale qui, selon eux, doivent la faire accueillir. Ils sont prêts à indemniser.....

257.

LE DRAGON ET LES RENARDS (*Fable*).

Un dragon gardait un trésor dans une caverne. Deux renards, voulant s'en emparer, tâchèrent de s'insinuer dans ses bonnes grâces. Imaginez ce que chacun d'entre eux dit et fit pour cela. Lorsqu'ils y eurent réussi, ils étranglèrent le gardien pendant son sommeil. Puis l'un des renards essaya de persuader à son compagnon de laisser là le trésor pour vivre de chasse. L'autre fit semblant d'être convaincu. Ils se dressèrent mutuellement des embûches dans lesquelles ils tombèrent grièvement blessés, et, près de mourir, ils déplorèrent l'un et l'autre cette soif de richesses qui les avait conduits à leur perte. Dites quelles réflexions ils purent faire dans cette circonstance.

254. Un chasseur venait de blesser un lièvre à la poursuite duquel son chien s'était mis. Aussitôt le chasseur excite ce dernier sans relâche ; il ne cessait de lui crier : Attrape, attrape! Cependant, le pauvre lièvre, dont l'instinct de conservation soutenait les forces et décuplait l'énergie, faisait des bonds prodigieux pour échapper au chien. Celui-ci était-il près de l'atteindre, aussitôt le lièvre, par un brusque écart, se lançait dans une nouvelle direction, et le chien, emporté par la vitesse acquise, ne pouvait se remettre sur la piste du lièvre qu'après une certaine perte de temps. Mais il avait des jambes agiles, et il n'était pas blessé. Le malheureux lièvre, au contraire, perdait peu à peu ses forces avec son sang ; aussi le chien finit-il par l'atteindre et par le saisir entre ses mâchoires comme avec des tenailles. En ce moment le chasseur accourt, et lorsque déjà le chien s'apprête à dévorer sa proie, son maître la lui arrache et la met dans sa gibecière. Plusieurs ouvriers des champs, qui de loin avaient aperçu cette scène, étaient accourus pour en voir de près le dénoûment. Un vieillard leur dit : Ce chien n'est-il pas la vivante image d'un avare? L'avarice crie à l'avare : Amasse, ne cesse d'acquérir et d'arrondir tes possessions ; tu trouveras, dans la réalisation de ce dessein, une source de jouissances inexprimables ; mais tout à coup, et à l'instant où l'avare s'y attend le moins, survient la mort qui lui crie : Laisse tous ces biens, et le pauvre homme est forcé de dire un éternel adieu à ces richesses dont il ne s'était repu que dans son imagination. (*D'après Fénelon.*)

255. La neige est tombée en abondance et elle recouvre la terre comme un linceul ; la bise souffle violemment à travers les rameaux des arbres dépouillés de leurs feuilles ; il fait un froid excessif qui oblige presque tout le monde à se tenir renfermé au logis ; les enfants du village seuls, bravant les frimas, se sont donné rendez-vous à une mare dont la surface s'est changée en une glace assez épaisse pour supporter le poids de leur corps ; ils ont l'intention d'y établir une glissoire. Le plus hardi, qui est le chef de la troupe, s'élance le premier. Comme il lui faut user les aspérités de la glace, il ne peut fournir une longue carrière ; un autre lui succède qui parcourt une plus grande distance, il est bientôt suivi de camarades, qui allongent encore l'étroit chemin sur lequel bientôt tous s'élanceront avec une rapidité vertigineuse. C'est alors que l'on ne songe plus guère au froid ; il règne une animation extraordinaire : les glisseurs forment une longue file qui semble continue, tant ils se meuvent avec vitesse ; la chute de quelques-uns provoque de bruyants éclats de rire, bien qu'elle puisse être parfois très-douloureuse, mais ils n'en recommencent pas moins à glisser avec un nouvel entrain. Non loin de la mare, d'autres enfants, partagés en deux troupes, se livrent un combat acharné ; leurs armes sont des boules de neige : voici l'une des deux armées accablée d'une grêle de projectiles ; elle bat en retraite, mais bientôt elle revient à la charge, et les adversaires plient à leur tour : la lutte continue ainsi avec des alternatives de succès et de revers jusqu'à ce que l'obscurité de la nuit chasse les combattants. Tout le monde rentre à la maison ; on dîne, on se chauffe en cercle autour du foyer en racontant des légendes, ou bien on se livre à des jeux variés qui font paraître trop courtes les longues heures de la soirée.

256.   Monsieur le Préfet,

Les soussignés, tous fabricants de briques, établis dans la commune de Valfleury, ont l'honneur de vous exposer que, jusqu'à ce jour, ils tiraient la terre glaise qui leur est nécessaire pour leur industrie d'un terrain communal dont la municipalité leur avait accordé l'exploitation ; ce gisement étant épuisé, leurs établissements sont menacés d'un chômage qui réduirait à la plus affreuse misère les ouvriers de la commune, presque tous occupés à la fabrication des briques. Comme l'État possède sur le territoire de la commune un terrain boisé dont le sous-sol est formé d'une excellente terre à potier, lesdits fabricants ont l'intention d'en provoquer l'expropriation. En conséquence, ils vous prient, monsieur le Préfet, de vouloir bien saisir le conseil d'État de leur demande. Des raisons d'utilité générale doivent, selon eux, la faire accueillir, car la prospérité de la commune dépend de cette concession, et les localités voisines, qui se fournissent de briques à Valfleury, se trouveraient dans l'impossibilité de bâtir, si elles étaient privées de cette matière, base de leurs constructions ; d'ailleurs, l'État a le plus grand intérêt à faire cette concession : le terrain dont il est propriétaire

258.

UN INSTITUTEUR A L'INSPECTEUR PRIMAIRE (*Lettre*).

L'instituteur annonce à l'inspecteur son projet de fonder une bibliothèque scolaire. Les habitants seraient heureux d'avoir à leur disposition de bons livres de lecture qui..... L'instituteur serait secondé dans son œuvre par..... Il parle d'une cotisation qu'il a faite pour l'achat des livres. Il demande quels seraient les meilleurs ouvrages à acquérir et comment il faudrait s'y prendre. Il énumère les livres qu'il croit les plus indispensables. Heureux effets qu'il espère de la fondation de cette bibliothèque.

259.

LE BŒUF (*Narration*).

Le travail soutenu et un long exercice peuvent nous rendre habiles en une foule de choses dont nous nous serions crus incapables. On en donne comme exemple le fait suivant : Un homme parcourait les campagnes en portant un bœuf sur ses épaules ; il gagnait ainsi de quoi vivre. Quelqu'un lui ayant demandé comment il était parvenu à un tel degré de force, il répondit : Quand ce bœuf n'était encore qu'un veau, je le portais journellement,.... Il est vrai que l'animal devenait de jour en jour plus pesant; mais..... de sorte qu'à la fin....

PARTICIPE PASSÉ (*Suite*).

Exercice 260.

RIEN DE TROP.

Faites accorder, suivant la règle, les participes passés entre parenthèses.

Un villageois était tristement (*assis*), les jambes pendantes, au bord d'un ruisseau longeant une maigre prairie qu'il avait (*hérité*) de ses parents. L'insuffisance de la récolte le plongeait dans une douleur amère. Il pensait aux deux vaches qu'il avait (*acheté*) à la dernière foire, comptant qu'elles seraient facilement (*nourri*) avec le foin de ce pré. Sa peine était si grande qu'un voisin s'en aperçut, quoiqu'il ne la lui eût pas (*communiqué*). « Je vois, s'écria celui-ci, ce qui vous inquiète ; mais, si votre prairie vous a (*rapporté*) si peu, c'est que vous ne l'avez pas (*arrosé*) ; faites mieux à l'avenir et imitez-moi. Quand vous aurez (*établi*) de petites rigoles communiquant avec le ruisseau et que vous

ne lui rapportant presque rien, il y aurait pour lui grand avantage à s'en dessaisir, moyennant une juste indemnité. Les soussignés ont l'honneur d'être, monsieur le Préfet, vos très-humbles serviteurs.

257. Un dragon gardait jour et nuit un trésor dans une profonde caverne ; deux renards, maîtres fourbes, s'insinuèrent près de lui par leurs flatteries. Ils devinrent ses confidents. Ils le traitaient de grand personnage, admiraient toutes ses fantaisies, étaient toujours de son avis, et se moquaient entre eux de leur dupe. Enfin, il s'endormit un jour au milieu d'eux ; ils l'étranglèrent et s'emparèrent du trésor. Il fallut le partager, chose difficile, car deux scélérats ne s'accordent que pour faire le mal... A quoi, dit l'un, nous servira tout cet argent ? un peu de chasse nous vaudrait mieux : on ne mange point de métal, les écus sont de mauvaise digestion. L'autre fit semblant d'être persuadé par ces paroles, et tous deux firent mine de quitter le trésor : mais ils se dressèrent des embûches et s'entre-déchirèrent. L'un d'eux en mourant dit à l'autre, qui était aussi blessé que lui : Nous avons été bien fous d'aimer toutes ces fausses richesses ; nous savions pourtant que l'on ne peut se nourrir d'argent, et nous nous sommes tués mutuellement pour en avoir. Nous avons perdu les vrais biens pour courir après des biens imaginaires. (D'après FÉNELON.)

258.   Monsieur l'Inspecteur,
J'ai l'honneur de vous faire part du projet que j'ai conçu de fonder une bibliothèque scolaire, espérant que vous voudrez bien approuver ce projet et m'aider de vos conseils afin que je le puisse mener à bonne fin. Vous ne sauriez croire combien les habitants de la commune seraient heureux d'avoir à leur disposition de bons livres dont la lecture pourrait occuper utilement leurs loisirs, surtout pendant les longues soirées d'hiver. J'ai communiqué mon dessein au maire, au curé et aux personnes notables du village, tous y ont donné leur complet assentiment. Nous avons proposé aux habitants d'organiser une cotisation dont le produit serait affecté aux premiers frais de l'œuvre. Les livres qu'il serait urgent de se procurer d'abord seraient des ouvrages de droit pratique, d'agriculture, d'histoire et de géographie, des récits de voyages, etc. Seriez-vous assez bon, monsieur l'Inspecteur, pour m'indiquer les meilleurs ouvrages écrits sur ces matières ainsi que les moyens à employer pour les acquérir aux moindres frais possible.
Cette bibliothèque, si nous parvenions à la fonder, produirait parmi nous les plus heureux fruits : les jeunes gens, au lieu de fréquenter les cabarets par ennui et par désœuvrement, aimeraient mieux rester à lire dans leurs familles ; les cultivateurs puiseraient dans les ouvrages mis à leur disposition une foule de notions indispensables à la pratique de leur art ; tous, jeunes et vieux, s'affermiraient dans leur patriotisme en apprenant à connaître les personnages marquants de notre histoire, les héros qui se sont dévoués pour la France, les grands hommes dont le génie et les vertus l'ont illustrée. Il n'est pas besoin d'ajouter que la morale et la religion tireraient un immense avantage de ces lectures, vu l'esprit qui inspirerait le choix des livres composant notre catalogue.
J'ai l'honneur d'être, monsieur l'Inspecteur, etc.

259. En général, nous avons le tort de nous défier trop de nos capacités intellectuelles aussi bien que de nos aptitudes physiques. Il ne nous arrive que trop souvent de dire : Je n'entreprendrai pas telle chose, car je ne saurais la mener à bonne fin ; cependant un travail soutenu, un long et persévérant exercice nous auraient mis en état de l'exécuter. A l'appui de cette vérité, dont nous ne nous sommes pas suffisamment pénétrés, on rapporte le fait suivant : Un homme parcourait les campagnes en portant un bœuf sur ses épaules ; tous les paysans, attirés par la nouveauté et l'étrangeté de ce spectacle, accouraient pour voir ce moderne Hercule chargé de son fardeau. Chacun lui offrait son obole, de sorte qu'il gagnait ainsi de quoi vivre. Comme on lui demandait un jour quel moyen il avait employé pour parvenir à ce degré de force : Rien de plus simple, répondit-il, que ce que j'ai fait. A l'époque où ce bœuf était encore un tout jeune veau, je le prenais chaque jour sur mes épaules, et je parcourais ainsi une certaine distance, qui était toujours la même ; l'animal, à la vérité, devenait de jour en jour plus pesant : mais comme la gradation de poids était presque insensible, je ne m'en apercevais pas, et il me suffisait d'augmenter mes efforts dans la même pro-

les aurez (*rempli*) d'eau (*emprunté*) à celui-ci, vous verrez votre prairie se couvrir comme par enchantement d'une herbe serrée et succulente. »

Même exercice 261.

Le conseil fut (*suivi*) ; mais le malheureux villageois crut qu'il ne pourrait faire les rigoles ni trop larges ni trop profondes. Plus les eaux que j'aurai (*amené*) sur ma terre seront abondantes, pensait-il, et plus je récolterai de foin. Mais, hélas! cette prévision fut tristement (*déçu*). Par l'effet de la grande quantité d'eau, la prairie fut totalement (*inondé*), et pour comble de malheur (*recouvert*) de sable et de gravier que la force du courant avait (*arraché*) au lit du ruisseau.

L'infortuné courut se plaindre chez son voisin, qu'il accusa de tout le mal. « Les reproches que vous m'adressez, lui répondit le voisin, je ne les ai point (*mérité*). Vous seul êtes la cause de votre malheur. Ignorez-vous donc que la modération doit être (*observé*) en toutes choses, et que les meilleures pratiques, chaque fois que les hommes en ont (*abusé*), ont (*produit*) des résultats diamétralement (*opposé*) à ceux qu'ils en avaient (*espéré*)? »

Exercice 262.
LUTTE DE L'HOMME CONTRE LA BALEINE.

Faites accorder, suivant la règle, les participes passés entre parenthèses.

Lorsque le temps ne manque pas au développement de la baleine, elle acquiert des dimensions effrayantes. On ne peut guère douter qu'on ne l'ait (*vu*), à certaines époques et dans certaines eaux, longue de près de cent mètres. Aussi a-t-elle (*exercé*) longtemps sur la vaste mer une domination non (*combattu*). Mais le pouvoir de l'homme a tout (*changé*). L'art de la navigation a (*ruiné*) la sécurité et (*compromis*) la destinée de ce gigantesque animal.

L'homme a (*su*) lui opposer une force égale à la sienne. Il a (*construit*), pour ainsi dire, une montagne flottante qu'il a (*animé*) en quelque sorte par son génie. Il a (*donné*) à cette montagne la résistance des bois les plus compactes. Il lui a (*imprimé*) la vitesse des vents, qu'il a (*maîtrisé*) par des voiles. Il l'a (*conduit*) contre le colosse de l'Océan, et il a (*forcé*) celui-ci à fuir jusqu'aux extrémités du monde. Néanmoins c'est malgré lui que l'homme a ainsi (*exilé*) la baleine. Il ne l'a pas (*attaqué*) pour l'éloigner de sa demeure, comme il en a (*écarté*) les tigres, les crocodiles et les serpents. Il l'a (*combattu*) pour la conquérir.

Mais, pour la vaincre, que d'efforts n'a-t-il pas (*fait*)!

portion. Par cet exercice, mes muscles acquéraient une force et une vigueur dont je ne me serais jamais cru capable, et c'est ainsi qu'à la fin je suis parvenu à porter ce bœuf sur mes épaules.

260. Un villageois était tristement *assis*, les jambes pendantes, au bord d'un ruisseau longeant une maigre prairie qu'il avait *héritée* de ses parents. L'insuffisance de la récolte le plongeait dans une douleur amère. Il pensait aux deux vaches qu'il avait *achetées* à la dernière foire, comptant qu'elles seraient facilement *nourries* avec le foin de ce pré. Sa peine était si grande qu'un voisin s'en aperçut, quoiqu'il ne la lui eût pas *communiquée*. « Je vois, s'écria celui-ci, ce qui vous inquiète; mais, si votre prairie vous a *rapporté* si peu, c'est que vous ne l'avez pas *arrosée;* faites mieux à l'avenir et imitez-moi. Quand vous aurez *établi* de petites rigoles communiquant avec le ruisseau et que vous les aurez *remplies* d'eau *empruntée* à celui-ci, vous verrez votre prairie se couvrir comme par enchantement d'une herbe serrée et succulente. »

261. Le conseil fut *suivi;* mais le malheureux villageois crut qu'il ne pourrait faire les rigoles ni trop larges ni trop profondes. Plus les eaux que j'aurai *amenées* sur ma terre seront abondantes, pensait-il, et plus je récolterai de foin. Mais, hélas ! cette prévision fut tristement *déçue*. Par l'effet de la grande quantité d'eau, la prairie fut totalement *inondée*, et pour comble de malheur *recouverte* de sable et de gravier que la force du courant avait *arrachés* au lit du ruisseau.

L'infortuné courut se plaindre chez son voisin, qu'il accusa de tout le mal. « Les reproches que vous m'adressez, lui répondit le voisin, je ne les ai point *mérités*. Vous seul êtes la cause de votre malheur. Ignorez-vous donc que la modération doit être *observée* en toutes choses, et que les meilleures pratiques, chaque fois que les hommes en ont *abusé*, ont *produit* des résultats diamétralement *opposés* à ceux qu'ils en avaient *espérés?* »

262. Lorsque le temps ne manque pas au développement de la baleine, elle acquiert des dimensions effrayantes. On ne peut guère douter qu'on ne l'ait *vue*, à certaines époques et dans certaines eaux, longue de près de cent mètres. Aussi a-t-elle *exercé* longtemps sur la vaste mer une domination non *combattue*. Mais le pouvoir de l'homme a tout *changé*. L'art de la navigation a *ruiné* la sécurité et *compromis* la destinée de ce gigantesque animal.

L'homme a *su* lui opposer une force égale à la sienne. Il a *construit*, pour ainsi dire, une montagne flottante qu'il a *animée* en quelque sorte par son génie. Il a *donné* à cette montagne la résistance des bois les plus compactes. Il lui a *imprimé* la vitesse des vents, qu'il a *maîtrisée* par des voiles. Il l'a *conduite* contre le colosse de l'Océan, et il a *forcé* celui-ci à fuir jusqu'aux extrémités du monde. Néanmoins, c'est malgré lui que l'homme a ainsi *exilé* la baleine. Il ne l'a pas *attaquée* pour l'éloigner de sa demeure, comme il en a *écarté* les tigres, les crocodiles et les serpents. Il l'a *combattue* pour la conquérir.

Mais, pour la vaincre, que d'efforts n'a-t-il pas *faits !* Il a *médité* de grands préparatifs, *réuni* de grands moyens, *concerté* de grands mouvements. Il a *fait* à la baleine une véritable guerre navale, et, la poursuivant jusqu'au milieu des glaces polaires, il les a *ensanglantées* comme il avait *ensanglanté* les autres parties de la terre, et les cris de carnage ont *retenti* dans ces montagnes flottantes, dans ces solitudes profondes, dans ces asiles redoutables des brumes, du silence et de la nuit.

263. Le houblon est une charmante plante qui croît spontanément dans les parties septentrionales de l'Europe. Elle est *cultivée* pour ses cônes, qui sont *utilisés* dans la fabrication de la bière. La culture du houblon a eu la Flandre * pour berceau. Aujourd'hui elle est *répandue* en Belgique *, en Hollande *, en Angleterre *, en Allemagne *, en Bohème *, en Amérique *. Les cônes qui sont *fournis* par le houblon sauvage sont moins odorants et moins aromatiques * que

Il a *(médité)* de grands préparatifs, *(réuni)* de grands moyens, *(concerté)* de grands mouvements. Il a *(fait)* à la baleine une véritable guerre navale*, et, la poursuivant jusqu'au milieu des glaces polaires*, il les a *(ensanglanté)* comme il avait *(ensanglanté)* les autres parties de la terre, et les cris de carnage ont *(retenti)* dans ces montagnes flottantes, dans ces solitudes profondes, dans ces asiles redoutables des brumes, du silence et de la nuit.

Exercice 263.

LE HOUBLON.

Règles 491. — Faites accorder les participes suivant la règle.

Le houblon est une charmante plante qui croît spontanément dans les parties septentrionales de l'Europe. Elle est *(cultivé)* pour ses cônes, qui sont *(utilisé)* dans la fabrication de la bière. La culture du houblon a eu la Flandre* pour berceau. Aujourd'hui elle est *(répandu)* en Belgique*, en Hollande*. en Angleterre*, en Allemagne*, en Bohême*, en Amérique*. Les cônes qui sont *(fourni)* par le houblon sauvage sont moins odorants et moins aromatiques* que ceux du houblon cultivé. Aussi ne sont-ils presque jamais *(employé)*. Les cônes doivent surtout leurs propriétés utiles à la poussière jaune qui existe à la base de leurs écailles. Cette poussière, qui a été *(désigné)* sous le nom de lupuline, est *(considéré)* comme la substance active du houblon.

Une houblonnière est toujours *(formé)* au moyen de jeunes plants que l'on repique. Dans les terres fertiles, ces plants sont *(espacé)* de deux mètres soixante les uns des autres. Les lignes de plantation doivent être *(dirigé)* du sud au nord. Le nombre des pieds qui sont *(réuni)* à chaque point où l'on doit planter varie de un à cinq. Les trous *(destiné)* à recevoir le plant sont *(ouvert)* obliquement, de telle sorte que les boutures soient plus *(éloigné)* les unes des autres vers leur base qu'à leur sommet. Après qu'elles ont été *(placé)* dans les trous de manière à ce qu'elles soient *(enfoncé)* tout entières, on établit au-dessus un petit monticule de terre dont la partie supérieure est *(creusé)* en forme de cuvette, afin que l'eau des pluies y soit *(retenu)* et favorise la reprise. Lorsque les jeunes tiges ont *(atteint)* une hauteur de quarante centimètres, des perches en châtaignier ou en frêne sont *(placé)* à une certaine distance de chaque plante pour que celle-ci puisse s'y enrouler. Ces perches sont *(carbonisé)* et *(goudronné)* à chaud depuis le bas jusqu'au point où elles doivent être *(enfoncé)* dans le sol.

ceux du houblon cultivé. Aussi ne sont-ils presque jamais *employés*. Les cônes doivent surtout leurs propriétés utiles à la poussière jaune qui existe à la base de leurs écailles. Cette poussière, qui a été *désignée* sous le nom de lupuline, est *considérée* comme la substance active du houblon.

Une houblonnière est toujours *formée* au moyen de jeunes plants que l'on repique. Dans les terres fertiles, ces plants sont *espacés* de deux mètres soixante les uns des autres. Les lignes de plantation doivent être *dirigées* du sud au nord. Le nombre des pieds qui sont *réunis* à chaque point où l'on doit planter varie de un à cinq. Les trous *destinés* à recevoir le plant sont *ouverts* obliquement, de telle sorte que les boutures soient plus *éloignées* les unes des autres vers leur base qu'à leur sommet. Après qu'elles ont été *placées* dans les trous de manière à ce qu'elles soient *enfoncées* tout entières, on établit au-dessus un petit monticule de terre dont la partie supérieure est *creusée* en forme de cuvette, afin que l'eau des pluies y soit *retenue* et favorise la reprise. Lorsque les jeunes tiges ont *atteint* une hauteur de quarante centimètres, des perches en châtaignier ou en frêne sont *placées* à une certaine distance de chaque plante pour que celle-ci puisse s'y enrouler. Ces perches sont *carbonisées* et *goudronnées* à chaud depuis le bas jusqu'au point où elles doivent être *enfoncées* dans le sol.

Les perches étant *placées*, on choisit quatre ou cinq des tiges les plus vigoureuses, on les enroule et on les attache avec des liens de paille. Toutes les autres tiges sont *coupées* le plus profondément possible à mesure qu'elles paraissent. Les tiges sont *effeuillées* jusqu'à la hauteur d'un mètre cinquante environ dès qu'elles ont *atteint* la taille de quatre mètres. La récolte des cônes a lieu dès qu'on les voit *colorés* d'une teinte verte dorée et qu'ils répandent une odeur forte et aromatique. Cette récolte doit être *faite* par un temps sec, après que la rosée est *évaporée*. Les cônes qui seraient *cueillis* humides moisiraient et prendraient une teinte brune qui nuirait à la vente.

Immédiatement après la récolte, les cônes sont *desséchés* au moyen d'un ventilateur à air chaud. Ils sont mis ensuite en tas dans des magasins jusqu'à ce qu'ils aient *pris* la dose d'humidité qui leur est nécessaire pour ne plus être *brisés* lorsqu'on vient à les manier; après quoi ils sont *emballés*. Cette opération doit être *faite* de façon à ce que les cônes soient *pressés* le plus fortement possible.

Les ballots, une fois *confectionnés*, doivent être *emmagasinés* en un lieu sec à l'abri de l'air, du soleil et surtout des animaux rongeurs. Quand la cueillette des cônes est *terminée*, les tiges sont *dépouillées* de leurs feuilles, *coupées* à une certaine longueur et *converties* en fagots à brûler. Les feuilles sont *employées* pour la nourriture des bestiaux. Lorsqu'une houblonnière est *située* dans un bon terrain, qu'elle est *cultivée* avec soin, que de temps en temps la terre qui avoisine les pieds est *remplacée* par de la terre fraîche, et que surtout les vieilles tiges sont *rajeunies* par de nouveaux drageons, elle peut subsister quinze ou vingt ans; mais il est plus avantageux qu'elle soit *rompue* vers la douzième année.

264. Les orangers sont originaires de l'Inde en deçà du Gange*. Ils sont *arrivés* dans l'Arabie* vers la fin du neuvième siècle ou au commencement du dixième. De cette contrée, ils ont *passé* dans la Palestine*, l'Égypte et la côte septentrionale de l'Afrique. Il paraît qu'ils avaient été *introduits* en Sicile* dès le commencement du onzième siècle; mais ce ne fut qu'à l'époque des croisades* qu'ils furent *portés* sur le continent de l'Italie. D'un autre côté, d'après certains passages des auteurs arabes, nous sommes *autorisés* à penser que, déjà à cette époque, la culture des orangers et des citronniers avait été *essayée* en Espagne par les Arabes, et qu'elle y avait même *acquis* un grand développement. C'est à une époque assez récente que les orangers ont *commencé* à s'éloigner de la Méditerranée et qu'ils se sont *répandus* en France, ainsi que dans les autres parties du centre et du nord de l'Europe.

265. Après avoir *montré* aux sauvages l'usage des biens que la nature a *placés* sur la terre à la vue de l'homme, nous leur apprîmes à découvrir ceux qu'elle a *enfouis* sous ses pieds : comment on peut trouver de l'eau dans les lieux les plus *éloignés* des fleuves, au moyen des puits *inventés*, dit-on, par les

Les perches étant (*placé*), on choisit quatre ou cinq des tiges les plus vigoureuses, on les enroule et on les attache avec des liens de paille. Toutes les autres tiges sont (*coupé*) le plus profondément possible à mesure qu'elles paraissent. Les tiges sont (*effeuillé*) jusqu'à la hauteur d'un mètre cinquante environ dès qu'elles ont (*atteint*) la taille de quatre mètres. La récolte des cônes a lieu dès qu'on les voit (*coloré*) d'une teinte verte dorée et qu'ils répandent une odeur forte et aromatique. Cette récolte doit être (*fait*) par un temps sec, après que la rosée est (*évaporé*). Les cônes qui seraient (*cueilli*) humides moisiraient et prendraient une teinte brune qui nuirait à la vente.

Immédiatement après la récolte, les cônes sont (*desséché*) au moyen d'un ventilateur à air chaud. Ils sont mis ensuite en tas dans des magasins jusqu'à ce qu'ils aient (*pris*) la dose d'humidité qui leur est nécessaire pour ne plus être (*brisé*) lorsqu'on vient à les manier; après quoi ils sont (*emballé*). Cette opération doit être (*fait*) de façon à ce que les cônes soient (*pressé*) le plus fortement possible.

Les ballots une fois (*confectionné*) doivent être (*emmagasiné*) en un lieu sec à l'abri de l'air, du soleil et surtout des animaux rongeurs. Quand la cueillette des cônes est (*terminé*), les tiges sont (*dépouillé*) de leurs feuilles, (*coupé*) à une certaine longueur et (*converti*) en fagots à brûler. Les feuilles sont (*employé*) pour la nourriture des bestiaux. Lorsqu'une houblonnière est (*situé*) dans un bon terrain, qu'elle est (*cultivé*) avec soin, que de temps en temps la terre qui avoisine les pieds est (*remplacé*) par de la terre fraîche, et que surtout les vieilles tiges sont (*rajeuni*) par de nouveaux drageons, elle peut subsister quinze ou vingt ans; mais il est plus avantageux qu'elle soit (*rompu*) vers la douzième année.

Exercice 264.

LES ORANGERS.

Faites accorder, suivant les règles, les participes entre parenthèses.

Les orangers sont originaires de l'Inde en deçà du Gange *. Ils sont (*arrivé*) dans l'Arabie * vers la fin du neuvième siècle ou au commencement du dixième. De cette contrée, ils ont (*passé*) dans la Palestine *, l'Egypte et la côte septentrionale de l'Afrique. Il paraît qu'ils avaient été (*introduit*) en Sicile * dès le commencement du onzième siècle; mais ce ne fut qu'à l'époque des croisades * qu'ils furent (*porté*) sur le continent de l'Italie. D'un autre côté, d'après certains passages des auteurs arabes, nous sommes

Grecs; de quelle manière on découvre les métaux que la Providence a *ensevelis* dans le sein de la terre; comment, après les avoir *fondus* en lingots, on les met sur l'enclume, où ils sont *forgés*, puis *divisés* en tables et en lames; comment l'argile est *façonnée* sur la roue du potier, en figures et en vases de **toutes les formes**.

Mais leur ayant *montré* des bouteilles de verre que nous avions *faites* avec du sable et des cendres, ils furent encore bien plus *frappés* d'étonnement. Ils étaient *ravis* de voir la liqueur qui y était *contenue* se manifester à la vue tout en *échappant* à la main. Mais quand nous leur eûmes *lu* les livres qui traitent des arts libéraux et des sciences naturelles, leur admiration ne connut plus de bornes.

Quand ils entendirent ensuite le récit des découvertes que nous avions *faites*, qu'ils virent les prodiges que la mécanique a *opérés*, qu'ils constatèrent qu'avec de petits leviers et les forces les plus minimes nous avions *remué* les plus lourds fardeaux; quand ils comprirent qu'à l'aide de la géométrie nous avions *mesuré* des distances inaccessibles, ils étaient hors d'eux-mêmes. Enfin, lorsqu'ils virent arriver une éclipse de lune que nous leur avions *prédite*, ils tombèrent à nos pieds et nous prirent pour des dieux.

266. Les hirondelles, dit M. Michelet, se sont *emparées* sans façon de nos demeures; elles se sont *logées* sur nos fenêtres, sur nos toits, dans nos cheminées, sans que nous les ayons *effrayées* le moins du monde. On dira peut-être qu'elles se sont *fiées* à leurs ailes incomparables; mais non, car ce n'est pas seulement elles-mêmes, ce sont aussi leurs nids, leurs enfants, qu'elles ont *placés* à notre portée. Aussi n'est-ce pas uniquement de nos maisons qu'elles se sont *rendues* maîtresses, mais encore de nos cœurs. Le foyer leur appartient. Où les mères ont *niché*, les filles et les petites-filles sont *venues* nicher également. Elles y sont *accourues* chaque année, leurs générations s'y sont *succédé* plus régulièrement que les nôtres. Souvent parmi nous des familles se sont *éteintes*, se sont *dispersées* et les maisons ont *passé* à d'autres mains; mais les hirondelles s'y sont *maintenues* en dépit de tous les changements. C'est ainsi que les voyageuses se sont *trouvées* le symbole de la fixité du foyer. Elles y tiennent tellement, qu'une maison que l'on a *réparée*, que l'on a *démolie* en partie, que les maçons ont longtemps *troublée*, n'en est pas moins souvent *reprise* et *occupée* par ces oiseaux fidèles.

Les hirondelles sont les oiseaux par excellence, elles sont *nées* pour le vol. La nature a tout *sacrifié* à cette destination : elle s'est *moquée* de la forme, ne songeant qu'au mouvement; et elle a si bien *réussi*, que cet oiseau, laid au repos, est, au vol, le plus beau de tous. Chez les hirondelles, les pieds ne *remplaçant* pas l'aile, l'éducation des jeunes a toujours été très-longue. Toujours les petits ont longtemps *gardé* le nid, longtemps *sollicité* les soins, *développé* la prévoyance maternelle, il y a *eu* une mère tendre et de jeunes sœurs qui se sont *empressées* d'aider la mère. Les peuples ne se trompent pas en *croyant* que l'hirondelle est la meilleure et la plus heureuse du monde ailé. Aussi, quelque attention que j'aie *prêtée* à son langage, je ne l'ai jamais *entendue* que bénir la vie et louer Dieu.

267. Il s'en faut de beaucoup que le cultivateur n'ait point d'importants travaux à exécuter pendant le mois de juin, ou qu'il n'ait point de précautions à prendre pour éviter mille fléaux qui pourraient fondre sur lui.

D'abord il doit veiller à ce que des toiles soient *tendues* aux ouvertures des écuries et des étables pour en éloigner les mouches sans empêcher l'air d'y pénétrer. En second lieu, il faut que les pommes de terre soient *buttées* avec soin, que les engrais verts soient *enfouis*, que les foins soient *fauchés*, *fanés* et *rentrés*. Si l'on cultive des betteraves, elles seront *repiquées* à cette époque, et si l'on a *introduit* dans la culture des récoltes *sarclées*, elles devront être *binées*. S'il existe sur l'exploitation des fossés ou des étangs, il est de toute nécessité qu'ils soient *curés* sans retard. Les jachères, s'il y en a, seront *chaulées*. Les tas de fumier seront fréquemment *arrosés*. On desséchera les terrains marécageux. La navette et le colza *parvenus* à leur maturité devront être *coupés* et *battus*. Les avoines de printemps seront *sarclées*, et il faudra qu'en prévision de la mauvaise saison, la bruyère soit *fauchée* pour fournir plus tard une

(*autorisé*) à penser que, déjà à cette époque, la culture des orangers et des citronniers avait été (*essayé*) en Espagne par les Arabes, et qu'elle y avait même (*acquis*) un grand développement. C'est à une époque assez récente que les orangers ont (*commencé*) à s'éloigner de la Méditerranée et qu'ils se sont (*répandu*) en France, ainsi que dans les autres parties du centre et du nord de l'Europe.

Exercice 265.

LES SAUVAGES DEVANT LA SCIENCE.

Après avoir (*montré*) aux sauvages l'usage des biens que la nature a (*placé*) sur la terre à la vue de l'homme, nous leur apprîmes à découvrir ceux qu'elle a (*enfoui*) sous ses pieds : comment on peut trouver de l'eau dans les lieux les plus (*éloigné*) des fleuves, au moyen des puits (*inventé*), dit-on, par les Grecs; de quelle manière on découvre les métaux que la Providence a (*enseveli*) dans le sein de la terre; comment, après les avoir (*fondu*) en lingots, on les met sur l'enclume où ils sont (*forgé*), puis (*divisé*) en tables et en lames; comment l'argile est (*façonné*), sur la roue du potier, en figures et en vases de toutes les formes.

Mais leur ayant (*montré*) des bouteilles de verre que nous avions (*fait*) avec du sable et des cendres, ils furent encore bien plus (*frappé*) d'étonnement. Ils étaient (*ravi*) de voir la liqueur qui y était (*contenu*) se manifester à la vue tout en (*échappant*) à la main. Mais quand nous leur eûmes (*lu*) les livres qui traitent des arts libéraux et des sciences naturelles, leur admiration ne connut plus de bornes.

Quand ils entendirent ensuite le récit des découvertes que nous avions (*fait*), qu'ils virent les prodiges que la mécanique a (*opéré*), qu'ils constatèrent qu'avec de petits leviers et les forces les plus minimes nous avions (*remué*) les plus lourds fardeaux; quand ils comprirent qu'à l'aide de la géométrie nous avions (*mesuré*) des distances inaccessibles, ils étaient hors d'eux-mêmes. Enfin, lorsqu'ils virent arriver une éclipse de lune que nous leur avions (*prédit*), ils tombèrent à nos pieds et nous prirent pour des dieux.

Exercice 266.

LES HIRONDELLES.

Les hirondelles, dit M. Michelet, se sont (*emparé*) sans façon de nos demeures; elles se sont (*logé*) sur nos fenêtres, sur nos toits, dans nos cheminées, sans que nous les

abondante litière. Les troupeaux exigeront aussi quelques soins : les moutons seront *tondus*; leurs marques seront *renouvelées*, et les agneaux nés en février et en mars devront être *sevrés*. Si l'on veut éviter des maladies dans l'espèce porcine, il faut que les porcs soient *baignés* matin et soir, et que le trèfle vert, la laitue, les orties à demi *fanés* leur soient largement *distribués*. Quant à la volaille, voici ce qu'il y a à faire : on enlèvera le duvet des vieilles oies; des grains de maïs ou de froment, après avoir été *gonflés* dans l'eau, seront *donnés* aux dindonneaux, qu'on laissera pâturer dans les vergers. Enfin, les poules et les pigeons seront *vendus*, tandis que, par contre, de nouveaux essaims d'abeilles seront *achetés*, si les ruches n'en ont pas *fourni* en nombre suffisant.

Corrigé 268 (page 167).

Après la conquête de l'Angleterre par les Normands, un grand nombre de Saxons, plutôt que de se soumettre aux vainqueurs, aimèrent mieux mener une vie sauvage et errante dans les forêts; on leur donna le nom d'Outlaws, c'est-à-dire d'hommes hors la loi. Ils avaient la réputation d'être les chasseurs les plus habiles de toute l'Angleterre, et, chez quelques-uns, l'adresse tenait du prodige. L'un de ces derniers, William de Cloudesly, était si renommé comme archer, que le roi normand Henri II voulut être témoin de son savoir-faire, et lui accorda un sauf-conduit pour venir à la cour. Là, en présence du roi et de son entourage, William, se plaçant à une distance de quatre cents pas, fendit avec une flèche une baguette de coudrier disposée verticalement; on se figurerait difficilement la surprise de Henri II à la vue de ce prodige accompli par William : à peine pouvait-il y croire, et il exigea que le chef saxon le renouvelât plusieurs fois devant lui. Mais le roi n'était pas au bout de ses surprises : « Voici, lui dit William, mon fils, âgé de sept ans, que j'ai amené; je vais partager en deux avec une flèche une pomme que j'aurai mise sur sa tête. » Sans attendre l'assentiment du roi, William enfonce un pieu dans la terre, y attache son fils, et pose une pomme sur sa tête en lui disant ces seules paroles: « Surtout, demeure immobile. » Puis il va se placer à cent vingt pas de là; un frémissement involontaire parcourt l'assemblée quand on le voit saisir son arc et y mettre la flèche. Dieu! si sa main allait trembler! si une légère déviation allait lui faire enfoncer la flèche dans la tête de son fils! Un cri d'épouvante sortit de toutes les poitrines quand on vit le trait partir; tout le monde était consterné. William seul souriait; et, en effet, il avait le droit de sourire : il venait de fendre la pomme en deux, sans effleurer un cheveu de la tête de son enfant.

Corrigé 269 (page 168).

Mes chers Concitoyens,

Je pense que nous sommes tous unanimes à reconnaître l'utilité qu'il y aurait pour la commune de posséder une pompe à incendie. Un certain nombre de nos maisons sont encore couvertes en chaume, et, quand même il n'en serait pas ainsi, nous ne savons que trop, par une triste expérience, que les bâtiments établis dans les meilleures conditions d'incombustibilité ne sont pas à l'abri des ravages du feu. Cependant, jusqu'à ce jour, nous n'avons pas été assez heureux pour pouvoir faire l'achat d'une pompe. Si quelque sinistre venait à éclater, comment le combattrions-nous? Ainsi l'urgence de l'achat d'une pompe ne fait doute pour personne. Malheureusement, les minces revenus de la commune ne lui permettent pas de se charger seule de la dépense; c'est pourquoi je viens vous

ayons (*effrayé*) le moins du monde. On dira peut-être qu'elles se sont (*fié*) à leurs ailes incomparables ; mais non, car ce n'est pas seulement elles-mêmes, ce sont aussi leurs nids, leurs enfants, qu'elles ont (*placé*) à notre portée. Aussi n'est-ce pas uniquement de nos maisons qu'elles se sont (*rendu*) maîtresses, mais encore de nos cœurs. Le foyer leur appartient. Où les mères ont (*niché*), les filles et les petites-filles sont (*venu*) nicher également. Elles y sont (*accouru*) chaque année, leurs générations s'y sont (*succédé*) plus régulièrement que les nôtres. Souvent parmi nous des familles se sont (*éteint*), se sont (*dispersé*) et les maisons ont (*passé*) à d'autres mains ; mais les hirondelles s'y sont (*maintenu*) en dépit de tous les changements. C'est ainsi que les voyageuses se sont (*trouvé*) le symbole de la fixité du foyer. Elles y tiennent tellement, qu'une maison que l'on a (*réparé*), que l'on a (*démoli*) en partie, que les maçons ont longtemps (*troublé*), n'en est pas moins souvent (*repris*) et (*occupé*) par ces oiseaux fidèles.

Les hirondelles sont les oiseaux par excellence, elles sont (*né*) pour le vol. La nature a tout (*sacrifié*) à cette destination : elle s'est (*moqué*) de la forme, ne songeant qu'au mouvement ; et elle a si bien (*réussi*) que cet oiseau, laid au repos, est, au vol, le plus beau de tous. Chez les hirondelles, les pieds ne (*remplaçant*) pas l'aile, l'éducation des jeunes a toujours été très-longue. Toujours les petits ont longtemps (*gardé*) le nid, longtemps (*sollicité*) les soins, (*développé*) la prévoyance maternelle, il y a (*eu*) une mère tendre et de jeunes sœurs qui se sont (*empressé*) d'aider la mère. Les peuples ne se trompent pas en (*croyant*) que l'hirondelle est la meilleure et la plus heureuse du monde ailé. Aussi, quelque attention que j'aie (*prêté*) à son langage, je ne l'ai jamais (*entendu*) que bénir la vie et louer Dieu.

Exercice 267.

TRAVAUX AGRICOLES DU MOIS DE JUIN.

Faites accorder ou non les participes passés entre parenthèses.

Il s'en faut de beaucoup que le cultivateur n'ait point d'importants travaux à exécuter pendant le mois de juin, ou qu'il n'ait point de précautions à prendre pour éviter mille fléaux qui pourraient fondre sur lui.

D'abord il doit veiller à ce que des toiles soient (*tendu*) aux ouvertures des écuries et des étables pour en éloigner les mouches sans empêcher l'air d'y pénétrer. En second

proposer d'y contribuer par une cotisation volontaire, Je ne doute pas que l'administration départementale, touchée de nos efforts, ne nous vienne en aide. La pompe une fois acquise, il nous faudra des hommes de bonne volonté pour la manœuvrer. Les ouvriers des diverses industries du bâtiment sont les plus aptes à remplir les fonctions de pompier. Nous serons très-reconnaissant envers tous ceux qui voudront bien s'inscrire à la mairie.

Corrigé 270 (page 168).

Un propriétaire retirait de la location d'une très-belle ferme un revenu annuel de 20,000 francs. Voyant que le tenancier s'était enrichi pendant la durée de son bail : « Je suis bien bon, pensa-t-il, de ne pas cultiver mes terres moi-même ; j'aurais des bénéfices bien supérieurs à cette somme de 20,000 francs que le fermier me verse tous les ans. » Le propriétaire se mit donc à cultiver son domaine. Qu'arriva-t-il ? C'est qu'au bout de quelques années, au lieu du gain qu'il avait rêvé, le propriétaire avait fait des pertes considérables. Force lui fut de vendre une moitié de ses terres et de louer l'autre. Lorsque le nouveau fermier fut à fin de bail, il vint prier le propriétaire de lui vendre sa ferme. Comment avez-vous pu vous enrichir si vite ? lui dit ce dernier ; vous n'exploitiez que la moitié des terres que je cultivais naguère ; vous étiez obligé de me payer chaque année le prix du fermage, et moi qui n'avais pas cette somme à débourser, je me suis néanmoins presque ruiné. — L'explication de cette contradiction apparente est facile à donner, répliqua le fermier: vous vous leviez tous les jours vers 10 ou 11 heures, au moment du déjeuner, et moi, dès la pointe du jour, j'étais hors de mon lit ; vous restiez assis toute la journée dans votre cabinet donnant de là vos ordres ; moi, je parcourais sans cesse mes champs, examinant le travail des ouvriers, louant celui-ci, blâmant celui-là, les excitant tous à bien employer leur temps. Vous ne travailliez jamais de vos mains, tandis que moi, sans m'astreindre à accomplir la tâche d'un journalier, j'aidais au besoin mes ouvriers. J'agissais ainsi, n'ignorant pas que le travail est la source de la richesse. »

Corrigé 271 (page 168).

Mes chers concitoyens, ma charge m'impose le devoir de vous rappeler que vous devez vous conformer, avant le mois de mars, à la loi du 26 ventôse an IV, qui prescrit l'échenillage de tous les arbres et buissons épars dans vos propriétés ; vous êtes tenus de ramasser toutes les toiles, toutes les bourses renfermant des œufs et des nids de chenilles, et de les brûler dans un lieu tel qu'il n'en puisse résulter aucun danger d'incendie ; je vous recommande également d'enlever tous les chapelets d'œufs de chenilles qui entourent les menues branches des arbres fruitiers. J'ose espérer que le garde champêtre n'aura à constater aucune contravention pour l'inexécution de l'échenillage ; vous savez que c'est le devoir de tout bon citoyen d'obéir à la loi. Or, ici votre devoir s'accorde avec vos intérêts, car, en ne pratiquant pas l'échenillage, vous seriez exposés à voir les feuilles de vos arbres fruitiers dévorées par les chenilles, d'où peut résulter la mort de ces arbres. De plus, vous n'ignorez pas que les papillons déposent leurs œufs dans les fruits avant leur maturité, et que, dès lors, ceux-ci sont perdus pour nous. L'échenillage est donc une mesure d'intérêt général à laquelle vous vous empresserez de vous conformer.

lieu, il faut que les pommes de terre soient (*butté*) avec soin, que les engrais verts soient (*enfoui*), que les foins soient (*fauché*) (*fané*) et (*rentré*). Si l'on cultive des betteraves, elles seront (*repiqué*) à cette époque, et si l'on a (*introduit*) dans la culture des récoltes (*sarclé*), elles devront être (*biné*). S'il existe sur l'exploitation des fossés ou des étangs, il est de toute nécessité qu'ils soient (*curé*) sans retard. Les jachères, s'il y en a, seront (*chaulé*). Les tas de fumier seront fréquemment (*arrosé*). On desséchera les terrains marécageux. La navette et le colza (*parvenu*) à leur maturité devront être (*coupé*) et (*battu*). Les avoines de printemps seront (*sarclé*), et il faudra qu'en prévision de la mauvaise saison, la bruyère soit (*fauché*) pour fournir plus tard une abondante litière. Les troupeaux exigeront aussi quelques soins : les moutons seront (*tondu*); leurs marques seront (*renouvelé*), et les agneaux nés en février et en mars devront être (*sevré*). Si l'on veut éviter des maladies dans l'espèce porcine, il faut que les porcs soient (*baigné*) matin et soir, et que le trèfle vert, la laitue, les orties à demi (*fané*) leur soient largement (*distribué*). Quant à la volaille, voici ce qu'il y a faire : on enlèvera le duvet des vieilles oies ; des grains de maïs ou de froment, après avoir été (*gonflé*) dans l'eau, seront (*donné*) aux dindonneaux, qu'on laissera pâturer dans les vergers. Enfin, les poules et les pigeons seront (*vendu*), tandis que, par contre, de nouveaux essaims d'abeilles seront (*acheté*) si les ruches n'en ont pas (*fourni*) en nombre suffisant.

STYLE ET COMPOSITION.

Sujet à développer 268.

ADRESSE SURPRENANTE (*Narration*).

William de Cloudesly était un chef de partisans · saxons · qui s'était venu soumettre au roi normand d'Angleterre Henri II avec deux de ses compagnons. Le monarque fut curieux de voir des chasseurs si redoutables exercer leur adresse. Au grand étonnement de Henri et de sa cour, William fendit d'une flèche une baguette de coudrier à quatre cents pas de distance. Vous peindrez l'étonnement du roi. Alors William lui proposa de partager avec une flèche une pomme placée sur la tête de son fils, âgé de sept ans, qu'il avait amené avec lui à la cour. Décrivez les

Corrigé 272 (page 168).

Un derviche, à qui sa piété extraordinaire avait attiré un grand nombre de disciples, les emmenait souvent avec lui dans un cimetière pour y méditer. Il jugeait ce lieu plus propre qu'un autre à faire naître dans leur âme de graves et salutaires pensées. Un jour donc qu'ils s'y étaient rendus suivant la coutume, un des disciples s'adressa au derviche : « Maître, lui dit-il, comment devons-nous nous y prendre pour vaincre nos passions? » Le derviche, sans répondre à sa question, lui ordonna d'arracher sur-le-champ un petit cyprès qui se trouvait près de lui. Le jeune homme se mit en devoir d'arracher le cyprès, et il lui fallut peu d'efforts pour y parvenir. « Bien! dit alors le derviche; maintenant, mon ami, voudriez-vous arracher également cet autre cyprès un peu plus gros que vous voyez à votre gauche? — Très-volontiers, seigneur derviche, répliqua le jeune homme. » Cette fois il éprouve plus de peine à déraciner l'arbre, mais il en vient cependant à bout. Alors le derviche, comme s'il avait juré de mettre sa patience à l'épreuve, lui demanda d'arracher (toujours avec ses mains seulement) un troisième cyprès infiniment plus robuste que les précédents. En vain le jeune homme tente-t-il de le faire, tous ses efforts demeurent infructueux; il est contraint d'invoquer l'un de ses condisciples, et, même en réunissant leurs forces, ce n'est qu'avec des difficultés inouïes qu'ils extraient le cyprès du sol. Cependant le derviche, qui semble se piquer à ce jeu, impose à son néophyte l'arrachage de cyprès de plus en plus gros. Chaque fois ce dernier est forcé de recourir à l'assistance d'un plus grand nombre de ses camarades. A la fin, tous sont impuissants à ébranler un immense cyprès planté dans un coin du cimetière. Le derviche leur dit alors : « Les passions humaines sont comme ces cyprès: lorsqu'on tente de les déraciner au début, on y réussit aisément; mais plus tard, quand elles ont crû dans notre cœur comme dans un terrain fertile, quand on leur a laissé le temps de se développer librement, il n'est pas possible, non-seulement à un seul homme, mais à la société tout entière, de les extirper.

Corrigé 273 (page 169).

C'est un pauvre fermier d'une des régions agricoles les plus arriérées de la France qui vient vous demander conseil sur les moyens d'améliorer sa situation. Je voudrais d'abord introduire les prairies artificielles dans ma rotation. Quelle nature de terrain dois-je y consacrer? Faut-il ne semer que de la luzerne, ou bien, au contraire, est-il préférable de cultiver simultanément plusieurs espèces de légumineuses? Je désirerais me livrer à l'élève du bétail. Quelle race de chevaux et de bœufs ferai-je bien d'adopter? Soyez aussi assez bon, monsieur le Président, pour m'éclairer touchant la variété de moutons qui aurait le plus de

préparatifs du père plantant un pieu à cent vingt pas de distance, y liant son fils en lui recommandant l'immobilité et posant la pomme sur sa tête. Décrivez les sentiments des spectateurs, et achevez en disant comment William se tira de cette épreuve.

269.

UN MAIRE A SES ADMINISTRÉS (*Lettre*).

Un maire adresse à ses administrés une lettre-circulaire pour leur démontrer l'utilité qu'il y aurait pour la commune d'avoir une pompe à incendie. Les ressources communales étant insuffisantes, il prie les habitants de se cotiser pour l'achat de cette pompe. Il pense que l'administration leur viendra en aide. Il demande des hommes de bonne volonté pour former un corps de pompiers.

270.

LE TRAVAIL (*Narration*).

Un riche propriétaire avait une ferme qui pouvait lui rapporter vingt mille francs. Il la fit valoir lui-même. Mais, au bout de quelques années, il se trouva si endetté, qu'il fut contraint de vendre la moitié de ses champs. Il loua le reste à un fermier. Ce dernier, son bail fini, pria le propriétaire de lui vendre sa ferme. Comment avez-vous pu vous enrichir ainsi, demanda celui-ci; vous étiez obligé de ... et moi qui n'avais qu'à ... je me suis presque ruiné. L'explication de cette différence est bien simple, répondit le fermier : vous vous leviez tous les jours ... et moi je me levais dès que ... Vous restiez assis toute la journée donnant des ordres, et moi ... Vous ne travailliez jamais de vos mains, tandis que moi ... Concluez de là que le travail ...

271.

UN MAIRE A SES ADMINISTRÉS SUR L'ÉCHENILLAGE (*Lettre*).

Un maire prévient ses administrés que la loi les oblige à pratiquer l'échenillage, et que c'est le devoir de tout bon citoyen d'obéir à la loi. Ici leur devoir est d'accord avec leurs intérêts, car, s'ils n'échenillaient pas ...

272.

LE DERVICHE ET SES DISCIPLES (*Narration*).

Un derviche était allé, avec ses disciples, méditer dans un cimetière; un d'eux lui demanda comment il fallait s'y

chance de prospérer dans notre pays. Mes confrères et moi sommes très-perplexes sur la question du meilleur emploi des engrais : les uns sont d'avis que le fumier doit être charrié dans les champs lorsqu'il est encore tout frais; les autres prétendent qu'il ne faut le répandre sur les terres que quand il est déjà consumé. Que vous semble, monsieur le Président, de ces deux opinions contradictoires? Nous discutions aussi entre nous, à perte de vue, sur l'efficacité relative et le choix des engrais récemment introduits en agriculture, comme le guano, les boues des grandes villes, les différents phosphates, etc. Nous vous prions de nous donner des renseignements détaillés à cet égard. Enfin, monsieur le Président, ne pourriez-vous engager un bon vétérinaire à venir se fixer parmi nous? Il aurait une excellente clientèle, et nous aurions l'avantage d'avoir nos bestiaux bien soignés en cas de maladie. Tandis qu'aujourd'hui nous les abandonnons à des empiriques qui les traitent à contre-sens, et en font périr beaucoup qui auraient survécu si on ne leur eût administré aucun de leurs remèdes.

J'ai l'honneur d'être, monsieur le Président, votre très-humble serviteur.

Corrigé 274 (page 169).

L'eau et le vin qui, depuis que Noé planta la vigne, avaient toujours vécu, dit la légende, en bonne intelligence, finirent un jour par se quereller. Ce fut une question de préséance qui causa la dispute : « Je prétends, dit l'eau en s'adressant au vin, avoir le pas sur toi aussi bien que sur tous les autres liquides; car enfin, sans moi ce globe serait inhabitable! Ne sont-ce pas mes ondes qui fécondent les vallées, qui font verdir les prairies, qui servent d'excipient aux sucs dont les plantes se nourrissent? Les habitants des deux hémisphères, de l'ancien et du nouveau monde, ne pourraient sans moi communiquer entre eux; la mer que je forme est le grand chemin des nations : je ne suis pas moins utile dans les petites choses que dans les grandes. J'étanche la soif des troupeaux; je rends à l'homme mille services qu'il serait trop long d'énumérer. Sache seulement qu'il entretient ou raffermit sa santé en se plongeant dans mon sein, que j'interviens dans la préparation de tous ses aliments, qu'il ne pourrait sans mon concours nettoyer ses vêtements, que je lui viens en aide dans une foule de travaux importants. Je fais tourner la roue du moulin qui écrase son blé; je me convertis en vapeur pour mettre en mouvement les puissantes machines qu'il emploie dans ses usines, je traîne ses wagons sur les chemins de fer, jamais je ne fais de mal aux hommes. Toi, au contraire, tu es devenu, par toi-même et par les tiens, un des plus grands fléaux de l'humanité. — En vérité, répliqua le vin, tu es de ces gens qui découvrent

prendre pour vaincre ses passions. Pour toute réponse, le derviche ordonna au jeune homme d'arracher un petit cyprès qui se trouvait là. Dites comment le disciple s'acquitta de cette besogne. Puis montrez-nous le néophyte essayant d'arracher, par l'ordre du derviche, des cyprès de plus en plus gros. Décrivez ses efforts. Chaque fois il est obligé d'appeler à son aide un plus grand nombre de ses compagnons. A la fin tous sont impuissants pour ... Le derviche leur dit alors que les passions sont d'autant plus facilement déracinées que ...

Exercice 273.

UN CULTIVATEUR A UN PRÉSIDENT DE COMICE AGRICOLE (*Lettre*).

Un cultivateur écrit à un président de comice agricole pour lui demander des conseils sur l'introduction des prairies artificielles, sur l'élève du bétail, sur les soins à donner aux engrais, sur le choix de ces engrais. Il le prie d'employer ses bons offices pour qu'un vétérinaire* vienne s'établir dans le canton. Il dit quels avantages en résulteraient pour lui et pour les fermiers voisins.

Exercice 274.

L'EAU ET LE VIN.

Vous feindrez que l'eau et le vin discutent sur leurs mérites respectifs. L'eau dit que sans elle la terre serait inhabitable; elle explique qu'elle rend les vallées fécondes en ..., qu'elle fait verdir les ..., qu'elle permet aux habitants des deux continents de ... Elle étanche la soif des troupeaux, rend à l'homme mille services que vous énumérerez. En se convertissant en vapeur, elle met en mouvement de puissantes machines, elle traîne nos wagons sur les chemins de fer; elle ne fait jamais de mal aux hommes, tandis que le vin ... A cette apologie* le vin répond que l'eau n'est pas aussi innocente qu'elle le prétend: elle cause de terribles inondations; elle est la source des naufrages ; elle est souvent malsaine et empoisonnée, engendre de terribles épidémies. Le vin, au contraire, donne des forces à l'homme et lui permet d'accomplir les plus rudes travaux. Il a rendu la santé à bien des malades. Est-ce sa faute si quelques insensés abusent de ses bienfaits? Terminez en disant auquel des deux liquides vous accordez la prééminence et pourquoi. (*Vous emploierez le style direct.*)

une paille dans l'œil de leur voisin, et qui n'aperçoivent pas la poutre qui est dans le leur. Tu n'es pas aussi innocente que tu le prétends, lorsque, t'emportant loin de tes bords, tu submerges des contrées entières ; lorsque tu entraînes les moissons, que tu déracines les arbres, que tu sapes et fais crouler les édifices : n'est-ce donc rien que cela? Et les hommes ont-ils beaucoup à se louer de cette besogne? Oublies-tu ces terribles naufrages qui te sont imputables aussi bien qu'au vent, ton complice? Tu nuis encore par une autre voie : lorsque tu es malsaine et empoisonnée, tu produis ces horribles épidémies que l'histoire n'enregistre qu'avec terreur, et qui s'étendent parfois de l'embouchure du Gange aux rivages de l'océan Atlantique. Moi, au contraire, je donne des forces à l'homme, je lui permets d'accomplir les plus rudes travaux, j'anime ses festins d'une innocente gaieté. A combien de malades n'ai-je pas rendu la santé! Est-ce ma faute si des insensés abusent de mes bienfaits? Il dépend du libre arbitre de l'homme que ce cas ne se produise jamais. On peut se préserver de l'ivresse, mais non d'une inondation. »

Si nous avions à intervenir dans cette querelle de l'eau et du vin, nous dirions aux deux antagonistes : L'eau sans doute est indispensable pour l'existence du monde tel qu'il est constitué, et, à ce titre, nous lui accordons la prééminence; mais ne serions-nous pas aveugle si nous allions méconnaître les vertus du vin? Ce liquide n'est-il pas pour nous l'un des plus précieux dons de la Providence?

Corrigé 275 (page 169).

Monsieur l'Ingénieur,

Notre commune étant privée d'eau, je viens, au nom de tous les habitants, vous prier de venir la visiter. Nous vous attendons avec impatience. Nous savons qu'élève distingué de l'abbé Paramelle, vous avez puisé dans la fréquentation de ce savant toutes les connaissances relatives à l'art éminemment utile dont il fut l'inventeur, art qui lui a permis de rendre tant de services et de devenir un bienfaiteur de l'humanité. Que nous serions heureux, monsieur l'Ingénieur, si, grâce aux lumières que vous tenez de de cet homme de bien, vous pouviez découvrir une source sur le territoire de notre commune ; quand bien même elle se trouverait à une certaine distance du village, elle n'en serait pas moins pour nous d'un prix inestimable, et nous ferions toutes les dépenses nécessaires pour amener l'eau sur la place publique de notre commune. Une triste expérience nous a appris que l'absence de sources est un véri-

Exercice 275.

LE MAIRE D'UNE COMMUNE A UN INGÉNIEUR HYDRAULICIEN *
(Lettre).

Une commune manquant d'eau, le maire écrit à un ingénieur hydraulicien, élève de l'abbé Paramelle *. Éloge de ce dernier. Le maire prie l'ingénieur de venir visiter la commune. Il serait heureux si, grâce aux lumières du savant, on pouvait découvrir quelque source. Il peint les nombreux inconvénients qui résultent du manque d'eau pour une population agricole.

DE LA PRÉPOSITION.

PRÊT A, PRÈS DE. — VOICI, VOILA.

Exercice 276.

Règles 525-527. — Remplacez les points par *prêt à* ou *près de.*

Conradin *, mené au supplice et ... mourir, jeta son gant dans la foule en déclarant qu'il laissait ses droits sur le royaume de Naples à celui qui ramasserait ce gant.

Socrate * ne voulut pas s'évader de sa prison, disant qu'il était ... obéir aux lois, même injustement appliquées, qui le condamnaient.

Les Gaulois, quoique sans cesse vaincus par César, étaient toujours ... à reprendre les armes pour arracher leur pays à la domination romaine.

On rapporte qu'une chienne que l'on disséquait vivante léchait ses petits et leur prodiguait mille caresses, bien qu'elle fût ... d'expirer.

Quand les hirondelles sont ... partir pour des climats plus chauds, elles se rassemblent en grand nombre et remplissent l'air de leurs cris, comme pour nous faire leurs adieux.

Il n'est aucun citoyen qui ne soit ... verser la dernière goutte de son sang pour l'indépendance et le salut de son pays.

Remplacez les points par *voici* ou par *voilà.*

... le moyen de vivre heureux : c'est de prendre la résolution de s'accommoder de toutes les vicissitudes de la vie, de la bonne comme de la mauvaise fortune.

Le blé, le seigle, l'orge et l'avoine, ... les céréales que

table fléau pour une population agricole. Que de difficultés n'a-t-elle pas pour abreuver ses bestiaux, pour alimenter d'eau la cuisine, la buanderie ! etc. Qu'un incendie vienne à se déclarer, et il nous est à peu près impossible de le combattre. C'est parce que nous ne comprenons que trop tout ce qu'il y a d'inconvénients dans l'absence de toute source d'eau potable que nous vous supplions, monsieur l'Ingénieur, de venir nous visiter le plus tôt qu'il vous sera possible.

DE LA PRÉPOSITION.

PRÊT A, PRÈS DE. — VOICI, VOILA.

Corrigé 276.

Conradin *, mené au supplice et *près de* mourir, jeta son gant dans la foule, en déclarant qu'il laissait ses droits sur le royaume de Naples à celui qui ramasserait ce gant.

Socrate* ne voulut pas s'évader de sa prison, disant qu'il était *prêt à* obéir aux lois, même injustement appliquées, qui le condamnaient.

Les Gaulois, quoique sans cesse vaincus par César, étaient toujours *prêts à* reprendre les armes pour arracher leur pays à la domination romaine.

On rapporte qu'une chienne, que l'on disséquait vivante, léchait ses petits et leur prodiguait mille caresses, bien qu'elle fût *près d*'expirer.

Quand les hirondelles sont *près de* partir pour des climats plus chauds, elles se rassemblent en grand nombre et remplissent l'air de leurs cris, comme pour nous faire leurs adieux.

Il n'est aucun citoyen qui ne soit *prêt à* verser la dernière goutte de son sang pour l'indépendance et le salut de son pays.

Voici le moyen de vivre heureux : c'est de prendre la résolution de s'accommoder de toutes les vicissitudes de la vie, de la bonne comme de la mauvaise fortune.

Le blé, le seigle, l'orge et l'avoine, *voilà* les céréales que l'on cultive le plus ordinairement dans les pays tempérés.

... les boissons que les hommes ont su préparer dès la plus haute antiquité : le vin, la bière, l'hydromel, le cidre.

L'orgueil, l'avarice, la luxure, l'envie, la gourmandise, la colère et la paresse, ... les sept péchés capitaux.

... les principaux arbres fruitiers : les pommiers, les poiriers, les pruniers, les cerisiers, les pêchers et les abricotiers.

Le bois, le charbon de bois, la houille, le coke, la tourbe, ... les principaux combustibles que nous avons à notre disposition.

DE L'ADVERBE.

Certains mots, qui se correspondent par le sens, ont une forme différente selon qu'ils sont employés comme prépositions ou comme adverbes. Tels sont les prépositions *avant, autour, dans, hors, sur, sous*, qui ont pour adverbes correspondants les mots *auparavant, alentour, dedans, dehors, dessus, dessous*.

On reconnaît que ces mots sont des prépositions quand ils sont suivis d'un complément. Ex. : Avant *lui*.

On reconnaît que ces mêmes mots sont adverbes quand ils sont employés seuls. Ex. : Il est arrivé *auparavant*.

PRÉPOSITIONS AVEC UN COMPLÉMENT :	ADVERBES CORRESPONDANTS :
Avant lui.	Il est arrivé *auparavant*.
Autour de l'arbre.	Il se promène *alentour*.
Dans la chambre.	Voici un bateau, je saute *dedans*.
Hors de la ville.	Il est resté *dehors*.
Sur la table.	Il marche *dessus*.
Sous l'orme.	Ils dansent *dessous*.

Exercice 277.

Avant, auparavant. — Nous étudierons la mécanique ; mais ... nous apprendrons les mathématiques. — Philippe VI de Valois occupa le trône de France immédiatement ... Jean II surnommé le Bon.

Autour, alentour. — Il y a un beau jardin ... de la maison. — Le jardinier a planté une vigne et creusé un fossé ...

Dans, dedans. — On voyait ... les rues de Grenoble une enseigne représentant un homme armé de grands ciseaux, et au-dessous de laquelle on lisait : « *Au tailleur fidèle.* » A cette vue, un plaisant s'écria : « Voilà le tailleur fidèle hors de la maison ; mais le fripon ne serait-il pas ...? »

Hors, dehors. — François Ier, ayant été fait prisonnier à la bataille de Pavie, écrivit à la reine Louise de Savoie, sa mère : « Madame, tout est perdu, ... l'honneur. » —

l'on cultive le **plus** ordinairement dans les pays tempérés.

Voici les boissons que les hommes ont su préparer dès la plus haute antiquité : le vin, la bière, l'hydromel, le cidre.

L'orgueil, l'avarice, la luxure, l'envie, la gourmandise, la colère et la paresse, *voilà* les sept péchés capitaux.

Voici les principaux arbres fruitiers : les pommiers, les poiriers, les pruniers, les cerisiers, les pêchers et les abricotiers.

Le bois, le charbon de bois, la houille, le coke, la tourbe, *voilà* les principaux combustibles que nous avons à notre disposition.

DE L'ADVERBE.

Corrigé 277.

Avant, auparavant. — Nous étudierons la mécanique; mais *auparavant* nous apprendrons les mathématiques. — Philippe VI de Valois occupa le trône de France immédiatement *avant* Jean II, surnommé le Bon.

Autour, alentour. — Il y a un beau jardin *autour* de la maison. — Le jardinier a planté une vigne et creusé un fossé *alentour*.

Dans, dedans. — On voyait dans les rues de Grenoble une enseigne représentant un homme armé de grands ciseaux, et au-dessous de laquelle on lisait : « *Au tailleur fidèle.* » A cette vue, un plaisant s'écria : « Voilà le tailleur fidèle hors de la maison; mais le fripon ne serait-il pas *dedans?* »

Hors, dehors. — François Ier, ayant été fait prisonnier à la bataille de Pavie, écrivit à la reine Louise de Savoie, sa mère : « Madame, tout est perdu, *hors* l'honneur. » — L'honneur est comme une île escarpée et sans bords; on n'y peut plus rentrer dès qu'on en est *dehors*.

L'honneur est comme une île escarpée et sans bords ; on n'y peut plus rentrer dès qu'on en est ...

Sur, dessus. — Les Gaulois déposaient leurs morts sur une mince couche de terre, puis plaçaient ... un amas de pierres ; cela constituait ce que nous avons nommé un tumulus. — Ma foi, ... l'avenir bien fou qui se fiera.

Sous, dessous. — Aux environs de Paris, les couches de craie sont placées ... des couches de sable meuble ou ... des bancs de grès. — Samson ayant ébranlé deux colonnes de l'édifice où les Philistins l'avaient amené, tous ceux qui se trouvaient ... furent écrasés.

DE LA NÉGATION.

Après le pronom *on*, il ne faut pas négliger de mettre la négation *ne* devant un verbe commençant par une voyelle, lorsque le sens de la phrase doit être négatif.

Ex. : On *n'a pas* tous les jours l'occasion de faire du bien.

Pour reconnaître s'il faut ou non mettre la négation, il suffit de remplacer *on* par un pronom personnel. Dans la phrase précédente, on peut dire : *il* n'a pas...

Exercice 278.

Remplacez les points par la négation ou ne mettez rien à la place.

On ... a souvent besoin d'un plus petit que soi.

On ... a pas encore découvert le moyen de faire du diamant, quoique l'on sache que le diamant n'est que du charbon pur.

On ... a aucune idée du volume des étoiles fixes *.

On ... avait joint la Méditerranée à la mer Rouge * par un canal dès le temps des Pharaons.

On ... a plus aujourd'hui à décider si le corail est un animal ou une plante ; on ... ignore plus qu'il doit être rangé dans le règne animal.

On ... avance qu'à pas lents dans la connaissance des merveilles de la nature.

On ... achète toujours trop cher une chose dont on ... a pas besoin.

On ... aime mieux souvent passer pour savant que de l'être en effet.

On ... estime que la planète Saturne * est sept cents fois plus grosse que la terre, et on ... a calculé que Jupiter * a un volume près de quinze cents fois plus considérable que celui de notre planète.

On ... enseigne rien de sérieux aux hommes qui ne leur soit profitable, soit directement, soit indirectement.

On ... envoie trop légèrement certains malades prendre des eaux alcalines *, celles de Vichy, par exemple.

On ... essaya longtemps en vain de perfectionner les anciens télescopes * : Léon Foucault * y réussit enfin.

Sur, dessus. — Les Gaulois déposaient leurs morts sur une mince couche de terre, puis plaçaient *dessus* un amas de pierres ; cela constituait ce que nous avons nommé un tumulus. — Ma foi, *sur* l'avenir bien fou qui se fiera.

Sous, dessous. — Aux environs de Paris, les couches de craie sont placées *sous* des couches de sable meuble ou *sous* des bancs de grès. — Samson ayant ébranlé deux colonnes de l'édifice où les Philistins l'avaient amené, tous ceux qui se trouvaient *dessous* furent écrasés.

DE LA NÉGATION.

Corrigé 278.

On a souvent besoin d'un plus petit que soi.

On *n*'a pas encore découvert le moyen de faire du diamant, quoique l'on sache que le diamant n'est que du charbon pur.

On *n*'a aucune idée du volume des étoiles fixes *.

On avait joint la Méditerranée à la mer Rouge par un canal dès le temps des Pharaons.

On *n*'a plus aujourd'hui à décider si le corail est un animal ou une plante ; on *n*'ignore plus qu'il doit être rangé dans le règne animal.

On *n*'avance qu'à pas lents dans la connaissance des merveilles de la nature.

On achète toujours trop cher une chose dont on *n*'a pas besoin.

On aime mieux souvent passer pour savant que de l'être en effet.

On estime que la planète Saturne * est sept cents fois plus grosse que la terre, et on a calculé que Jupiter * a un volume près de quinze cents fois plus considérable que celui de notre planète.

On *n*'enseigne rien de sérieux aux hommes qui ne leur soit profitable, soit directement, soit indirectement.

On envoie trop légèrement certains malades prendre des eaux alcalines *, celles de Vichy, par exemple.

On essaya longtemps en vain de perfectionner les anciens télescopes * : Léon Foucault * y réussit enfin.

On ... inaugurera ce chemin de fer qu'à la fin de l'année.

On ... utilise aujourd'hui non-seulement la houille, mais encore tous les résidus de la distillation, à laquelle on la soumet pour avoir du gaz; ainsi on ... en retire de magnifiques couleurs.

On ... importe annuellement en France pour vingt millions de graisse, et on ... exporte dans le même temps que pour sept millions.

Exercice 279.

Règles 535-538. — Remplacez les points par *pas* ou *point* ou ne mettez rien à la place.

Un proverbe dit qu'il n'y a ... de pire sourd que celui qui ne veut ... entendre.

Ni l'or ni la grandeur ne nous rendent ... heureux, a dit le bon La Fontaine.

Un adage emprunté à la sagesse des nations nous dit que, quand on n'a ... ce que l'on aime, il faut aimer ce que l'on a.

Les peuples qui n'ont ... de pierres à leur disposition construisent leurs demeures en bois, en briques ou en terre.

Chez nous nul n'est sensé ... ignorer la loi, bien qu'en réalité il n'y ait ... une personne sur mille qui la connaisse.

Il n'existe ... aucun homme qui soit sûr d'être encore en vie le lendemain

On prétendait faussement qu'aucun oiseau ne pouvait ... vivre sur les bords du lac Asphaltite ni aucun poisson dans ses eaux.

Nulle considération d'amour-propre ou de respect humain ne doit ... nous empêcher d'accomplir un devoir.

Il n'est ... jamais trop tard pour se repentir d'une mauvaise action.

EMPLOI DE LA NÉGATION DANS LES PROPOSITIONS SUBORDONNÉES.

Exercice 280.

Règles 539-540. — Remplacez les points par la négation *ne* ou ne mettez rien à la place.

Les pâtres des Alpes attachent des sonnettes au cou de

On *n'*inaugurera ce chemin de fer qu'à la fin de l'année.

On utilise aujourd'hui non-seulement la houille, mais encore tous les résidus de la distillation à laquelle on la soumet pour avoir du gaz; ainsi on en retire de magnifiques couleurs.

On importe annuellement en France pour vingt millions de graisse, et on *n'*en exporte dans le même temps que pour sept millions.

Corrigé 279.

Un proverbe dit qu'il n'y a *pas* de pire sourd que celui qui ne veut *point* entendre.

Ni l'or ni la grandeur ne nous rendent heureux, a dit le bon La Fontaine.

Un adage * emprunté à la sagesse des nations nous dit que, quand on n'a *pas* ce que l'on aime, il faut aimer ce que l'on a.

Les peuples qui n'ont *pas* de pierres à leur disposition, construisent leurs demeures en bois, en briques ou en terre.

Chez nous, nul n'est censé ignorer la loi, bien qu'en réalité il n'y ait *pas* une personne sur mille qui la connaisse.

Il n'existe aucun homme qui soit sûr d'être encore en vie le lendemain.

On prétendait faussement qu'aucun oiseau ne pouvait vivre sur les bords du lac Asphaltite *, ni aucun poisson dans ses eaux.

Nulle considération d'amour-propre ou de respect humain ne doit nous empêcher d'accomplir un devoir.

Il n'est jamais trop tard pour se repentir d'une mauvaise action.

EMPLOI DE LA NÉGATION DANS LES PROPOSITIONS SUBORDONNÉES.

Corrigé 280.

Les pâtres des Alpes attachent des sonnettes au cou de

leurs vaches, *de peur qu*'elles ... s'égarent dans les montagnes.

Après la bataille de Cannes*, les Romains *appréhendaient* qu'Annibal* ... vînt mettre le siége devant Rome.

On enveloppe les figuiers de paille pendant l'hiver, *de peur qu*'ils ... soient atteints par la gelée.

Les planètes n'accomplissent pas aujourd'hui leurs révolutions annuelles *autrement* qu'elles ... les accomplissaient dans les premiers âges de l'humanité.

Les cultivateurs ont l'habitude de chauler* leurs blés pour *éviter* qu'ils ... soient attaqués par la rouille ou par d'autres champignons parasites*.

La composition de l'air n'est pas *autre* aujourd'hui qu'elle ... était autrefois.

Malgré les progrès de l'hygiène*, la vie des hommes n'est pas *plus* longue qu'elle ... l'était avant la naissance de cette science.

Nous devons *prendre garde* à ce que l'envie ... se glisse dans notre cœur à la vue des succès d'autrui.

Les Barbares plongeaient leurs enfants nouveau-nés dans l'eau froide, sans *craindre* qu'il ... en résultât quelque effet fâcheux pour ces petits êtres.

On fauche généralement les prairies artificielles *avant que* les plantes qui les composent ... soient en pleine floraison.

PLUS TOT, PLUTOT. — DE SUITE, TOUT DE SUITE.

Exercice 281.

Règles 541-542. — Remplacez les points par *plus tôt* ou par *plutôt*.

L'astronome Képler* aurait renoncé à tous les plaisirs et à toutes les joies du monde ... que de renoncer à l'étude des astres.

Le seigle mûrit ... que le blé, et le blé . . que l'avoine.

Aujourd'hui nous nous servons de moulins à eau, à vent ou à vapeur, ... que de moudre notre blé, comme les anciens, avec des moulins à bras.

Un Romain serait resté confiné dans sa maison ... que de sortir un jour néfaste*.

On ne sait pas trop quel est celui des deux, de Galilée* ou de Fabricius*, qui a découvert ... les taches* du soleil.

Il faut ... avoir de bons et solides vêtements que des vêtements brillants et légers.

leurs vaches, *de peur qu'*elles *ne* s'égarent dans les montagnes.

Après la bataille de Cannes*, les Romains *appréhendaient* qu'Annibal* *ne* vînt mettre le siége devant Rome.

On enveloppe les figuiers de paille pendant l'hiver, *de peur qu'*ils *ne* soient atteints par la gelée.

Les planètes n'accomplissent pas aujourd'hui leurs révolutions annuelles *autrement* qu'elles *ne* les accomplissaient dans les premiers âges de l'humanité.

Les cultivateurs ont l'habitude de chauler* leurs blés pour *éviter* qu'ils *ne* soient attaqués par la rouille ou par d'autres champignons parasites*.

La composition de l'air n'est pas *autre* aujourd'hui qu'elle *n'*était autrefois.

Malgré les progrès de l'hygiène, la vie des hommes n'est pas *plus* longue qu'elle *ne* l'était avant la naissance de cette science,

Nous devons *prendre garde* à ce que l'envie *ne* se glisse dans notre cœur à la vue des succès d'autrui.

Les Barbares plongeaient leurs enfants nouveau-nés dans l'eau froide, sans *craindre* qu'il en résultât quelque effet fâcheux pour ces petits êtres.

On fauche généralement les prairies artificielles *avant que* les plantes qui les composent soient en pleine floraison.

PLUS TOT, PLUTOT, — DE SUITE, TOUT DE SUITE.

Corrigé 281.

L'astronome Képler* aurait renoncé à tous les plaisirs et à toutes les joies du monde *plutôt* que de renoncer à l'étude des astres.

Le seigle mûrit *plus tôt* que le blé, et le blé *plus tôt* que l'avoine.

Aujourd'hui nous nous servons de moulins à eau, à vent ou à vapeur, *plutôt* que de moudre notre blé, comme les anciens, avec des moulins à bras.

Un Romain serait resté confiné dans sa maison *plutôt* que de sortir un jour néfaste*.

On ne sait pas trop quel est celui des deux, de Galilée* ou de Fabricius*, qui a découvert *plus tôt* les taches du soleil.

Il faut *plutôt* avoir de bons et solides vêtements que des vêtements brillants et légers.

Exercice 282.

Règles 543-544. — Remplacez les points par *de suite* ou par *tout de suite*.

Dans notre calendrier, trois années ... ont trois cent soixante-cinq jours; puis vient une quatrième année qui en a trois cent soixante-six.

Toute la poudre qui forme la charge d'un fusil s'enflamme ... mais ne s'enflamme pas ...

Cinq années ... formaient ce que les anciens appelaient un *lustre*, et quatre années ... constituaient une olympiade* chez les Grecs.

La lumière n'arrive pas ... du soleil jusqu'à nous, elle met sept minutes et demie à accomplir ce trajet.

DE LA CONJONCTION.

QUOIQUE, QUOI QUE. — QUAND, QUANT A.

Exercice 283.

Règles 552-553. — Remplacez les points par *quoique* ou *quoi que*.

... nous connaissions aujourd'hui notre planète* infiniment mieux qu'on ne la connaissait autrefois, il y a encore d'immenses régions où les Européens n'ont jamais mis le pied.

... l'on invoque en faveur de l'immobilité de la terre, il est évident pour tous ceux qui ont étudié l'astronomie que ce globe tourne sur lui-même et qu'il tourne autour du soleil.

Tous nos organes fonctionnent admirablement dans notre corps, ... nous ignorions souvent que quelques-uns d'entre eux existent.

... on tente pour arrêter la marche de la civilisation, on n'y réussit jamais.

Il y a plaisir à changer de maison ... on soit toujours mal logé.

... nous fassions, nous ne saurions ajouter à notre taille la hauteur d'une coudée.

Exercice 284.

Remplacez les points par *quand* ou par *quant*.

La récolte du blé a été excellente; ... à la vendange, elle a laissé beaucoup à désirer.

Charlemagne *, visitant les écoles, complimenta les en-

Corrigé 282.

Dans notre calendrier, trois années *de suite* ont trois cent soixante-cinq jours; puis vient une quatrième année qui en a trois cent soixante-six.

Toute la poudre qui forme la charge d'un fusil s'enflamme *de suite*, mais ne s'enflamme pas *tout de suite*.

Cinq années *de suite* formaient ce que les anciens appelaient un *lustre*, et quatre années *de suite* constituaient une olympiade* chez les Grecs.

La lumière n'arrive pas *tout de suite* du soleil jusqu'à nous, elle met sept minutes et demie à accomplir ce trajet

DE LA CONJONCTION.

QUOIQUE, QUOI QUE. — QUAND, QUANT A.

Corrigé 283.

Quoique nous connaissions aujourd'hui notre planète infiniment mieux qu'on ne la connaissait autrefois, il y a encore d'immenses régions où les Européens n'ont jamais mis le pied.

Quoi que l'on invoque en faveur de l'immobilité de la terre, il est évident, pour tous ceux qui ont étudié l'astronomie, que ce globe tourne sur lui-même et qu'il tourne autour du soleil.

Tous nos organes fonctionnent admirablement dans notre corps, *quoique* nous ignorions souvent que quelques-uns d'entre eux existent.

Quoi que l'on tente pour arrêter la marche de la civilisation, on n'y réussit jamais.

Il y a plaisir à changer de maison, *quoiqu'on* soit toujours mal logé.

Quoi que nous fassions, nous ne saurions ajouter à notre taille la hauteur d'une coudée.

Corrigé 284.

La récolte du blé a été excellente; *quant* *à* la vendange, elle a laissé beaucoup à désirer.

Charlemagne*, visitant les écoles, complimenta les enfants du peuple qui avaient fait de grands progrès dans leurs études ; puis, se tournant vers les jeunes nobles : « ... à vous, leur dit-il, qui n'avez pas daigné travailler, vous n'aurez point de part à l'administration de l'Etat. »

..., à la vue d'un malheureux, vous sentez vos entrailles émues, ne vous bornez pas à ce stérile mouvement de pitié, mais secourez-le selon vos moyens.

..., au sortir d'un repas, vous vous livrez à un travail d'esprit, vous enfreignez une des règles de l'hygiène *.

Le platine * est le plus lourd des métaux ; ... à l'or, sous le rapport du poids, il n'occupe que le second rang.

L'ancien continent est la partie de la terre qui, de nos jours, nourrit les plus grands animaux ; ... à l'Amérique, elle ne donne naissance qu'à des animaux de plus petite taille.

PARCE QUE. — PAR CE QUE.

Exercice 285.

Remplacez les points par *parce que* ou par *par ce que*.

C'est ... elle renferme de l'iode * que l'huile de foie de morue possède les propriétés médicales que chacun lui connaît.

... les fleuves déposent de limon chaque année à leur embouchure, on peut se faire une idée approximative du nombre immense de siècles qu'il a fallu pour former les deltas * des grands fleuves, tels que le Mississipi * et le Gange *.

C'est ... les puits artésiens * auraient été creusés pour la première fois en Artois qu'on les a désignés sous ce nom.

... nous révèlent les fouilles faites dans le nord-ouest de l'Europe, on est convaincu que différentes races d'hommes se sont succédé sur notre sol avant l'arrivée des peuples qui l'occupent aujourd'hui.

Si la hauteur du baromètre * diminue à mesure qu'on s'élève sur les montagnes, c'est ... les couches d'air qu'on a au-dessous de soi ne pèsent plus autant sur le mercure de la cuvette.

... les Espagnols, en arrivant aux Antilles *, avaient entendu dire sur l'abondance de l'or dans certaines parties de l'Amérique, ils avaient conjecturé que de vastes pays non encore découverts en devaient renfermer d'importantes mines.

fants du peuple qui avaient fait de grands progrès dans leurs études; puis, se tournant vers les jeunes nobles : « *Quant à* vous, leur dit-il, qui n'avez pas daigné travailler, vous n'aurez point de part à l'administration de l'État. »

Quand, à la vue d'un malheureux, vous sentez vos entrailles émues, ne vous bornez pas à ce stérile mouvement de pitié, mais secourez-le suivant vos moyens.

Quand, au sortir d'un repas, vous vous livrez à un travail d'esprit, vous enfreignez une des règles de l'hygiène*.

Le platine* est le plus lourd des métaux ; *quant à* l'or, sous le rapport du poids, il n'occupe que le second rang.

L'ancien continent est la partie de la terre qui, de nos jours, nourrit les plus grands animaux ; *quant à* l'Amérique, elle ne donne naissance qu'à des animaux de plus petite taille.

PARCE QUE. — PAR CE QUE.

Corrigé 285.

C'est *parce qu'*elle renferme de l'iode* que l'huile de foie de morue possède les propriétés médicales que chacun lui connaît.

Par ce que les fleuves déposent de limon chaque année à leur embouchure, on peut se faire une idée approximative du nombre immense de siècles qu'il a fallu pour former les deltas* des grands fleuves, tels que le Mississipi* et le Gange*.

C'est *parce que* les puits artésiens* auraient été creusés pour la première fois en Artois qu'on les a désignés sous ce nom.

Par ce que nous révèlent les fouilles faites dans le nord-ouest de l'Europe, on est convaincu que différentes races d'hommes se sont succédé sur notre sol avant l'arrivée des peuples qui l'occupent aujourd'hui.

Si la hauteur du baromètre* diminue à mesure qu'on s'élève sur les montagnes, c'est *parce que* les couches d'air qu'on a au-dessous de soi ne pèsent plus sur le mercure de la cuvette.

Par ce que les Espagnols, en arrivant aux Antilles*, avaient entendu dire sur l'abondance de l'or dans certaines parties de l'Amérique, ils avaient conjecturé que de vastes pays non encore découverts en devaient renfermer d'importantes mines.

LEXIQUE

DES EXERCICES DE DEUXIÈME ANNÉE

(Ce lexique ne contient que les mots marqués d'un astérisque dans le cours de l'ouvrage, soit qu'on les définisse, soit qu'on se contente de donner la solution d'une difficulté.)

A

Abyssinie, *nprf.* vaste contrée de l'est de l'Afrique située à un niveau très-élevé au-dessus de la mer.

Académie française, *ncf.* compagnie de 40 littérateurs français, fondée en 1635 par Richelieu.

Accoustré pour **Accoutré**, c.-à-d. habillé.

Achéron, *nprm.* l'un des fleuves des Enfers, suivant les anciens.

Adage, *nm.* proverbe, sentence.

Adepte, *nm.* partisan d'une doctrine publique ou secrète.

Aérolithe, *nm.* litt. *pierre de l'air*, masse minérale planétaire qui tombe quelquefois sur la terre.

Aéronaute, *nm.* litt. *qui navigue dans l'air*, au moyen d'un ballon.

Affluent, *nm.* se dit d'un cours d'eau par rapport à un autre dans lequel il verse ses eaux. Litt. *qui coule vers*.

Afrique, l'une des 5 parties du monde appartenant à l'ancien continent.

Afrique australe, le sud de l'Afrique.

Aigle, *nc.* des deux genres ; oiseau de proie ; *nf.* enseigne de l'armée romaine et de plusieurs autres puissances.

Aigu, *adj.* se dit des maladies qui ont une durée déterminée et sont ordinairement accompagnées d'une vive douleur.

Aigue-marine, *nf.* pierre précieuse d'une couleur bleuâtre et semblable à l'eau de mer.

Airain, *nm.* ou *bronze*, alliage de cuivre et d'étain ; cet alliage varie suivant la destination. Voy. *canon*, *cloche*.

Aire, *nf.* surface plane et dure où l'on bat le grain. Lat. *area*, surface, même racine que *are*.

Aisne, *nprf.* riv. de France, affluent de l'Oise.

Alcalin, *adj.* se dit de la potasse, de la soude et de l'ammoniaque, ou de ce qui en contient ; les alcalins ont une saveur brûlante.

Alcibiade, *npm.* (450-404 av. J.-C.) Athénien d'un esprit brillant, mais d'un caractère excessivement léger, disciple de Socrate ; entraîna ses concitoyens dans des expéditions aventureuses, servit tour à tour Athènes et Sparte, et périt assassiné par les ordres d'un satrape.

Alcide, *nprm.* l'un des noms d'Hercule, provenant de ce que l'aïeul de ce héros s'appelait *Alcée* ; *Alcide* signifie *descendant d'Alcée*.

Alcool, *nprm.* ou *esprit de vin*, liquide que l'on obtient en distillant le vin.

Alexandre, *npm.* (356-323 av. J.-C.) roi de Macédoine, soumit la Grèce, subjugua l'empire des Perses, envahit l'Inde et, au re-tour de cette expédition, mourut à Babylone, à la suite d'un festin, à la fleur de l'âge.

Alger, *npr.* ville importante de l'Afrique septentrionale, port sur la Méditerranée, ch.-l. de la colonie française qui a reçu le nom d'Algérie.

Alimentaire, *adj.* qui sert d'aliment, de nourriture.

Allemagne, *nprf.* grande contrée du centre de l'Europe.

Allumette, *nf.* petit morceau de bois sec soufré par un bout et garni souvent d'une pâte chimique inflammable par frottement.

Alumine, *nf.* sesquioxyde d'aluminium ; *alun* dérive de *alumine*.

Alun, *nm.* sulfate double de potasse et d'alumine, doué de propriétés astringentes* ; d'*alun* dérive le verbe *aluner*.

Ambassadeur, *nm.* fonctionnaire chargé de représenter un pays auprès d'un gouvernement étranger.

Amendement, *nm.* toute substance que l'on ajoute au sol pour en modifier la composition ou en augmenter la fertilité.

Amérique, *nprf.* une des cinq parties du monde, découverte en 1492 par Christophe Colomb, mais déjà connue des Danois au xe siècle.

Ameublir, *vir.* rendre *meuble*, c.-à-d. presque pulvérulent.

Amidon, *nm.* nom de la fécule que l'on extrait des céréales.

Amiens, *npr.* importante ville de France sur la Somme, ch.-l. du dép. de la Somme, cap. de l'anc. Picardie.

Amiral, *nm.* celui qui est revêtu de la plus haute dignité dans l'armée de mer.

Ampère, *nprm.* (André-Marie), mathématicien et physicien célèbre né à Lyon en 1775, mort à Paris en 1836.

Amputation, *nf.* opération de chirurgie qui consiste à couper un membre.

Andain, *nm.* rangée de fourrage fauché.

Anévrisme, *nm.* élargissement et amincissement du tissu d'une artère.

Angleterre, *nprf.* (c.-à-d. terre des Angles), la principale des trois contrées qui composent les Iles Britanniques et qui sont l'Écosse, l'Irlande et la Grande-Bretagne.

Anme, *ncf.* du latin *anima*, souffle ; ancienne forme du mot *âme*.

Annibal, *nprm.* célèbre général carthaginois qui envahit l'Italie et mit Rome à deux doigts de sa perte. Mort en 183 av. J.-C.

Annulaire, vient de *anneau* autrefois *annel*.

Antilles, *nprf.* îles d'Amérique à l'entrée du golfe du Mexique.

Antiquité, *nf.* tout le temps qui s'est écoulé antérieurement à la naissance de N.-S. J.-C.

Antiscorbutique, *adj.* se dit d'un médicament destiné à combattre la maladie appelée *scorbut*.

Apollon, *myth.* dieu du jour et du soleil; de la poésie, de la médecine et de la musique. Son nom est ici employé métaphoriquement pour désigner un poëte quelconque.

Apologie, *nf.* éloge solennel fait pour glorifier et pour justifier un individu, une collection d'individus, une institution, etc.

Appert, *nprm.* inventeur d'un procédé pour la conservation des substances alimentaires, mort en 1840.

Aquatique, *adj.* qui se trouve dans l'eau. Lat. *aqua*, eau.

Arabie, *nprf.* vaste presqu'île du S.-O. de l'Asie, dont la plus grande partie n'est qu'un plateau sablonneux; v. pr. La Mecque.

Arago, *nprm.* illustre physicien et astronome français, longtemps directeur de l'Observatoire de Paris, né à Estagel (Pyrénées-Orientales) en 1786, mort à Paris en 1853.

Arctique, *adj.* c.-à-d. de l'*Ourse*, se dit du pôle nord et de la région de la terre environnante, parce qu'ils sont situés au-dessous de la constellation de l'Ourse.

Ariége, c.-à-d. *porte-or*, riv. de France qui roule des paillettes d'or, affluent de la Garonne.

Artésien (puits), puits dont l'eau jaillit au-dessus du sol. Ces puits sont ainsi nommés parce qu'en France on commença à en creuser dans la province d'Artois.

Artificielle (prairie), champ que l'on ensemence en plantes fourragères de la famille des légumineuses.

Asphaltite (lac) ou *mer Morte*, lac de la Palestine qui reçoit le Jourdain et dont les eaux sont bitumineuses.

Assas (le chevalier d'), capitaine au régiment d'Auvergne, à qui on a attribué l'honneur, qui revient au sergent Dubois, d'avoir sauvé l'armée française près de Clostercamp (1758).

Assise, *nf.* nom que l'on donne à chaque rangée de pierres de taille composant un édifice.

Astringent, *adj.* qui resserre; se dit principalement de certains médicaments.

Astrologue, *nm.* faux savant qui prétendait lire dans les astres la destinée des hommes.

Athlète, *nm.* homme qui, chez les Grecs, s'exerçait à la lutte et au pugilat; homme fort et adroit.

Atlantique (Océan), grande mer entre l'ancien monde à l'O. et le nouveau à l'E.

Aucun, signifie littéralement *quelqu'un*, *quelque*. Ce mot a par lui-même un sens positif, et ne devient négatif que lorsqu'il est accompagné de la négation *ne*.

Auriculaire, *adj.* qui a rapport à l'oreille; le doigt —, le petit doigt, ainsi nommé parce qu'on l'introduit quelquefois dans l'oreille.

Austral, *adj.* méridional; ce mot dérive de *Auster*, vent du Midi.

Autan, *ncm.* vent du sud qui amène les orages.

Autrichien, *nm.* habitant de l'Autriche.

Avoyer, *nm.* le premier magistrat de cerains cantons suisses.

B

Babylone, *nprf.* dans l'antiquité, capitale de l'un des empires d'Assyrie, sur l'Euphrate; fut l'une des plus grandes villes du monde.

Bai (voyez *rouge-bai*).

Bail, *nm.* contrat cédant la jouissance temporaire d'une propriété moyennant une redevance annuelle. *pl. Baux*.

Bajazet, *nprm.* sultan des Turcs de 1389 à 1401, fut vaincu et fait prisonnier par Tamerlan, empereur des Mongols.

Baléares, (îles) archipel de la Méditerranée appartenant à l'Espagne.

Ballade, *nf.* récit poétique d'une légende.

Balle, *nf.* petite sphère avec laquelle on joue; paquet; caisse de colporteur.

Banc (de harengs), immense troupe de harengs qui parcourt l'Océan à certaines époques de l'année.

Barbaresques (États), États littoraux du nord de l'Afrique composant les régences de Tripoli et de Tunis, l'Algérie et l'empire du Maroc.

Baromètre, *nm.* instrument qui sert à mesurer la pesanteur de l'air et, subsidiairement, à prévoir le beau et le mauvais temps. Litt. *mesure du poids*.

Bascule, *nf.* espèce de balance romaine.

Bas-relief, *nm.* sculpture dont les personnages, engagés dans la pierre ou le bois, sont légèrement relevés en bosse.

Bassin, *nm.* toute l'étendue de terrain arrosée par un fleuve ou par ses affluents.

Bauge, *nf.* retraite du sanglier et de quelques autres animaux.

Bayard, *nprm.* surnommé le chevalier *sans peur et sans reproche*, héros français né en 1476 en Dauphiné, tué en Italie en 1524.

Belgique, *npr.* contrée de l'Europe au nord de la France, cap. Bruxelles.

Belliqueux, *adj.* qui se plaît à faire la guerre. Lat. *bellum*, guerre.

Bellone, *nprf.* déesse de la guerre chez les Romains.

Bernard Palissy, 1510-1589, savant et artiste français, préconisa l'expérience comme méthode de l'étude de la nature; inventeur des faïences en ronde-bosse connues sous le nom de *rustiques figulines*, très-rares et excessivement recherchées aujourd'hui.

Berne, *npr.* l'une des villes principales et la cap. de la Suisse. Ch.-l. du canton de ce nom.

Betterave, *nf.* plante dont la racine sert à faire le sucre et à nourrir les bestiaux.

Bière, *nf.* liqueur alcoolique faite avec de l'eau, de l'orge germée, du houblon.

Billet, *nm.* reconnaissance écrite d'une dette avec engagement de la payer à une époque déterminée.

Bison, *nm.* bœuf de l'Amérique septentrionale, remarquable par la bosse énorme qu'il a sur le dos.

Blanche de Castille, princesse espagnole, mère de St Louis.

Bohème, *nprf.* pays de la monarchie autrichienne, formant un vaste plateau entouré d'un bourrelet de montagnes; cap. Prague.

Boileau, *nprm.* célèbre poëte satirique et didactique français du XVIIe siècle, né en 1636, mort en 1711.

Bollandistes, nom sous lequel on connaît des jésuites belges du XVIIe siècle qui publièrent une célèbre collection des actes des vies des saints.

Bord, *nm.* se prend souvent dans le sens de *vaisseau*.

Boussole, *nf.* c.-à-d. *petite boîte*, instrument composé d'une aiguille aimantée horizontale tournant sur un pivot et dont une pointe se dirige toujours vers le nord. Cette aiguille est ordinairement renfermée dans une petite boîte, de là son nom.

Bouton, *nm.* petit rond en métal, en nacre, en os, ou en bois recouvert d'étoffe, et servant à fermer les vêtements.

Bouvines, village du dép. du Nord. célèbre par la victoire que Philippe-Auguste y remporta en 1214 sur Othon IV, empereur d'Allemagne et sur Ferrand, comte de Flandre.

Bracelet, *nm.* dérive de *bras*; ornement que les femmes portent au bras.

Bretagne, *nprf.* anc. province de France, baignée par l'Océan et composant la partie la plus occidentale de notre pays. Capitale Rennes.

Britanniques (Îles), *npf.* grand archipel du N. O. de l'Europe, dans l'Océan Atlantique, composé de la Grande-Bretagne (Angleterre et Écosse), de l'Irlande, et de plusieurs îles ou groupes d'îles moins importants.

Budget, *nm.* état des dépenses et des ressources d'une commune, d'un département ou d'un État, dressé chaque année pour devenir exécutoire l'année suivante.

C

Cacao, *nm.* amande du cacaoyer, arbre de la famille des mauves, avec laquelle on fabrique le chocolat.

Canada, *nprm.* grand pays de l'Amérique anglaise au N.-E. des États-Unis, fut d'abord une colonie française. La *coutume de Paris* régit encore le Bas-Canada.

Canaletti (Antonio da Canale dit le), peintre vénitien 1697-1748, très-habile à reproduire les effets de perspective.

Candélabre, est formé de *candel*, nom picard de la chandelle, et de *abre* pour *arbre*; signifie littéralement *arbre de la chandelle*.

Canicule, *nf.* l'étoile *Sirius* ou *étoile du Chien*, appartenant à la constellation du *Grand-Chien*; le temps de l'année où la canicule se lève et se couche avec le soleil (du 24 juillet au 26 août).

Cannelle, *nf.* écorce du cannellier, qui est employée comme épice.

Cannes, *nprm.* village d'Italie où Annibal anéantit l'armée romaine, l'an 216 av. J.-C.

Canon, *nm.* arme à feu de gros calibre, faite avec un alliage contenant 10 gr. d'étain pour 90 gr. de cuivre; tube d'une arme à feu quelconque; morceau de soufre cylindrique; partie de la jambe du cheval allant du genou au boulet; mesure pour les liquides égale à un seizième de litre; règle ou décret d'un concile; prières que l'on dit à la messe entre la Préface et le Pater.

Canonnier, *nm.* soldat qui est attaché au service d'un canon.

Carnassier, *adj.* qui se nourrit de *chair*, autrefois *charn*.

Caron, *myth.* nocher des enfers qui faisait passer le Styx aux morts dans sa barque.

Cartouche, *nm.* cadre formé d'une ligne creuse et entourant une inscription hiéroglyphique égyptienne; *np.* célèbre brigand du XVIIIe siècle,

Caspienne (mer), grande mer située au S.-E. de l'Europe et qui ne communique plus avec les autres mers.

Castille, *nprf.* anc. province d'Espagne, divisée en Vieille Castille et en Nouvelle et formant autrefois un royaume.

Castor, *nm.* animal rongeur qui vit en société et se construit des villages sur une digue ou chaussée qu'il établit au milieu des eaux. On ne trouve plus aujourd'hui de castors que dans les parties froides de l'Amérique septentrionale.

Cataclysme, *nm.* révolution considérable qui s'opère dans la croûte terrestre et qui est occasionnée soit par le feu central, soit par l'eau.

Cataracte, *nf.* aveuglement produit par la transformation du cristallin en corps opaque.

Catherine de Médicis, reine de France, femme de Henri II, princesse florentine de l'illustre famille des Médicis, née en 1519 morte en 1589, exerça la plus funeste influence sur notre politique intérieure pendant les règnes de ses fils Charles IX et Henri III.

Caton d'Utique, de 94 à 46 avant J.-C. Ayant embrassé le parti de Pompée et s'étant réfugié en Afrique avec les débris de l'armée républicaine après la défaite de Pharsale, il se perça de son épée à Utique pour ne pas tomber vivant entre les mains de César.

Cavité, *ncf.* creux ou trou, dérive de *cave*.

Cendre, *nf.* résidu minéral de la combustion des végétaux, composé principalement de carbonate de potasse ou de soude; sert à faire la lessive, à amender les terres et est employé dans la fabrication du verre.

Centupler, *vtr.* rendre 100 fois plus grand.

Cérat, *nm.* médicament externe ayant pour base la cire et l'huile; dérive de *cire*.

César (Jules), dictateur romain, conquérant des Gaules, vécut de 101 à 44 av. J.-C.

Cévennes (les), *nprf.* chaîne de montagnes traversant la France du N.-E. au S.-O.

Ceylan, *npr.* grande île de l'Asie située à l'extrémité sud de l'Hindoustan; elle appartient aux Anglais.

Champagne, *nprf.* pays ayant pour caractère essentiel d'être composé de grandes plaines.

Champs-Elysées, *myth.* nom donné par les Grecs au lieu où ils supposaient qu'étaient reçues les âmes des justes après leur mort.

Chapelet, *nm.* machine hydraulique composée d'une chaîne sans fin, garnie de godets s'emplissant d'eau au bas de leur course, et se versant dans un conduit quand ils sont arrivés au haut; cette machine est ainsi nommée parce qu'elle ressemble à l'objet de dévotion en forme de collier fait de grains enfilés. *Chapelet* signifie littéralement *petit chapeau*. De ce sens, il passa à celui de couronne de roses, puis à celui de grains enfilés.

Charbon, *nm.* seconde forme de *carbone*. De *charbon* vient *charbonner*.

Charlemagne, *npm.* (768-814) célèbre roi franc de la seconde dynastie, qui rétablit en 800 l'empire d'Occident.

Charles-Quint, *npm.* empereur d'Allemagne, et roi d'Espagne, 1500-1558.

Charte, *ncf.* pièce officielle du moyen âge qui établissait une convention entre deux parties contractantes ou renfermait une concession de priviléges de la part d'un seigneur suzerain. On disait aussi *chartre*.

Chasse marée, *nm.* petit bâtiment servant à naviguer le long des côtes.

Chaufournier, *nm.* fabricant de chaux.

Chauler, *vtr.* tremper les graines dans de l'eau de chaux ou tout autre liquide analogue, avant de les confier à la terre, afin de détruire le germe d'un champignon parasite connu sous le nom de *carie*.

Chaux, *nf.* matière caustique servant surtout à faire du mortier; on l'obtient en chauffant la pierre à bâtir, et en général le carbonate de chaux.

Chenet, *nm.* autrefois *chiennet*, petit chien, à cause de sa ressemblance avec un chien couché sur le ventre.

Chevalier, *nm.* guerrier qui, au moyen âge, consacrait sa vie à la défense des veuves, des orphelins et des prêtres. Rac. *cheval*.

Chevaucher, *vintr.* aller à cheval.

Chien courant, chien propre à la chasse à courre.

Chinois, *nm.* habitant de l'immense empire de la Chine, situé dans la partie orientale et centrale de l'Asie.

Chocolat, *nm.* pâte fabriquée avec du cacao et du sucre.

Choucroute, *nf.* matière alimentaire fabriquée avec des choux que l'on fait fermenter.

Christophe Colomb, *npm.* 1441-1506, illustre navigateur génois au service de l'Espagne qui découvrit le Nouveau-Monde le 12 octobre 1492, et mourut persécuté par les Espagnols auxquels il avait donné l'empire des deux Amériques.

Chronique, *adj.* qui dure un temps indéfini; dérivés : chroniqueur, chronologie. Grec, *chrónos*, temps.

Cimbres, *npm.* peuple celtique qui habitait une partie du Jutland et des bords de la Baltique, et qu'une inondation causée par cette mer obligea à émigrer conjointement avec les Teutons.

Circulaire, *adj.* qui a la forme d'un cercle; Semi- —, qui a la forme d'un *demi-cercle*.

Clermont-Ferrand, *np.* ville de France, ch.-l. du dép. du Puy-de-Dôme.

Cloche, *nf.* instrument sonore fait avec un alliage contenant 22 gr. d'étain pour 78 gr. de cuivre.

Clovis, premier roi chrétien des Francs, régna de 481 à 511.

Cognac, ville et sous-préfect. du dép. de la Charente, faisant un grand commerce d'eaux-de-vie.

Coligny (Gaspard de), *npm.* 1517-1572, amiral de France, chef du parti calviniste, assassiné à la Saint-Barthélemy par les gens du duc de Guise.

Collet, *nm.* littéralement *petit col*.

Colonie, *nf.* établissement qu'une nation fonde sur une terre étrangère.

Combustible, *nm.* toute substance qué l'on peut brûler pour se chauffer.

Combustion, *ncf.* combinaison d'un corps avec l'oxygène, ordinairement accompagnée d'un dégagement de chaleur et de lumière.

Comète, *nf.* astre formé d'une matière très-peu dense, muni d'une queue lumineuse; circule autour du soleil. Grec, *comé*, chevelure.

Confesser, *vtr.* signifie ici « reconnaître comme vrai et réellement existant. »

Congeler, *vtr.* solidifier un liquide par le froid.

Conradin, petit-fils de l'empereur Frédéric II et héritier du royaume de Naples que Charles d'Anjou, frère de saint Louis, vint lui ravir les armes à la main.

Conseil municipal, assemblée de citoyens nommés par les habitants d'une commune pour en gérer les affaires, sous la présidence du maire.

Constantinople (c'est-à-dire ville de Constantin), *np.* autrefois Byzance, à l'embouchure du canal de Constantinople, dans la mer de Marmara, ainsi nommée de Constantin, qui y transporta, l'an 330 de notre ère, le siège de l'empire romain; aujourd'hui capitale de l'empire turc.

Consul, *nm.* premier magistrat de la République romaine, dont les fonctions duraient un an. — Agent chargé de protéger les intérêts de sa nation dans un port étranger.

Contagieux, *adj.* qui se communique par le contact.

Contrefait, *adj.* fait contrairement aux lois de la nature.

Coopérer, *vn.* Litt. *travailler avec* un ou plusieurs autres.

Corneille (Pierre), *np.* célèbre poëte tragique français, né à Rouen en 1606, mort à Paris en 1684.

Côtier (fleuve), *adj.* se dit d'un petit fleuve ayant sa source dans une montagne très-voisine de la côte.

Cou, *nm.* autre forme col.

Coudée, *nf.* mesure de longueur égale à la distance moyenne du coude à l'extrémité du doigt médius.

Cour d'appel, tribunal supérieur auquel on peut appeler d'un jugement rendu par un tribunal de première instance.

Couronne (aspirer à la), à la royauté, dont la couronne est l'emblème.

Créance, *nf.* somme qu'un individu compte à son avoir parce qu'elle lui est due.

Crécy, bourg de la Somme où les Français, commandés par Philippe de Valois, perdirent, en 1346, une célèbre bataille contre Edouard III, roi d'Angleterre. C'est là que l'on fit pour la première fois usage des canons.

Crésus, *npm.* dernier roi de Lydie, du VIe siècle avant J.-C., célèbre par ses richesses; il fut vaincu par Cyrus, roi de Perse, qui, après avoir été sur le point de le faire périr, l'admit au nombre de ses amis et lui restitua son royaume.

Crète, *npf.* aujourd'hui Candie, grande île de la partie orientale de la Méditerranée, appartient à la Turquie.

Croisade, nom donné à toute expédition entreprise au moyen âge par les chrétiens, pour arracher la Terre-Sainte aux musulmans.

Croissant, *nm.* instrument tranchant servant à couper les arbres, ayant la forme du *croissant* de la lune. Dans ce dernier sens il est le participe présent du verbe *croître*.

Crue, *s. participial f.* de *croître*, élévation subite du niveau d'un cours d'eau.

Cuiller, *nf.* s'écrit encore *cuillère*; ustensile de table.

Cuvier, *nprm.* famille française de Montbéliard qui produisit deux naturalistes : le célèbre *Georges Cuvier*, créateur de la géologie, 1769-1832; et *Frédéric Cuvier*, son frère, 1773-1838.

Cyclope, *myth.* géant fabuleux, né de Neptune et d'Amphitrite, anthropophage, troglodyte (qui habite dans les cavernes), et qui n'avait qu'un œil au milieu du front.

D

Danaïdes, *myth.* ce sont les 50 filles du roi *Danaüs* qui, mariées aux 50 fils de leur oncle *Egyptus*, selon la fable, tuèrent leurs époux la nuit de leur noce et furent, pour ce fait, condamnées dans les enfers à verser continuellement de l'eau dans un tonneau sans fond.

Débiteur, *nm.* celui qui doit à un autre.

Décevant, part. pr. du v. *décevoir*, tromper.

Déclic, *nm.* ressort qui, étant enlevé, fait qu'une machine entre en mouvement, — est formé du préfixe *dé* et du verbe *cliquer* ou *claquer*.

Défectueux, *adj.* qui a quelque défaut.

Défilé, *nm.* passage étroit faisant communiquer les deux versants d'une montagne.

Delta, *nm.* espace triangulaire compris entre les deux branches d'un fleuve à l'endroit où celui-ci se jette dans la mer.

Démosthène, *nprm.* le plus grand des orateurs grecs, 385-322 av. J.-C.

Denis de Syracuse, ou l'Ancien, tyran de Syracuse, de 403 à 368 av. J.-C.

Diamant, *nm.* pierre précieuse très-diaphane, très-brillante et plus dure que tous les autres corps. C'est du charbon pur et cristallisé.

Diogène, *nprm.* philosophe grec célèbre par ses reparties et par son mépris des usages et des bienséances, 474-324 av. J.-C.

Doge, *nm.* c.-à-d. *duc*, titre des anciens chefs de la République de Venise, qui étaient élus à vie.

Domestique, *adj.* de la maison, du lat. *domus*, maison.

Don ou **dom**, abrégé du latin *dominus*, seigneur, s'emploie en Espagne comme le mot *monsieur* en France.

Doubs (le), c.-à-d. *le noir*, riv. de France, affluent de la Saône, roule quelques paillettes d'or.

Dubois, *nprm.* précepteur de Philippe d'Orléans et premier ministre pendant la régence de ce prince.

E

Eau-de-vie, *nf.* liqueur obtenue par la distillation du vin et formée d'un mélange d'eau et d'alcool ou esprit de vin.

Échelles du Levant, nom sous lequel on désigne les ports marchands de la Turquie d'Asie.

Éclipse, *nf.* disparition momentanée du soleil ou de la lune.

Écosse, *npf.* contrée montagneuse de la Grande-Bretagne, au nord de l'Angleterre, cap. Édimbourg.

Édouard III, *npm.* roi d'Angleterre, de 1327 à 1377, commença la guerre de Cent ans contre la France.

Égypte, *nprf.* contrée arrosée par le Nil et située à l'angle N.-E. de l'Afrique.

Égyptien, hab. de l'Égypte.

Élytre, *nf.* aile cornée des insectes servant d'étui aux véritables ailes; le hanneton a des *élytres*.

Émaillé, qui présente un aspect comparable à un émail de différentes couleurs.

Embouchure, *nf.* l'endroit où un fleuve se jette dans la mer.

Empenné, *adj.* garni de plumes. Latin *penna*, plume.

Emplâtre, *nm.* médicament externe étendu sur une toile ou une peau et qui adhère à la partie du corps où on l'applique. Au XVIIe siècle, on faisait souvent *emplâtre* du féminin. Par la suppression de *em* dans *emplâtre*, on a formé *plâtre*.

Enclouer, *vn.* enfoncer dans la lumière d'un canon une cheville de métal qui la déforme et empêche désormais l'usage de la pièce.

Endémique, *adj.* se dit d'une maladie particulière à certains pays où elle règne, soit constamment, soit à des époques fixes.

Envergure, *nf.* la distance qui existe entre les extrémités libres des deux ailes étendues d'un oiseau.

Épée, autrefois *espée*; le premier accent aigu remplace le *s*.

Épervier, *nm.* oiseau de proie de la famille des faucons, à bec petit, très-court et subitement recourbé.

Épidémique, *adj.* se dit d'une maladie qui attaque simultanément beaucoup d'individus d'un même pays et qui dépend d'une cause générale, mais accidentelle, répandue dans l'air.

Épigramme, *nf.* petite pièce de vers qui se termine par un trait piquant.

Épine du dos ou *colonne vertébrale*, colonne osseuse composée de vertèbres, os annulaires empilés les uns sur les autres, qui occupe la partie médiane du dos dans toute sa longueur.

Équinoxe, *nm.* moment de l'année où le jour et la nuit sont égaux; il y a l'équinoxe du printemps, 21 mars, et l'équinoxe d'automne, 21 septembre.

Érysipèle, *nm.* inflammation de la peau.

Écriture pour **Écriture** (la divine) est l'ensemble des livres de l'Ancien et du Nouveau Testament.

Espagne, *nprf.* grande contrée du midi de l'Europe, séparée de la France par les Pyrénées, baignée à l'Est par la Méditerranée, au Nord-Ouest et au Sud-Ouest par l'Océan Atlantique; cap. Madrid.

Etna, *nprm.* c.-à-d. *montagne brûlante*, volcan de Sicile, près de Catane.

Étain, autrefois *estain*, l'accent aigu remplace l's. De là dérive *étamer*.

Étêter, *va.* couper toutes les branches qui garnissent la tête d'un saule.

Euphrate, *nprm.* fleuve de la Turquie d'Asie qui se réunit au Tigre non loin de son embouchure dans le golfe Persique.

Eurybiade, *nprm.* Lacédémonien commandant en chef la flotte grecque à la bataille de Salamine, 480 ans av. J.-C.

Eustache de St-Pierre, *nprm.* nom d'un bourgeois de Calais qui se dévoua pour ses concitoyens en 1347.

Évier (et non *lévier*), *nm.* pierre creusée à la surface, sur laquelle on lave la vaisselle, et qui est munie d'un conduit par où s'écoulent les eaux ménagères; dérive de *eve*, ancien nom de l'eau.

Excellence, *ncf.* titre honorifique de certains hauts fonctionnaires.

Expert, *nm.* individu chargé d'estimer un objet ou un ouvrage.

Expropriation, *nf.* action de déposséder

un individu d'une propriété pour cause d'utilité publique et moyennant une indemnité préalable.

Extinction, *nf.* action d'éteindre.

Extrait, *nm.* produit qu'on obtient en faisant dissoudre une matière d'origine organique dans un liquide convenable que l'on fait évaporer jusqu'à ce que l'on ait obtenu un résidu mou ou solide. *Extrait* est un substantif participial de *extraire*.

F

Fabricius, *nprm.* astronome hollandais de la fin du xvIᵉ siècle.

Facteur, *nm.* agent commercial.

Factice, *adj.* fait de main d'homme et par conséquent non naturel ; qui est fait ou imité par l'art.

Faine, *nf.* fruit du hêtre, sert à faire de l'huile.

Faon, *nm.* (prononcez *fan*), le petit de la biche, de la chevrette, de la daine, etc.

Fécule, *nf.* matière granuleuse produite par beaucoup de végétaux, notamment par la pomme de terre, les céréales et les légumineuses.

Fénelon (François de Salignac de La Mothe), archevêque et duc de Cambrai, né en 1647, mort en 1715 ; auteur du *Télémaque*.

Fère, est un suffixe signifiant *qui porte*, du lat. *ferre*, porter : *calorifère*, qui porte la chaleur ; *somnifère*, qui cause le sommeil.

Fétiche, *nm.* objet quelconque ou statue informe qu'adorent les sauvages.

Filière, *nf.* plaque d'acier percée de trous de plus en plus fins, à travers lesquels on fait passer successivement un fil métallique pour l'allonger. — Dérive de *fil*.

Fixe (étoile), étoile qui a toujours la même position sur la sphère céleste ; les étoiles fixes (ou prétendues fixes, car en réalité elles parcourent l'espace avec une vitesse considérable, quoique peu appréciable vu la distance qui nous en sépare) sont autant de soleils.

Flandre, *nprf.* province des Pays-Bas située partie en Belgique, partie en France.

Flèche, *nf.* clocher élancé et terminé en pointe.

Florence, *nprf.* ville d'Italie sur l'Arno, anc. cap. du grand-duché de Toscane, et plus récemment du royaume d'Italie.

Florian, *nprm.* fabuliste français (1755-1794).

Foie, *nm.* glande énorme située dans le ventre ou abdomen, produisant de la bile.

Fomentation, *nf.* application, sur une partie du corps, au moyen d'un linge trempé, d'un liquide chaud contenant quelque substance médicamenteuse. — Vient de *fomenter*, faire des fomentations, exciter.

Fontainebleau, *npr.* sous-préfecture de Seine-et-Marne, au milieu d'une forêt, magnifique château national, rebâti par François Iᵉʳ.

Forêt, *nf.* autrefois *forest*, l'accent circonflexe remplace l's qui est tombé.

Foucault (Léon), physicien français contemporain, mort dans ces dernières années.

Foudre de guerre, tout guerrier dont les exploits stupéfient comme ferait la foudre.

Fourneau, dérive de *four* autrefois *fourn*.

France, *npf.* grande contrée de l'Europe centrale et occidentale, cap. Paris, 36 000 000 d'habitants.

François Iᵉʳ, roi de France de 1515 à 1547, surnommé le père des lettres.

Franklin (Benjamin), célèbre physicien et homme d'Etat des Etats-Unis d'Amérique, 1706-1790.

Frédégonde, *nprf.* (543-597), reine des Francs, femme de Chilpéric Iᵉʳ, célèbre par sa cruauté.

Frêle, *adj.* doublet de *fragile*, signifie *fragile* et *faible*.

Fresque, *nprf.* grande peinture faite à la colle sur un mur.

Frise, *nm.* partie moyenne d'un entablement.

Fumigation, *nf.* réduction d'une substance en vapeurs que l'on dirige sur une partie quelconque du corps pour obtenir un effet thérapeutique, — dérive de *fumée*.

G

Galilée, *nprm.* illustre mathématicien né en 1564, mort à Florence en 1642.

Gange, *nprm.* grand fleuve de l'Hindoustan, sacré pour les Hindous.

Garde-fou, *nm.* (pl. des *garde-fous*), barrière placée dans un endroit escarpé pour empêcher qu'on ne tombe dans un précipice.

Gargarisme, *nm.* liquide qu'on agite dans la bouche pour en panser quelque partie et qu'on rejette ensuite ; — dérive de *gargariser*.

Gastrite, *nf.* inflammation de la membrane muqueuse de l'estomac. Grec, *gaster*, estomac.

Gaulois, *nprm.* peuple d'origine aryaque qui s'établit dans l'occident de l'Europe à l'aurore des temps historiques, et donna son nom à la Gaule, vaste pays comprenant, outre la France actuelle, la Suisse, l'Allemagne cisrhénane, la Belgique et une partie de la Hollande.

Gédéon, *npr.* cinquième juge du peuple israélite, 1349-1309 av. J.-C., délivra sa nation du joug des Madianites.

Gemme, *nf.* pierre précieuse.

Gemme (sel), sel ordinaire qui, au lieu d'être extrait de l'eau de mer, est tiré de mines qui existent au sein de la terre. Les principales mines de sel gemme de la France se trouvent en Franche-Comté.

Gent, *ncf.* signifie nation.

Géologique, *adj.* qui a rapport à la géologie, science ayant pour l'objet l'étude de la croûte terrestre.

Gîte, *nm.* où se tapit le lièvre pour dormir ; autrefois *giste* ; l'accent circonflexe remplace l's qu'il y avait avant le *t*.

Glapir, *vn.* imiter le cri du renard.

Glouton, *nm.* qui mange avec une avidité extrême.

Gondole, *nf.* barque qui sert à transporter les habitants sur les lagunes ou canaux qui forment les rues de Venise ; voiture publique.

Grec, *nm.* habitant de la Grèce, d'origine indo-européenne.

Grèce, *nprf.* petite contrée du S.-E. de l'Europe où fleurirent les lettres et les arts dans l'antiquité. Après avoir été longtemps soumise au joug des Turcs, elle forme aujourd'hui un royaume indépendant.

Grenat, *nm.* pierre précieuse d'un rouge

de vin, qui rappelle la couleur de l'intérieur d'une grenade ; de là son nom.

Grison, *nm.* qui est de couleur grise ; est employé comme synonyme d'*âne*.

Grue, *nf.* machine destinée à élever les fardeaux.

Gué, *nm.* endroit d'un fleuve où l'on peut passer sans être obligé de nager.

Guenon, *nf.* singe femelle.

Gui, *nm.* plante parasite qui croît sur le chêne, le peuplier, le pommier, etc. et dont les fruits fournissent la glu. Le *gui* du chêne était en grande vénération chez les Gaulois.

Guise (duc de), *nprm.* prince lorrain du XVIᵉ siècle, tué à Blois en 1588 par ordre de Henri III.

Gutenberg, *nprm.* inventeur de l'imprimerie, né à Mayence vers 1400, mort en 1468.

Gymnase, *nm.* lieu disposé et aménagé pour les exercices du corps.

H

Harpagon, *nprm.* personnage d'une comédie de Molière*, synonyme d'*avare*.

Harponner, *vtr.* lancer un *harpon*, c.-à-d. une espèce de dard dans le corps d'une baleine.

Haut-fourneau, *nm.* sorte de grande cuve en briques dans laquelle, à l'aide d'une chaleur intense et du charbon, on convertit le minerai de fer en fonte.

Haydn, *nprm.* célèbre compositeur de musique autrichien (1732-1809).

Hémorrhagie, *nf.* écoulement de sang occasionné par la rupture d'un ou de plusieurs vaisseaux sanguins.

Henri II, roi de France, de 1547 à 1559.

Henri IV, roi de France, de 1589 à 1610.

Hercule, *myth.* demi-dieu fils de Jupiter et d'Alcmène, symbolisait la force et le courage et passait pour avoir exécuté douze œuvres périlleuses que l'on appelle les douze travaux d'Hercule.

Himalaya, *npr.* (c.-à-d. montagne de glace) la plus haute chaîne de montagnes du globe, qui sépare l'Indoustan du plateau du Thibet.

Hindoustan, *nprm.* grande presqu'île située dans la partie sud de l'Asie et soumise à l'Angleterre.

Hivernal, *adj.* d'hiver.

Hoche Lazare, *np.* (1768-1797), illustre général français de la première République.

Hollande, *nprf.* c.-à-d. *pays creux*, contrée marécageuse du N.-O. de l'Europe, cap. Amsterdam.

Homère, *nprm.* célèbre poëte grec qui vivait vers l'an 900 av. J.-C. On croit aujourd'hui qu'il y a eu deux poëtes de ce nom, l'un auteur de l'*Iliade*, l'autre de l'*Odyssée*.

Horace, *nprm.* père des trois frères Horaces, guerriers romains dont la victoire sur les trois frères Curiaces soumit à Rome la ville d'Albe, 667 ans av. J.-C.

Houblon, *nm.* plante dioïque de la famille des orties, dont les cônes sont employés dans la fabrication de la bière, à laquelle ils communiquent une bonne amertume.

Houille, *nf.* ou *charbon de terre*, combustible qu'on trouve dans le sein de la terre et qui résulte de la décomposition lente de forêts des âges géologiques.

Hugues Capet, *nprm.* régna de 987 à 996 et fut le fondateur de la troisième dynastie des rois de France, celle des *Capétiens*.

Huitre, *nf.* mollusque acéphale dont une espèce est comestible et très-recherchée des gourmets ; autrefois *huistre* ; l'accent circonflexe remplace le *s*.

Humérus, *nm.* os long et volumineux du bras qui va de l'épaule au coude.

Huns, *nprmpl.* peuples de race ougro-tartare, originaires de l'Asie, qui, sous les ordres d'Attila, ravagèrent l'Europe au IVᵉ siècle de notre ère. La victoire des Champs Catalauniques délivra la Gaule de ces hordes féroces.

Hyacinthe, *nf.* pierre précieuse d'un jaune rougeâtre ; la seconde forme de ce mot est *jacinthe*, nom d'une plante bulbeuse.

Hydraulique, *adj.* qui a rapport à la conduite ou au mouvement des eaux.

Hydro, préfixe dérivé du grec, signifie *eau*.

Hydrophobie, *nf.* littéralement *crainte de l'eau*, autre nom de la rage.

Hydropisie, *nf.* épanchement d'une humeur aqueuse dans une cavité du corps ou dans le tissu cellulaire.

Hygiène, *nf.* science qui s'occupe des moyens de préserver le corps des maladies.

I

Iliade, *nprf.* nom d'un poëme d'Homère où il raconte le siége de Troie.

Im, dans *immédiat*, est pour *in* marquant la privation, la négation.

Incubation, *nf.* action de couver ; l'incubation artificielle a lieu quand on chauffe doucement les œufs sans l'intervention d'un oiseau.

Indes, *nprf.* les deux grandes presqu'îles du sud de l'Asie.

Indigène, *adj.* qui est du pays même.

Infusion, *nf.* liquide obtenu en versant de l'eau bouillante sur une substance dont on veut extraire les principes médicamenteux ou nutritifs ; le thé, le café se préparent par infusion. *Infusion* est formé de *infuser*, verser dans.

Ingénieur, *nm.* celui qui conçoit le plan de grands travaux d'utilité publique ou privée et qui en dirige l'exécution.

Innocuité, *nf.* litt. *qui ne nuit pas*, qualité de ce qui ne peut faire de mal.

Inouï, *adj.* litt. *non ouï*, qui est tellement extraordinaire qu'on n'en a jamais entendu parler.

Insecte, *nm.* animal dont le corps est composé d'anneaux soudés les uns aux autres, et qui n'a pas de squelette intérieur.

Insectivore, *adj.* litt. qui se nourrit d'insectes.

Intense, *adj.* énergique.

Intérêt, *nm.* bénéfice produit chaque année par une somme d'argent prêtée.

Intermittente (fièvre), celle qui reprend et quitte le malade à jour et à heure fixes.

Iode, *nm.* litt. *violet*, corps simple violet qu'on extrait de plantes marines.

Irisé, *adj.* de la couleur de l'*iris*, ou arc-en-ciel.

Italie, *nprf.* grande péninsule du midi de l'Europe ayant la forme d'une botte, forme le royaume d'Italie, cap. Rome.

J

Jacques Cœur, *npr.* 1400-1456, argentier, c.-à-d. administrateur des finances de Charles VII.

Jarret, *nm.* partie charnue de la jambe au-dessous du genou.

Jean sans Peur, *nprm.* duc de la seconde maison de Bourgogne de 1404 à 1419, assassiné à Montereau.

Jean II dit le Bon, roi de France de 1350 à 1364.

Jeanne Darc, *nprf.* jeune bergère, née en 1409 à Domrémy en Lorraine, qui délivra la France des Anglais et fut brûlée vive à Rouen par ces derniers en 1431.

Jérusalem, *npr.* cap. de la Terre-Sainte, où N.-S. J.-C. fut crucifié.

Joaillerie, *nf.* dérive de *joailler* venant lui-même de *joyau.*

Joaillier, *nm.* marchand de pierres précieuses.

Joinville (le sire de), sénéchal de Champagne, ami de saint Louis, qu'il accompagna dans sa croisade en Egypte; il a laissé des mémoires très-intéressants, 1224-1319.

Journellement, *adv.* dérive de *jour* autrefois *journ.*

Jupiter, *nprm.* littéralement *père du jour*; le maître des dieux dans la mythologie. — L'une des plus grosses planètes de notre système, elle possède sept lunes.

Jura, *nprm.* chaîne de montagnes qui sépare la France de la Suisse.

K

Képler, *nprm.* (1571-1630), illustre astronome allemand, découvrit les lois du mouvement des planètes autour du soleil.

L

Lacédémone, autre nom de la ville de *Sparte,* qui était située en Grèce, dans le Péloponèse, sur l'Eurotas.

Lactée, *adj.* de la couleur du lait; *voie —* grande bande de nébuleuses, de couleur blanche, traversant le ciel du nord au sud. Le soleil en fait partie.

La Fontaine (Jean), *nprm.* poëte français surnommé l'*Inimitable,* le premier des fabulistes, 1621-1694, né à Château-Thierry (Aisne).

Laiton, *nm.* ou cuivre jaune, alliage de cuivre et de zinc.

Laminoir, *nm.* machine composée de deux cylindres d'acier entre lesquels on fait passer la plaque de métal que l'on veut amincir; — vient de *lame,* par l'intermédiaire de *laminer.*

Lande, *nf.* terre composée d'un sable mouvant, qui borde la côte du golfe de Gascogne depuis Bordeaux jusqu'à Bayonne.

Lapon, *ncm.* habitant de la Laponie, contrée de l'extrême nord de l'Europe. Les Lapons sont de petite taille et de race ougrotartare. Ils ont pour animal domestique le *renne* qui leur tient lieu de vache et de cheval et les nourrit de sa chair.

La Tour d'Auvergne, *npr.* surnommé le *premier grenadier de la République,* célèbre militaire français, né à Carhaix en 1743, tué à l'armée du Rhin le 27 juin 1800.

Law, *nprm.* fameux financier écossais dont le système, d'abord accepté avec engouement, conduisit la France, pendant la minorité de Louis XV, à une catastrophe financière.

Le Dante, *nprm.* célèbre poëte italien 1265-1321, auteur de la *Divine Comédie.*

Le Nôtre, *nprm.* 1613-1700, architecte des jardins de Versailles.

Léonard de Vinci, célèbre peintre italien, né en 1452, mort en 1519, en France, où il avait été appelé par François Ier.

Liban, *nm.* chaîne de montagnes de la Turquie d'Asie, au nord de la Palestine et longeant la Méditerranée.

Libéral, *adj.* généreux.

Liniment, *nm.* toute matière onctueuse employée pour faire des frictions.

Lisbonne, *nprf.* à l'embouchure du Tage, cap. du Portugal.

Livingstone (le docteur), célèbre voyageur anglais qui parcourt en ce moment l'intérieur de l'Afrique.

Locomotive, *nf.* machine à vapeur destinée à traîner les wagons sur un chemin de fer; — est formé de *loco,* lieu, et du radical de *mouvoir.*

Loire, *nprf.* grand fleuve qui arrose le centre de la France.

Lombardie, *nprf.* vaste plaine de l'Italie septentrionale arrosée par le Pô et autrefois occupée par les Lombards, cap. Milan.

Londres, *np.* la ville la plus peuplée de l'Europe (plus de deux millions d'habitants), sur la Tamise, cap. de l'Angleterre et de tout l'empire britannique.

Longévité, *nf.* litt. longue vie.

Lorraine, anc. province enlevée partiellement à la France par la guerre 1870-1871, cap. Nancy.

Lorraine (maison de), très-ancienne maison princière de l'Europe, possédant la Lorraine en toute souveraineté, et dont une des principales branches fut celle des Guises.

Lotion, *nf.* littéralement *lavage,* liquide dont on se sert pour laver une partie malade; action de laver avec un tel liquide.

Louis XII, roi de France de 1498 à 1515.

Louis XIV, *npr.* surnommé le Grand, roi de France de 1643 à 1715.

Louis XV, roi de France de 1715 à 1774.

Louise de Savoie, reine de France, mère de François Ier, 1476-1532.

Louvre, *nprm.* ancien palais des rois de France, situé à Paris sur la rive droite de la Seine, converti maintenant en musée. Les constructions actuelles du Louvre datent des époques de François Ier et Henri II, Louis XIV, Napoléon III.

Lucratif, *adj.* qui rapporte de gros bénéfices; de *lucre,* gain.

Lutèce, *nprf.* ancien nom de Paris.

Lycurgue, *nprm.* législateur de Sparte, vivait au VIIIe siècle av. J.-C.

M

Machine, *sf.* d'où *machination.*

Madrigal, *nm.* petite pièce de vers exprimant des sentiments raffinés et galants.

Magellan, *npr.* navigateur portugais au service de l'Espagne, qui fit le premier le tour du monde de 1519 à 1521. On a donné son nom au détroit qui sépare le continent américain de la Terre de Feu.

Mahomet, *nprm.* (571-632), faux prophète, fondateur de la religion musulmane, naquit et vécut en Arabie.

Maille, *nf.* tout losange formé par les fils d'un tissu lâche ; ancienne petite monnaie de cuivre.

Malte, *nprf.* île de la Méditerranée possédée longtemps par les Chevaliers de Malte, prêtres guerriers qui donnaient la chasse aux corsaires mahométans infestant la Méditerranée. Malte est aujourd'hui aux Anglais.

Mander, *vtr.* faire savoir, faire venir.

Maraîcher, *nm.* jardinier qui cultive des légumes dans un terrain marécageux.

Marécage, *nm.* synonyme de marais.

Marée, *nf.* le flux et le reflux de la mer.

Margelle, *nf.* grosse pierre ronde annulaire, que l'on place à l'ouverture d'un puits.

Mars, *myth.* dieu de la guerre chez les Romains.

Marseille, ville importante de France et port de commerce très-fréquenté, sur la Méditerranée, ch.-l. du départ. des Bouches-du-Rhône.

Martinique (La), *nprf.* île d'Amérique faisant partie du groupe des petites Antilles, colonie française.

Mascarille, *nprm.* valet de comédie dont le nom et le type ont été empruntés à la comédie italienne.

Matelote, *nf.* ragoût fait avec du poisson et du vin blanc.

Mâtin, *nm.* gros chien de garde.

Méditerranée (c.-à-d. mer au milieu des terres), grande mer qui sépare le sud de l'Europe du nord de l'Afrique.

Mégissier, *nm.* qui prépare les peaux pour en faire autre chose que du cuir ; de *mégis*, préparation dont se servaient les tanneurs.

Ménélas, *nprm.* roi de Sparte, frère d'Agamemnon et mari d'Hélène, vit toute la Grèce se conjurer en sa faveur pour venger sur les Troyens l'injure qu'il avait reçue de Pâris *.

Mer Morte, *nprf.* ou *lac Asphaltite,* grand amas d'eau bitumineuse traversé par le Jourdain.

Mer Rouge, *nprf.* golfe étroit et profond de l'Océan Indien, qui sépare l'Arabie de l'Egypte. Le canal de Suez la fait aujourd'hui communiquer avec la Méditerranée.

Mercenaire, *adj.* se dit d'un soldat qui sert en pays étranger pour de l'argent.

Merlin, barde et enchanteur gallois du ve siècle qui joua un grand rôle dans les romans de chevalerie.

Métallurgie, *nf.* littéralement *travail des métaux ;* art d'extraire d'un minerai le métal qu'il contient.

Meuble, *adj.* qui peut être déplacé aisément ; *mobile,* qui est en mouvement.

Meute, *nf.* troupe de chiens de chasse.

Mexicain, *nm.* hab. du Mexique, contrée de l'Amérique septentrionale.

Mexique, *nprm.* contrée de l'Amérique septentrionale, au S.-O. des Etats-Unis, cap. Mexico.

Michel-Ange (Buonarotti), *npr.* illustre peintre, sculpteur et architecte italien (1474-1564), constructeur de la basilique de Saint-Pierre à Rome.

Michel de l'Hôpital, *np.* (1506-1573), sage et intègre magistrat, chancelier de France sous les Valois.

Mie (ma), autrefois *m'amie,* et antérieurement *ma amie,* pour **mon amie.** On n'employait jamais *mon, ton, son* pour *ma, la, sa.*

Milan, *nm.* oiseau de proie de la famille des faucons, remarquable par la puissance de son bec et de ses serres.

Mine, *nf.* dépôt naturel de minéral, de combustible ou de pierre dans le sein de la terre.

Minos, *nprm.* l'un des trois juges des morts aux Enfers, d'après la mythologie.

Mississipi, *nprm.* grand fleuve des Etats-Unis, qui se jette dans le golfe du Mexique.

Molière (Jean-Baptiste Poquelin de), né à Paris en 1622, mort en 1673 ; le premier poëte comique, non-seulement de la France, mais de tous les pays et de tous les temps. Ses principaux chefs-d'œuvre sont : *l'Avare,* le *Bourgeois gentilhomme,* le *Malade imaginaire,* les *Femmes savantes,* le *Tartufe,* le *Misanthrope,* etc.

Monde (ancien), vaste continent composé de l'Europe, de l'Asie et de l'Afrique, le seul que connaissaient les anciens.

Monstre, *nm.* être organisé qui n'est pas conforme au type de son espèce : un poulet à deux têtes est un monstre.

Mont Blanc, *nprm.* le sommet le plus élevé des Alpes, 4795 m., couvert de neiges perpétuelles.

Montaigne, *nprm.* moraliste et écrivain français, originaire du Périgord, auteur des *Essais.* 1533-1592.

Moribond, *adj. litt.* qui est sur le point de mourir.

Mosquée, *nf.* temple des Musulmans.

Moufle, *nf.* assemblage de poulies, les unes fixes, les autres mobiles.

Moulin, *nm.* dérivé de *moudre,* radical *moul.*

Moustique, *nm.* insecte des pays chauds dont la piqûre est très-douloureuse.

Moyen Age, le temps qui s'est écoulé depuis l'an 476, date de la chute de l'empire d'Occident, jusqu'en l'année 1453, où Constantinople fut prise par les Turcs.

Murillo, grand peintre espagnol, 1618-1682.

Musée, *nm.* edifice dans lequel on conserve des objets d'art, comme tableaux, statues, etc., ou des curiosités naturelles.

Mylord, *nm.* titre honorifique des pairs d'Angleterre.

Mythologie, *nf.* la science des divinités du paganisme. Litt. *science de la fable.*

N

Naples, *nprf.* ville d'Italie, anc. cap. du royaume de Naples, près du Vésuve.

Naturaliste, *nm.* savant qui étudie les minéraux, les végétaux ou les animaux.

Naval, *adj.* qui concerne les vaisseaux ou qui se fait au moyen des vaisseaux.

Navarre, *nprf.* anc. royaume qui occupait les deux versants des Pyrénées occidentales.

Navigable, *adj.* se dit d'un cours d'eau qui peut porter bateau.

Néfaste, *adj. litt. dont on ne doit pas parler ;* malheureux, funeste.

Nègre, *ncm.* individu appartenant à la

race noire, caractérisée par une peau noire, des cheveux laineux et frisés, des pommettes saillantes, des mâchoires proéminentes.

Newton (Isaac), très-célèbre mathématicien, physicien et astronome anglais, né en 1642, mort en 1727.

Niagara, *nprm*. rivière de l'Amérique du nord ; son cours offre la plus belle chute qu'il y ait au monde.

Nil, *nprm*. fleuve qui arrose l'Egypte et dont les débordements périodiques fertilisent le sol de cette contrée.

Ninive, *nprf*. dans l'antiquité, ville sur le Tigre, capitale de l'un des deux empires d'Assyrie ; l'une des villes les plus peuplées du monde ancien ; ses ruines ont été récemment retrouvées.

Niveau, *nm*. surface de l'eau.

Normandie, *nprf*. anc. province de France, baignée par la Manche, riche en pâturages ; cap. Rouen.

Normands, litt. *hommes du Nord*, peuples d'origine scandinave qui vivaient de piraterie, et qui envahirent le N. O. de l'Europe, du Ve au Xe siècle de notre ère.

Nouveau-Monde, l'Amérique.

Nymphe, *sf*. divinité secondaire de la mythologie, représentée sous les traits d'une jeune fille ; les nymphes habitaient les bois, les prairies, les fontaines, les fleuves, etc.

O

Occiput, *nm*. la partie postérieure et inférieure de la tête. Litt. *la partie opposée de la tête.*

Océan, nom de plusieurs grandes mers du globe ; les anciens appelaient *fleuve Océan* la mer dont ils supposaient toute la terre entourée.

Œrstedt, *nprm*. célèbre physicien danois (1777-1851), signala le premier l'action des courants électriques sur l'aiguille aimantée.

Olympiade, *nf*. espace de quatre ans qui s'écoulait entre deux célébrations des jeux olympiques. Les Grecs comptaient par olympiades. La 1re olympiade correspond à l'an 776 av. J.-C.

On, forme abrégée du mot *homme* dont elle eut d'abord exclusivement la signification.

Onguent, *nm*. médicament externe d'une consistance analogue à celle de l'axonge ou saindoux. Le verbe *oindre*, radical *oign*, a la même racine que *onguent.*

Opéra, *nm*. littéralement *ouvrage*, pièce dramatique faite pour être chantée ; le lieu où l'on représente les opéras.

Orphéon, *nm*. société formée dans le but de cultiver la musique vocale. *Étym*. Orphée.

Orteil, *nm*. doigt du pied.

Oseraie, *nf*. lieu planté d'osiers.

Ossian, *npr*. barde écossais du IIIe siècle de notre ère.

Ouate, *nf*. couche de coton plus ou moins épaisse fixée sur une étoffe très-mince.

Ourse, *nf*. féminin de *ours*, mammifère carnassier.

Ovation, *nprf*. (faire l'—), signifie *triompher.*

Ovide, *nprm*. (de 43 à 18 av. J.-C.), poëte latin auteur des *Métamorphoses*, etc.

P

Pacifique (Océan), grande mer entre le Nouveau-Monde à l'est, l'Asie et l'Australie à l'ouest.

Paganisme, *ncm*. croyance de ceux qui adorent les dieux de la mythologie grecque et latine, ainsi nommée de *paganus*, paysan, parce que le paganisme persista longtemps dans les campagnes après l'introduction du christianisme dans les villes.

Palestine, *nprf*. ou Terre-Sainte, petit pays montagneux à l'angle S.-O. de la Syrie, cap. Jérusalem.

Palmyre, *npr*. anc. ville de Syrie, dans une oasis du désert de ce pays, à mi-chemin de Damas aux rives de l'Euphrate. On en voit de magnifiques ruines.

Panama (isthme de), relie les deux Amériques.

Paramelle (l'abbé), savant contemporain qui a enseigné l'art de découvrir les sources.

Parasite, *adj*. se dit d'un animal ou d'une plante qui vit sur un autre animal ou sur une autre plante.

Pâris, *nprm*. fils de Priam, roi de Troie, suscita des maux sans nombre à sa patrie en ravissant Hélène, femme de Ménélas, roi de Sparte.

Parmentier, *nprm*. introducteur de la pomme de terre en France, 1737-1813.

Parnasse, *nprm*. montagne près de Delphes, dans la Phocide, séjour d'Apollon et des Muses d'après la mythologie grecque ; désigne aujourd'hui la poésie en général.

Parques, *myth*. divinités des enfers au nombre de trois, qui filaient la vie des hommes.

Parthénon, *nprm*. anc. temple situé dans l'Acropole ou citadelle d'Athènes et consacré à Minerve. On voit encore des restes de cet admirable monument.

Partisan, *nm*. se dit d'un soldat irrégulier qui fait une guerre de surprises.

Pascal (Blaise), *nprm*. illustre savant et écrivain français, 1623-1662.

Passage. Tous les morts, pour passer le Styx, devaient payer une obole au nocher Caron.

Pavie, *np*. ville d'Italie, célèbre par la défaite de François Ier par Charles-Quint, 1525.

Péage, *nm*. droit de passage, qui se lève pour l'entretien d'un pont, d'une chaussée, etc.

Peaux-Rouges, nom que l'on donne aux indigènes de l'Amérique du nord, à cause de la couleur cuivrée de leur peau.

Peigne, *nm*. instrument pour démêler les cheveux et fait avec de la corne, du métal ou du caoutchouc durci.

Pékin, *nprm*. immense ville de plus de 2 millions d'hab., cap. de l'empire chinois.

Pendule, *nm*. balancier d'une horloge ; *pendule*, *nf*. sorte d'horloge dont le mouvement est réglé par un pendule.

Pérou, *nprm*. contrée et république de l'Amérique méridionale, autrefois riche en mines d'or et d'argent, cap. Lima.

Perpétuel, *adj*. qui n'a pas de fin.

Petit-maître, *nm*. individu d'une élégance raffinée et toujours mis à la dernière mode.

Phéniciens, *npm*. peuple d'origine sémitique qui habitait le littoral de la Méditerranée, au nord de la Palestine, et qui se rendit célèbre dans l'antiquité par sa marine, ses colonies et son commerce.

Phénomène (astronomique), tout événement naturel survenant dans la région des astres.

Phidias, *nprm.* (498-431 av. J.-C.), le plus célèbre sculpteur de la Grèce et de toute l'antiquité.

Philippe II Auguste, roi de France, régna de 1180 à 1223.

Philippe VI de Valois, chef de la branche des Valois, petit-fils de Philippe le Hardi, roi de France de 1328 à 1350, commença la guerre de Cent ans contre l'Angleterre.

Philippe de Champaigne, ou de Champagne, célèbre peintre de l'école française, né à Bruxelles en 1602, mort en 1674, fut le protégé de Louis XIII, de Richelieu et de Marie de Médicis.

Philomèle, *myth.* sœur de Progné, fut emprisonnée par Térée son beau-frère; délivrée par Progné, elle fut changée en rossignol.

Philosophie, *nf.* littéralement *amour de la sagesse*, science qui étudie l'âme humaine, Dieu et les rapports de l'homme à Dieu.

Photographique, *adj.* qui a rapport à la photographie, qui est produit par la photographie.

Phthisie, *nf.* maladie des poumons caractérisée par la formation de corps durs appelés tubercules.

Pièce (d'artillerie), *nf.* canon.

Pied-à-terre, *nm.* petite habitation où l'on ne séjourne que momentanément.

Piége, *nm.* machine pour attraper les animaux.

Pierre l'Ermite, *nprm.* pèlerin et prédicateur de la première croisade.

Pilotis, *nm.* amas de pieux enfoncés dans l'eau et supportant d'ordinaire quelque construction.

Pise, *npr.* ville d'Italie sur l'Arno, en Toscane.

Planète, *nf.* (c.-à-d. astre errant), astre qui tourne comme la Terre autour du soleil. *La planète Vénus* est nommée vulgairement *étoile du berger.*

Platine, *nm.* métal blanc précieux, inaltérable à l'air.

Platon, *npm.* illustre philosophe et écrivain grec, disciple de Socrate, 430 av. J.-C.

Pluton, *npm.* dieu des Enfers d'après la mythologie.

Poitiers, chef-lieu du dép. de la Vienne. C'est près de cette ville que Charles Martel défit les Sarrasins en 732, et que Jean II le Bon fut vaincu et fait prisonnier en 1356 par le prince de Galles, fils aîné de Edouard III, roi d'Angleterre.

Polaire, *adj.* qui a rapport au pôle, qui en est voisin.

Pommade, *nf.* cosmétique fait avec de l'axonge (ou saindoux) et un parfum; autrefois il y entrait des pommes, de là son nom.

Pompée, *npm.* surnommé *le Grand*, de 107 à 48 avant J.-C., fut le rival de César. Vaincu par celui-ci à Pharsale, il s'enfuit en Égypte où il fut assassiné par ordre des ministres de Ptolémée XII.

Pompéia, *np.* ancienne ville d'Italie qui, lors de la fameuse éruption du Vésuve, arrivée l'an 79 de notre ère, fut ensevelie sous une épaisse couche de cendres et de scories.

Depuis fort longtemps on travaille à exhumer cette cité.

Potion, *nf.* médicament liquide qu'on n'administre que par cuillerées. Mots de même famille : *Pot, potable, poison.*

Poudre, *sf.* mélange de salpêtre, de charbon et de soufre qui, en brûlant, produit un énorme volume de gaz doué d'une force projective considérable.

Précieuse, *adj.* fém. de *précieux*, dérive du latin *pretium*, prix.

Preux, *adj.* qui fait des prouesses.

Profane, *adj.* en quoi il n'y a rien de religieux.

Progné, *myth.* fille de Pandion, roi d'Athènes, et sœur de Philomèle; elle délivra celle-ci de la prison où elle était retenue par Térée, roi de Thrace, et fut changée en hirondelle au moment où Térée, son mari, allait lui donner la mort.

Prouesse, *nf.* action héroïque à la guerre; celui qui fait des prouesses est un *preux.*

Provins, *npm.* chef-lieu d'arrondissement (Seine-et-Marne).

Pulluler, *v.intr.* se multiplier rapidement; en parlant des animaux, abonder.

Puy-de-Dôme, *npm.* montagne d'Auvergne.

Pyramides, *nf.* gigantesques constructions à base carrée et dont chaque face ressemble à un escalier; elles servaient de tombeaux, mais elles avaient sans doute quelque autre destination qui est restée inconnue.

Pyrénées, *nprf.* chaîne de montagnes qui sépare la France de l'Espagne.

Pythagoricien, disciple de Pythagore; les pythagoriciens croyaient à la métempsycose, c'est-à-dire au passage des âmes d'un corps dans un autre, et ne mangeaient de la chair d'aucun animal.

Q

Quadrumane, *adj.* litt. *qui a quatre mains*, comme les singes; *quadrupède*, qui a quatre pieds.

Quarte, *adj.* (fièvre —) celle dont l'accès revient tous les quatre jours.

Quichotte (don), *nprm.* héros du roman espagnol de ce nom, de Michel Cervantès, qui est une critique de la chevalerie.

Quinquina, *nm.* arbre de l'Amérique méridionale dont l'écorce est utilisée en médecine, particulièrement pour combattre les fièvres intermittentes*.

R

Rabelais (François), *npm.* 1483-1553, célèbre écrivain français, auteur de *Gargantua.*

Racine, célèbre poëte tragique français, né à La Ferté-Milon en 1639, mort en 1690. Ses principaux chefs-d'œuvre sont : *Andromaque, Britannicus, Iphigénie en Aulide, Phèdre, Athalie*, etc.

Raffiner, *vtr.* rendre plus fin; *raffiner le sucre*, le purifier et le blanchir.

Raphaël, *np.* le plus célèbre peintre moderne, né à Milan en Italie, en 1483, mort en 1520.

Reconnaissance, *nf.* excursion faite par

un détachement de troupes pour avoir des renseignements sur la position de l'ennemi.

Régent (le), Philippe d'Orléans, prince du sang, régent pendant la minorité de Louis XV, mort en 1723.

Reims, *npr.* 60 000 hab., s.-préf. du département de la Marne, archevêché et belle cathédrale.

Relâche, *nm.* cessation d'une action; au théâtre, *entr'acte*, ou suspension momentanée des représentations.

Rembrandt, *np.* illustre peintre et graveur hollandais, 1606-1669.

Renaissance, *npf.* nom sous lequel on a désigné l'époque de François Ier, parce qu'on y vit en quelque sorte *renaître* la culture des lettres et des arts.

Renfort, *nm.* augmentation de force, de troupes.

Résine, *sf.* matière solide qui, mêlée à l'essence de térébenthine, constitue la matière qui coule du tronc des conifères quand on l'incline.

Rets, *nm.* filet.

Rhône, *npm.* (c.-a-dire le rapide) grand fleuve de France, très-rapide, qui se perd dans la Méditerranée.

Rivage (descendre au noir), descendre sur la rive du Styx après sa mort. (*Myth.*)

Rivière (de diamants), collier de une ou de plusieurs rangées de diamants enchâssés dans des chatons.

Robe, *nf.* se dit de la peau de certains animaux vivants.

Rœmer, *npm.* astronome danois, 1644-1710, séjourna longtemps en France où il enseigna les mathématiques au dauphin.

Romain, *nm.* habitant de Rome, et par extension tout individu jouissant des droits du citoyen romain.

Romaine, *nf.* sorte de balance; c'est l'adjectif féminin *romaine* devenu substantif. — Désigne encore une *salade*.

Rome, *nprm.* capitale du royaume d'Italie, sur le Tibre, résidence des papes.

Rond (un homme), un homme d'un caractère franc et facile.

Rose, l'une des formes que l'on donne au diamant en le taillant. Un diamant en *rose* est taillé par dessus en facettes et plat en dessous.

Rossini, *npr.* célèbre compositeur d'origine italienne, mort récemment.

Rouge-bai, *adj.* d'un rouge tirant sur le brun.

Rouge (mer), golfe étroit, mais très-profond de l'Océan indien, ainsi nommé de la couleur de ses eaux.

Rubens, *npm.* célèbre peintre flamand, 1577-1640.

Russie, *npf.* immense contrée de l'Europe orientale, s'étendant de l'Océan Glacial à la mer Noire et au Caucase; cap. Saint-Pétersbourg.

Ruth, *npf.* femme Moabite, bru de la juive Noémi qu'elle suivit à Bethléem après la mort de son mari. Là, elle épousa le riche Booz, parent de sa belle-mère. De cette union devait descendre le roi David.

S

Sabbat, *ncm.* jour de repos et de sanctification chez les Juifs; sous les Valois, assemblée nocturne de prétendus sorciers.

Sable, *nm.* silice ou cristal de roche réduit en poudre, sert à faire le verre, le mortier, etc.

Saint-Barthélemy (journée de la), massacre des protestants, qui eut lieu le 24 août 1572, à Paris et dans les provinces, par l'ordre de Charles IX et à l'instigation de Catherine de Médicis, sa mère.

Salaire, *nm.* rémunération d'un travail; celui qui vit de son salaire est un *salarié*.

Samnites, anc. peuple du Samnium au S.-E. de Rome, conquis par les Romains.

Samson, *npm.* douzième juge d'Israël, célèbre par sa force extraordinaire.

Sancho Pansa, *npm.* écuyer de don Quichotte*.

Saône, *npf.* rivière de France qui prend sa source dans les Faucilles, coule du N. au S. et joint le Rhône à Lyon.

Saturne, *npm.* l'une des grosses planètes de notre système; elle est entourée d'un anneau et possède quatre lunes.

Saxon, *npm.* individu de la race saxonne qui vint d'Allemagne conquérir l'Angleterre au VIe siècle.

Scandinave (péninsule), vaste presqu'île de l'Europe septentrionale, comprenant la Suède et la Norwége.

Scapin, *npm.* valet de comédie dont le nom et le type ont été empruntés à la comédie italienne.

Sécateur, c.-à-d. *coupeur;* sorte de *ciseaux* pour tailler les arbres; à la même famille appartiennent : *sécable*, *sécante*, *secteur, section, disséquer, dissection*, etc.

Sel, *nm.* se dit au figuré pour *esprit piquant*.

Séléniteux, *adj.* qui est de la nature du plâtre ou qui en contient.

Semi-circulaire, *adj.* qui a la forme d'un demi-cercle.

Sémitiques (langues), langues des peuples sémites ou descendants de Sem (hébreu, arabe, etc.).

Serres, *nf.* griffes d'un oiseau de proie.

Sèvres, chef-lieu de canton de Seine-et-Oise, entre Paris et Versailles, célèbre par sa manufacture de porcelaine appartenant à l'Etat.

Sibérie, *npf.* pays très-froid et composé d'une plaine immense, situé au nord de l'Asie.

Sicambres, peuple qui entra dans la confédération des Franks.

Siccatif, *adj.* se dit d'une huile qui a la propriété de se solidifier au contact de l'oxygène de l'air.

Sicile, *npf.* grande île de la Méditerranée au S.-O. de l'Italie.

Siècle, *nm.* espace de cent ans, d'où l'adjectif *séculaire*.

Siége, *nm.* endroit, place; s'écrit avec un accent aigu.

Sinapisme, *nm.* cataplasme de farine de moutarde qu'on applique sur la peau pour y attirer e sang. A *sinapisme* correspond le verbe *sinapiser*. (Grec, *sinapi*, moutarde.)

Singulier (combat), *adj.* duel entre deux individus.

Sion, montagne de Jérusalem, qui sert quelquefois à désigner cette ville elle-même.

Sire, *nm.* du latin *senior*, plus âgé, vieillard (qui a droit au respect), a pour synonymes *seigneur* et *sieur*.

Socrate, *nprm.* illustre philosophe grec,

né à Athènes l'an 470 av. J.-C.; mis injustement à mort en l'an 400.

Solde (d'une créance), complément d'un reste de dette.

Solon, *nprm.* législateur d'Athènes, 640 à 559 av. J.-C.; il fut mis au nombre des 7 sages de la Grèce.

Somme, *nprf.* fleuve de France, qui donne son nom à un département, formé en majeure partie de l'ancienne Picardie.

Sonnette, *nf.* machine avec laquelle on enfonce les pieux; — dérive de *sonner*.

Soporifique, *n. et adj.* qui fait dormir.

Sorcière (fém. de *sorcier*), femme à laquelle on supposait que le diable avait concédé le pouvoir de faire des maléfices.

Source, *nf.* l'endroit où un fleuve commence et où il sort de terre; tout petit bassin où l'eau vient sourdre, c.-à-d. jaillir.

Sparte, *voy.* Lacédémone.

Spécifique, *adj.* pris substantivement, médicament qui guérit exclusivement une maladie.

Spectre (solaire), *ncm.* image que forment les rayons du soleil, lorsqu'après avoir traversé un prisme de verre, ils sont reçus sur un écran. Cette image est ovale et composée des sept couleurs primitives : violet, indigo, bleu, vert, jaune, orangé, rouge.

Sphère, *nf.* boule; la sphère terrestre désigne la terre.

Steppe, *nf.* plaine inhabitée de la Russie, toute couverte de grandes herbes.

Strasbourg, *np.* grande ville de l'Alsace, sur le Rhin, enlevée à la France à la suite de la guerre de 1870-1871.

Stuart, famille royale d'Écosse, qui régna sur l'Écosse et l'Angleterre, réunies en 1603 à la mort d'Elisabeth; fut renversée une première fois du trône en 1649 et chassée définitivement en 1688.

Styx, *npm.* fleuve entourant neuf fois les Enfers, selon les anciens.

Suez, *nf.* port sur la mer Rouge, qui a donné son nom au canal faisant communiquer cette mer à la Méditerranée.

Suisse, *ncm.* habitant de la *Suisse*, petite contrée montagneuse à l'E. de la France, où se trouvent les lacs Léman ou de Genève, de Lucerne ou des Quatre-Cantons, de Neuchatel et de Zurich.

Suresnes, gros village du dép. de la Seine à l'O. de Paris; vignoble qui produit en abondance un vin de qualité plus que médiocre.

Sûreté, *nf.* autrefois *scureté*, pour *sécurité*, l'accent circonflexe remplace l'*e* supprimé.

Symbole, *nm.* signe que l'on convient d'adopter pour représenter une chose quelconque.

Syracuse (**Denis de**), tyran de Syracuse, en Sicile, 405-368 avant J.-C.

T

Taches du soleil, taches noires que l'on aperçoit sur le disque du soleil en le regardant avec une lunette grossissante.

Tain, *nm.* amalgame d'étain, c.-à-d. alliage d'étain et de mercure.

Tarir, *v. tr. et intr.* se dit d'une source qui disparaît par la sécheresse.

Tartare, *myth.* la partie des Enfers où les

anciens croyaient que les méchants étaient punis de supplices éternels.

Télémaque, fils d'Ulysse*, roi d'Ithaque; a donné son nom au beau poëme de Fénelon.

Télescope, *nm.* instrument d'optique grossissant, destiné à examiner les corps situés à de grandes distances, les astres par exemple.

Teutobochus, *nprm.* roi géant des Teutons, qui se jetèrent avec les Cimbres sur la Gaule et sur l'Italie, et furent repoussés par Marius l'an 101 av. J.-C.

Teutons, *nprm.* peuple germanique des bords de la Baltique; unis aux Cimbres, ils essayèrent d'envahir l'Italie, mais furent taillés en pièces l'an 101 av. J.-C.

Thémistocle, *nprm.* 528-464 av. J.-C., fameux général et homme d'État athénien qui commandait les vaisseaux athéniens à la bataille de Salamine.

Tiraude, *nf.* boucle placée sur un levier; dérive du verbe *tirer*.

Titien (Le), *np.* célèbre peintre italien, 1477-1576.

Tôle, prend un accent circonflexe, parce qu'il est une contraction de *taule*, venant du latin *tabula*, table et plaque.

Touraine, *npf.* ancienne province de la France sur les rives de la Loire, remarquable par sa fertilité, cap. Tours.

Tourillon, *nm.* littéralement *petit tour*, est un diminutif de *tour; illon* suffixe diminutif.

Touriste, *nm.* individu qui parcourt un pays pour en visiter les curiosités.

Tourne-broche, *nm.* petit chien dressé à tourner la broche dans une cuisine; machine remplissant le même but.

Tourner, *vtr. et intr.* vient de *tour*, autrefois *tourn*.

Tournesol, *nm.* grande plante de la famille des composées, nommée vulgairement *soleil*, et dont la graine peut fournir de l'huile.

Traite, *nf.* chemin que l'on parcourt sans s'arrêter.

Treuil, *nm.* machine composée d'un cylindre tournant sur un axe et auquel est adaptée perpendiculairement une roue sur laquelle on fait agir une force motrice. La résistance à vaincre est suspendue à une corde partiellement enroulée sur le cylindre.

Trissotin, *npm.* nom d'un pédant dans les comédies de Molière; le personnage désigné sous ce nom est l'abbé Cotin, dont Boileau a fait justice dans ses satires.

Troie, *npf.* très-ancienne ville de l'Asie Mineure, non loin de l'Hellespont, détruite par les Grecs vers le XIIᵉ siècle av. J.-C.

Tuile, *nf.* pierre plate artificielle, fabriquée avec de l'argile ou terre glaise que l'on soumet à une cuisson intense.

Turgot, *npm.* célèbre ministre et économiste français, 1727-1781.

Typhoïde, *adj.* fièvre pernicieuse due à l'altération de certaines glandes de l'intestin.

U

Ulysse, *np.* roi d'Ithaque, un des héros de la guerre de Troie, qui, après la prise de cette ville, erra dix ans sur les mers avant de pouvoir rejoindre sa patrie.

Usufruit, *nm.* jouissance d'un bien qui appartient à un autre en toute propriété.

V

Vaccine, *nf.* maladie boutonneuse, qui communiquée aux enfants les préserve de la petite vérole.

Vaisselle, *nf.* forme féminine de *vaissel*, ancienne forme de *vaisseau*, diminutif de *base*.

Vase, diminutif: *vaisseau*, autrefois *vaissel*.

Vassal, *ncm.* se disait au moyen âge d'un possesseur de fief relevant d'un suzerain plus puissant.

Végétal, *ncm.* être organisé vivant, mais dépourvu de sensibilité.

Venise, *npf.* belle ville d'Italie, bâtie sur pilotis, au fond de l'Adriatique, et dont les rues sont des canaux.

Vénitien, habitant de Venise.

Ventouse, *nf.* petite cloche de verre qu'on applique sur la peau et dans laquelle on fait le vide en allumant un peu de papier ou d'étoupe, ce qui amène un afflux de sang et d'humeurs. — Dérivé de *vent*.

Vêpres siciliennes, nom sous lequel les modernes désignent le massacre des Français qui eut lieu en Sicile en 1282, pendant le règne de Charles d'Anjou, frère de saint Louis.

Vercingétorix, *npm.* héroïque chef arverne qui défendit contre César l'indépendance de la Gaule, 52 av. J.-C.

Vérificateur, *nm.* qui est chargé de vérifier.

Vermiculaire, *adj.* qui a rapport aux vers, qui leur est propre.

Verre, *nm.* substance transparente que l'on obtient en chauffant un mélange de sable et de cendre.

Vésicatoire, *nm.* préparation pharmaceutique qui, appliquée sur la peau, détermine une sécrétion séreuse avec soulèvement de l'épiderme et formation d'une ampoule; plaie produite par cette préparation. Mots de même famille : *vésicule*, *vésicant*, *vésication*.

Vésuve, *npm.* volcan d'Italie, près de Naples.

Vierge (forêt), celle qui n'a jamais été abattue par coupes réglées et systématiques.

Virgile, *npm.* célèbre poëte latin, né près de Mantoue, l'an 69, mort à Brindes l'an 19 av. J.-C., auteur de dix *bucoliques*, des *Géorgiques* et de l'*Enéide*.

Viril, *adj.* (latin *vir*, homme) qui a rapport à l'homme.

Volga, *npm.* fleuve de l'empire russe et le plus grand cours d'eau de l'Europe, se jette dans la mer Caspienne.

Voltaire, *npm.* célèbre poëte et écrivain français, né en 1694, mort en 1778.

W

Walter-Scott, *npm.* célèbre romancier écossais, 1771-1832.

Wasa (Gustave), roi de Suède de 1523 à 1560, délivra son pays de la domination danoise.

Z

Zeuxis, *npm.* célèbre peintre grec qui vécut dans la seconde moitié du Ve siècle av. J.-C.

Zoologie, *ncf.* science qui a pour objet l'étude des animaux.

TABLE

Homonymes.

Liste alphabétique des principaux homonymes............................... 3
Exercice sur les homonymes............. 9
  »   lexicologique.................. 17

Notions préliminaires.

Des suffixes diminutifs................. 18
Des préfixes........................... 18
Des signes orthographiques (une éducation au XVIe siècle).................. 20
De la proposition..................... 20

Du nom ou substantif.

Pluriel des noms composés :

Exercices divers...................... 21
  »   général..................... 22
Aigle, hymne......................... 25
Exercice lexicologique................ 25
Substantifs qui ont plusieurs sens...... 26

Style et composition.

Substantif mis en apostrophe.......... 29
  »   sujet.................. 30
  »   complément direct......... 31
  »   complément indirect........ 32
Définition d'un substantif............. 33
Exercices d'invention................. 36
  »   lexicologique............. 37
Sujets à développer (voir ci-après).

De l'article.

Exercices d'application................ 37
  »   lexicologique............. 40

Style et composition.

Exercices oraux puis écrits :

Les métaux......................... 40
Les arbres des forêts................ 41
Les arbres et les arbrisseaux des vergers............................... 42
Les chemins........................ 42
Les montagnes...................... 43
Les eaux........................... 43
Sujets à développer (voir ci-après).

De l'adjectif.

Degrés de signification................ 44
Mots exprimant les couleurs........... 45
Exercice général sur la syntaxe de l'adjectif................................. 45
Adjectifs qu'il ne faut pas employer abusivement.............................. 48
Expressions à deux sens.............. 51
Exercice lexicologique................ 52

Style et composition, invention.

Exercices d'invention................. 52
Définition d'un adjectif............... 55
Sujets à développer (voir ci-après).

Adjectifs déterminatifs.

Exercice général sur la syntaxe des adjectifs déterminatifs.................. 57
Exercice lexicologique................... 62

Style et composition.

Exercices oraux puis écrits :
   Les végétaux...................... 62
   La bière.......................... 63
   L'administration 64
   Les tribunaux..................... 64
   Les jardins....................... 65
Sujets à développer (voir ci-après).

Du pronom.

Exercice général sur la syntaxe du pronom. 66
Exercice lexicologique................... 72

Style et composition.

Sens propre et sens figuré............... 72
Exercices oraux puis écrits :
   Les saisons et leurs travaux......... 74
   Les astres........................ 75
   Le sucre.......................... 75
   Les huiles........................ 76
   Le chauffage...................... 76
Exercice lexicologique................... 77
Sujets à développer (voir ci-après).

Du verbe (RÉVISION).

Exercices divers........................ 77
Verbes conjugués négativement........... 79
Interrogations.......................... 80

Style et composition.

Exercices d'invention................... 82
Définition d'un verbe................... 83
Sujets à développer (voir ci-après).

Supplément au verbe.

Exercices divers........................ 86
Auxiliaires des verbes neutres.......... 88
Verbes irréguliers...................... 89
Exercice lexicologique.................. 92

Style et composition.

Sujets à reproduire de mémoire et questions de grammaire à résoudre :
   Le renard puni de sa curiosité...... 92
   L'ours et son fils................. 93
   Le loup et le jeune mouton......... 95
   Le lièvre qui fait le brave......... 96
   Le papillon et le chou............ 98
Sujets à développer (voir ci-après).

Syntaxe de l'auxiliaire ÊTRE.

Accord de l'attribut avec un pronom :
   Une filleule à sa marraine......... 99
   Quelques habitants de Garancières au préfet....................... 99
Exercice général sur l'accord de l'attribut...................... 100
C'est... que........................ 102

Style, composition et orthographe usuelle.

Sujets à copier, liste de mots usuels à faire et questions de grammaire à résoudre :
   Les métaux....................... 102
   Les parties du corps.............. 104
   Les étoffes...................... 106
   Les meubles et les ustensiles de ménage.......................... 107

Instruments de jardinage............. 108
Sujets à développer (voir ci-après).

Syntaxe du verbe.

Inversion du sujet...................... 109
Exercice général sur la syntaxe du verbe. 110
Exercices divers :
   L'écureuil........................ 114
   La gymnastique.................... 115
Exercice lexicologique.................. 116

Style, composition et orthographe usuelle.

Sujets à copier, listes de mots usuels, questions de grammaire à résoudre :
   Métaux usuels..................... 116
   Les maladies...................... 118
   Les remèdes....................... 119
   Les machines...................... 119
   Les pierres précieuses............ 123
Sujets à développer (voir ci-après).

Syntaxe des propositions.

Union des propositions indépendantes.. 125
Union des propositions subordonnées à la principale...................... 125
Ordre logique, inversion................ 128
Emploi de l'indicatif et du subjonctif.... 129
Emploi des temps de l'indicatif......... 131
Exercice lexicologique.................. 133
Emploi des temps au subjonctif......... 133
Que remplaçant d'autres conjonctions... 136
Emploi de l'infinitif................... 137
Récapitulation sur l'emploi des modes :
   Le neveu de la fruitière.......... 138
Exercice lexicologique.................. 140

Style et composition.

Vers à traduire en prose, et questions de grammaire et de littérature à résoudre :
   La guenon, le singe et la noix...... 141
   Le grillon........................ 142
   Le lion et le rat................. 143
Sujets à développer (voir ci-après).

Participe présent.

Exercices sur le participe présent et l'adjectif verbal........................ 145
   Les parvenus...................... 145
Exercice lexicologique.................. 147

Style et composition.

Vers à traduire en prose, et questions de grammaire et de littérature à résoudre :
   L'avare aux enfers................ 147
   Leçon de Louis XII à un courtisan... 148
Sujet à copier :
   Conseils de Tobie à son fils....... 149
Sujets à développer (voir ci-après).

Participe passé.

Exercice général sur le participe passé... 151
Participe passé entre deux *que*....... 157
Participe passé précédé de *le peu*....... 158
Exercice lexicologique.................. 158

Style et composition.

Sujets à développer (voir ci-après).

Participe passé (SUITE).

Exercices de récapitulation :
   Rien de trop...................... 161

Lutte de l'homme contre la baleine.. 162
Le houblon........................ 163
Les orangers...................... 164
Les sauvages devant la science...... 165
Les hirondelles................... 165
Travaux agricoles du mois de juin... 166

Style et composition.

Sujets à développer (voir ci-après).

De la préposition.

Prêt à, près de. — Voici, voilà....... 170

De l'adverbe.

Mots employés comme prépositions et
comme adverbes.................... 171
De la négation.................... 172
Emploi de la négation dans les propositions subordonnées................ 173
*Plutôt, plus tôt. — De suite, tout de
suite.............................* 174

De la conjonction.

Quoique, quoi que. — Quand, quant à. 175
Parce que, par ce que............ 176

SUJETS A DÉVELOPPER :

Le papillon et la chenille (fable)........ 30
Les deux almanachs (fable)........... 31
La chute d'un gland (fable)........... 32
Les étoiles et la fusée (fable)........... 33
Les deux saules (fable)............... 35
La poule et l'alouette (fable)........... 36
Une tuile de moins (narration).......... 41
La petite fille et la rose (allégorie)...... 41
Les perles (narration)............... 42
Comparaison entre le cheval et le bœuf.. 43
Le loup et l'agneau (fable)........... 43
L'homme et l'hirondelle (fable).......... 44
La prière du matin................ 53
Une foire (description)............. 54
Le sauvage et le violon (fable)........... 55
L'ermite (narration)............... 57
Le loup et la marmotte (fable)........... 63
L'ormeau et les ronces (fable)........... 63
Mort d'Abel (narration)............. 64
Le fermier et la vache (fable)........... 65
L'aveugle (narration).............. 66
La pierre (narration).............. 74
La pluie (narration).............. 75
Le nid d'oiseaux (narration).......... 75
Le singe (narration)............... 76
L'escargot et la chenille (fable)........ 77
L'héritage (narration)............. 83
Le portrait (narration)............ 84
Le bissac (narration).............. 85
Le paysan, le chêne et le coin (fable).... 93
Le serpent (narration)............. 94
Le chat et le chien (fable)........... 96
Le papillon et le chou (fable)........ 98
Un jeune homme à son ami (lettre)...... 104
Une orpheline à sa tante (lettre)........ 105
Grandeur d'âme d'un paysan (narration). 107

Argent bien placé (narration)........... 108
Lettre d'un fils à ses parents........... 118
Les habitants d'une commune au garde
général de la forêt voisine (lettre)..... 119
Un élève à son instituteur (lettre)....... 121
Un commerçant à sa mère (lettre)....... 123
L'œuf de Christophe Colomb (narration). 124
La bienfaisance récompensée (allégorie).. 141
Le chêne et le tournesol (fable)........ 143
Le milan et l'épervier (fable)........... 144
La grenouille et la souris (fable)........ 148
L'âne et le loup (fable).............. 149
Les grillons (narration)............. 151
Ulysse chez le cyclope Polyphème (narra-
tion).............................. 159
Lettre d'un colon algérien............ 159
Le chasseur et son chien (allégorie)...... 159
Les plaisirs de l'hiver (description)...... 160
Plusieurs fabricants de briques au préfet
(lettre)........................... 160
Le dragon et les renards (fable)........ 160
Un instituteur à l'inspecteur primaire
(lettre)........................... 161
Le bœuf (narration)............... 161
Adresse surprenante (narration)........ 167
Un maire à ses administrés (lettre)...... 168
Le travail (narration).............. 168
Un maire à ses administrés sur l'échenil-
lage (circulaire)................... 168
Le derviche et ses disciples (narration).. 168
Un cultivateur à un président de comice
agricole (lettre)................... 169
L'eau et le vin (fable).............. 169
Le maire d'une commune à un ingénieur
hydraulicien...................... 170

FIN DE LA TABLE.

SAINT-DENIS. — IMPRIMERIE CH. LAMBERT, 17, RUE DE PARIS.

LA TROISIÈME ANNÉE
DE GRAMMAIRE

PAR MM. LARIVE ET FLEURY

1 vol. in-12 cartonné. . . . .   fr.

La **Troisième Année de Grammaire** est destinée aux
élèves qui se préparent aux *brevets de capacité*. Toutes les règles
de la grammaire y sont soumises à une discussion approfondie
et éclairées par *l'histoire des variations de la langue*, ce qui donne
à la science grammaticale élémentaire une exactitude et une précision qu'elle n'avait pas encore eues jusqu'alors ; le mécanisme
de la *formation des mots* y est amplement exposé : de là résulte le
précieux avantage de rendre l'étude de l'orthographe plus facile,
parce que cette étude, habituellement toute de routine, devient
de la sorte rationnelle. L'*étymologie* et, par suite, la *signification
des nombreux dérivés français tirés du grec* y sont enseignées au
moyen d'exercices qui les gravent dans la mémoire, en même
temps qu'ils ornent l'esprit d'une foule de notions utiles et intéressantes.

La *littérature* proprement dite et l'*histoire littéraire* y sont trai-
tées avec des détails suffisants pour donner une connaissance
assez étendue des œuvres de nos grands poëtes et de nos meilleurs
prosateurs. Enfin, de nombreux *exercices de style*, choisis de telle
sorte que, tout en apprenant à écrire, ils présentent l'analyse des
morceaux les plus intéressants de nos grands écrivains, habituent
les élèves à subir facilement l'épreuve de la composition française
dans les examens.

Rien donc n'a été négligé pour faire de cette *Troisième Année de
Grammaire* un manuel complet pour les aspirants aux deux brevets de capacité. Le livre contient la matière de tous les ouvrages
qu'on est obligé de consulter en se préparant aux examens. Les
personnes qui le posséderaient complétement seraient assurées
de se tirer avec succès des épreuves de plus en plus difficiles
auxquelles sont soumis les aspirants.

Ainsi qu'on le voit par ce qui précède, les *Trois Années de Grammaire* forment un enseignement complet de la langue française,
tant au point de vue de la théorie qu'à celui de la pratique. Le
cours prend les enfants au début et les conduit, par une gradation ménagée, à la connaissance complète et approfondie de la
langue. Avec cet ouvrage, on aperçoit dès le point de départ le
terme qu'il faut atteindre, et l'on constate que l'on n'a pas à parcourir une carrière trop longue ni trop difficile. C'est la première
fois, croyons-nous, que le cycle de l'enseignement grammatical a
été présenté, dans son ensemble et dans ses détails, en d'aussi
justes proportions et en un nombre de volumes aussi restreint.

DE LA MÉTHODE HISTORIQUE

DANS L'ENSEIGNEMENT DE LA GRAMMAIRE

«... La *Deuxième année de Grammaire* (partie du maître) contient en regard des textes du livre de l'élève des développements grammaticaux qui donnent à ce livre un puissant intérêt d'actualité.

Les personnes au courant de la science n'ignorent pas quelle profonde révolution vient de s'accomplir dans les études grammaticales. A l'ancienne méthode qui n'édifiait que de *vains systèmes* sans jamais mettre la main sur une seule vérité, la science moderne a substitué une autre méthode qui a produit dans un court espace de temps les résultats les plus grands et les plus riches : nous voulons parler de la **Méthode historique**.

Pour ceux qui se sont rendu familière la *Méthode historique*, la grammaire n'est plus un assemblage de faits incohérents et souvent même contradictoires, elle est passée à l'état de véritable science.

Malheureusement jusqu'aujourd'hui la nouvelle méthode grammaticale n'avait point pénétré dans les écoles primaires. Le livre que nous publions va combler cette regrettable lacune. Que MM. les instituteurs veuillent bien en faire une lecture attentive, et ils reconnaîtront que la Grammaire, considérée presque toujours comme aride et rebutante, est au contraire une science pleine d'attraits et à laquelle la nouveauté des découvertes communique, pour ainsi dire, un parfum de fraîcheur qui charme les esprits avides de connaissances.

Déjà, dans la partie de l'élève, nous avons introduit de loin en loin quelques vérités acquises au moyen de la Méthode historique. Grâce au *Livre du maître*, MM. les instituteurs pourront développer ces germes dans les proportions qu'ils jugeront convenables, d'après la force de leurs élèves.

MM. les instituteurs mettront d'autant plus d'empressement à étudier la Méthode historique qu'ils tiendront à honneur de n'être point inférieurs sous ce rapport aux maîtres étrangers et notamment aux instituteurs allemands. D'ailleurs, ne l'oublions pas, c'est chez *nous* que la Méthode historique a pris naissance entre les mains de *Raynouard*. A peine née sur notre sol, elle fut transplantée en Allemagne où elle produisit d'heureux fruits. Pourquoi ne la cultiverions-nous pas à notre tour avec toute la pénétration d'esprit dont les Français sont capables? Pourquoi ne la populariserions-nous pas parmi nous?

Puisse notre livre contribuer à cette rénovation des études grammaticales! Puisse-t-il créer à la Méthode historique et comparative de nombreux adeptes dans le corps si éclairé et si dévoué des instituteurs primaires! »

La Première année d'Arithmétique (calcul oral et calcul écrit), avec des nombreux exercices et problèmes, par M. P. Leyssenne, professeur au collège Sainte-Barbe. In-12, cart.. . . . . 80 c.

Textes et Récits d'Histoire de France, par M. Foncin, professeur agrégé d'histoire au lycée de Bordeaux. In-12, cart. . . . . 90 c.

Textes et Récits d'Histoire sainte, par M. Th. Bénard, chef de bureau au Ministère de l'Instruction publique. In-12, cart. . . . . 90 c.

Paris. — Impr. Viéville et Capiomont, 6, rue des Poitevins.

www.ingramcontent.com/pod-product-compliance
Ingram Content Group UK Ltd.
Pitfield, Milton Keynes, MK11 3LW, UK
UKHW021049150726
13693UKWH00007B/133

9 782013 357265